幼儿游戏化课程设计与指导

YOUER YOUXIHUA KECHENG SHEJI YU ZHIDAO

语言分册

高小芳　张　韵　主编

中国农业出版社
农村设物出版社
北　京

项目单位 北京市丰台区丰台第四幼儿园
北京市丰台区蒲黄榆第一幼儿园
北京市丰台区蒲黄榆第二幼儿园
北京市丰台区长辛店第一幼儿园
北京市丰台区青塔第二幼儿园
北京市丰台区群英幼儿园
北京市丰台区育英幼儿园
北京市丰台区丰台实验幼儿园
北京市丰台区方庄第六幼儿园
北京市丰台区蓝天幼儿园（华凯园）
北京市丰台区空军蓝天南苑幼儿园
北京市丰台区政府机关幼儿园
中国航天科技集团公司第一研究院航天幼儿园

前言

在新时代快速发展、竞争激增的背景下，家长过度担心儿童的未来，担心儿童入学不适应及其未来的发展，开始盲目牺牲孩子的童年，让孩子过早地学习算术、拼音、汉字、英语等课程。因此，社会上各种课外班盛行，幼儿园也应“家长需求”开设各种超出幼儿园大纲的课程。丰台区目前幼儿园课程“小学化”的现象通过专项检查和指导得到了很好的控制和改变，但不容乐观的是，由于家长教育观念的改变还需要一个过程，家长认为孩子在幼儿园每天只是“玩”，不能为升入小学做好准备，很多幼儿园出现了大班幼儿流失的情况。另外，家长在幼儿语言发展的认识上存在误区，更加注重孩子拼音和识字的教育，在家庭中对儿童的阅读习惯及表达能力等方面的培养不够。在幼儿园的课程组织实施过程中，教师对学前阶段语言教育的价值取向不够清楚，对学前儿童的年龄特点及学习特点把握不准，对语言领域的年段目标及教育价值、语言学科的学科知识学习理解得不够扎实，语言教学设计与组织水平亟待提升。结合新时期课程改革的精神，学前语言教育游戏化的推进需要重点研究。

基于区域现状问题，丰台学前教研室聚焦课程质量提升，于2018年5月成立丰台区幼儿园教师语言能力提升项目组，引进优质课程资源，借助专家团队，参与国家级课题《课程游戏化视域下幼儿深度学习的理论和实践模式研究》，开展语言教育教学实践，引领教师学习语言教育前沿理论，提高文学素养，并通过典型语言优秀课例分析与实践、区角观摩探究、家庭游戏案例研讨等多种形式，从理论到实践，共同探索语言教育的内涵和价值。

本书对项目研究以来的理论认识、研究思路、推进进程及研究成效进行了总结梳理，通过系统化的梳理，在经验的基础上呈现结构化的思考，从项目研究方法策略及语言教育实践研究两个层面对策略方法进行了总结，重点介绍了“三研究”教学研究路径在语言教育研究中的应用，重点呈现了对语言阅读活动设计方法的研究和基于教学观察的活动反思等方面的研究成果。书中收录了多篇园所研究的经验以及各年龄班的语言阅读教学案例、家庭语言游戏案例，将为幼儿园开展阅读教育研究、教师设计组织语言阅读游戏活动提供方法的导引和实践的参照。

目录

第一章　研究背景

第一节　缘　　起

一、时代背景

《易经》有云："蒙以养正，乃圣功也。"我国学前教育是国民教育之起点，亦是校园教育之发端，在社会公民的学习生涯中居于奠基性的重要地位。伴随着不同历史时期的时代特色和社会文化背景，学前教育在价值和观念取向上呈现出不同的重心及特点。尤其进入21世纪以来，当世界各国教育改革共同追求的目标聚焦到"公平与质量"上时，中国教育事业发展迅速，成就显著。特别是学前教育事业基本解决了"上学难"的问题，并逐步转向解决优质教育资源问题。为了切实保障人民群众的教育利益，党中央、国务院对学前教育发展高度重视，制定了一系列的政策，指导学前教育事业稳步向前。2010年印发的《国务院关于当前发展学前教育的若干意见》旨在强调要坚持科学保教，促进幼儿身心健康发展。2017年，中共十九大做出了"办好学前教育，实现幼有所育"的重大决策部署。2018年出台的《中共中央 国务院关于学前教育深化改革规范发展的若干意见》对新时代的学前教育改革发展进行了顶层设计和全面部署，强调要遵循幼儿身心发展规律，实施科学保教，健全治理体系，堵住监管漏洞，完善学前教育法律法规，实现依法依规办园治园，促进幼儿健康快乐成长。在2019年的中国学前教育年度报告中，指出了三项核心目标：普及、普惠、优质，进一步强调了学前教育坚持为每个儿童提供个性化教育的服务目标。这意味着要尊重幼儿身心发展的规律，以游戏为基本活动，保教并重，关注个体差异。

促进每个幼儿身心健康成长是办好学前教育的根本出发点和落脚点。幼儿园作为这一目标的具体实施者，需要具备高度的专业技能和强烈的责任感。为了确保幼儿园保教工作科学进行，教育部出台了一系列政策：《幼儿园教育指导纲要》一再强调幼儿教育要坚持"以游戏为基本活动，关注个体差异"。《3—6岁儿童学习与发展指南》针对不同年龄段的幼儿发展水平，对幼儿园五大领域课程做了细致要求，特别指出课程要"生活化"。比如，对于幼儿语言教育目标，明确清晰地制定了"倾听与表达、阅读与书写准备"两部分，同时为了使幼儿语言运用能力得到充分发展，要求通过多种活动扩展幼儿的生活经验，创设出一个符合他们生活经验的敢说、喜欢说的环境。《幼儿园工作规程》再次强调要以游戏为基本活动，无“小学化”现象，为幼儿提供符合身心发展特点、有益身心健康的保教内容。至此，游戏化教学的理念不断深入人心，游戏化的幼儿园课程聚焦幼儿主体参与。

教师专业技能的高低直接影响着整个幼儿园的教育水平，尤其是幼儿语言的习得，在很大程度上依靠教师自身的语言示范。为此，我国教育部门专门组织了“全国幼儿园语言教育学术研讨会”，对教师在教育过程中出现的难点、困惑进行探讨与解答。例如，第四届研讨会主题为“幼儿园早期阅读教育活动设计与组织”；第八届研讨会关注幼儿园语言教育质量评价；第九届研讨会关注幼儿早期阅读发展与教育。全国性的研讨会很大程度上为幼儿园教师的语言教学提供了切实可操作的方向和步骤。与此同时，教育部于 2011 年和 2018 年先后两次部署“小学化”专项治理行动，对幼儿园“小学化”现象进行集中整治，坚决克服和纠正“小学化”现象，确保教师专业技能的提升是在“无污染”的环境下进行的。值得注意的是，为了使家长与教师形成合力，营造有利于幼儿健康成长的良好社会环境，推进学前教育科学发展，自 2012 年起，教育部将 5 月 20 日至 6 月 20 日定为“全国学前教育宣传月”，面向全社会普及科学育儿知识。

国家为各个层级的教育工作者提供了政策性引领和实操性指导，大到学前教育领域研究学者，小到一线工作的教师。其最终目的是把“以幼儿为中心”的理念真正落到实处，让家长、教师、学校形成合力，使幼儿在轻松的环境中游戏与生活，提升技能，保持身心健康发展，提高解决问题的能力。

二、课程改革背景

幼儿园课程改革，其背后是一场与课程关系密切的人们的知识观、教育观以及儿童观的变革，它是在实现幼儿发展需要与提升教师专业技能之间寻找一个均衡点。

随着时代的不断发展，幼儿园课程改革经历了从重视教师的教到重视幼儿的学的发展过程，是由静态到动态的一个不断建构的过程。每个时期国家颁布的有关幼儿教育的纲领性文件，都指引着幼儿课程的改革方向，指导着幼儿语言教育的发展与变革。20 世纪初，《奏定蒙养院章程及家庭教育法章程》作为我国第一个幼儿园教育法规，指出了幼儿语言的学习要借助于歌谣和谈话，语言被作为工具来帮助幼儿认识自然与社会、陶冶情操。在这个时期，“语言”一词并未被正式提出，但是标志着幼儿语言教育进入萌芽期。20 世纪 30～40 年代，《幼稚园课程标准》的颁布给幼儿语言教育赋予了更丰富的内涵，它将故事和儿歌作为幼儿语言学习的主要内容，同时给出幼儿需要在听、说、读、写方面达到的要求。值得注意的是，这时期的语言教育教学方法也有了巨大变化，在陈鹤琴先生的思想影响下，主张教师采用“整个教学法”，打破各个学科的独立模式，进行“单元教学”。以幼儿的生活经验为筛选标准，以季节、时令为编排顺序来编写教材，将某一个知识作为单元活动中心，各个学科都围绕它进行教学内容安排，学科之间是相互渗透的，语言教育目标也相应地渗透在各个学科中。20 世纪 50～60 年代，《幼儿园暂行教学纲要（草案）》发布，这是中华人民共和国成立后颁布的第一个幼儿园课程文件，“语言”一词也被明确提出。借鉴苏联分科课程模式，幼儿语言教育也被规定为“作业”之一，包括谈话、歌谣、

故事三部分内容，语言教育强调字、词、句的系统性学习，配套有明确的大纲要求，同时，小、中、大班设有各自的语言教育要求。1954年，我国颁布的《幼儿园教育工作指南（初稿）》也深受苏联教育的影响，特别突出语言的认知功能，提出将认识环境与发展语言合二为一，作为幼儿语言教育目标，主张在认识事物的过程中学习幼儿语言。此外，语言的习得还包括语音、词汇、语法等。这个时期，虽然是以教师为中心，采用集中授课形式，幼儿语言教育的内容也是语言自身。但至此，我国的幼儿语言教育开始逐渐走向完整的教育教学体系。20世纪80年代，《幼儿园教育纲要（试行草案）》的颁布对幼儿语言教育具有跨时代的影响。它是根据语言本身规律和幼儿发展特点编制的，特别强调幼儿思维的发展特点和语言的实用价值，不再专注语言的认知功能。该纲要还专门将语言与认识环境脱离，作为一个独立教育内容。这个阶段，幼儿教育理念逐渐向以学生为中心转变，但是在实际教学中，重语言知识和形式的模式还有待改变。进入21世纪，《幼儿园教育指导纲要（试行）》对幼儿语言教育进行了多项创新，为人们教育理念质的转变提供了坚实的基础。首先，它将幼儿园课程划分为五大领域内容，主张各领域内容的相互渗透。在终身学习理念的倡导下，强调幼儿语言学习注重培养情感、兴趣、态度等，语言运用能力得到极大的重视。这反映出以幼儿为教育主体的教育观占据重要位置。其次，对幼儿教师提出明确要求，为幼儿创设一个自由、宽松的语言交往环境，让幼儿主动与教师、同伴交流。这标志着幼儿园教育理念的重大转变。最后，早期阅读第一次被明确地提出来，阅读包含的内容也由最初的图书扩展到生活环境中的文字、标记符号、文学作品。

幼儿园课程改革在经历一个多世纪的发展后，再次有了全新的变化。2012年，教育部正式颁布的《3—6岁儿童学习与发展指南》，将以幼儿为主体的理念正式落地，给一线教师最为关心的“怎样做”的问题提供了可操作的教育建议。在遵循儿童语言发展的基本规律及语言学习特点的前提下，将幼儿语言教育划分为倾听与表述、阅读与书写准备两大部分，每个部分都给出可操作的目标与内容。该指南提出，语言教学的关键在于儿童如何学而不是如何教，这是值得我们关注与思考的内容。

三、语言研究现状

语言是人类最重要的交际工具，是人们进行沟通的主要表达方式，能够将人们的思维能力、大脑加工信息能力外显。而幼儿阶段是语言发展的关键期，直接影响着幼儿的阅读能力、交往能力、语言表达能力，同时，语言也是衡量和评估幼儿生长发育的关键指标。如果错过这一阶段，或是在这一阶段给幼儿以不恰当的示范和引导，会导致幼儿形成不良的语言交往习惯，甚至出现相关语言障碍。在新课程理念的引领下，我国学者积极探索与研究幼儿语言教育的各类主题，建构了多种适合本地区的幼儿语言培养模式，取得了相当可观的研究成果。

1. 幼儿语言教育研究主题侧重实践问题　主题涵盖了语言教育活动的组织、设计、实施、评价4个方面，具体关注幼儿园集体教学活动现状，探讨幼儿园课程实施等问题。同时，教师成为幼儿语言教育研究的主要力量。

2. 幼儿语言教育研究重点趋向于早期阅读　其中，研究学者对“阅读教学活动设计与组织”的关注度极高。众多研究结果显示，早期阅读水平对儿童未来的学习能力以及认知、情感和社会性能力有较大影响，也因此带动我国出版了大量图画书，帮助培养幼儿的前阅读和前书写技能。

在国家政策的理论支持和可操作性的指导下，我国幼儿园语言教育的改革正在不断深入。但同时我们也看到，由于诸多因素的影响，比如应试教育的制约、社会巨大的竞争压力、家长坚持的所谓的“精英教育”理念等，在改革实践中仍存在许多待解决的问题。这些问题直接导致幼儿园无法长久坚持自己最初的理念，同时也阻碍着教师的专业成长，更重要的是，幼儿的语言能力发展因此受到限制。

3. 幼儿语言教育目标不明确，内容“小学化”趋势严重　通过调查发现，幼儿园通常为了做好“幼小衔接”，在编制语言教材时，按照小学课程的模式和需要将内容下放到五大领域课程中，使得幼儿教育目标从促进幼儿全面发展转变成只提升学业知识技能上。具体表现在把学习拼音、背诵古诗、识字、写字当成幼儿园语言教育的全部，跳过幼儿探索语言文字符号阶段，把前书写准备阶段理解成写字教学，偏离了幼儿发展特点，忽略了“幼小衔接”的重要性。此外，幼儿园语言教育内容是根据教育部颁发的《3—6 岁儿童学习发展指南》进行编写的，因为对纲领性文件把握不准确，加之幼儿园自身能力有限，导致编写的语言教材和目标设定不适合幼儿使用。比如教师选择看起来有趣味性但篇幅很长的故事进行教学，超出了幼儿注意力集中时长，降低了幼儿的学习积极性，导致教学效率低下。

4. 幼儿语言教育实施过程“以偏概全”，在早期阅读中表现得尤为突出　现阶段，幼儿园特别关注幼儿早期阅读的培养，但容易走进两个极端的误区。一方面是将早期阅读理解为狭义的幼儿绘本学习，为此，所有语言教育活动的开展都变成依托绘本进行；另一方面是把早期阅读理解为狭隘的语言知识技能的教授：早期阅读中出现的文字仅起到对幼儿进行识字教育的作用，对于阅读中出现的图画仅让幼儿进行看图说话学习，忽视阅读中要传达的情感，仅让幼儿对故事进行完整复述等。如果长时间坚持这种教育过程，可能导致幼儿思想狭隘，观察事物只看部分而忽略整体，对幼儿以后的学习生活产生不良的影响。

5. 教师专业语言教育技能不足　一是将语言学习与日常活动分离，缺乏游戏情境的渗透，无法从幼儿的日常活动中提炼出跨学科的语言学习单元任务，比如在进行有关一个主题的语言学习时，无法融入音乐、美术、体育、生活、数学等相关知识点。二是教师提问封闭，开放性提问很少。在进行幼儿语言活动教学时，教师缺乏高质量的语言输入与示范，提问总是以“对错”“是否”的形式出现，提问的意义不大，判断教学内容是否完成也仅依靠孩子“是”“对”的答案。三是教师的回应技巧不足。在课堂师生互动中，幼儿因为探索欲望对教学内容提出各种超出范围的问题，而部分教师在无法把控此情境时，经常忽视甚至无视幼儿的提问，或是直接给出正确答案，以完成教学任务。语言教育技能的缺失会直接影响幼儿对语言学习的积极性，使幼儿的语言表达能力下降，思维模式也变得单一。

6. 在语言教育中，集体授课制占据主要位置，且教学辅助设备利用率低　在幼儿园

语言教育过程中，经常以教师为中心，采用灌输式的教学方式，教学内容为朗读、背诵及简单的书写，无太多情境创设，幼儿被动地接受语言学习。这种传统的集体授课方式脱离了幼儿生活经验，减弱了语言的工具性，极易降低幼儿的学习兴趣。知识灌输带来的仅仅是僵化的知识掌握，幼儿无法在生活中灵活运用，随着时间的推移，极容易被遗忘。因为高质量的游戏化教学情景创设特别少，配备的教育辅助设备也弃置不用，教师上课仅仅依靠书本和自己的语言示范，导致幼儿想要主动表达、主动与同伴交流变得困难。同时，幼儿的视觉、听觉、触觉等感官得不到充分刺激，身心发展均衡性差，语言学习能力的发展受到极大制约。

在《3—6岁儿童学习发展和指南》背景下进行的有关语言的游戏化课程实践研究，是对幼儿语言教育进行的又一次补充与完善，旨在消除传统语言教育中的弊端，把握语言教育的真谛，真正做到以幼儿为中心，遵循幼儿发展规律，为其创设一个想说、敢说、喜欢说、有机会说，并能得到积极应答的环境，夯实幼儿的学习根基，让幼儿的多元能力得到锻炼。

第二节　区域研究现状

基于学前教育中的各种社会问题，2012年，《3—6岁儿童学习与发展指南》颁布，其目的是引发全社会对儿童发展需要及特点的关注，纠正幼儿园、各类学前教育机构、家长对学前儿童教育的误区，建立学前儿童教育的正确观念。2018年，教育部发文，开展幼儿园“小学化”专项治理工作，对幼儿园的课程实施进行专项检查，严禁教授小学的学习内容，纠正“小学化”的教育方式，对幼儿园的课程提出了明确的规范要求。

调研中，我们发现在幼儿园的课程组织实施过程中，教师对学前阶段语言教育的价值取向不够清楚，对学前儿童的年龄特点及学习特点把握不准，对语言领域的阶段目标及教育价值、语言学科的学科知识学习理解得不够扎实，语言教学设计与组织水平亟待提升，结合新时期课程改革的精神，学前语言教育游戏化的推进需要重点研究。因此，目前摆在我们面前的问题有两个：一是如何指导幼儿园贯彻落实《幼儿园教育指导纲要》及《3—6岁儿童学习发展指南》的精神，深入研究五大领域课程的组织与实施，提高教师的教学能力及水平，使孩子快乐学习并获得发展。二是通过幼儿园的教育，引导影响家长改变教育观念，了解学前儿童的特点及需要，高质量陪伴儿童成长。

为了着力推进区域教育质量提升，从2018年开始，丰台学前教研室重点聚焦五大领域课程实践研究，启动项目研究，引进优质课程资源和专家团队，重点推进五大领域学科建设，培养学科骨干队伍，带动幼儿园开展实践研究，切实提升课程教学质量。基于幼儿园课程“小学化”实现从“现象控制”到发生“实质改变”的需要，丰台区学前教研室实施“丰台区幼儿园教师语言教学能力提升项目”，着力推进幼儿园语言活动课程游戏化进程，其意义在于：

1. 儿童发展方面　基于儿童学习特点及发展需要，抓住一日生活的教育契机，创设适宜发展的有准备、有目标的环境，开展丰富有趣的语言教育，在促进幼儿发展方面做到以下几点：

（1）激发并保护幼儿对各种文学作品的喜爱、兴趣和学习动机，促进其养成终身阅读的习惯。

（2）培养幼儿的文学鉴赏及感受理解能力，能够大胆表达自己的观点，喜欢和他人交流，发展儿童的文学素养。

（3）培养幼儿良好的学习品质，使其有学习的兴趣和动机，养成专注有序、积极思考的习惯，促进儿童表达、合作、解决问题等学习能力的提升。

2. 教师发展方面

（1）引导教师研读儿童。有效引导教师研读儿童，观察学前儿童学习语言的认知特点及学习表现，通过观察和分析，反推教师在实践中对领域目标、儿童特点、学习方式的对应学习内容，反思自身教育行为，优化课程组织。

（2）提升学科素养。加强教师学科基础知识的学习，提升学科素养。学前教育有自身的特点，在教学组织上不是分科教学，而是强调领域融合，但仍然需要教师有一定的学科基础，对学前阶段的语言领域核心概念有清晰的了解，这样才能够支持教师更加科学地进行活动设计及教学组织。

（3）提高教学能力。在实践研究中，帮助教师建构系统化的“教师知识”，深化其对语言领域教育学科知识、儿童能力发展的认知，通过学习与实践，不断提升认识，从宏观、中观、微观 3 个层面梳理符合新时代课程改革背景的幼儿园语言教育策略。明确幼儿园语言教育的内容及实施途径，学会教学设计的方法，总结新课程理念背景下能够支持儿童开展有价值的语言学习的教学策略。

3. 幼儿园发展方面

（1）改变。从根本上改变幼儿语言课程组织实施的现实状况，纠正幼儿园在语言教育实施中的片面认知，改变机械化、枯燥的训练模式，还原幼儿园应有的课程形态。

（2）明确。幼儿园语言教育的定位并不是为升入小学做准备，而是要结合 3～6 岁儿童的年龄特点及发展目标确定适宜的内容及教育组织策略。

（3）导引。引导园所开展学前阶段语言教育的园本教学研究，通过大量梳理实践研究经验，集结教育智慧，有意识地整理园所语言教育的经典案例，在课程借鉴、应用、研究使用、优化设计的基础上逐渐构成园本语言教育课程，形成园本研究的成果及特色，促进课程不断优化及教师专业持续发展。

第三节　教研范式

在课程改革推动教研转型的背景及要求下，项目研究转变以往的思路，由单一的培训转向深入的研修互动，采取入园基础培训、区级项目组教研指导相结合的方式，在过程中重点推进行动研究，通过“三研究”“同课异构”等多种方式，引导教师从借鉴优质课程

资源入手，学习研究，优化教学方案设计，开展集体备课教学研讨、现场观摩交流，在过程中引导参与教师共同观察，强调教师的自我反思和同伴的协同研究与交流，最后整理思路，生成研究案例报告，在形成完整闭环之后，成为下一个研究循环的新起点，最终促进教师专业能力呈螺旋上升式的成长。在行动研究的过程中，更多地结合观察法，在教学情境中聚焦课堂观察，通过实录和行为检核量表的方式，观察并分析幼儿的行为表现，引导教师反观教育行为。其具体思路如下：

一、明确路径——建立以儿童为中心的教师专业发展路径

行动研究基于教师所亲历的教育情境中的现实问题，是教师获得认识并持续思考“是什么”“如何做”“为什么做”的过程，能够最大限度地实现教师的“学以致用”，激发他们自我专业发展的意识。这一过程倡导教师对自己的实践进行批判性思考，让教师能够更好地觉知自己过去、现在、将来的专业发展状态，形成专业发展的规划。在实践过程中，我们明确地认识到，行动研究一直以来都是教师专业发展的有效路径，但现今需要结合课程改革的变化，引导教师调整研究重心，从较多地研究教育策略转向对幼儿行为的观察与研究，建立新课程理念下教师自我专业发展研修路径（图 1－1）。

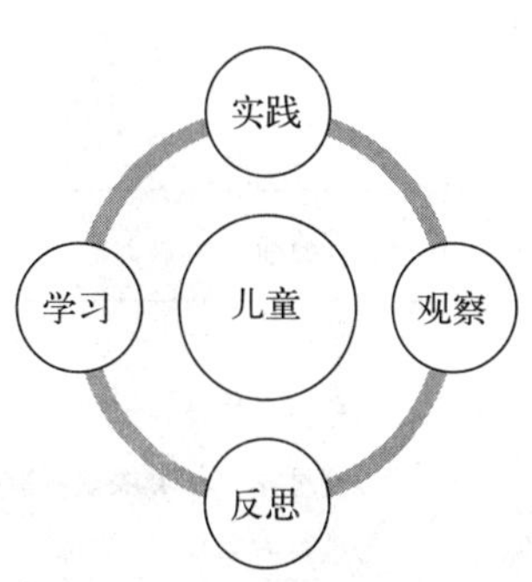

图 1－1 新课程理念下教师自我专业发展研修路径

需要说明的是，这一路径形成了完整并不断循环的闭环，其核心是教育中的“人”。循环的开始可能是从学习开始导向的实践反思，也可能是由实践引发的主动学习，还有可能是无意观察引发的研究实践和学习探索。无论从哪里开始，必将经历完整的行动研究过程。这一过程与教师的学习发展规律相适应，能够最大限度地调动学习动机，是一个需求和满足交互的过程，有助于帮助教师建立批判性、成长性思维，最终形成自我专业发展的意识。

二、建立模式——分层教研，环环相扣，落实“一课三研究”

以儿童为中心的教师专业发展研修路径的建立，帮助教师在个体发展方面建立了良性循环，与此同时，园本教研、区级教研也需要各自形成闭环，促进行动者从孤立走向合作，从自我驱动走向共同体驱动，建立合作研究模式。我们大胆尝试，以“一课三研究”的研修方式贯穿，形成区级教研支持园本教研、园本教研支持个人研修的合作研究模式。图 1－2 是三级研修模式下开展“一课三研究”的具体实践。

这里所指的“课”不是一节课，而是课程实施的方案，是教师整体的课程设计与思考。“一课三研究”分别是一研活动前、二研活动中、三研活动后，强化区教研、园本教研、教师在 3 个研究阶段需要完成的目标和任务，紧密围绕教师个人发展、园本教研实效、项目研修作用，在 3 个维度进行统合思考，具体内容见表 1－1。

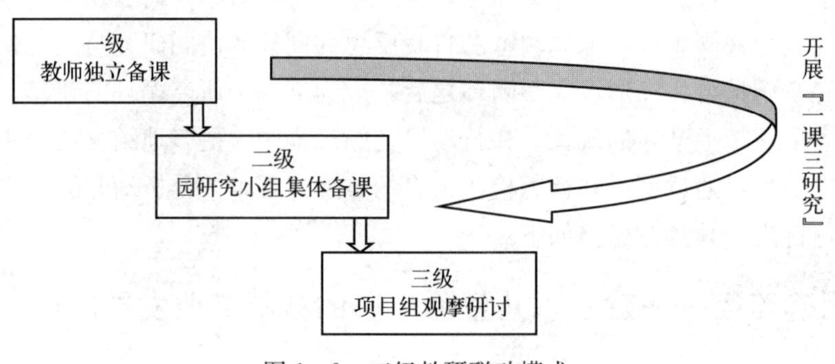

图 1-2　三级教研联动模式

表 1-1　“一课三研究”

	活动前——教学设计	活动中——观察	活动后——教育反思
教师	独立设计： ①分析儿童特点及经验 ②梳理学科领域关键经验 ③进行教学设计	观察： ①我看到的——记录儿童行为表现 ②我想到的——分析儿童特点和需求，分析教师支持策略的适宜性	反思： ①撰写完善研修案例 ②分享观察到的儿童学习故事
园本研修	集体备课：领域小组、同年龄班教师参与设计，发挥同伴互助的作用	活动观察：组组织教师有目的、有重点地观察儿童行为表现	交流研讨：聚焦重点问题，分析儿童表现，反思教师教育行为
区级项目指导	研究重点布置： ①结合项目教研专题进行实践研究重点的布置 ②预先了解园本教研计划和方案，教师进行教学设计	重点活动观察：同步参与现场观摩，有目的、有重点地观察儿童行为表现	参与园本教研： ①参与幼儿园园本教研活动研讨 ②指导园本教研开展实效性研究

表 1-1 体现出了教师个人、园本教研、区级项目研修 3 个不同层面上各自形成的研究工作闭环，同时还呈现了 3 个循环之间的相互联系。整个过程强调教师的独立、完整研修，强化园本教研作用的发挥，注重同伴的互助和群体跟进研究，能够聚焦问题，有质量地研讨，促进教师的专业化思考。区级教研作为整体的统筹，在园本教研计划、教学研讨重点设计上给予指导，并引发区域内园际之间的合作研究，最终实现双重目标：提升教师个人研修能力、提高园本教研实效。

三、范式引导——以“一课三研究”案例模板为支架，提高实践效果

三级教研模式对教师、园所在研修中需要完成的任务及步骤进行了积极的引导，在很大程度上改变了目前园本教研空洞无实效、教师缺少研究意识的问题，在经历共同研究的过程中，为幼儿园和教师提供了方法性的引导。但在实际的工作中，我们发现区域内园与园之间的教育研究能力水平存在差异，新教师占很大比例，同时又缺少有经验的业务干

部。此外，仅有方法的引导是不够的，因为在实际操作层面会出现不规范甚至认知不正确的问题，很多园所尝试去做，但是规范性和实效性不强。为了解决这一问题，我们从教师研修入手，设计了“一课三研究”案例模板表格，针对教师备课设计、观察记录、案例反思 3 块内容进行规范设计，并结合教学改革新理念的变化进行优化，呈现对教师思路和教育行为的引导。一研表的目的在于帮助教师规范备课设计，完善教学课程实施的思考；二研表的目的是引导全体参与者变成观察者，更多地关注儿童的学习表现；三研表的目的是引导教师进行案例梳理，并反思总结。在具体实施过程中，采取区级项目组带动，指导各个实验园在园本教研中进行应用的方式，带领教师尝试完成“一课三研究”案例研修。实践证明，范式的引导收到了很好的效果，应用本就是学习的过程，这一方式减少了盲目性，提高了效率，起到了关键的支架作用。

第二章　课程实践研究

第一节　项目研究方案

一、项目简介

基于区域现状问题，丰台学前教研室聚焦课程质量提升，于 2018 年 5 月成立丰台区幼儿园教师语言能力提升项目组，引进优质课程资源，借助专家团队力量，参与国家级课题《课程游戏化视域下幼儿深度学习的理论和实践模式研究》，开展语言教育教学实践，引领教师提高自身语言表达、理解能力，学习在教学中运用恰当的指导策略来更加有效地支持和满足幼儿的学习，并通过典型语言优秀课例分析与实践、区角观摩探究、家庭游戏案例研讨等多种形式，从理论到实践，共同探索语言教育的内涵和价值。

丰台区参与项目的研究园所共 22 所，涵盖各类型园所，采取专家入园培训的方式，共计培训教师 800 余人。在过程中导引幼儿园开展专题研究，指导教师教育实践，有效促进园本教研的实效性和教师教学水平的提高。同时，协助园所定期开展家长学校培训，改变家长对学前语言教育的认识，纠正其对幼小衔接的认识误区。项目研究聚焦教师队伍培养，由教研员牵头成立语言教育研修种子营，重点培养 47 名优秀种子教师，组织区级教学研讨，开展语言教育实践研究，推进区域语言领域活动课程游戏化的研究。

二、项目研究定位

落实指南精神，深化课程改革，聚焦新理念背景下语言活动设计与组织的研究，推进学前语言活动课程游戏化。通过研修，指导教师研读儿童，明确各年龄段目标和学科关键经验，提升教师语言活动设计与组织能力。开展优秀课程设计，将优质示范课物化成果进行整理，形成幼儿园的语言课程园本教材，合力构建丰台区学前语言领域活动区本课程资源共享。

1. 研究目标

（1）为幼儿提供适宜发展的语言教育，激发并保护幼儿学习语言的兴趣，培养幼儿良好的习惯和学习品质，促进儿童思维水平的提升。

（2）提高教师对新时代课程改革背景和语言教育核心价值的认识，关注阅读习惯对于幼儿终身发展的意义。帮助教师精准掌握语言学科知识，在学习和实践中提高教师的学科

素养和教学素养，建构系统化的学科知识和教学知识，提升教师的语言活动设计与组织能力以及观察、评价和研究能力，促进专业能力发展。

（3）引导家长了解幼儿学习特点及需要，更新教育观念，改变其对学前教育认识的误区。

（4）推动园所课程改革，提升园本教研质量，优化课程资源，提升保育教育水平。

（5）加强区域课程建设，构建区级课程资源共享，以点带面，改变全区语言教育开展的现状，破解“幼小衔接”认识误区，深化区域学前教育改革，推进课程游戏化研究。

2. 研究内容

（1）调查分析丰台区园所教师对幼儿园语言教育的认识和组织实施现状，通过分析教师做法和观念认识，明确教师和园所存在的亟待解决的实际问题，为后期项目研究找准切入点。

（2）依托分享阅读优质课程，引导教师进行案例实践，规范集体教学活动设计，研究语言活动组织策略，提高教师设计、组织语言教学活动的能力。

（3）在实践中不断深化对《3—6岁儿童学习与发展指南》的学习和理解，研究基于学前课程模式及儿童学习特点的生活化、游戏化语言活动的设计与组织。

三、项目研究过程

结合研究内容，项目组调研为先，了解教师的真实困惑与需求，通过开展理论伴随式学习，提高教师对语言领域核心经验的初步认识；通过引进优质课程资源，从集体教学活动观摩与实践入手，明晰教学内容；在实践的基础上逐步优化教学设计，并逐步探索新时代背景下的语言课程模式。以培养阅读兴趣和良好的阅读习惯、拓展学习经验、促进幼儿成长及语言能力发展的需要为目标（图2-1）。

图2-1　实施阶段

1. 第一阶段——先期调研、启动培训

（1）调研为先。通过对幼儿园语言教育现状进行调研，了解教师对语言学科的困惑，明确研究方向，制订项目研修方案。

（2）理论支持。结合《3—6岁儿童学习与发展指南》《学前儿童语言学习与发展核心经验》《学前儿童语言教育》以及相关文献研究，进一步熟悉儿童语言阅读习惯、阅读能力以及学科核心经验。

（3）跨省学习。走进南京幼儿园现场，观察在幼儿园语言教育研究下，儿童在环境、游戏、活动中的语言能力发展，找到差距，达成研究共识。

（4）研学课程。结合《分享阅读教师指导手册》，初步了解不同体裁类型的语言教学目标、教学活动设计的层次性和递进性，以及不同年龄段活动实施策略的差异性。

（5）材料感知。带领实验园教师进行文本分类，支持儿童自主阅读。

2. 第二阶段——问题聚焦、实践研究

（1）实践应用。引领各项目园种子教师借鉴《分享阅读教师指导手册》，从集体教学活动入手，开展第一轮教学活动实践研究，初步了解活动基本流程。

（2）问题聚焦。组织观摩交流，对实施中的问题进行研讨，进一步明确各环节的意义、过程中的学科核心经验把握、提问的多种策略等内容。

（3）教学优化。项目组应用“三研究”案例模板，引导教师独立设计、小组调整—实践中儿童行为表现观察与反思—完善教学设计，进一步明确新时代背景下幼儿园语言教育活动设计思路，为教师可持续发展助力。

（4）研读儿童。为了进一步在研究过程中引导教师更加关注儿童学习的差异性，项目组设计了课堂观察量表，目的在于通过记录儿童操作环节中的差异性表现，分析儿童的学习特点及需要，通过分析、反思教育行为，优化教师指导策略。

3. 第三阶段——成果梳理、研究应用

（1）案例集结。结合语言“三研究”案例表，梳理出以《3—6岁儿童学习与发展指南》为精神引领的幼儿园语言活动设计方案。

（2）经验分享。项目园园长结合教师与幼儿在项目研究中的成长变化，以及家长的支持与认可进行经验分享。

（3）成果梳理。梳理研究过程，整理阶段成果，在总结的基础上明确认识，总结方法和策略，进一步明确“十四五”期间项目研究的方向及重点。

（4）研究应用。将研究成果进行推广，为广大幼儿园开展语言教育研究提供思路，为教师设计组织语言活动提供案例借鉴，推动学前语言教育的游戏化进程，从而影响家长的观念，使其正确认识学前语言教育的价值。

四、项目研究成果及影响

语言项目自2018年成立，从最初的12所实验园增加到22所，集结教学活动设计30余篇、园所经验分享16篇，10余节优秀活动课例、30余篇家庭游戏案例＋微课在丰台学前教育研究公众号和童言童趣话心语公众号中发布。语言项目组将通过各平台和出版阶段性成果书籍更好地推广区域研究成果，并辐射全区甚至其他区域，引领学前幼儿教师共同成长，更好地服务家长，促进学前儿童科学、健康成长。

五、项目研究后续思考

（1）在研究新课程理念引导下，以弘扬传统文化为契机，借助分享阅读课程资源，设计真正符合学前儿童发展和需要的多元游戏化课程，把诵读、经典诗歌等传统文化融入课

程建设中，促进幼儿德育、美育、身心健康全面发展。

（2）实施课堂观察量表的应用。课堂观察评价更加聚焦教师提问与幼儿回应，通过分析评价量表反推教师的教育行为，使教师在提问设计、解决重点难点策略以及目标达成度方面更加明确，针对性更强，从而有的放矢，提升课堂教学质量。

（3）在新的课程观的引导下，开展多途径、多种形式的语言教育，重点研究生活化、游戏化的语言活动组织方式和策略，因地制宜，合理利用班级空间，创设科学、适宜、宽松和谐的语言学习环境。

（4）加强语言区域建设。在区域中满足幼儿听、说、读、写的需求，使其感受到一个完整、真实、与生活经验息息相关的语言氛围，让他们做到想说、敢说、喜欢说。通过与区域材料互动，获取大量信息，扩展生活经验，丰富语言内容，增强其理解与表达能力，从而进一步拓展学习经验。

第二节　研究策略

一、细化学习内容，引领课程观念改变

在实践研究中，不断深化对《3—6岁儿童学习与发展指南》精神的理解，通过活动的优化设计、案例的实践研讨，深化对该指南背景下语言教育课程观的认识。

幼儿的年龄特点和身心发展的需要决定了幼儿园教育目标内容的广泛性，也决定了“保教合一”的教育教学原则。幼儿园课程带有浓厚的生活化特征，课程内容要来自于幼儿的生活，课程实施更要贯穿于幼儿的生活，幼儿自己的生活既是幼儿学习的内容，也是幼儿学习的途径。幼儿的学习方式与特点就是在生活和游戏中，通过亲身感受、体验、操作、探究，不断发展对自我、对他人、对外部世界的认识，进行有意义的自我建构的过程。因此，我们要挖掘生活和游戏的教育价值，遵循幼儿的学习方式，培养儿童积极主动、认真专注、不怕困难、敢于探究和尝试、乐于想象和创造的学习品质。

二、优化教学活动，明晰教学活动设计

通过分享阅读课程，了解该课程的设计结构，打破以往教师对语言教学原有知识结构的界定，明晰各环节设计的目的、意义以及采取怎样的方式开展、实施过程等，帮助教师理清思路，使教学方向更为明确。教学流程如表2-1所示。

表2-1　教学流程

环节名称	环节目标	教学开展方式	注意事项
导入活动	经验联结/知识铺垫，引起阅读期待	游戏、实物、图片、视频、封面预测、讨论、设置故事情境等	依据关键经验；适宜切入点和形式；简短、有效
阅读图画	依据图画信息，理解图书基本内容	集体阅读大书图画；大书、小书相结合	适用于图画信息足以支持幼儿完整理解基本内容的图书

（续）

环节名称	环节目标	教学开展方式	注意事项
图文共读	综合图画和文字信息，理解图书基本内容	先图后文或先文后图或二者结合	适用于仅靠图画信息难以完整理解基本内容的图书
回顾梳理	完整回顾，梳理关键信息，形成完整理解	教师完整讲述，幼儿倾听；共同讲述主要内容；个别幼儿讲述	逐步提高幼儿参与水平

三、深化案例设计，促进区域活动开展

幼儿期是语言发展，特别是口语发展的重要时期。语言的发展贯穿于各个领域，是在交流与运用的过程中发展起来的。幼儿的语言习得发生在真实的交往情境中，以完成真实任务为目的的游戏、生活和其他类型的活动应成为幼儿园语言领域教育的组织形式，使幼儿学得更活、更有趣、更深入。因此，我们将活动延伸到区域，与其他领域进行有效融合，达成以语言活动为支架、促进幼儿全面发展的目的。

我们初步尝试以小班语言活动“大象洗澡”为例，完整呈现整个活动构思与区域延伸实施过程（表2－2）。

表2－2　语言领域语言集体活动教学设计

记录人：崔洋

教学设计		调整完善
设计意图	1. 绘本分析。本书以“洗澡”为主题，以身躯硕大的大象为洗澡的主角，既贴近经验，又新奇可爱。阅读中配合动作，体验叔叔给大象洗澡的过程，会给幼儿新奇有趣的阅读体验，意外有趣的结尾则会让幼儿开怀大笑，喜欢上这头调皮可爱的大象。朗朗上口的儿歌，“唰唰唰”和“哗啦啦”等象声词，能够进一步增强阅读的乐趣 2. 本班幼儿分析。本班幼儿是9月刚刚进入幼儿园集体生活的新小班幼儿，在生活中，他们对于自己洗澡的经验是丰富的，所以在语言表达上比较清晰，愿意并能够表达自己的想法。在开展此次活动之前，我们在表演区提供了《洗澡歌》的音乐，幼儿对于音乐非常熟悉且爱唱跳，每天都会看到不同的小朋友在区域内进行表演，搓搓胳膊、搓搓腿、搓搓脖子和小脚……从幼儿的表现不难看出，幼儿对于洗澡这件事儿以及身体哪些部位需要清洗非常熟悉。而今天，这只可爱的大象来到了班中，它在洗澡时又会发生哪些有趣的事情呢？让我们一起去看看吧 3. 异地教学分析。本次活动为语言课题组内的异地教学，为了使课程更加丰富有趣，使幼儿有所收获，我多次在本园的小班进行试讲。通过试讲能够看出，幼儿的兴趣非常浓厚，对这头调皮可爱的大象喜欢至极。异地教学前，我也对将要授课的班级及幼儿进行了一定的了解，并请班中老师提前带领幼儿熟悉《洗澡歌》的音乐，以便幼儿能够更好、更快地投入活动。除此之外，在活动开始前期，我也实地进班，与幼儿提前共情，让他们对我产生熟悉感和亲切感，希望小朋友能够在接受我、喜欢我的同时爱上阅读	对于本班幼儿语言方面的水平与发展应做简单分析

（续）

幼儿表现分析	幼儿表现观察： 1. 情感态度。能够在老师的带领和情境创设下积极参与活动，感受故事带来的快乐 2. 能力发展。能够结合自身经验大胆表达：叔叔给大象洗了哪些部位、用到了哪些工具、是怎么洗澡的	
	活动设计思考： 1. 如何将幼儿的生活经验有效迁移到绘本阅读中 2. 如何将自己洗澡的经验有效迁移到此次给大象洗澡上	
	教师个人初始设计方案	集体备课调整
教学目标	目标构成（要符合语言领域核心价值、发展目标）： 1. 情感态度。感受故事结尾的意外和有趣 2. 能力习惯。能用肢体动作及语言表达叔叔给大象洗澡的不同部位及不同动作 3. 知识技能。通过观察画面，理解故事内容，体验叔叔给大象洗澡的过程	除了感受结尾的有趣外，对于幼儿的情绪情感体验还能有哪些提升
教学重点	通过观察画面，理解故事内容，体验叔叔给大象洗澡的过程	
教学难点	能用肢体动作及语言表达（表现）叔叔给大象洗不同部位时的不同动作	
教学准备	经验准备： 教师——带领幼儿熟悉《洗澡歌》音乐 幼儿——幼儿已有洗澡的经历；听过《洗澡歌》；认识大象并知道其身体特点和结构	
	物质准备： 教师——大书；提前制作好的 PPT（遮挡文字）；提前准备好的音乐《洗澡歌》 环境——宽敞明亮的环境，可供幼儿活动 电子设备——电子屏	
活动过程	（一）开始部分：听音乐进场，激发幼儿的阅读兴趣 1. 播放《洗澡歌》音乐，师幼共同进场并进行表演 2. 教师提问：谁还记得刚刚我们都洗了身体的哪些地方呀？（幼儿回忆并自由表述） 3. 教师："小朋友们真棒！今天呀，也有一个动物要来洗洗澡，我们一起来看看这个关于洗澡的故事吧！" ·指导重点：唤起幼儿已知经验，鼓励幼儿大胆进行动作表现 （二）基本部分：阅读故事，观察理解故事内容，感受叔叔给大象洗澡的乐趣 1. 师幼集体共读，感受叔叔给大象洗澡的过程 （1）阅读封面 ①快来看一看，故事里有谁？他们在干什么？（引发幼儿整体观察画面，并说出自己观察到的结果） ②叔叔在用什么给大象洗澡？（引导幼儿进一步观察画面细节） ③那你们平时洗澡的时候都会用到哪些工具呢？（唤起幼儿已知经验，激发幼儿阅读绘本的兴趣） ④教师指读书名：这本书的名字就叫《大象洗澡》，让我们一起看看叔叔到底是怎么给大象洗澡的，后面都发生了哪些有趣的事情吧	在洗澡游戏的过程中，教师要注重对幼儿洗澡经验的唤起

（续）

活动过程	2. 阅读故事第1～5页，梳理并观察画面，体验叔叔给大象洗澡的过程 （1）教师：叔叔给大象洗了哪里？大象的××地方是什么样子的？（引导幼儿仔细观察大象身体部位的不同特点，如：鼻子很长很长……） （2）教师：那叔叔会怎么给大象洗××地方呢？（教师带动，幼儿依次学一学，激发幼儿为大象洗澡的兴趣，充分用肢体动作感受大象不同部位的特点） ·指导重点：引导幼儿感受叔叔给大象洗不同部位时的动作是不一样的 3. 出示整张大象图片，回忆叔叔给大象洗澡的过程 教师："叔叔给大象洗了那么多地方，我们一起再来回忆一下吧。"教师用"先……再……接着……然后……最后"来带领幼儿回忆过程 4. 出示第6页，感受故事结尾的意外和有趣 （1）教师："叔叔还会给大象洗哪里呢？"（引导幼儿充分发挥想象并自由猜想及表达） （2）教师："现在发生什么事情了？是谁给谁洗澡？叔叔是什么表情？" （3）教师："你觉得大象为什么要这样做呢？你觉得这是一只什么样的大象？" ·指导重点：初步感受故事结尾的意外和有趣，为第二课时埋下伏笔 （三）结束部分 1. 回顾梳理：感受故事的趣味性 教师："那我们再一起把这个故事看一遍好不好？"（教师讲述《大象洗澡》的故事） 2. "小朋友们太棒了，今天特别开心能和你们一起做游戏，下次我们再把淘气的大象请到班里来一起玩儿好不好？"（活动自然结束）	此环节可鼓励幼儿大胆进行尝试，如：如果让你当小小饲养员来洗大象的长鼻子，你会怎么洗呢？（请幼儿来试一试），以此来感受并总结出洗大象不同部位时动作的不一样 可请幼儿一起参与讲述，初步感受儿歌的韵律感
与生活结合	1. 在表演区继续《洗澡歌》的表演，可提供大象角色卡，教师扮演叔叔，与孩子们玩起来 2. 家园共育——亲子共读 3.《大象洗澡》（第二课时）的进行——儿歌的规律、大象喷水的过程	

延伸到图书区——营造温馨的读书环境。结合《大象洗澡》的内容，投放相应内容的读本，如《洗澡了!》《看，脱光光了!》《小河鱼》等。进一步增加幼儿对内容的认知，同时提高幼儿对图文的观察与理解。

延伸到美工区——美工区中做大象。"老师，大象要是真来我们班就好了"，这是在进行完教学活动后孩子们跟老师说的话。于是，在"大象洗澡"的课程接近尾声时，我们在美工区中进行了大象的制作。向家长征集废旧纸箱，在为期两周的时间里，拼接纸箱、固定造型、给大象涂色，促进了幼儿艺术领域的发展（图2-2）。

延伸到建筑区——建筑区中搭个家。"大象完成了，我们要在建筑区给大象搭个家。"由于是初探，且幼儿年龄较小，所以在活动中，教师与幼儿共同商讨并进行搭建。哪些材料更适宜、我们要给大象搭一个什么样子的家等问题也一直伴随着孩子们。就这样，教师在参与者和引导者的角色之间来回互换，通过教师的引导和陪伴，孩子们在不断的尝试中总结经验，习得了搭建技能，建立了空间方位感，体会搭建的乐趣（图2-3）。

图 2-2 美工区活动

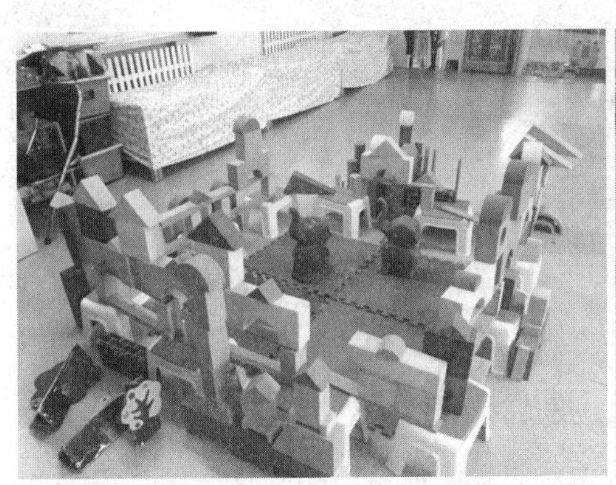

图 2-3 建筑区活动

延伸到自然角。给小动物搭建家后，幼儿的热情依然不减，这时，我们又进一步挖掘，进行了“装扮水果娃娃”“水果娃娃一家亲”等课程活动，将装饰好的果实投放在自然角（图 2-4）。

其他区域的延伸。历时两个月的时间，除建筑区和美工区外，我们在益智区、图书区、健康小墙、表演区都有基于大象这个角色、基于整个课程延伸出来的游戏和活动（图 2-5）。

图 2-4　自然角活动

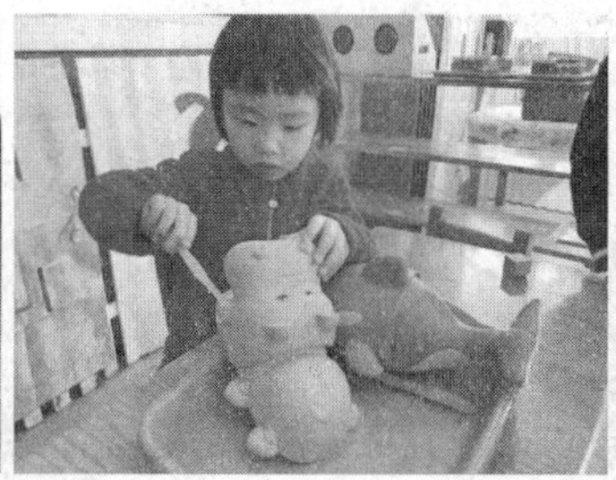

图 2-5　其他区域的延伸

四、引导教师关注儿童学习过程，提高教育反思能力

在项目研究过程中，“三研究案例表”“课堂观察量表”等研究工具的运用让教师在研究过程中有抓手，且更加有效地支持了教师对儿童学习过程的关注，引导教师发生转变，不仅仅关注幼儿的操作结果，同时有意识倾听幼儿对学习认识和操作过程的表达，真正关注了语言学习的特点、需要以及思维发展水平，从而反观自身教育行为，做更有意义的改进性的教育反思。

以“一课三研究”案例模板为支架，提高教师观察实践能力。“三研究”案例表体现了个人、园级、区级三级教研模式，可以培养教师独立备课的能力，发挥园级语言组互助研究优势，借助区级观摩研讨，引发共同思考。

1. 一研　教师根据本班幼儿现状，结合绘本故事中新奇有趣的内容和意外的结尾，设计了生动有趣的一研案例。其中，“调整完善”部分重点体现的是园所研究小组的相互研讨和修改建议。

2. 二研　以观察幼儿行为表现为主的二研表更加突出教师在实践过程中对儿童行为表现的观察、分析和反思，通常体现的是教师在实施过程中的观察追记、回看录像后的记录，或者也可以是团队观摩后小组人员的观察记录，其目的是通过幼儿行为表现反观教师教育行为的适宜性。教师借助二研表能反推自己的教育行为，作为后续改进的依据。

3. 三研　三研是基于一研、二研，反复推敲形成的较完善的教学文案，其中包括完整的教学活动设计和幼儿学习故事的撰写，体现了教师的儿童观和教育观，促进教师教育

观念进一步提升，为后续发展奠定基础。

五、课堂观察量表，聚焦教师教育行为

在当前语言教育活动中，课堂涉及的一些问题开放性不够，教师提问的问题大多是封闭的，难以促进幼儿创新思维和能力的发展。例如，对于“小虫子可爱吗？大家喜不喜欢呢?”“你想不想成为一只聪明的小虫子?”这类问题，幼儿只是需要回答“是”或“不是”，“想”与“不想”，这种提问方式没有突出幼儿的不同特点，数量太多、质量太低、没有重点、过于机械化的问题不利于幼儿教育质量的提高。因此，我们设计了课堂观察量表，在上课过程中聚焦幼儿的对话，在整个过程中，教师要明白哪些提问能够激发幼儿的阅读思维，哪些提问出现了问题；课后能根据课堂上反映出来的问题进行及时调整，设计出更适合的提问内容，加强课堂的实效性（图 2－6）。

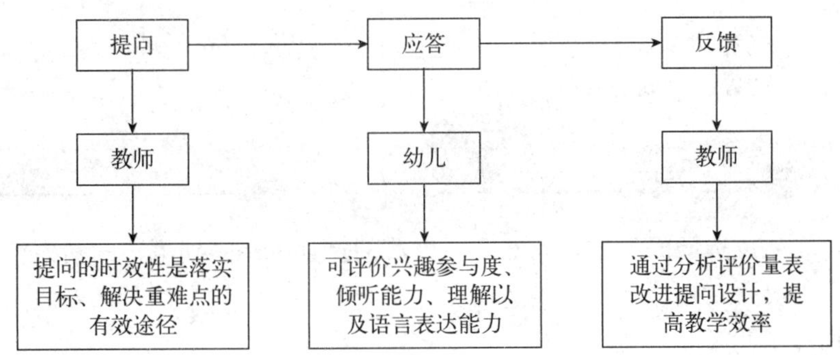

图 2－6　课堂观察量表

下面以大班语言活动“我是一只小虫子”为例，聚焦提问，反推教育行为。

（1）观察量表引导教师关注重点提问设计与目标及教学重难点之间的关系。

师幼共读大书

（第三页）

师：小虫子被喷到了哪里?

师：谁还记得刚才孙安杰是怎样说的?

师：你能用一个好听的词语形容一下吗?

（第四页）

师：它会说什么?

（第五页）

师：猜一猜你们觉得小虫子在做什么，从哪里看出来的?

师：你觉得它为什么害怕?

封面观察导入

师 1：在生活中你都见过哪些小虫子？你们喜欢这些小虫子吗？为什么?

师 2：还有一只小虫子来到了我们这里，它想做一次小导游，带小朋友去虫虫王国参观一下。导游小虫子在哪里?

师 3：如果让你们当一只小虫子，你们觉得做一只小虫子好不好?

分析：从提问可以看出，教师以绘本封面导入，在观察的过程中，感受故事的趣味性。通过提问，将幼儿带入绘本情境中，让幼儿感受充当小虫子的感觉，随着故事的发展，大胆想象会发生的事情，从而感受故事幽默的语言风格。

辩论环节

师1：有没有小朋友认为当小虫子很好的？

师2：你要有充分的理由阐述你的观点！

师3：谁认为当小虫子不好？说出你的观点，不好在哪？

师4：反方还有什么观点？你还看到了什么？

师5：正方还有什么观点？

师6：反方还有什么观点吗？

师7：正方还有什么观点？

小结

师：小虫子们很感谢小朋友帮助它们完成了这场辩论赛，我们找到了答案。做一只小虫子每天都会遇到各种各样的麻烦，但同时也会有开心的事情。我们每天的生活就是这样，有好的、有不好的，最重要的是我们要做最棒的自己，每天都开开心心的。

分析：一正一反追问的形式，让幼儿在应答的过程中感受到事物的两面性。此外，教师在小结的环节又进一步梳理了事物的两面性，同时提到生活中也存在着两面性，很好地和幼儿生活衔接了起来。

（2）从幼儿观察指标分析反推教师教育行为。通过对指标的分析不难看出：

① 教师对于幼儿前期经验了解以及教学设计考虑不够，导致幼儿概念不清。

② 幼儿的倾听能力差，过程中教师没有根据幼儿的应答及时调整提问方式。

③ 教师提问单一，开放性提问少，需要多元的提问。

④ 没有运用有效提问，引导幼儿有逻辑地阐述自己的观点。

六、家园互动，形成合力

大量研究表明，亲子陪伴有助于幼儿的成长，高质量的亲子陪伴可以提高孩子的自信，并能在与人互动中获得良好的交往技能。因此，家庭阅读环境、高质量陪伴幼儿事关重要。我们选择了适宜家庭互动的读本进行游戏化设计，以小微课的形式，通过公众号广泛向家庭推送。对于每一个家庭而言，这种方式除了可以让孩子增强语言能力、认知及独立思考外，更能达成情感交流、经验传承等目的。另外，对教师而言，更能深入了解每一个家庭和幼儿的需求，设计出更贴近幼儿生活、游戏化、互动性更强的活动，为今后家园合力教育奠定基础。

家庭游戏案例

我是小侦探

适合年龄：5～6岁

1. 核心价值　“我是小侦探”活动以鸡大婶超市丢东西为情景，引导幼儿仔细观察线索，通过对线索的联想、猜测、分析、推理，开拓幼儿的思维，促进幼儿的语言表达能力。

2. 目标

（1）通过仔细观察画面，根据线索进行大胆想象和推测。

（2）能够清晰地表达自己的观点，并运用完整的语句阐述理由。

（3）理解故事中小老鼠的遭遇，感受在关爱他人中获得快乐的情感。

3. 音频　鸡大婶自述音频

4. 视频　揭秘答案视频

5. 配图　案件线索图、破案线索图

6. 互动微课视频　微课

7. 指导重点

（1）结合鸡大婶的讲述音频，激发幼儿帮助鸡大婶的兴趣。

（2）引导幼儿用完整、恰当的语句描述自己的观点，包括分析角色的心理活动和语言。

（3）在案件侦破过程中，引导幼儿细致观察、迁移经验，尝试运用比较、分析、推理、排除等手段进行案情分析。

8. 互动过程

（1）听一听（精品细读）。“鸡大婶是一家超市的老板。这天，鸡大婶的超市发生了一个重大事件，鸡大婶非常伤心。究竟超市里发生了什么，让鸡大婶那么着急？让我们赶快来听一听鸡大婶怎么说吧！”

通过鸡大婶的求助语音吸引幼儿，激发幼儿帮助鸡大婶的兴趣。

（2）看一看（阅读笔记）。“鸡大婶调取了当天晚上的监控录像，锁定了3位嫌疑人，这3位分别是谁呢？它们3个为什么要在超市关门后偷偷进去？”

通过监控视频提供的线索，引导幼儿仔细观察超市失窃画面，激发幼儿大胆想象并加以推测的愿望。

（3）说一说（问题时刻）。通过仔细观察超市失窃画面，引导幼儿说一说你觉得谁最有可能偷了鸡大婶超市的东西？你在哪里发现了什么线索？你为什么这样认为？

对幼儿的讲述要及时给予鼓励和肯定。重点引导幼儿用完整、恰当的语句描述自己的观点，帮助幼儿分析3个角色的心理活动和语言（图2-7）。

你觉得是谁留下的线索？谁最有可能偷了鸡大婶超市的东西？

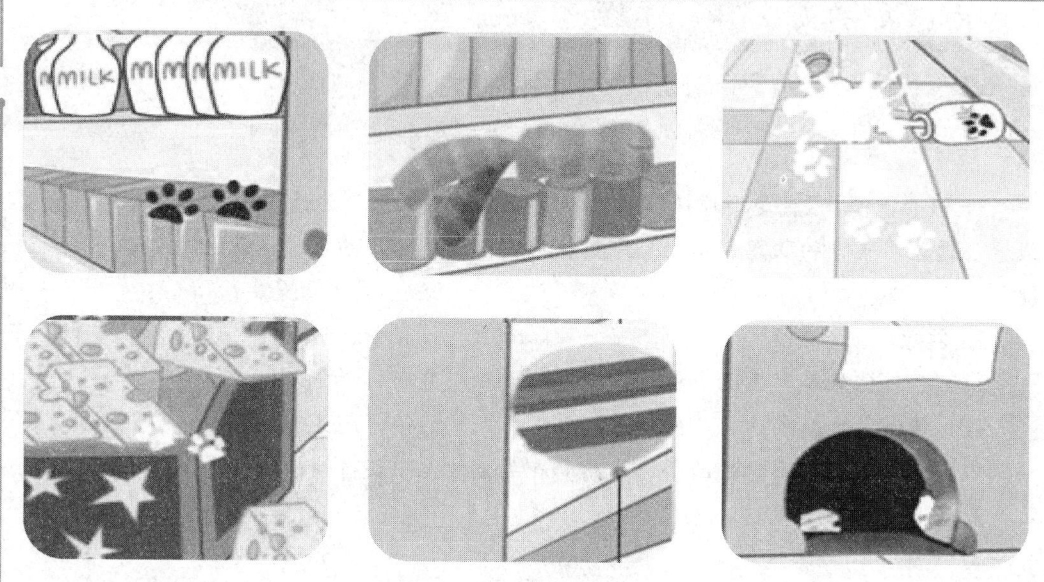

图 2-7　看图说一说

（4）玩一玩。马上就要进入大揭秘环节了！提供给幼儿一张“破案线索图”，帮助幼儿梳理整个案件的可能性，但是破案线索图并不是以一个最终完整的答案直接呈现给幼儿的，需要幼儿根据自己发现的线索完成连线游戏，完成后，自然而然就会发现谁是真正偷东西的人了。通过游戏的形式，既培养了幼儿自己梳理整个案件思路的能力，又能让幼儿感受到帮助鸡大婶破案成功的快乐，在增强幼儿自信心的同时，也帮助幼儿提升了梳理经验、总结的能力。

“小侦探你们太棒啦！请你们整理好思路，看着下面的图片（图 2-8），把案件发生的过程完整地讲述出来吧！”

图 2-8　完整讲述

9. 写给家长的小贴士

（1）家长可以适当引导幼儿仔细观察画面中的细节，积极表达想法。

（2）通过对画面的细致观察，引导幼儿大胆想象和推测。

（3）当孩子表述合理时，要对孩子的想法予以肯定。

（4）和孩子们一起寻找线索，这样更能激发幼儿游戏的积极性，使幼儿乐意表达自己的想法。

10. 资源拓展（阅读推荐）《艾利克斯神秘探案游戏书》系列游戏书中的每本书都是一个探案故事，该书采用第一人称的游戏场景，一翻开书，瞬间化身“柯南”，破解谜案，给孩子超强的代入感。

11. 延伸游戏

（1）游戏名称：我来说，你来猜。

（2）游戏玩法。

① 将自己喜欢的物品藏起来，根据对方提供的线索寻找物品。

② 用完整的语句描述物品藏匿的位置。

③ 物品找到后，可两人互换角色，再次进行游戏。

第三章　典型案例

第一节　小班优秀活动案例

案例一

主题单元活动：大象洗澡

丰台区实验幼儿园　崔洋

01 主题课程思维导图

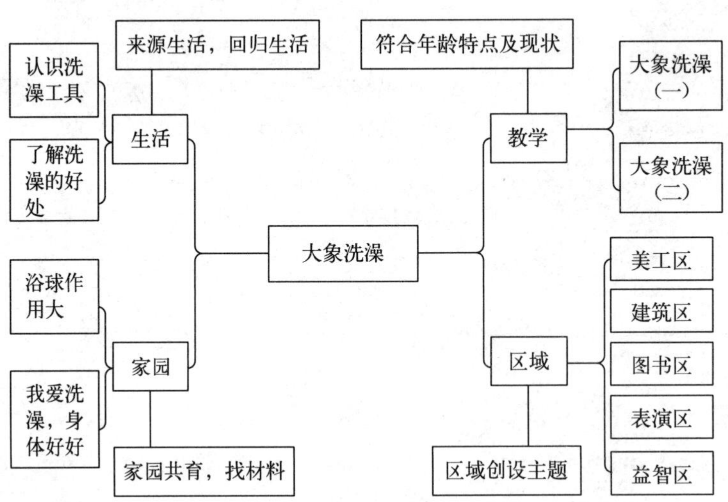

02 活动背景

● **源于故事**：本书以“洗澡”为主题，以身躯硕大的大象为洗澡的主角。故事中，大象与饲养员叔叔的互动充满了整个画面，给人以温馨的阅读感。意外有趣的结尾则会让幼

儿开怀大笑，喜欢上这头调皮可爱的大象。希望通过此读本，幼儿能够进一步感受故事中的趣味和爱，从而感受分享阅读的乐趣。

● **基于绘本**：“唰唰唰，大象的鼻子洗一洗；唰唰唰，大象的耳朵洗一洗……”当分享阅读一类的故事书出现在孩子面前时，他们是喜悦的：“老师你的书怎么那么大啊，看得真清楚！”“我们每个人都有小书可以看，真开心啊。”就这样，幼儿在集体阅读和小书阅读之间反复生成“新刺激”，使幼儿更加热爱阅读。

● **思于现状**：本班幼儿是9月刚刚进入幼儿园集体生活的新小班幼儿，在生活中，他们对于自己洗澡的经验是丰富的，且一半幼儿已经满4周岁了，所以在语言表达上比较清晰且丰富，愿意并能够表达自己的想法。在开展此次活动之前，我们在表演区提供了《洗澡歌》的音乐，幼儿对于音乐非常熟悉且爱唱跳，每天都会看到不同的幼儿在区域内进行表演，搓搓胳膊搓搓腿、搓搓脖子和小脚……从幼儿的表现不难看出，幼儿对于洗澡这件事以及身体哪些部位需要清洗非常熟悉。而今天，这只可爱的大象来到了班中，它在洗澡时又会发生哪些有趣的事情呢？让我们一起去看看吧！

● **设计思路**：故事中有趣的情节以及饲养员叔叔和大象的有爱互动可以使幼儿沉浸其中，希望通过观察画面以及不同形式的表达，使幼儿感受故事的乐趣，从而养成讲卫生的好习惯。

03 主题目标

1. 通过观察画面，理解故事内容，体验叔叔给大象洗澡的过程。
2. 在理解内容的基础上，用语言及动作表达（表现）叔叔给大象洗澡的过程。
3. 能够通过自主阅读，仔细观察画面，发现大象给叔叔喷水的过程。
4. 感受故事结尾的意外和有趣，养成勤洗澡、讲卫生的好习惯。
5. 能够用撕、画、刷等自己喜欢的方式装饰大象。
6. 能够运用延长、围拢等已掌握的搭建方法进行小象家的搭建。

04 活动设计

名称	实施途径	目标	评价要点
大象洗澡（第一课时）	集体教学活动	1. 感受故事结尾的意外和有趣 2. 能用肢体语言及动作表达（表现）叔叔给大象洗澡的不同部位及不同动作 3. 通过观察画面，理解故事内容，体验叔叔给大象洗澡的过程	1. 能够积极主动地参与活动并愿意表达自己的想法 2. 能够在观察和阅读的过程中体会阅读带来的乐趣

（续）

名称	实施途径	目标	评价要点
大象洗澡（第二课时）	集体教学活动	1. 感受故事结尾的意外和有趣，养成勤洗澡、讲卫生的好习惯 2. 能够通过自主阅读，仔细观察画面，发现大象给叔叔喷水的过程 3. 在理解故事内容的基础上，用语言及动作表达（表现）叔叔给大象洗澡的过程	1. 能够通过观察画面了解故事内容 2. 尝试自主阅读，感受阅读的乐趣 3. 愿意用语言及动作表达自己的想法
可爱的大象	区域自主游戏	1. 能够用撕、画、刷等自己喜欢的方式装饰大象 2. 初步养成收放工具的好习惯	1. 愿意并能够大胆在大象身上进行装饰 2. 在活动过后能够主动收放工具，养成好习惯
小象的家	区域自主游戏	1. 能够运用各种积木进行小象家的搭建 2. 在搭建过程中，能够运用延长、围拢等已掌握的搭建方法进行搭建	1. 能够利用多种积木以及低结构材料进行搭建 2. 结合实际经验，进行小象家的搭建
我爱洗澡，身体好好	家庭亲子互动	1. 通过回忆故事及游戏体验，了解洗澡的好处 2. 初步知道并说出洗澡时要洗哪些部位以及它们的先后顺序 3. 养成爱洗澡、讲卫生的好习惯	1. 能够在游戏体验的基础上说出正确的洗澡顺序 2. 感受洗澡的好处及重要性
浴球浴球作用大	家庭亲子互动	1. 在了解洗澡工具的基础上，尝试运用浴球进行创意画活动 2. 愿意并大胆介绍自己的绘画作品 3. 感受浴球的功能性，喜欢参与活动	1. 了解浴球等洗澡工具的多种作用 2. 自主选择材料进行创意画的尝试

一、集体教学活动

活动一　大象洗澡（第一课时）

【活动目标】

1. 感受故事结尾的意外和有趣。
2. 能用肢体语言及动作表达（表现）叔叔给大象洗澡的不同部位及不同动作。
3. 通过观察画面，理解故事内容，体验叔叔给大象洗澡的过程。

【活动重点】

理解故事内容，体验叔叔给大象洗澡的过程。

【活动难点】

能用肢体语言及动作表达（表现）叔叔给大象洗不同部位时的不同动作。

【经验准备】

教师——带领幼儿熟悉《洗澡歌》音乐；幼儿——已有洗澡的经历，听过《洗澡歌》，认识大象并知道其身体特点和结构。

【物质准备】

书（图 3-1）；提前制作好的 PPT（遮挡文字）；音乐《洗澡歌》。

图 3-1 《大象洗澡》图书

【活动过程】

1. 导入——激发兴趣（3 分钟）。

（1）教师："谁还记得刚刚我们都洗了身体的哪些地方呀？"

（2）教师："小朋友们真棒！今天呀，也有一个动物要来洗洗澡，我们一起来看看这个关于洗澡的故事吧。"

· 导入重点：共同演绎《洗澡歌》，引出故事主题。

· 联结经验：回忆生活中洗澡都会洗哪些部位。

· 重点指导：能够回忆并说出身体部位，为下一环节做铺垫。

2. 过程——阅读故事，初步理解画面内容（10 分钟）。

（1）阅读封面。

教师："快来看一看，故事里有谁？他们在干什么？叔叔用什么在给大象洗澡？那你们平时洗澡的时候都会用到哪些工具呢？"

（2）阅读故事书第 1～5 页。

① 教师："叔叔给大象洗了哪里？大象的××地方是什么样子的？那叔叔会怎么给大象洗××地方呢？"

② 教师："叔叔给大象洗了那么多地方，我们一起再来回忆一下吧！"

（3）出示第 6 页。

① 教师："叔叔还会给大象洗哪里呢？现在发生什么事情了？现在是谁给谁洗澡？叔

叔是什么表情呀?”

② 教师:“你觉得大象为什么要这样做呢? 你觉得这是一只什么样的大象?”

·阅读方式:师幼集体阅读。

·阅读策略:每一页关键部分的重点引导观察。

·重点指导:观察饲养员叔叔以及大象的表情、动作,猜测心情和后续故事。

3. 结束——完整阅读感受表达(3 分钟)。

(1) 教师:“那我们再一起把这个故事看一遍好不好?”

(2) 教师:“小朋友们太棒了,今天特别开心能和你们一起做游戏,下次我们再把淘气的大象请到班里来一起玩儿好不好?”(活动自然结束)。

·总结方法:共同阅读大书,回顾梳理故事内容。

·拓展提升:猜测后续故事情节及发展,激发幼儿想要阅读的兴趣。

·重点指导:理解故事内容,体验叔叔给大象洗澡的过程。

活动二　大象洗澡(第二课时)

【活动目标】

1. 感受故事结尾的意外和有趣,养成勤洗澡、讲卫生的好习惯。

2. 能够通过自主阅读,仔细观察画面,发现大象给叔叔喷水的过程。

3. 在理解故事内容的基础上,用语言及动作表达(表现)叔叔给大象洗澡的过程。

【活动重点】

在理解故事内容的基础上,用语言及动作表达(表现)叔叔给大象洗澡的过程。

【活动难点】

能够通过自主阅读,仔细观察画面,发现大象给叔叔喷水的过程。

【经验准备】

教师——已经带领幼儿进行过《大象洗澡》的第一课时;幼儿——幼儿有洗澡的经历,进行过第一课时的教学活动。

【物质准备】

提前制作好的 PPT(遮挡文字);刷子、水管、沐浴露等小工具 4 套(图 3-2);宽敞明亮的环境,可供幼儿进行活动。

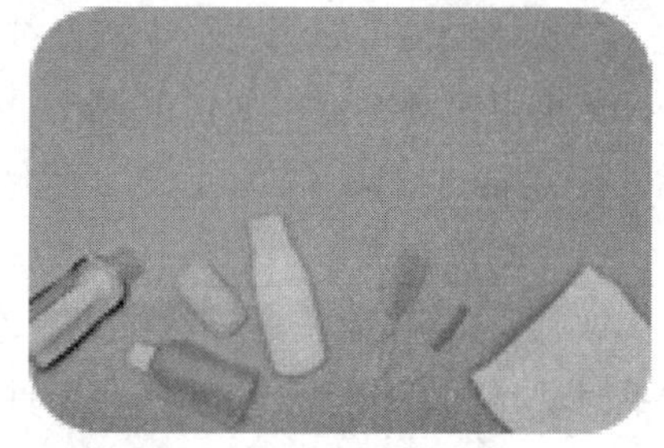

图 3-2　需准备的工具

【活动过程】

1. 导入——激发兴趣(3 分钟)。

(1) 教师:“上次活动我们看了一本书,名字叫《大象洗澡》,谁还记得叔叔都给大象洗了哪里? 让我们一起再来回顾一下吧!”(师幼共读第 1~5 页,唤起幼儿对故事的回忆和兴趣)。

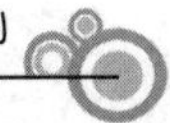

（2）出示第6页。

教师："发生了什么？现在变成谁给谁洗澡了？你们觉得大象为什么要这样做呢？"

· 导入重点：通过师幼共读，唤起幼儿对故事的回忆。

· 联结经验：通过出示结局页，让幼儿不断地思考和猜想。

· 重点指导：鼓励幼儿大胆猜测故事情节。

2. 过程——阅读故事，初步理解画面内容（10分钟）。

（1）幼儿自主阅读，尝试发现大象喷水的过程。

（2）集体阅读。

① 教师："谁发现了水是从哪儿来的呀？叔叔在给大象洗身体时，大象看到了什么？你觉得它这时候在想些什么？"

② 教师："叔叔给大象洗腿时，大象又是什么样子的？叔叔给大象洗尾巴时，大象在干什么？接下来发生了什么？"

· 阅读方式：自主阅读、集体阅读。

· 阅读策略：鼓励幼儿通过仔细观察画面，发现大象鼻子里的水的由来。

· 重点指导：引导幼儿发现并说出大象喷水的过程和动机变化。

3. 结束——游戏体验，感受趣味（3分钟）。

（1）教师："你们觉得这是一头怎样的大象啊？"

（2）教师："今天呀，这头调皮的大象也来到了我们小一班，我们一起来看看！"（教师介绍游戏玩法）。

（3）听音乐，幼儿当动物饲养员，给大象洗澡（活动自然结束）。

· 总结方法：通过真实的游戏，体验饲养员叔叔与大象之间的感情。

· 拓展提升：在游戏中体验洗澡的乐趣、好处和顺序。

· 重点指导：通过游戏体验，养成爱洗澡、讲卫生的好习惯。

二、区域自主游戏

活动一 可爱的大象

区域目标	1. 能够用撕、画、刷等自己喜欢的方式装饰大象 2. 初步养成收放工具的好习惯
环境支持	

（续）

材料投放	已制作好的纸箱大象；毛球、亮片、彩纸若干；乳胶；颜料、排笔、水彩笔；幼儿罩衣
指导重点	1. 教师将已经组装好的大象抬到班内，激发幼儿装饰的兴趣 2. 教师引导幼儿选择自己喜欢的工具和方式进行装饰："现在你们可以给大象穿漂亮的新衣了，自己选择喜欢的工具和方式给大象穿新衣吧！"
观察指导	・儿童学习过程实录： "老师，大象要是真来我们班就好了。"这是在进行完教学活动后立达跟我说的话。今天，已经到了给大象"穿新衣"的环节了。他选择了毛笔，沾了灰色的丙烯进行涂色游戏。他从大象的身子开始刷起，并且是按从上向下的顺序进行的。但是在活动过程中，他很少和同伴交流，只是独自一人进行着游戏。 ・儿童表现分析： 1. 兴趣与参与度。能充满兴趣、积极地参与到活动当中，乐在其中 2. 材料选择与使用。能够根据自己要创作的作品，有目的地选择与使用材料和工具 3. 交流交往。能够与同伴交流交往，协商合作、尊重他人。只是独自玩耍或旁观 ・教师支持策略： 及时肯定、鼓励幼儿的行为表现；和幼儿一起参与游戏并增加游戏情境感；鼓励幼儿进行多种形式的创作

活动二　小象的家

区域目标	1. 能够运用各种积木进行小象家的搭建 2. 在搭建过程中，能够运用延长、围拢等已掌握的搭建方法进行搭建
环境支持	 
材料投放	各种材质的积木若干；辅材；空旷的场地供幼儿搭建
指导重点	1. 基于美工区装饰好的大象，教师提问，引发幼儿搭建兴趣："可爱的大象做好了，可是天气这么冷，我们的大象也觉得很冷，我们都有温暖的家可以回，可是大象呢？"以此激发幼儿为大象搭建家的兴趣 2. 激发并引导幼儿选择合适的积木和辅材进行家的搭建："想一想，我们可以用什么来搭建大象的家呢？请你试一试。"
观察指导	・儿童学习过程实录： "老师，我们搭好了。我们能把大象放进去了吗？""可以啊，我们去试试。"就这样，我们一起把大

（续）

观察指导	象拿到了睡眠室，可是还没等放进去，就已经发现了问题："这个大象好大，可是家有点儿小啊。"他们有点不好意思的跟我说着。看着孩子们有点小失落的样子，我马上安慰了他们："没关系，我们明天还可以继续搭建哦，而且美工区的小朋友们明天还要再给大象装饰一下，你们还有时间呢，别着急。""好的，明天就住进去了。"他们小声嘀咕着…… ·儿童表现分析： 1. 兴趣与参与度。非常积极地参与到活动当中，遇到问题能够想办法解决 2. 材料选择与使用。能够根据自己要创作的作品，有目的地选择与使用材料和工具 3. 交流交往。能够与同伴交流、交往，协商合作、尊重他人 ·教师支持策略： 通过启发式的言语，鼓励幼儿继续踏上寻找合适材料的旅程。通过情景式的言语："没关系，美工区的小朋友跟我说还要再给大象装饰一下呢，你们还有时间哦。"安抚幼儿一开始的低落心情

三、家庭亲子互动

活动一 我爱洗澡，身体好好

【活动目标】

1. 通过回忆故事及游戏体验，了解洗澡的好处。

2. 初步知道并说出洗澡时要洗哪些部位以及它们的先后顺序。

3. 养成爱洗澡、讲卫生的好习惯。

【材料准备】

大象洗澡的故事音频或图书；洗澡时常用的工具。

【指导重点】

1. 了解洗澡有哪些好处。

2. 知道洗澡要洗哪些部位和它们的先后顺序。

【互动过程】

1. 听一听。还记得《大象洗澡》的故事吗？让我们再来听听这个有趣的故事吧。听完后，你能够告诉我叔叔都给大象洗了身体的哪些部位吗？

2. 看一看。哇，大象被饲养员叔叔洗得真干净。那平时我们在洗澡的时候，都会洗哪些地方呢？会用到哪些洗澡工具呢？让我们一起来看看吧！

3. 说一说。你知道这些洗澡工具都叫什么名字吗？它们都是怎么用的？是用来洗我们身体哪些部位的？

4. 玩一玩。快来一起拿着这些洗澡的小工具洗一洗我们的身体吧。我们应该先洗哪里呢？一起试一试吧（图 3－3）！

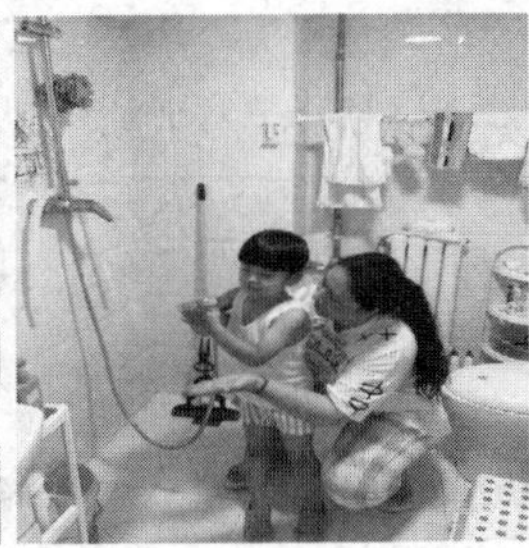
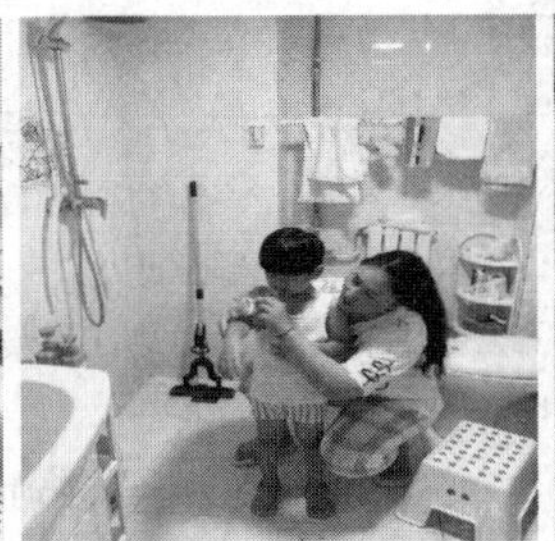
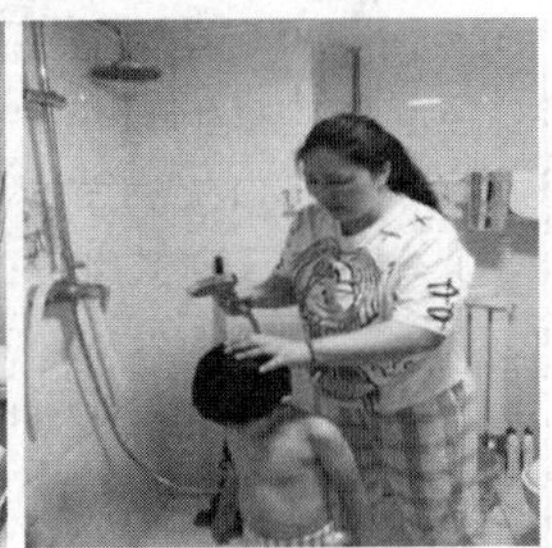

图 3－3　一起洗澡

写给家长的小贴士

1. 鼓励幼儿联系生活经验进行表达和表现。
2. 和幼儿一起参与其中。

资源拓展

绘本图书推荐：《洗澡啦》《我爱洗澡》。

活动二　浴球浴球作用大

【活动目标】

1. 在了解洗澡工具的基础上，尝试运用浴球进行创意画活动。
2. 愿意并大胆介绍自己的绘画作品。
3. 感受浴球的功能性，喜欢参与活动。

【材料准备】

废弃浴球；丙烯若干；纸张（图 3－4）。

图 3－4　材料准备

【指导重点】

1. 利用浴球进行创意画的尝试。
2. 愿意并大胆介绍自己的绘画作品。

【互动过程】

1. 听一听。还记得我们洗澡的工具有哪些吗？我们平时用的小浴球也有大功能哦，让我们一起去看看吧。

2. 看一看。快看，这些哥哥姐姐们用浴球做了什么？哦，原来我们不用的小浴球可以用来画画呀，快去试一试吧。

3. 玩一玩。小浴球可以沾满各种颜色的颜料，进行拓印；小浴球还能剪出各种各样的形状，进行创意画拼摆粘贴。

4. 说一说。你愿意介绍一下你的作品吗？你是用什么来进行创作的？给它起个好听的名字吧（图 3－5）！

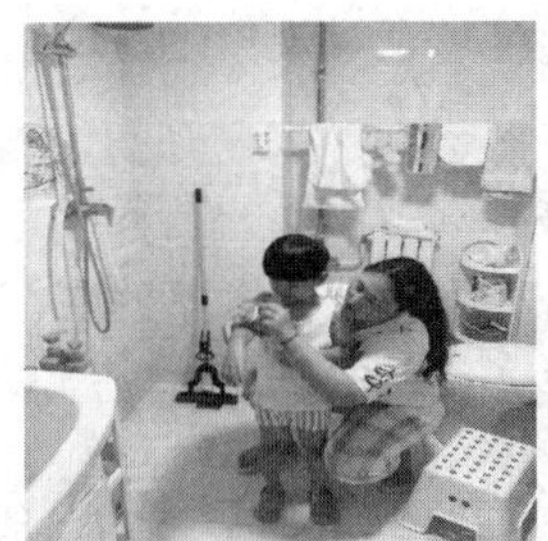

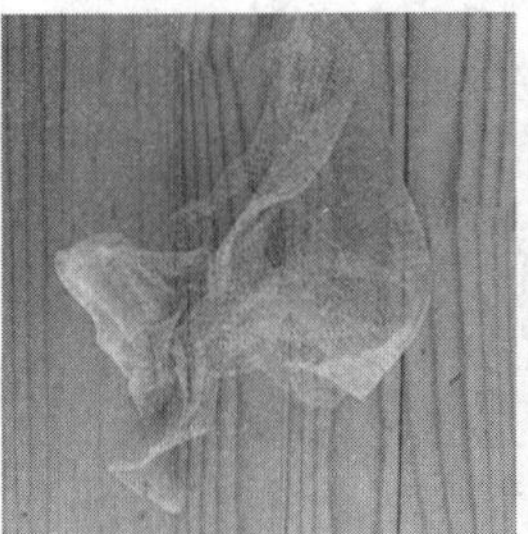

图 3－5　作品介绍

写给家长的小贴士

1. 为幼儿提供多种材料，供幼儿自主选择。
2. 和幼儿一起参与其中。

资源拓展

巧用浴球；小刷子的大本领（图 3－6）。

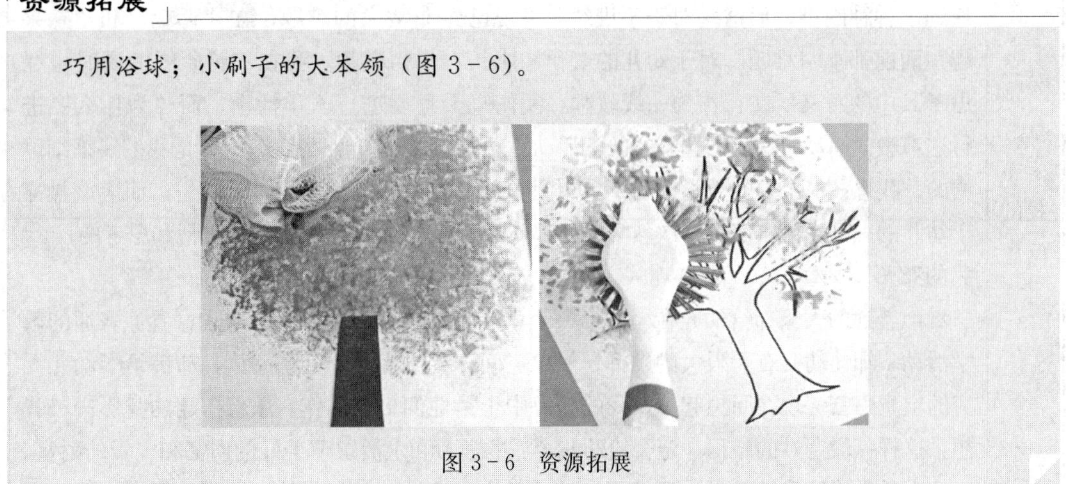

图 3－6　资源拓展

05 案例研究

活动名称：大象洗澡

	师幼互动的过程	过程分析及思考
师幼互动实录	在大象洗澡（第二课时）教学活动的第四环节——集体阅读，感受趣味中，我带领幼儿重点阅读大象出现喷水动机的重点页，通过观察大象的表情、动作等变化，发现大象喷水的过程。在自主阅读后，我提问幼儿："水是从哪儿来的？说一说你们的发现吧。"溪溪说："是从鼻子里。"在接下来的几页里，我接着提问："你们觉得它在想什么？"这时候，溪溪回答说："它想给叔叔洗澡，就要给叔叔喷水啦!"我接着引导："你从哪儿看出大象就要给叔叔喷水了？"溪溪说："因为它的鼻子朝着叔叔。"	此环节我的提问要比之前多一些，是想通过教师的提问引导幼儿发现画面中大象的表情、动作变化等小细节。 通过溪溪的系列问答，不难看出她的观察力和语言表达能力都比较出色，能够通过观察，发现画面中的一些细节变化。 在与溪溪的互动中，能够感觉到溪溪一直置身于大象洗澡这个情境中，在她回应我"大象就要给叔叔喷水啦"时她做了挠头、捂脸等比较激动的动作，音量也跟着变大、变尖。但除了溪溪，其他的小朋友好像并没有特别置身于这个情景中。这让我反思到：对于重点页的引领观察还是很欠缺，以至于有些幼儿搞不懂要做什么、说什么，所以呈现出来的效果就是简单地说出一眼就能看出的结果，而不去思考结果背后的环环相扣
我的反思	我的思考： 从没想过一个普通的教学活动能够如此吸引幼儿。其实在活动开展的过程中，他们遇到了种种困难，但这些对于小班幼儿来说已经非常大的难题，在"喜欢"和"感兴趣"面前都不叫难题。对于幼儿的变化和成长，作为教师，我在倍感欣慰的同时也在思考其中的意义所在：作为一线教师，我们每天都要进行教学活动，而"为什么要进行这节教学活动?""我们选择的教学活动对幼儿的帮助和意义有多大?"是我们要细细琢磨的。我想：一个好的教学活动不单单只是停留在集体教学那十几分钟里，而应该贯穿于幼儿的一日生活，使每一次教学活动都能够"落地"，这是我们应该重视和思考的 我的感悟： 看似普通的大象却给幼儿在园的第一个学期带来了无限的美好和欢乐；看似普通的教学活动，却让幼儿有无限大的发挥、想象空间；看似普通的分享阅读，却带给了幼儿无穷的宝贵财富。现在回想起来，我的脑海中全是他们忙着制作、乐着搭建的身影……我想，这样一段奇妙的旅程一定会给幼儿今后的学习和生活留下美好的回忆和宝贵的财富。而这次教学也给我的教学生涯填了一笔浓墨，虽然学期的工作接近尾声，但对于我和小一班的孩子们来说，却只是开始。大象的故事还在继续，并一直会进行下去	

案例二

主题单元活动：我喜欢跳

长辛店第一幼儿园 龚法英

01 主题课程思维导图

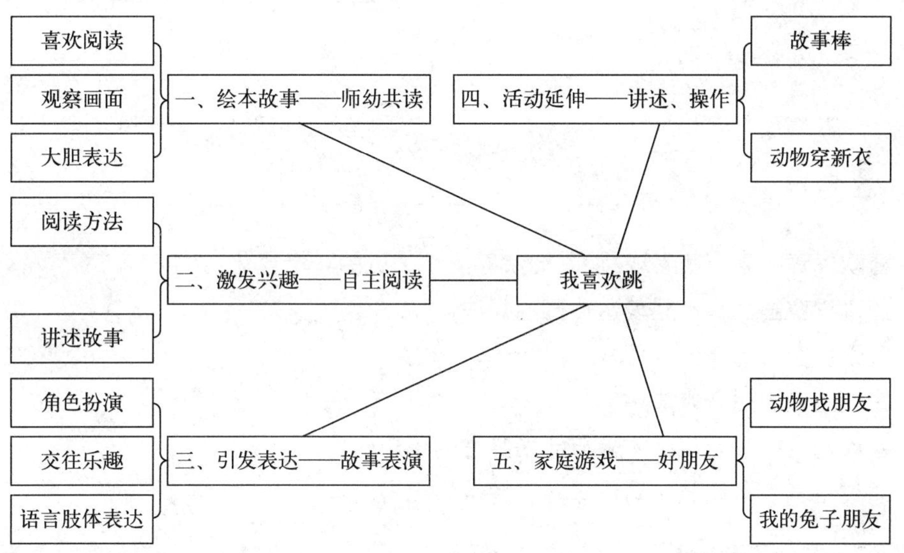

02 活动背景

● **源于故事**：新小班幼儿踏入社会的第一步就是幼儿园，语言就成了幼儿与他人交流的重要组成部分。在幼儿园里，他们应该如何与小朋友交往呢？这是每个小班幼儿都要面临的问题。《我喜欢跳》就是一本关于交朋友的故事书，幼儿从中自然能找到答案。

● **基于绘本**：小袋鼠要找一个和它一样喜欢跳的好朋友。它先后遇到了小鸟、小鱼、大象，每次小袋鼠都充满希望地询问它们，可得到的答案都是否定的，小袋鼠很伤心。最后，它遇到了青蛙，它不自信地问青蛙，青蛙却告诉它："是的，我喜欢跳！"小袋鼠终于找到了喜欢跳的好朋友，它们一起跳跳跳！

小袋鼠想交朋友，以自己喜欢做的事为话题发起交往。小朋友可以向小袋鼠学习怎样发起交往，也可以想到更多、更好的交往方式和话题。

● **思于现状**：现在幼儿入园交往的最大障碍就是缺乏交往动机。有些家庭以孩子为中心，对孩子的各种需要几乎无条件满足，而且总有成人陪孩子游戏。当幼儿总有人陪伴在身边时，难以产生找同伴游戏的动机，从而很难掌握交往的方式方法。

根据这一现状，我以《我喜欢跳》这本书为载体，设计了一系列游戏活动来帮助幼儿掌握交友的方法，感受交友的乐趣。

● **设计思路**：根据《3—6 岁儿童学习与发展指南》，幼儿在运用语言交流的同时也在发展着人际交往能力、对交往情景的判断能力、组织自己思想的能力等。

在《我喜欢跳》这个故事中，有幼儿喜爱的各种动物形象，且书中的小袋鼠利用行走方式展开了交友之路。这本书通过简单的故事情节以及重复句式，轻松教会孩子交友的技巧，从而打开了幼儿的阅读世界，激发幼儿结交朋友的愿望。

经过一系列游戏活动，既发展了幼儿的语言表达能力，又提高了幼儿的交往能力，为今后的幼儿园生活打下了坚实的基础。

03 主题目标

1. 喜欢阅读故事《我喜欢跳》，初步感受小袋鼠的心情变化。
2. 通过观察画面，大胆表达自己的想法。
3. 有爱护图书的意识。
4. 掌握正确的阅读方法。
5. 喜欢角色扮演游戏，体验与他人交往的乐趣。
6. 通过语言表达和肢体动作深入了解故事内容。

04 活动设计

名称	实施途径	目标	评价要点
我喜欢跳（一）	集体教学活动	1. 喜欢阅读故事《我喜欢跳》，初步感受小袋鼠的心情变化 2. 通过观察画面，大胆表达自己的想法 3. 能通过肢体动作表达对故事的理解	1. 能跟随教师一起阅读故事《我喜欢跳》 2. 根据教师提问，大胆回答问题
我喜欢跳（二）	集体教学活动	1. 喜欢自主阅读《我喜欢跳》，有爱护图书的意识 2. 掌握正确的阅读方法 3. 尝试运用简单重复句式讲述故事内容	1. 掌握正确的阅读方法 2. 愿意用语言复述故事

（续）

名称	实施途径	目标	评价要点
我喜欢跳（三）	集体教学活动	1. 喜欢角色扮演游戏，体验与他人交往的乐趣 2. 通过语言表达和肢体动作深入了解故事内容 3. 能按自己的意愿选择表演人物	1. 喜欢参与故事表演活动 2. 尝试在集体面前表现自己
《我喜欢跳》故事棒	区域自主游戏	1. 喜欢参与阅读活动，爱护图书区材料 2. 能根据自己选择的角色大胆运用语言进行表达 3. 与同伴友好相处，体验与他人游戏的乐趣	1. 喜欢参与阅读活动 2. 大胆运用语言进行表达
动物穿新衣	区域自主游戏	1. 运用撕纸粘贴、涂色等方式为小动物穿新衣 2. 喜欢动手操作 3. 尝试收放材料，用具归位	1. 乐于参与美工活动 2. 愿意动手制作
动物找朋友	家庭亲子互动	1. 喜欢亲子游戏“动物找朋友”，增进亲子感情 2. 尝试按照动物的特点进行简单分类 3. 能用语言说出自己的分类理由	1. 愿意动手参与分类游戏 2. 尝试说出自己分类的方法
我的兔子朋友	家庭亲子互动	1. 喜欢亲子阅读，增进亲子感情 2. 能认真倾听故事，理解故事内容 3. 尝试将故事中出现的动物进行排序	1. 培养幼儿良好的倾听能力 2. 通过阅读，增进亲子感情

一、集体教学活动

活动一　我喜欢跳（一）

【活动目标】

1. 喜欢阅读故事《我喜欢跳》，初步感受小袋鼠的心情变化。
2. 通过观察画面，大胆表达自己的想法。
3. 能通过肢体动作表达对故事的理解。

【活动重点】

喜欢阅读故事，敢于当众表达。

【活动难点】

通过观察画面，发现小袋鼠的心情变化。

【经验准备】

学习律动音乐《兔子跳跳跳》。

【物质准备】

绘本图书《我喜欢跳》、音乐《兔子跳跳跳》。

【活动过程】

1. 导入——激发兴趣（3 分钟）。

（1）师幼共同表演律动《兔子跳跳跳》。

（2）教师："兔子是怎样走路的？说一说、学一学。"

（3）教师："今天故事的主人公也喜欢跳，一起看看它是谁吧！"

· 导入重点：律动、提问引入活动。

· 联结经验：了解动物的走路方式。

· 重点指导：知道袋鼠的行走方式。

2. 过程——阅读故事理解绘本（10 分钟）。

（1）师幼共同阅读。

（2）重点提问。

① 教师："小袋鼠遇到了谁？会对小动物说些什么？"

② 教师："听到小动物的回答，小袋鼠的心情怎么样？"

③ 教师："小袋鼠为什么不高兴？"

④ 教师："小袋鼠最后找到朋友了吗？"

· 阅读方式：师幼共读。

· 阅读策略：引导幼儿仔细观察画面。

· 重点指导：鼓励幼儿运用语言、肢体动作表达对故事的理解。

3. 结束——完整阅读感受表达（2 分钟）。

（1）教师声情并茂地完整阅读绘本内容。

（2）故事中，小袋鼠是怎么交朋友的？

· 总结方法：利用谈话总结故事主人公的交友经验。

· 拓展提升：生活中你可以怎样与别人交朋友呢？引发幼儿思考。

· 重点指导：完整阅读绘本，说一说自己的想法。

活动二　我喜欢跳（二）

【活动目标】

1. 喜欢自主阅读《我喜欢跳》，有爱护图书的意识。

2. 掌握正确的阅读方法。

3. 尝试运用简单的重复句式讲述故事内容。

【活动重点】

运用正确的阅读方法翻阅图书。

【活动难点】

观察画面，讲述故事内容。

【经验准备】

有过自己翻阅图书的经历。

【物质准备】

《我喜欢跳》大书；《我喜欢跳》小书，人手一本。

【活动过程】

1. 导入——回顾故事内容，激发兴趣（3 分钟）。

（1）教师："还记得小袋鼠都遇到了谁吗？"

（2）教师："小袋鼠最后找谁做朋友了？为什么？"

·困难预设：幼儿记不清楚书中某个动物。

·解决措施：教师可以模仿动物的行走方式提示幼儿。

·重点指导：通过提问，激发幼儿的阅读兴趣。

2. 过程——师生共读，幼儿自主阅读讲述故事（10 分钟）。

（1）教师翻阅大书，带领幼儿回顾故事内容。

（2）帮助幼儿掌握正确的阅读方法。

（3）幼儿自主阅读小书。

① 教师："从封面开始，一页一页翻看。"

② 教师："小袋鼠遇到了谁？它们说了什么？"

③ 教师："小袋鼠最后找到朋友了吗？它的心情怎么样？"

·困难预设：幼儿只翻看图书不讲述故事内容。

·解决措施：教师带领幼儿一起讲述。

·重点指导：引导幼儿运用简单重复的语句讲述。

3. 结束——整理收放图书（2 分钟）。

（1）教师："小书已经看完了，我们一起把书宝宝送回家吧！"

·困难预设：收放不整齐。

·解决措施：运用语言，提示幼儿将小书收放整齐。

·重点指导：提示幼儿将书宝宝封面朝上，摆放整齐。

活动三　我喜欢跳（三）

【活动目标】

1. 喜欢角色扮演游戏，体验与他人交往的乐趣。

2. 通过语言表达、肢体动作深入了解故事内容。

3. 能按自己的意愿选择表演人物。

【活动重点】

喜欢故事表演，感受与同伴游戏的乐趣。

【活动难点】

在表演过程中，乐于当众表达。

【经验准备】

有过玩娃娃家角色扮演的经历。

【物质准备】

《我喜欢跳》书中的小动物头饰若干（袋鼠、小鸟、小鱼、大象、青蛙等）。创设小动物出现场地，利用黑板展示故事流程图。

【活动过程】

1. 导入——出示头饰，激发幼儿的参与兴趣（3 分钟）。

（1）教师："这些都是谁呢？它们出现在哪个故事里了？"

（2）教师："你最喜欢谁？为什么？"

（3）教师："今天，我们就来玩角色扮演游戏。"

· 困难预设：幼儿忘记故事内容。

· 解决措施：教师出示故事流程图，提示幼儿。

· 重点指导：通过提问，激发幼儿的参与兴趣。

2. 过程——教师带领幼儿进行角色扮演游戏（10 分钟）。

（1）选择自己喜欢的角色头饰。

（2）找到相应场地（小鸟在大树上、小鱼在河里、大象在河边、青蛙躲在岩石后）。

（3）教师带领幼儿一起开始角色扮演游戏。

① 教师边讲述故事情节边带领幼儿跳到相应的位置。

② 教师："小袋鼠对动物说了什么？"

③ 教师："动物怎样回答呢？"

· 困难预设：幼儿光做动作不表达。

· 解决措施：教师用提问的方式激发幼儿表达。

· 重点指导：鼓励幼儿运用语言、肢体表达，深入理解故事内容。

3. 结束——相互交流，分享经验（2 分钟）。

（1）教师："快和旁边的小朋友说一说，你刚刚扮演了谁？"

（2）教师："在生活中，你会怎样和他人交朋友呢？"

· 困难预设：幼儿交友方法单一。

· 解决措施：教师请幼儿展示交友方法，共享经验。

· 重点指导：鼓励幼儿运用语言与他人沟通。

二、区域自主游戏

活动一　《我喜欢跳》故事棒

区域目标	1. 喜欢参与阅读活动，爱护图书区材料 2. 能根据自己选择的角色大胆运用语言进行表达 3. 与同伴友好相处，体验与他人游戏的乐趣
环境支持	
材料投放	吸管；打印压膜的故事人物图片
指导重点	利用故事棒回顾故事内容，激发幼儿运用语言与他人交流
观察指导	·儿童学习过程实录： 一天的活动区游戏开始了，瑶瑶发现了新投放的“故事棒”，她很新奇地走到了图书区，拿起了小袋鼠，紧接着另一只手又拿起了小青蛙，看了又看，很是喜欢。她举起小袋鼠小声地说道：“小青蛙，我喜欢跳，你喜欢跳吗？”又举起另一只手的小青蛙说：“我喜欢跳，我们一起去玩吧！” 在一旁的萱萱看了一会儿却说：“小袋鼠要先问小鸟！”瑶瑶说：“那咱们俩一起玩吧。”说完，萱萱加入了故事棒的游戏中，两人你一言我一语，还加上了动作。很快，故事就讲完了，瑶瑶还是没有玩够，她说：“我们再交换一下吧！”两个人又继续讲起来…… ·儿童表现分析： 1. 幼儿喜欢倾听、阅读、讲述熟悉的故事 2. 通过故事棒讲故事游戏，提高了幼儿的语言表达能力 3. 幼儿喜欢与同伴共同进行阅读游戏，交往能力有所提升 ·教师支持策略： 1. 观察幼儿游戏情况，及时记录、调整游戏材料 2. 录制幼儿的游戏过程进行，共享游戏经验

活动二　小动物穿新衣

区域目标	1. 运用撕纸粘贴、涂色等方法为小动物穿新衣 2. 喜欢动手操作 3. 尝试收放材料，用具归位

（续）

环境支持	
材料投放	打印动物简笔画、彩纸、胶棒、水彩笔、油画棒
指导重点	1. 鼓励幼儿运用自己喜欢的方式为小动物穿新衣 2. 尝试运用语言表达自己的制作成果
观察指导	・儿童学习过程实录： 乐乐来到美工区，拿起了小动物穿新衣材料筐，准备为小动物穿新衣。她先选了一只自己喜欢的小象，又拿起了蓝色卡纸条，两个小手交错着撕起了纸片。不一会儿，大大小小的纸片撕了一小筐，她还自言自语道：“终于准备好了，开始粘。”她小心翼翼地打开胶棒，有意识地将胶棒的“小帽子”放到了小筐里，拧了拧胶棒就开始给纸片抹胶了，又将纸片按到了小象身上。在乐乐全神贯注地粘贴时，汐汐搬着小椅子走过来，看了看乐乐，轻轻放下椅子问：“你在干什么?”乐乐高兴地说：“我在给小象穿衣服。”汐汐说：“我能和你一起玩吗?”乐乐大方地说道：“好啊!”汐汐也选择一只小象开始了粘贴游戏 ・儿童表现分析： 1. 幼儿喜欢动手操作 2. 能与同伴友好相处 ・教师支持策略： 1. 鼓励幼儿运用自己喜欢的方式为小动物穿新衣 2. 为幼儿提供“作品栏”，展示幼儿作品 3. 鼓励幼儿为同伴讲解制作方法

三、家庭亲子互动

活动一　动物找朋友

【活动目标】

1. 喜欢亲子游戏“动物找朋友”，增进亲子感情。
2. 尝试按照动物特点进行简单分类。
3. 能用语言说出自己的分类理由。

【材料准备】

动物叫声音频，动物图片（小羊、小牛、狮子、狼、海豚、蓝鲸）。

【指导重点】

1. 鼓励幼儿说出动物的名称。

2. 鼓励幼儿运用语言表达自己的想法。

【互动过程】

1. 听一听。快来听一听这是谁的叫声，你也来学一学吧！

2. 看一看。（出示图片）看一看它们都是谁呢？你猜对了吗？

3. 说一说。和爸爸妈妈一起说一说这些动物都有哪些特点，生活习性又是什么样呢？

4. 玩一玩。这些动物想要找朋友，你会怎样给它们找朋友呢？尝试运用语言表达自己为动物找朋友的理由（图 3-7）。

图 3-7　玩一玩

资源拓展

绘本图书推荐：《和甘伯伯去游河》。

活动二　我的兔子朋友

【活动目标】

1. 喜欢亲子阅读，增进亲子感情。

2. 能认真倾听故事，理解故事内容。

3. 尝试将故事中出现的动物进行排序。

【材料准备】

故事音频《我的兔子朋友》，故事中动物图片（大象、犀牛、河马、鹿、鳄鱼、小松鼠、棕熊、鸭子）。

【指导重点】

1. 鼓励幼儿认真倾听故事，尝试动物排序。

2. 能用语言大胆表达自己的想法。

【互动过程】

1. 听一听。播放故事音频，了解故事内容。

2. 看一看。和爸爸妈妈一起阅读这个有趣的故事。

3. 说一说。小兔子请来了哪些动物帮助小老鼠？

4. 玩一玩。还记得故事中动物出场的顺序吗？来尝试给它们排个队吧（图 3-8）！

图 3-8　一起排队

1. 为幼儿准备故事书《我的兔子朋友》。

2. 为幼儿创造温馨的阅读环境。

05 案例研究

活动名称：我喜欢跳

<table>
<tr><td rowspan="2">师幼互动实录</td><td>师幼互动的过程</td><td>过程分析及思考</td></tr>
<tr><td>在“我喜欢跳”第一次活动中，我观察到圆圆小朋友能跟随教师进行游戏，并且对模仿、表演等活动非常积极。当教师提问时，她却很少举起手来回答问题
原因一：小班幼儿的行动先于思维，对“动”更感兴趣
原因二：圆圆不够自信</td><td>1. 教师能够及时鼓励她积极回答问题
2. 将稍简单的问题留给她，作答后给予表扬，帮助其树立自信
3. 在日常生活中，教师要善于观察圆圆，帮助她发现自己的优点和长处
4. 鼓励她多与老师和小朋友沟通、游戏，多表达自己，从而树立自信</td></tr>
<tr><td>我的反思</td><td colspan="2">本节活动符合本班幼儿年龄特点，是根据本班幼儿现状制定的。
活动以“故事＋提问＋表演”的形式贯穿始终，既满足了幼儿“说”的欲望，又满足了小班幼儿“好动”的天性。教师的教态、语态以及姿势动作都非常符合小班幼儿的认知特点，使孩子们更加感兴趣，也使活动更加富有生机，动静结合。
以故事引入，激发了幼儿参与的兴趣，也能使幼儿有目的地去猜测对话内容。袋鼠遇到大鸟、小鱼、大象是平行项的关系，所以教师将遇到大鸟的情景用故事直接引入，便于幼儿掌握本次语言表达内容；遇到小鱼时，请幼儿来扮演小鱼，鼓励尝试对话；遇到大象时则请幼儿既表演袋鼠又表演大象。教师能够巧妙设计，用层层递进的方式鼓励幼儿大胆表达，通过表演的方式，大大激发了幼儿参与的兴趣，也为幼儿深入了解故事中角色的情感变化做了铺垫</td></tr>
</table>

第二节　中班优秀活动案例

案例一

主题单元活动：小蚂蚁

丰台第四幼儿园　德乙

01 主题课程思维导图

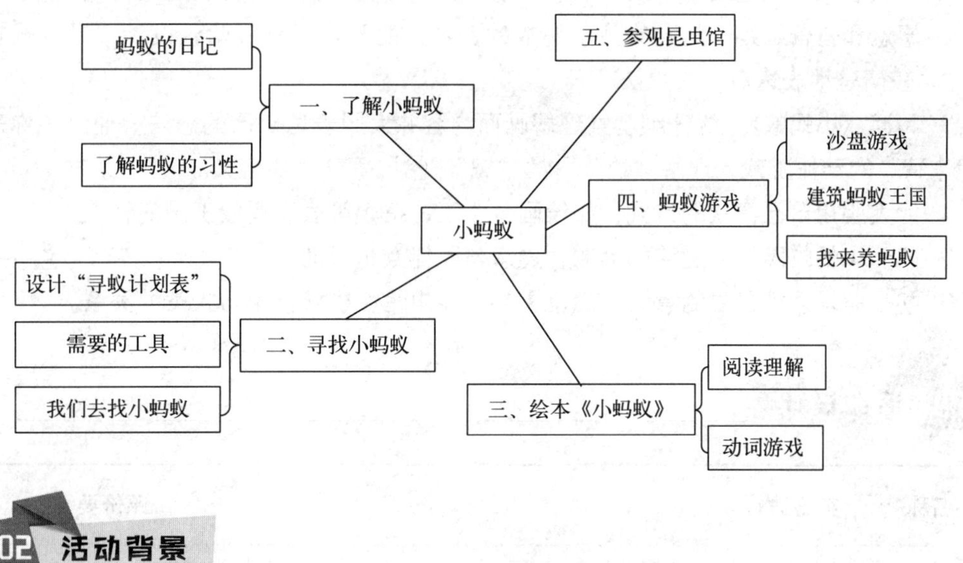

02 活动背景

● **源于故事**：《小蚂蚁》是一个关于勤劳、团结的故事，幼儿对故事中可爱的小蚂蚁十分好奇。“小蚂蚁看到了一个三明治”“小蚂蚁说，嗨呦嗨呦，我怎么也拉不动。”有趣的故事带领孩子走进纯真的昆虫世界。

● **基于绘本**：《小蚂蚁》这本书用散文的文体、拟人的手法，结合小蚂蚁的习性，用“拉”“推”“搬”“抬”等动词把蚂蚁的可爱、勤劳表现得淋漓尽致。绘本画面简单，动态逼真，易于理解，是一本能充分调动幼儿翻看、讲述、模仿动作的书。通过游戏理解书中动词的含义，迁移游戏的经验，帮助幼儿了解动词的用法，积累手部动词的词汇，从而培养幼儿的词素意识。

● **思于现状**：中班幼儿对昆虫非常感兴趣，依托绘本中拟人的形象，幼儿也认为小动物生活在我们身边，他们对小蚂蚁的外形特征、生活习性等有一定的认识并有进一步探究的愿望。通过主题活动，帮助幼儿了解收集资料的途径，通过了解知识、亲身寻找、阅读绘本、深入游戏、表达表现、参观昆虫馆等几个方面挖掘教育价值，进一步激发幼儿的探究意识和语言表达能力。

● **设计思路**：中班第二学期的幼儿富有想象，乐于探究，有初步的自主阅读能力，有模仿动作和表达的愿望。从问题入手，发挥幼儿的自主性去寻找答案，在探究中获得一定的经验后进行阅读活动。将侧重点放在自主阅读中理解故事内容、大胆表达自己的想法上。阅读后，针对蚂蚁的动作、生活场景等进行表达和表现，利用游戏深入学习。最后参观昆虫馆，以点带面，继续进行昆虫的深入探究。

03 主题目标

1. 喜欢参与到主题活动中来，对小蚂蚁的身体结构、生活习性和蚂蚁游戏等感兴趣。
2. 愿意和爸爸妈妈一起收集关于蚂蚁的资料，能初步迁移经验，设计“寻找蚂蚁计划表”，较清楚地表达自己的想法。
3. 阅读《小蚂蚁》，能仔细观察理解画面内容并大胆表达自己的想法。通过“你来比划我来猜”的动作游戏，理解“拉”“推”“搬”“抬”等动词的含义。
4. 能大胆用自己喜欢的方式，如绘画、手工、搭建等表现蚂蚁王国的特点。
5. 感受小蚂蚁团结、勤劳的品德，愿意与同伴互相帮助。
6. 初步萌发爱护昆虫的意识，愿意去参观昆虫馆，了解昆虫与人类的关系。

04 活动设计

名称	实施途径	目标	评价要点
蚂蚁知识我知道	家庭亲子互动	1. 知道小蚂蚁基本的身体特点和生活习性，如蚂蚁的身体构成、蚂蚁喜欢吃的食物、蚁穴的特点等 2. 愿意与爸爸妈妈一起查找资料，初步了解收集、掌握知识的方法 3. 喜欢参与到探索小蚂蚁的活动中来	1. 乐于参与到收集信息的活动中，了解收集信息的途径 2. 能够观察蚂蚁身体的基本特点
图书区——设计“寻找蚂蚁计划表”	区域自主游戏	1. 根据自己和同伴收集到的资料，迁移经验，用绘画的方式设计“寻找蚂蚁计划表” 2. 初步了解计划表的绘制方法，可以用简单的图画、箭头等呈现 3. 喜欢分享自己设计的计划表	1. 能够迁移经验，设计计划表 2. 愿意与他人分享自己的想法

（续）

名称	实施途径	目标	评价要点
科学活动——我们去找小蚂蚁	集体教学活动	1. 愿意接触大自然，参与到寻找蚂蚁的活动中 2. 能根据自己的计划表，两两合作寻找蚂蚁并动手、动脑解决问题 3. 尝试在寻找蚂蚁的过程中，使用放大镜、糖果等探究工具	1. 喜欢参与到寻找蚂蚁的过程中，能够动手、动脑解决问题 2. 根据计划表寻找蚂蚁，正确使用工具
语言活动——绘本《小蚂蚁》	集体教学活动	1. 阅读《小蚂蚁》，能仔细观察理解画面内容并大胆表达自己的想法 2. 通过“你来比划我来猜”的游戏，理解“拉”“推”“搬”“抬”等动词的含义 3. 感受图书中小蚂蚁的团结、勤劳，愿意与同伴互相帮助	1. 观察理解画面内容并大胆表达自己的想法 2. 积极参与到游戏中，初步理解动词的含义
美工区——蚂蚁沙盘	区域自主游戏	1. 尝试用泥工的方式捏小蚂蚁，表现蚂蚁头、胸、腹的身体结构 2. 能够大胆想象并创造性地制作、表现蚂蚁王国中的不同角色和动态 3. 喜欢介绍自己的作品，能将自己的制作步骤讲述出来	1. 根据自己的想法，大胆进行泥工制作 2. 较清楚地讲述自己的想法和制作步骤
参观昆虫馆	家庭亲子互动	1. 对参观昆虫馆感兴趣，能够根据自己制订的计划认真参观 2. 仔细观察，将自己感兴趣的昆虫用绘画的方式记录下来 3. 喜欢和爸爸妈妈一起参观博物馆，能在场馆中保持安静	1. 喜欢参观博物馆，能够提前制订计划 2. 仔细观察，用绘画的方式记录

一、集体教学活动

活动一　科学活动——我们去找小蚂蚁

【活动目标】

1. 愿意接触大自然，参与到寻找蚂蚁的活动中。

2. 能根据自己的计划表，两两合作寻找蚂蚁并动手、动脑解决问题。

3. 尝试在寻找蚂蚁的过程中，使用放大镜、糖果等探究工具。

【活动重点】

根据计划表，两两合作寻找蚂蚁。

【活动难点】

在寻找蚂蚁的过程中，动手、动脑解决问题。

【经验准备】

幼儿了解寻找蚂蚁的地点和方法，绘制计划图。

【物质准备】

瓶子、放大镜、手电筒、铲子、耙子等（图 3－9）。

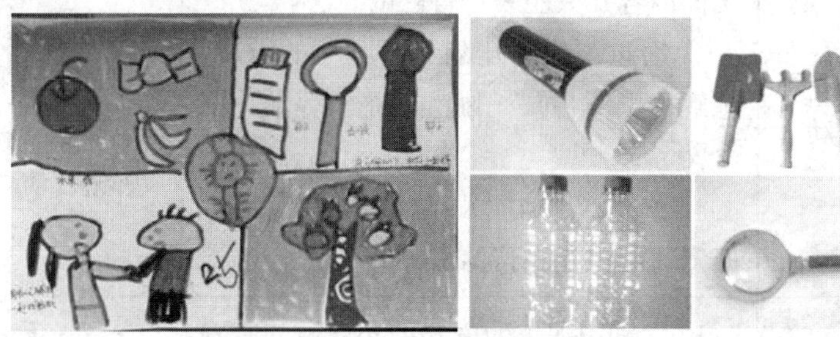

图 3－9　物质准备

【活动过程】

1. 导入——激发兴趣（5 分钟）。

引导幼儿介绍自己的计划表和工具。

教师："你准备和谁一起，从哪里找小蚂蚁？用什么办法找到它？需要借助什么工具？"

· 困难预设：幼儿不能根据设计图清楚地进行介绍。

· 联结经验：根据小蚂蚁的生活习性进行设计和介绍。

· 重点指导：鼓励幼儿介绍自己的计划表，请幼儿大胆讲述自己的想法，同组的两名幼儿互相补充，了解寻找蚂蚁的方法。

2. 过程——寻找小蚂蚁（17 分钟）。

（1）师幼共同总结寻找蚂蚁时的要求，提醒幼儿注意安全。

（2）幼儿分组寻找蚂蚁，教师巡回指导。

· 困难预设：幼儿可能会遇到以下问题：①找不到蚂蚁；②看到了蚂蚁，不敢动手；③不能借助工具将蚂蚁装起来。

· 解决措施：教师鼓励幼儿参考同伴的方法，可以借助食物吸引蚂蚁，用手电筒照一些角落等。活动分成两个部分进行，提醒放置食物的幼儿耐心等待，仔细观察。

· 重点指导：提示幼儿动脑筋想办法，激发幼儿思考工具的使用方法，鼓励幼儿利用小铲子等工具，两人配合，将蚂蚁收集起来。

3. 结束——总结方法（3 分钟）。

（1）教师："你是怎么找到小蚂蚁的？用到了什么工具？"

（2）师幼共同总结。

· 总结方法：尝试用自己的话总结寻找小蚂蚁的方法。

· 拓展提升：鼓励幼儿在班中养小蚂蚁，照顾小蚂蚁。

· 重点指导：帮助幼儿梳理方法，肯定幼儿的想法。

活动二　语言活动——绘本《小蚂蚁》

【活动目标】

1. 阅读《小蚂蚁》，仔细观察，理解画面内容并大胆表达自己的想法。

2. 通过"你来比划我来猜"的游戏，理解"拉""推""搬""抬"等动词的含义。

3. 感受书中小蚂蚁的团结、勤劳，愿意与同伴互相帮助。

【活动重点】

在理解画面内容的基础上大胆表达自己的想法。

【活动难点】

通过"你来比划我来猜"的游戏，理解"拉""推""搬""抬"等动词的含义。

【经验准备】

1. 玩过"你来比划我来猜"的游戏。

2. 对小蚂蚁的特征和习性有一定了解。

【物质准备】

1. 绘本《小蚂蚁》PPT。

2. 幼儿人手一本自主阅读小书《小蚂蚁》。

3. 猜词卡、桌子、椅子、雨伞（图 3－10）。

图 3－10　猜词卡

【活动过程】

1. 导入——激发兴趣（5 分钟）。

（1）教师："小蚂蚁的身体有多大？小蚂蚁能搬动什么，搬不动什么？"

（2）教师讲述图书封面。

· 导入重点：回顾已有经验，引导幼儿猜测，教师生动讲述故事封面。

·联结经验：根据经验进行猜想。

·重点指导：能够根据小蚂蚁的体型、习性猜测它们能做的事情。

2. 过程——阅读故事，理解动词（17分钟）。

（1）阅读《小蚂蚁》，初步理解故事内容并大胆表达自己的想法。

① 引导幼儿自主阅读小书第2～5页。

教师："小蚂蚁做了哪些事？哪个成功了，哪个没成功？"

② 集体阅读第6～7页。

③ 教师讲述故事内容。

④ 幼儿再次阅读，鼓励幼儿与同伴和老师交流表达。

（2）通过"你来比划我来猜"的游戏，理解动词的含义。

① 请幼儿讲述游戏规则。

教师："你来比划我来猜这个游戏的规则是什么？"

② 幼儿分角色进行游戏。

教师："搬的动作什么样？抬的动作什么样？"

·阅读方式：幼儿自主阅读绘本，教师个体指导与集体阅读相结合。

·解决措施：在集体阅读后，再次阅读，重点掌握动词词汇。

·重点指导：根据绘本内容，通过观察和游戏理解动词的含义。

3. 结束——感受小蚂蚁的团结和勤劳（3分钟）。

（1）教师："你觉得小蚂蚁有什么优点？"

（2）师幼共同总结。

·总结方法：尝试用自己的话总结小蚂蚁的特点。

·拓展提升：感受小蚂蚁团结和勤劳的特点。

·重点指导：根据绘本内容，表达自己的想法。

二、区域自主游戏

活动一　图书区——设计"寻找蚂蚁计划表"

区域目标	1. 根据自己和同伴收集到的资料，迁移经验，用绘画的方式设计"寻找蚂蚁计划表" 2. 初步了解计划表的绘制方法，可以用简单的图画、箭头等呈现 3. 喜欢分享自己设计的计划表
环境支持	

（续）

材料投放	幼儿收集的资料、白纸、水彩笔
指导重点	1. 引导幼儿根据自己和同伴收集到的资料，迁移经验，用绘画的方式设计“寻找蚂蚁计划表” 2. 倾听幼儿的想法，帮助个别幼儿梳理想法并绘制计划表
观察指导	·儿童学习过程实录： 襄襄在图书区找到了自己收集的资料，对冬冬说：“明天我们一起找蚂蚁吧。”冬冬说：“好啊。”襄襄说：“我们一起想，我来画，你都带什么工具了？”冬冬说：“我带了放大镜和铲子，我觉得小蚂蚁肯定爱吃糖，你尝尝我带的水果糖，菠萝味的。”冬冬说完将自己的糖果分给了襄襄。襄襄说：“好甜啊，小蚂蚁肯定闻着味儿就出来了。”襄襄和冬冬开心地拍起手来，过了一会儿，襄襄将计划表画了出来 ·儿童表现分析： 1. 幼儿能够邀请同伴一起制订计划，对活动十分感兴趣 2. 能够根据小蚂蚁喜欢吃糖的特点，从家中带来糖果，成为找蚂蚁的工具，开心地品尝同伴分享的糖果 ·教师支持策略： 教师能够肯定幼儿的想法，并帮助不知道怎么设计表格的幼儿进行梳理

活动二 美工区——蚂蚁王国沙盘

区域目标	1. 尝试用泥工的方式捏小蚂蚁，表现蚂蚁头、胸、腹的身体结构 2. 能够大胆想象并创造性地制作，表现蚂蚁王国中的不同角色和动态 3. 喜欢介绍自己的作品，能将自己的制作步骤讲述出来
环境支持	 
材料投放	幼儿自主收集的关于蚂蚁的图片、颜料、纸箱、纸黏土、瓶盖、牙签等
指导重点	1. 提供幼儿收集到的资料图片，引导幼儿用泥工的方式捏小蚂蚁，表现蚂蚁头、胸、腹的身体结构 2. 鼓励幼儿介绍自己的作品，能将自己的制作步骤讲述出来
观察指导	·儿童学习过程实录： 果果用颜料涂了蚂蚁王国，然后用彩泥捏蚂蚁。萱萱看到了，对果果说：“你捏的小蚂蚁怎么站不住？我知道了，它的身体不是这样像一根线一样的。”说完，萱萱去图书区拿出了一本《小蚂蚁》。她说：“你看，小蚂蚁的身体分为头、胸、腹三个地方，我来和你一起捏吧！你知道小蚂蚁在蚁穴里面干什么吗？”果果说：“我捏的是搬东西的工蚁。”萱萱说：“好吧，那我捏蚁王和蚁后。” ·儿童表现分析： 1. 幼儿能够根据小蚂蚁的特点进行想象和创作 2. 幼儿想象和沙盘的背景制作还有一些局限，经验不足 ·教师支持策略： 投放书籍，帮助幼儿了解更多关于蚂蚁的知识，引导幼儿大胆想象

三、家庭亲子互动

活动一　蚂蚁知识我知道

【活动目标】

1. 知道小蚂蚁基本的身体特点和生活习性，如身体主要分为头、胸、腹三个部分，喜欢吃的食物，住的地点，蚁穴的特点等。

2. 愿意与爸爸妈妈一起查找资料，初步了解收集和掌握知识的方法。

3. 喜欢参与到探索小蚂蚁的活动中来。

【材料准备】

手机、电脑、百科全书、绘本、自然环境（大树下、小公园等）。

【指导重点】

1. 陪伴幼儿寻找与小蚂蚁相关的资料，利用书籍、网络等多种途径收集信息。

2. 鼓励幼儿表达自己的想法，并将自己收集到的信息或者想法用绘画等方式表现出来。

【互动过程】

1. 看一看。小朋友们，你们最近特别喜欢小蚂蚁，小蚂蚁生活在哪里？它会上学吗？它喜欢吃什么？让我们和爸爸妈妈一起看看《蚂蚁的日记》这本书，你就能知道小蚂蚁的生活啦！

2. 找一找。看完这本书，你们有没有一些收获呢？是不是还有很多疑问？可以和爸爸妈妈一起收集关于小蚂蚁的资料。你们知道都可以从哪里收集资料吗？可以利用网络、书籍、自然环境等途径收集与观察小蚂蚁的特点（图 3－11）。

图 3－11　找一找

3. 说一说。你们找到了什么资料？把你收集到的信息画出来，还可以在微信群中讲给小朋友们听。

写给家长的小贴士

1. 请您与幼儿一起阅读教师推送的绘本《蚂蚁的日记》，初步感受小蚂蚁的日常生活。

2. 请您与幼儿一起收集关于小蚂蚁的资料，可以利用网络、书籍、自然环境等途径收集与观察小蚂蚁的特点，并鼓励幼儿将自己收集到的信息用图画表现出来，还可以分享到班级群中。

资源拓展

绘本图书推荐：《蚂蚁的日记》《看！蚂蚁》。

活动二　参观昆虫馆

【活动目标】

1. 对参观昆虫馆感兴趣，能够根据自己制订的计划认真参观。

2. 仔细观察，将自己感兴趣的昆虫用绘画的方式记录下来。

3. 喜欢和爸爸妈妈一起参观博物馆，能在场馆中保持安静。

【材料准备】

1. 教师推送一些不同昆虫叫声的音频和自然博物馆的图片。

2. 幼儿在去参观之前制订的计划、记录本、水彩笔。

【指导重点】

1. 在陪伴幼儿去参观之前制订计划，在参观时仔细观察，鼓励幼儿将自己感兴趣的昆虫用绘画的方式记录下来。

2. 认识博物馆，能在场馆中保持安静。

【互动过程】

1. 听一听。教师推送一些不同昆虫叫声的音频："宝贝们，我们了解了小蚂蚁，这是一种最常见的昆虫。还有许多昆虫有不同的秘密，你们听，这是什么声音？"

2. 看一看、画一画。教师推送自然博物馆的图片："自然博物馆里有许许多多昆虫的标本，还有讲解员叔叔为我们介绍昆虫的习性。你最想了解什么昆虫？把它们画下来吧。"

3. 说一说。我们在博物馆里应该怎样做一个文明的参观者？

4. 玩一玩。参观博物馆，仔细观察，将自己感兴趣的昆虫用绘画的方式记录下来（图 3－12）。

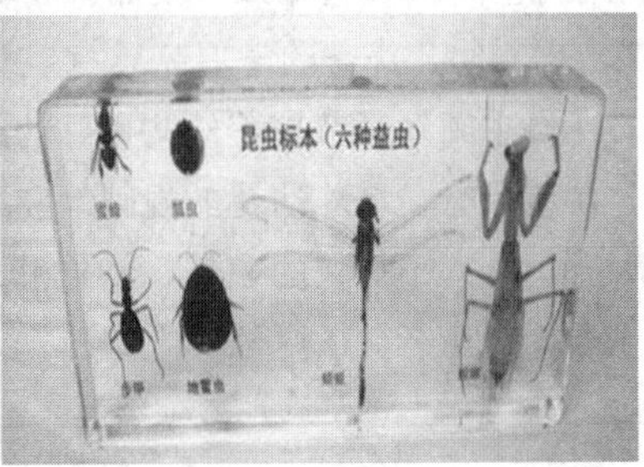

图 3－12　一起记录

写给家长的小贴士

1. 带领幼儿参观自然博物馆，寻找幼儿感兴趣的昆虫，鼓励幼儿观察和记录。
2. 提醒幼儿保持安静，轻声为幼儿讲解一些知识。

05 案例研究

活动名称：语言活动“小蚂蚁”

<table>
<tr><td></td><td>师幼互动的过程</td><td>过程分析及思考</td></tr>
<tr><td>师幼互动实录</td><td>语言活动《小蚂蚁》的第二个环节是幼儿自主阅读第 2～5 页后，讲述画面。
教师：“谁能来说一说小蚂蚁看到了什么？它们都做了哪些事情？”
佳睿说：“小蚂蚁看到了一个像西红柿一样的东西。它走近一看，哦，原来是一颗毛线球啊，小蚂蚁使劲拉毛线球，却拉不动。小蚂蚁又看到了像三明治一样的东西，走近一看，哇，原来是三本书啊，小蚂蚁使劲推，却推不动。”</td><td>1. 幼儿喜欢阅读，在自主阅读时认真观察和思考
2. 佳睿小朋友在讲述绘本的第 2～3 页时，能够仔细观察，理解画面的内容
3. 他的表达很完整，能将一团红色的毛线球比喻成西红柿，将三本叠落在一起的书比喻成三明治，语言连贯、自然，还使用了比喻的修辞手法，表达能力很强
4. 幼儿能够看出小蚂蚁的动作是拉、推，用词准确</td></tr>
<tr><td>我的反思</td><td colspan="2">一、促进幼儿深度学习
1. 教师通过重点提问促进幼儿深度学习
教师通过提问：“小蚂蚁的身体像什么一样大？能搬动什么，不能搬动什么？”让幼儿回想蚂蚁的大小，回忆已有经验，引发幼儿对蚂蚁搬东西的猜测
2. 利用多种形式促进幼儿深度学习
利用自主阅读表达环节、教师引导幼儿游戏环节等激发幼儿自主学习的兴趣
二、培养幼儿优秀的学习品质
1. 在自主阅读环节培养幼儿良好的阅读习惯
2. 在游戏时，培养幼儿的规则性和自主性
3. 通过观察小蚂蚁的表情、动作和蚂蚁间的关系，亲身体验、尝试动作，培养幼儿的词素意识</td></tr>
</table>

案例二

主题单元活动：我妈妈

方庄第六幼儿园 刘思萌

01 主题课程思维导图

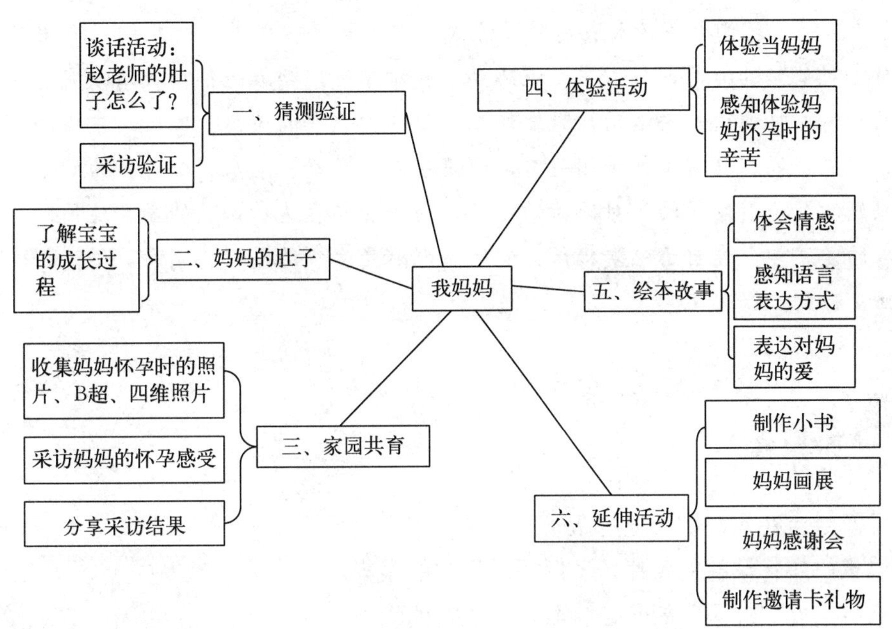

02 活动背景

● **源于生活**：开学了，幼儿们惊喜地发现隔壁班的赵老师有了一个“大肚子”，孩子们对大肚子充满了兴趣。“赵老师的肚子到底怎么了？”幼儿们七嘴八舌地表达着自己的想法。有的幼儿说：“一定是赵老师变胖了。”有的幼儿说：“赵老师肚子里有宝宝啦！”孩子们通过采访的方式验证了自己的想法，原来赵老师怀孕啦！

● **基于绘本**：孩子们滔滔不绝地讨论着“大肚子”的话题，让我看到了孩子们的兴趣点。《幼儿园教育指导纲要》中指出，幼儿园教育应该注重幼儿兴趣与创造，教育内容要贴近幼儿的生活，选择幼儿感兴趣的事物或问题，有助于拓展幼儿的经验和视野。因此，我抓住此教育契机，开展了“妈妈的肚子”系列课程，通过绘本《哇，肚脐》和《妈妈的肚脐》，让幼儿感受小宝宝在妈妈肚子里的成长过程。课程延伸到家庭，采访妈妈怀孕时的感受，收集妈妈怀孕时的照片，在班中进行分享。随后进行“体验妈妈”活动。通过感知与体验，孩子们对妈妈的辛苦有了更多的认识，激发了幼儿爱妈妈的情感。借助绘本《我妈妈》，让幼儿再次体会“妈妈爱我，我爱妈妈”的情感。

● **思于现状**：班中掀起了“爱妈妈”的浪潮，幼儿们总是向他人表达自己对妈妈的赞美。升入中班，幼儿的表达欲望增强，掌握词汇的数量和种类迅速增加，但是不能用较完整的语言表达自己的想法。因此，再次发挥绘本《我妈妈》的价值，设计第二课时，重在感知绘本中的语言表达方式，希望通过学习绘本上的“我妈妈像……一样……”的句式，让幼儿创造性地用较完整连贯的方式表达对妈妈的爱。

依托故事内容，挖掘教育价值，进一步激发了孩子的语言表达运用能力，帮助幼儿由口头语言向书面语言转换。

● **设计思路**：我们大多数人表达爱的方式总是含蓄的。当听到幼儿们用简单直白的语言表达自己对妈妈的爱时，我心中充满感动。我希望可以帮助他们用较清晰完整的语言表达自己的情感，也通过此次活动，激发幼儿强烈的爱妈妈的情感。同时，中班幼儿的社会认知能力明显提高，具有了初步的关心、同情反应，友好、助人、合作行为明显增多。幼儿由对妈妈的赞美引发了幼儿对同伴的赞美，由体会与表达对妈妈的爱，延伸到体会和感知周围人的爱，学会爱自己、爱父母、爱他人，感受生命的美好。同时，借此创造相互关心、相互支持的班级文化。

03 主题目标

1. 了解宝宝在妈妈肚子里的成长过程，丰富相关经验。
2. 收集妈妈怀孕时的照片，了解妈妈怀孕的艰辛。
3. 亲身感知“怀孕”的辛苦，激发对妈妈的爱。
4. 用多种形式表达对妈妈的爱。
5. 用较清晰完整的语言表达自己的情感。
6. 愿意与他人交流爱妈妈的情感。

04 活动设计

名称	实施途径	目标	评价要点
妈妈的肚脐	集体教学活动	1. 理解故事内容，了解胎儿的成长过程 2. 用较清晰完整的语言表达自己的想法 3. 体会妈妈怀孕时对新生命期待的情感	1. 能够主动参与绘本故事，理解故事内容 2. 能对绘本内容发表自己的想法

（续）

名称	实施途径	目标	评价要点
我妈妈（第一课时）	集体教学活动	1. 理解和感受妈妈对自己的爱，激发爱妈妈的情感 2. 仔细观察图片，理解画面中妈妈形象的变化，了解妈妈的本领大 3. 结合已有的生活经验，基本完整地讲述对画面内容的理解	1. 激发幼儿爱妈妈的情感 2. 体会“妈妈爱我，我爱妈妈”的情感
我妈妈（第二课时）	集体教学活动	1. 愿意与他人交流爱妈妈的情感 2. 感知“我妈妈像……一样……”句式的表达方式，理解作者对妈妈的爱 3. 能够结合生活经验，用绘本中的句式较完整连贯地表达对妈妈的爱	1. 能用绘本中的句式表达自己对妈妈的情感 2. 能够结合自身生活经验，大胆表达
制作小书	区域自主游戏	1. 积极地仿编句式，制作小书 2. 能用较清晰完整的语言进行连贯表述 3. 表达对妈妈的爱，体验当小作者的成就感	1. 有自己的创作想法 2. 能根据想法，大胆运用材料进行制作
体验当妈妈	区域自主游戏	1. 模仿妈妈怀孕时负重走路和做一些简单事情的样子 2. 亲身体验，感受妈妈十月怀胎的艰辛 3. 激发幼儿爱妈妈的情感	1. 体会妈妈怀胎十月的艰辛 2. 分享感受，激发爱妈妈的情感
我是小记者	家庭亲子互动	1. 采访妈妈怀胎十月的经历和感受 2. 感受妈妈怀孕时的艰辛 3. 体会妈妈对自己的爱	1. 能用较清晰完整的语言采访妈妈 2. 用简单的符号和图画记录妈妈的回答
妈妈感谢会	家庭亲子互动	1. 通过送礼物、亲子制作等方式表达自己对妈妈的爱 2. 与妈妈共度亲子时光，加深亲子感情	通过多种方式大胆表达自己对妈妈的爱

一、集体教学活动

活动一　妈妈的肚脐

【活动目标】

1. 理解故事内容，了解胎儿的成长过程。

2. 用较清晰完整的语言表达自己的想法。

3. 体会妈妈怀孕时对新生命期待的情感。

【活动重点】

理解故事内容，了解胎儿的成长过程。

【活动难点】

能够体会妈妈十月怀胎的艰辛。

【经验准备】

知道怀孕时的宝宝在妈妈肚子里。

【物质准备】

绘本图书《妈妈的肚脐》、课件（图 3－13）。

图 3－13　物质准备

【活动过程】

1. 导入——激发兴趣（3 分钟）。

（1）教师：“孩子们，我们通过采访知道赵老师的肚子里有了小宝宝，你们知道你们在妈妈肚子里是什么样的吗？”

（2）幼儿自由发表意见。

· 导入重点：提问引出在妈妈肚子里的胎儿。

· 联结经验：对怀孕有初步印象。

· 重点指导：能够表达对胎儿成长的好奇。

2. 过程——阅读故事理解绘本（25 分钟）。

（1）师幼共读绘本。

（2）重点提问。

① 教师：“幼儿在妈妈肚子里是怎样生长的？”

② 教师："小宝宝在妈妈的肚子里是怎么样的？是站着的吗？"

小结：他是躺着的。有时睡觉，有时在妈妈肚子里游来游去。

③ 教师："小宝宝在妈妈肚子里可以听到外界的声音吗？他们是怎么吸取营养的？"

·阅读方式：师幼共读绘本。

·阅读策略：引导幼儿仔细观察画面。

·重点指导：根据绘本内容，了解小宝宝在妈妈肚子里的形态以及生长过程。

3. 结束——完整阅读，感受表达（7 分钟）。

（1）完整阅读绘本内容。

（2）总结提升。我们了解了小宝宝在妈妈肚子里的形态，小宝宝在妈妈肚子里时妈妈是什么心情呢？其他家人是什么心情呢？

·总结方法：利用课件梳理绘本内容。

·拓展提升：感受妈妈对小宝宝的爱。

·重点指导：完整阅读绘本，用较清晰完整的语言表达自己的想法。

活动二　我妈妈（第一课时）

【活动目标】

1. 理解和感受妈妈对自己的爱，激发爱妈妈的情感。

2. 仔细观察图片，理解画面中妈妈形象的变化，了解妈妈的本领大。

3. 结合已有的生活经验，基本完整地讲述对画面内容的理解。

【教学重点】

仔细观察图片，理解图片内容，并结合自己的经验大胆讲述。

【教学难点】

理解画面所表达的意思，感受"妈妈爱我，我也爱妈妈"。

【经验准备】

收集妈妈怀孕时的照片，以及 B 超、四维的照片。了解宝宝在妈妈肚子里的样子。

【物质准备】

课件

【活动过程】

1. 导入——激发兴趣（5 分钟）。

（1）每个幼儿都有自己的妈妈，妈妈有很多本领，请你告诉大家，你的妈妈有些什么本领？

（2）出示封面及图 1："这位小朋友也觉得自己的妈妈很棒，还把妈妈的本领画了下来，都在这本书上，瞧，这本书题目就叫《我妈妈》，我们一起来看看吧！"

·导入重点：结合生活实际，与作者产生情感共鸣。

·联结经验：已了解胎儿在妈妈肚子里的成长过程，理解妈妈怀孕时的辛苦。

·重点指导：联想到自己的妈妈。

2. 结合课件，阅读、理解绘本（25分钟）。

（1）幼儿自主阅读（第1～3页），理解画面内容并大胆讲述妈妈的本领。

阅读策略：交代幼儿翻阅小图书的任务是从第1页翻到第3页，注重幼儿良好阅读习惯的培养。小书阅读激发幼儿的阅读兴趣。

（2）通过观察，理解妈妈形象的变化（图4、图5）

① 观察妈妈变成了蝴蝶。

出示图4。教师："这是谁？你从哪儿看出来这只蝴蝶是妈妈变的？把妈妈画成一只蝴蝶是什么意思？"

小结：妈妈像蝴蝶一样美丽。

② 妈妈变成了沙发。

出示图5。教师："刚才把妈妈画成一只蝴蝶是想说妈妈漂亮，这里把妈妈画成沙发又想说妈妈什么？"

体验：坐在教师身上试试，说说坐在"妈妈"身上是什么感觉。

小结：坐在妈妈身上就像坐在沙发上一样，那么温暖、那么舒服。

· 阅读方式：幼儿自主阅读。

· 阅读策略：采用了观察推理法和对比法，理解妈妈像蝴蝶。采用了情景体验法，体会妈妈的柔软。

· 重点指导：注重培养幼儿仔细观察、辨别细节的阅读能力。

（3）结合自身经验，理解妈妈的关爱。

① 出示图6。

教师："小猫是什么样子的？妈妈什么时候像小猫一样温柔？"

交流生活经验："你的妈妈为你做过哪些温柔的事情？"

小结：每天，妈妈都温柔地照顾我、关心我，我知道那都是因为妈妈爱我。

② 出示图7。

教师："妈妈什么时候会像狮子一样？生气的时候，她还爱你吗？"

· 阅读方式：教师幼儿共读。

· 阅读策略：联系生活经验，体会妈妈的爱。

· 重点指导：幼儿分享真实的经历，理解妈妈无微不至的爱。

3. 结束。感受温暖的母爱，"妈妈爱我，我爱妈妈"。

妈妈和宝宝紧紧拥抱在了一起，你猜宝宝在对妈妈说什么呢？妈妈又在对宝宝说什么呢？你的妈妈爱你吗？你也爱自己的妈妈吗？

策略：孩子一定会非常自然和流利地脱口而出："妈妈我爱你！"爱多久？永远爱你，有的孩子说一辈子爱你、一直爱你、爱你很久很久。

· 困难预设：幼儿不敢表达情感。

· 解决措施：鼓励幼儿用口语直白地表达自己对妈妈的爱。

· 重点指导：向幼儿提问："你有什么话想对妈妈说？"鼓励幼儿大胆表达情感。

活动三　我妈妈（第二课时）

【活动目标】

1. 愿意与他人交流爱妈妈的情感。

2. 感知“我妈妈像……一样……”句式的表达方式，理解作者对妈妈的爱。

3. 能够结合生活经验，用绘本中的句式较完整连贯地表达对妈妈的爱。

【活动重点】

可以用“我妈妈像……一样……”的句式较完整连贯地表达对妈妈的爱。

【活动难点】

能够结合生活经验，用绘本中的句式创造性地表达对妈妈的爱。

【经验准备】

1. 在日常生活中，与幼儿一起玩形容词的游戏。例如：柔软，你想到了什么物品？

2. 在第一次《我妈妈》绘本阅读中，幼儿仔细观察画面内容，理解作者对妈妈的爱，初步感知“我妈妈像……一样……”句式。

【物质准备】

白纸、有句式格式的记录纸、笔、动物卡片。

【活动过程】

1. 回忆故事，引起幼儿兴趣。出示绘本封面，回忆故事内容。

·导入重点：出示一些绘本图片，回忆内容。

·重点指导：通过提问，激发幼儿参与兴趣。

2. 过程。用“我妈妈像……一样……”的句式较完整连贯地表达对妈妈的爱（20 分钟）。

（1）出示“妈妈像蝴蝶、沙发、小猫、犀牛”4 张图片，提炼“妈妈像……一样……”的句式。

（2）观察画面，解决本次活动难点。

教师：“为什么说妈妈像蝴蝶一样美丽？还有哪些物品是美丽的？为什么说妈妈像沙发一样舒适？”

（3）幼儿示范性地创编。

（4）幼儿创造性地表达，并根据个体差异进行记录。

·阅读方式：幼儿根据自身水平选择不同的方式来记录。

·阅读策略：

① 运用启发式教学法，调动幼儿思维，归纳总结句式特点。

② 回忆生活，联系幼儿生活实际，鼓励幼儿创造性地表达。

·重点指导：

情况一：幼儿无从下手，没有思路。

策略：同伴间相互学习，听听旁边的幼儿是怎么说的。

情况二：幼儿可以说出来，但是不会用简单的符号记录。

策略：教师用手机帮助幼儿寻找图片支持，或是选择动物图片进行粘贴。

情况三：很快就完成记录。

策略：鼓励幼儿多说，继续用不同的形容词和句式记录妈妈的特点，或采取不同形式进行记录。

3. 同伴间相互分享自己的创造，促进同伴间的相互学习（5 分钟）。

教师提供时间和分享平台，促进幼儿互相、交流、分享。

·困难预设：幼儿局限于绘本中提到的事物。

·解决措施：重点讲评幼儿的创造式语句。

·重点指导：帮助幼儿分类整理，妈妈可以像动物或者植物，也可以像一件物品，妈妈可以是美丽的、柔软的、强壮的……

二、区域自主游戏

活动一　制作小书

区域目标	1. 积极仿编句式，制作小书 2. 能用较清晰完整的语言进行连贯表述 3. 表达对妈妈的爱，体验当小作者的成就感
环境支持	  
材料投放	彩纸、水彩笔、油画棒、剪刀、胶棒、双面胶、贴画、印章、订书器
指导重点	1. 引导幼儿回忆图书结构 2. 鼓励幼儿联系生活经验仿编句式
观察指导	·儿童学习过程实录： 久久今天选择了图书区，“我要为妈妈制作一本书，我的妈妈最厉害了。”她拍着手开心地说。久久拿起画笔画了“妈妈”，又为妈妈画上了两个兔耳朵，她自言自语道：“妈妈像小兔子一样爱吃胡萝卜，旁边再画上一个胡萝卜。”接着，她开始画第二页，边画边说：“我特别爱抱我的妈妈，她特别柔软，像小兔子的毛，还像羽毛一样柔软。”这次久久为妈妈画上了羽毛做的花裙子……小书很快制作完了，她拿着自己的小书和旁边的幼儿讲起了故事，久久说：“这是我做的小书，叫《我爱妈妈》，来听一听吧。” ·儿童表现分析： 1. 幼儿有主动参与制作小书的愿望 2. 对小书制作有经验，了解图书的结构。创作时没有用纸张背面 3. 能够结合生活经验仿编句式，较完整连贯地表达了对妈妈的爱 ·教师支持策略： 1. 教师肯定幼儿参与和大胆创作的行为 2. 鼓励幼儿在背面丰富图书内容

活动二 体验当妈妈

区域目标	1. 模仿妈妈怀孕负重走路和做一些简单事情的样子 2. 亲身体验，感受妈妈十月怀胎的艰辛 3. 激发幼儿爱妈妈的情感
环境支持	
材料投放	枕头
指导重点	1. 在幼儿游戏中采访幼儿的感受 2. 活动后分享感受
观察指导	·儿童学习过程实录： 俊俊选择站在柜子前玩玩具，他玩了一会儿，手扶着腰说："这个枕头好沉啊，我还是坐下玩吧。"于是，他拿着画板坐到了椅子上，大肚子顶住了桌沿，他弓起了背费力地够着画板。不一会儿，他便坐直了身体，抱怨道："好难受啊，有点喘不过气来了，有小宝宝也太累了。" 在分享感受时，俊俊积极地举起了手，他对大家说："我觉得妈妈真是太辛苦了，我刚才觉得坐不直也站不住，回家我一定帮妈妈捶捶背。" ·儿童表现分析： 1. 幼儿愿意参与活动，在活动中体会了妈妈的艰辛 2. 在体会了妈妈的辛苦后，愿意用自己的方式表达对妈妈的关心和爱 ·教师支持策略： 1. 鼓励幼儿分享"当妈妈"的感受 2. 引导幼儿通过不同的方式表达自己对妈妈的感恩和爱

三、家庭亲子互动

活动一 我是小记者

【活动目标】

1. 采访妈妈怀胎十月的经历和感受。
2. 感受妈妈怀孕时的艰辛。
3. 体会妈妈对自己的爱。

【材料准备】

剪刀、彩纸、水彩笔、油画棒。

【指导重点】

1. 支持幼儿用简单的符号和图画记录采访内容。

2. 鼓励幼儿大胆表达自己的情感。

【互动过程】

1. 听一听。我们了解了小宝宝在妈妈肚子里的成长过程，你们见过自己在妈妈肚子里时的照片吗？你们在妈妈肚子里时，妈妈是什么感觉呢？妈妈每天会陪你做什么呢？

2. 看一看。我们可以化身小记者，采访妈妈这些问题。

3. 说一说。请你的妈妈说一说怀孕时的感受。

4. 玩一玩。可以将你在妈妈肚子里的照片带到幼儿园进行分享。可以画出你在妈妈肚子里看到的外面的世界（图 3－14）。

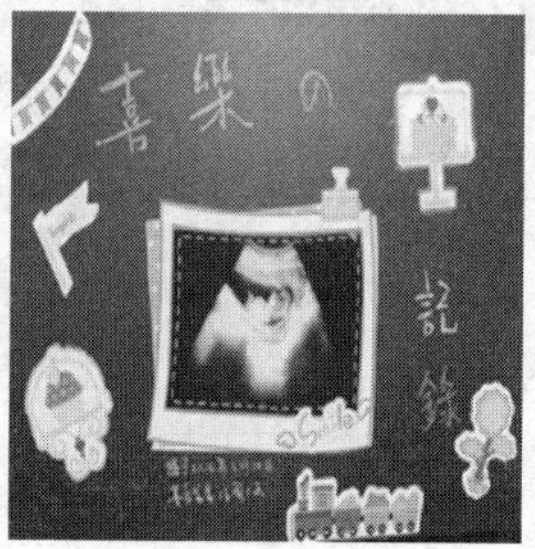

图 3－14　玩一玩

写给家长的小贴士

1. 鼓励幼儿多向妈妈提问题。

2. 接受孩子爱的表达，增进亲子情感交流。

活动二　妈妈感谢会

【活动目标】

1. 通过送礼物、亲子制作等方式表达自己对妈妈的爱。

2. 与妈妈共度亲子时光，加深感情。

【材料准备】

《感恩的心》手势舞、自制小书、自制礼物。

【指导重点】

1. 鼓励幼儿通过多种方式表达自己对妈妈的爱。

2. 和妈妈共度美好的亲子时光，加深感情。

【互动过程】

1. 听一听。我们每个人都很爱妈妈，你们想为妈妈做些什么呢？

2. 看一看。看一看平时在幼儿园中做过的事情，有哪些想和妈妈一起做？

3. 说一说。如果邀请妈妈来幼儿园，你想为妈妈准备什么？

4. 玩一玩。制作邀请函，邀请妈妈来幼儿园一起游戏，为妈妈送礼物（图 3-15）。

图 3-15 制作邀请函

写给家长的小贴士

1. 积极参加活动，与幼儿共度亲子时光。
2. 肯定幼儿的爱，并向幼儿表达爱。

资源拓展

制作成长手册，记录幼儿成长。

05 案例研究

活动名称：妈妈感谢会

	师幼互动的过程	过程分析及思考
师幼互动实录	一系列活动已经在班级中掀起了“爱妈妈风潮”。幼儿都想用实际行动表达自己对妈妈的爱，很多幼儿都希望妈妈可以来幼儿园和自己一起游戏，将自己制作的礼物送给妈妈。还有幼儿提出想要和妈妈分享自己制作的图书……于是，妈妈感谢会的准备工作就紧锣密鼓地展开了	1. 幼儿能够主动参与感谢妈妈的活动 2. 能够通过多种方式表达自己对妈妈的爱 3. 能够根据教师提问，大胆表达自己对妈妈的情感 4. 部分幼儿不了解邀请函的作用 5. 幼儿自由交流时，能够表述很长时间，但不能清楚、连贯地描述一件事
我的反思	我们大多数人表达爱的方式总是含蓄的。当我听到幼儿们用简单直白的语言表达自己对妈妈的爱时，心中充满感动，我希望可以为他们提供平台，让幼儿用自己的方式表达对妈妈的爱，这便是活动的初衷。通过此次活动，也激发幼儿强烈的爱妈妈情感，家长们也反映，幼儿在家中会主动帮助父母做力所能及的事情，并且乐于表达自己的情感，促进了家庭和谐氛围的建立	

（续）

我的反思	同时，中班幼儿的社会认知能力明显提高，具有了初步的关心、同情反应，友好、助人、合作行为明显增多。对妈妈的赞美也引发了幼儿对同伴的赞美，幼儿由体会与表达对妈妈的爱延伸到体会和感知周围人的爱，让他们学会爱自己、爱父母、爱他人，感受生命的美好。此外，也借此创造了相互关心、相互支持的班级文化

案例三

主题单元活动：跑跑镇

蒲黄榆第二幼儿园　李雪彤

01 主题课程思维导图

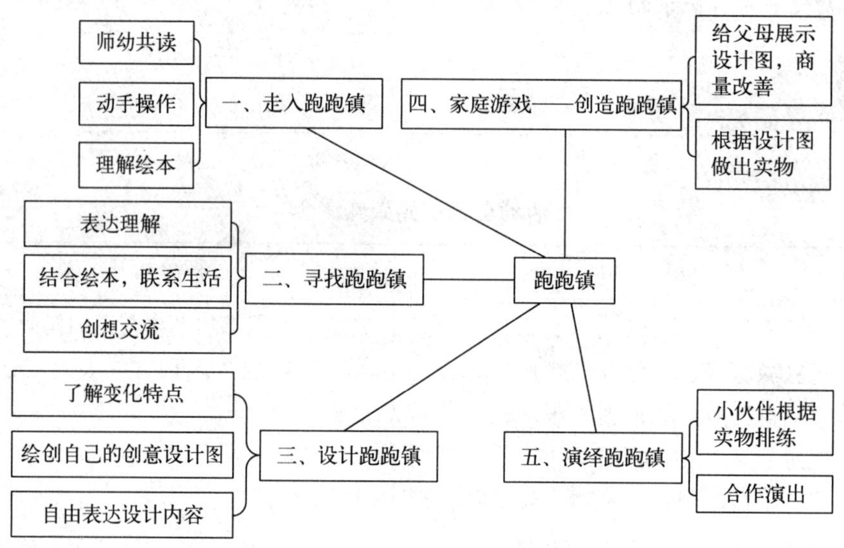

02 活动背景

● **源于故事**：有一天，我和幼儿一起阅读了绘本《跑跑镇》，幼儿被跑跑镇里神奇的组合再变化深深吸引了，他们时而眉头紧锁，讨论、思索着居民的变化，时而欢笑，感受着跑跑镇的神奇。而我也被跑跑镇的奇妙变化所感染，那到底是什么地方在吸引着大家呢？

《跑跑镇》是一本很有趣的关于想象的书。有个小镇，名叫跑跑镇。在跑跑镇上，居

民们都喜欢快跑。跑着跑着，咣！免不了会撞在一起……小猫“哒哒哒”、小鹰“哒哒哒”变成了猫头鹰，黑熊“哒哒哒”、白熊“哒哒哒”变成了熊猫。

书里还有许多有趣的变形，而这些变形并不是随便变的，每个新事物的身上都有前面旧事物的影子。因此，这本书特别能够满足幼儿的奇思妙想。

● **基于绘本**：我们班的幼儿处于中班，思维活跃，他们乐于想象、爱思考，对自己想象出的事物愿意尝试与表达。整个故事充满幽默诙谐的生活情趣和奇妙现象，两个看似不相关的物体，在跑动碰撞以后出现了奇妙的“合体”现象，不仅对幼儿的思维是一个冲击，而且给了他们想象的空间，适合中班幼儿，这也正是我的活动来源。而《3—6 岁儿童学习与发展指南》中对中班幼儿语言能力的目标是锻炼幼儿倾听与表达，并具有一定的阅读感受能力。

● **思于现状**：目前针对幼儿想象力，我认为有以下发展状况和发展需求。

1. 发展状况。我认为中班幼儿正处于典型的具体形象思维阶段，绘画的形象往往比较单调、概念化。

针对本班幼儿——我们班幼儿思维活跃，他们乐于想象、爱思考，对自己想象出的事物愿意尝试与表达。但是由于生活经验不足，幼儿比较爱模仿，想象力多有雷同。

针对我们班家长——我们班家长会给幼儿报了很多兴趣班，但是多重能力、轻想象。

2. 发展需求。我认为，幼儿首先需要丰富经验、扩大眼界。很多时候，幼儿只是泛泛一想，缺乏推翻自己、倾听他人、重建想法的过程。幼儿需要有人支持他的想法，需要想象的及时落实。

● **设计思路**：书中有很多有意思的奇思妙想，幼儿在锻炼语言能力的同时还丰富了想象能力，是一个很好的锻炼机会。

为了满足幼儿的兴趣需求，我们开展《跑跑镇》绘本主题活动。《跑跑镇》给幼儿演绎了一个有趣的场景：跑跑镇上的居民都喜欢快快跑，快跑就免不了会撞在一起。当小猫和小鹰撞在一起、苹果和红宝石撞在一起后会发生什么呢？整个故事充满着幽默诙谐的生活情趣和奇妙现象。我们以“跑跑镇”里的居民为素材，通过了解故事、交流生活中的类似变化、动手设计新变化，最后演绎情景剧的方式，拓宽了幼儿思维，鼓励幼儿大胆想象，满足他们的奇思妙想。

03 主题目标

1. 理解图书的意思，能够大胆进行想象和猜测，感受碰撞的神奇。
2. 愿意分享、表达故事情节，提高语言表达能力。
3. 感受绘本生动幽默的特点。
4. 能够结合绘本，在生活中找出类似的碰撞组合，举一反三。
5. 自主寻找材料，尝试设计“神奇的碰撞”，录制情景剧。

04 活动设计

名称	实施途径	目标	评价要点
走入跑跑镇	集体教学活动	1. 理解故事内容，初步了解居民的变化 2. 大胆表达居民前后的变化，找出特点 3. 喜欢参与阅读活动，对跑跑镇活动感兴趣	1. 能够主动参与绘本故事，理解故事内容 2. 能对绘本内容发表自己的想法，有自己的初步创想
寻找跑跑镇	集体教学活动	1. 能用自己的方式表达对跑跑镇居民前后特点的理解 2. 能够结合绘本特点，寻找在生活中有一样特点的“跑跑镇居民” 3. 愿意互相交流、分享，感受碰撞的神奇	1. 大胆表达自己的理解和感受 2. 有表达、创新的愿望
设计跑跑镇	集体教学活动	1. 了解跑跑镇变化的特点 2. 在理解变化特点的基础上，大胆设计新的跑跑镇居民 3. 喜欢绘画的形式，大胆表达想象	1. 能够用自己的方式进行设计 2. 能够将自己的设计用书中句式进行表达
寻找跑跑镇延伸	区域自主游戏	1. 能够结合绘本找到生活中的跑跑镇 2. 愿意将找到的生活中的跑跑镇居民画下来，并大胆交流、分享 3. 能够在教师的引导下有自己的初步设计想法	1. 大胆表达生活中的跑跑镇，并准确说出变化 2. 有交流创新的愿望
设计跑跑镇延伸	区域自主游戏	1. 了解跑跑镇的变化特点并进行创新 2. 尝试用绘画、粘贴、印章等形式设计和制作 3. 在动手动脑中感受游戏的快乐	1. 有自己的创作想法 2. 能根据想法，大胆运用材料进行制作
创造跑跑镇	家庭亲子互动	1. 能够给父母讲清设计图的意思，大胆表达 2. 能够和父母动手操作制作自己设计的跑跑镇居民 3. 感受与父母进行实践活动的快乐	1. 能够用自己的方式表达 2. 作品能体现对绘本的理解

（续）

名称	实施途径	目标	评价要点
演绎跑跑镇	家庭亲子互动	1. 能够根据作品进行排练 2. 旁白、小演员的角色体验 3. 感受实践活动的快乐	1. 有初步合作意识 2. 能提出自己的想法或问题

一、集体教学活动

活动一 走入跑跑镇

【活动目标】

1. 理解图书的意思，能够大胆地进行想象、猜测，感受碰撞的神奇。
2. 感受绘本生动幽默的特点。
3. 愿意用语言大胆表达故事情节，提高语言表达能力。

【物质准备】

PPT 课件、操作图片（每组一份）、《跑跑镇》每人一本（图 3－16）。

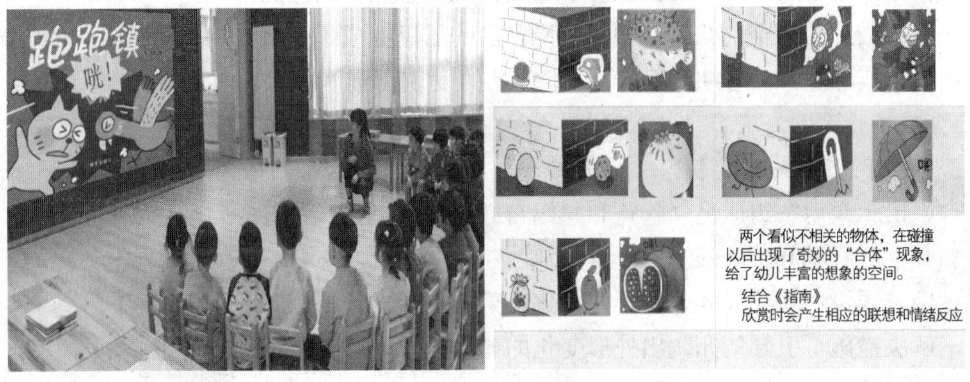

图 3－16 物质准备

【活动重点】

理解图书的意思，能够进行大胆的想象。

【活动难点】

根据事物的特征进行大胆的想象和猜测，感受碰撞的神奇。

【活动过程】

1. 阅读封面——激发兴趣（3 分钟）。

教师："你们喜欢运动吗？跑跑镇上会发生什么事？为什么会撞在一起？"

·困难预设：幼儿以后会模仿跑跑镇居民在幼儿园里跑。

·解决措施：讨论封面后，提示幼儿要注意安全，在幼儿园里慢慢走，不着急、不慌乱。

2. 阅读故事——想象猜测（10 分钟）。

（1）幼儿阅读绘本第 1～6 页，体验跑跑镇的神奇。

·环节目的：边阅读边了解跑跑镇的秘密。幼儿回答后，教师带幼儿完整回顾前 6 页。

·重点指导：教师在幼儿自主阅读时给予指导，引导幼儿注意分析每两个居民的特点。

·问题预设：幼儿不能清楚表达自主阅读的发现。

·解决措施：有 PPT 支撑，方便幼儿看图对应。

小结：原来变成的新事物是与前两个居民有很大联系的，新居民的身体上一定有前面两个居民的特点。

（2）操作游戏。

·游戏玩法：把跑跑镇的部分居民请到班里来，每个幼儿选择两个居民，请你们仔细看看操作卡上有哪些居民，找一找谁和谁"哒哒哒"在跑跑镇上跑，"咣"地碰撞在一起会发生什么神奇的变化，并进行拼摆。

教师："你发现了哪些神奇的事情？"

·困难预设：这个环节幼儿想法多，会出现回答热情高涨的情况。

·解决措施：几个幼儿先互相说一说自己的居民变成了什么（用"哒哒哒"的方式）。

·重点指导：鼓励幼儿用语言讲述自己的发现：谁和谁"哒哒哒"在跑跑镇上跑，"咣"变成了什么？

3. 完整阅读——感受表达（5 分钟）。

（1）出示最后一组居民（爸爸和妈妈），引导幼儿猜想组合。

教师："他们拥抱在一起会变出什么呢？"

·困难预设：幼儿局限于外形的变化，猜不出变成什么。

·解决措施：引导幼儿跳出外形变化的局限思维，联系生活经验猜想。

小结：原来，碰撞可以发生这么有意思的事情！

（2）生活中的碰撞。出示三组绘本以外的生活中的碰撞（路灯、斑马、钟表）。

·重点指导：对每一组图都进行提问，引导幼儿说出特点。

教师：为什么用圆形的东西和数字撞在一起？你们能说说生活中还有哪些碰撞的组合吗？

4. 活动延伸。

（1）回归生活，发现生活中还有哪些神奇的碰撞。

（2）跑跑镇还有一个神奇有趣的地方，下次请幼儿试试把书倒着翻，看看你会发现什么秘密！

活动二　寻找跑跑镇

【活动目标】

1. 能用自己的方式表达对跑跑镇的理解。

2. 能够联系特点，寻找生活中的跑跑镇。

3. 愿意互相交流、分享，感受碰撞的神奇。

【活动重点】

能够联系绘本特点，寻找生活中的跑跑镇。

【活动难点】

大胆表达自己的想法。

【经验准备】

有对《跑跑镇》绘本的理解，幼儿回家搜索生活中的组合物品。

【物质准备】

课件，幼儿找到的生活中的跑跑镇照片（图 3-17）。

图 3-17　物质准备——照片

【活动过程】

1. 激发兴趣（5 分钟）。

教师："跑跑镇的故事是什么？都有哪些变化？"

· 困难预设：幼儿找不到变化的前后联系。

· 解决措施：出示绘本图片，圈出变化前后的特点。

· 重点指导：通过提问，激发幼儿兴趣。

2. 联系特点寻找其他跑跑镇（15 分钟）。

（1）教师打开图片，幼儿自由讨论。

（2）重点提问。

① 教师："你都看到了什么？"

② 教师："他们之前是什么样？之后是什么样子？"

③ 教师："谁能用'××哒哒哒、××哒哒哒……咣'来描述？"

· 困难预设：幼儿看不懂变化前后的联系。

・解决措施：利用课件，引导幼儿举一反三。

・重点指导：观察前后相同的地方和不同的地方。

3. 自由表达想法（10 分钟）。

教师鼓励幼儿展示自己寻找到的生活中的跑跑镇图片，鼓励幼儿给大家介绍。

・困难预设：幼儿不敢表达。

・解决措施：给予空间，让同伴之间互相交流。

・重点指导：幼帮幼。教师先请平时胆大、爱发言的幼儿介绍，带动其他幼儿，并及时鼓励（图 3-18）。教师需要在此环节进行录像，为后面的活动做铺垫。

图 3-18　幼儿大胆表达

活动三　设计跑跑镇

【活动目标】

1. 了解跑跑镇变化的特点。

2. 在理解变化特点的基础上大胆设计新的跑跑镇居民。

3. 喜欢绘画的形式，大胆表达想象。

【活动重点】

已经熟悉跑跑镇的变化特点，并设计属于自己的跑跑镇。

【活动难点】

作品能够准确表达幼儿设计的思路。

【经验准备】

跑跑镇组合物品经验的积累。

【物质准备】

水彩笔、课件（有多种变化物品）。

【活动过程】

1. 导入——回忆幼儿的想法，激发兴趣（5 分钟）。

（1）教师："上次老师的 PPT 中都展示了什么？"

（2）教师："你们上次都有什么好想法？"

・困难预设：幼儿忘记了自己上次的想法，没有表达的愿望。

・解决措施：教师出示幼儿介绍的录像，引发幼儿回忆。

・重点指导：通过提问，激发幼儿的参与兴趣。

2. 过程——幼儿通过绘画，自由表达创作内容（20 分钟）。

（1）引发幼儿设计。

① 教师："你想画什么，为什么？"

② 教师："你设计的居民前后变化是怎么样的？有什么联系？"

（2）幼儿相互交流设计内容。

（3）教师提供材料，幼儿用多种形式进行设计。

· 困难预设：幼儿设计想法单一。

· 解决措施：教师出示课件，让幼儿发现多种表达形式。

· 重点指导：幼儿的设计内容能够体现跑跑镇居民前后变化的特点。

3. 结束——展示自己的设计图（10 分钟）。

教师："你设计了什么？为什么这么设计？"

· 重点指导：鼓励幼儿在展示中相互交流。鼓励其他幼儿倾听，并提出设计建议和想法。

二、区域自主游戏

活动一　寻找跑跑镇延伸

区域目标	1. 能够结合绘本找到生活中的跑跑镇 2. 愿意将找到的生活中的跑跑镇居民画下来，并大胆交流、分享 3. 能够在教师的引导下有自己的初步设计想法
环境支持	
材料投放	图片支持，幼儿之前搜索过的资料图
指导重点	1. 引导幼儿互相交流自己找到的生活中的跑跑镇 2. 鼓励幼儿观察生活中的跑跑镇，提出自己的设计想法
观察指导	· 儿童学习过程实录： 幼儿之间兴奋地交流着自己寻找到的生活中的跑跑镇组合。果果很开心地和旁边的小伙伴说："我在家里看到了一个组合！我家的笔和橡皮可以组合成橡皮头铅笔。"乐乐说："我家的钟表是小熊形状的，小熊'哒哒哒'、箭头'哒哒哒'，咣！——小熊钟表！" · 儿童表现分析： 1. 幼儿有主动参与活动的愿望，并能在活动中大胆交流 2. 对绘本中事物变化的特点有一定理解，但有的孩子单纯认为是两个事物的直接组合拼接 3. 能找到生活中的跑跑镇，不一定能很好地用绘本句式表达 · 教师支持策略： 1. 教师肯定幼儿参与和大胆创作的行为 2. 多提供跑跑镇绘本图片，鼓励幼儿观察分析，必要时圈出他们变化的部分，鼓励幼儿观察 3. 及时鼓励幼儿回忆绘本句式

活动二　设计跑跑镇延伸

区域目标	1. 了解跑跑镇的变化特点并进行创新 2. 尝试用绘画、粘贴、印章等形式设计和制作 3. 在动手动脑中感受游戏的快乐
环境支持	
材料投放	彩纸、水彩笔、油画棒、剪刀、胶棒、双面胶、胶条、方便贴
指导重点	1. 观察多种形式的变化，拓展幼儿思维 2. 鼓励幼儿大胆运用多种材料，支持幼儿的想法
观察指导	·儿童学习过程实录： 达达带着绘本来到美工区，最开始先把绘本故事讲了一遍，讲完后环顾美工区四周，说："我也想有一个属于自己的小居民！做什么好呢?"说着，他边走边看。达达看到了幼儿园里的一盆花，说："啊！家里还没有花，我也想要花。"又看到了美工区的薯片筒，好像想到了什么。于是，达达开心地拿起水彩笔，画了一个薯片筒和一朵花。画完开心地笑着："薯片筒'哒哒哒'、小花'哒哒哒'——咣！一盆花!" ·儿童表现分析： 1. 幼儿能主动参与创作活动，有创作欲望 2. 能够大胆根据想法进行创意制作，但创意行为仅限于绘画 ·教师支持策略： 1. 肯定幼儿的创作行为 2. 提供更多材料，鼓励幼儿使用多种材料进行创作

三、家庭亲子互动

活动一　创造跑跑镇

【活动目标】

1. 能够给父母讲清设计图的意思，大胆表达。
2. 能够和父母一起动手操作，制作自己设计的跑跑镇居民。
3. 感受与父母一起参与实践活动的快乐。

【材料准备】

剪刀、彩纸、水彩笔、油画棒、毛根、布、纸板。

【指导重点】

1. 支持幼儿参与制作活动，能用自己的方式表达创作内容。

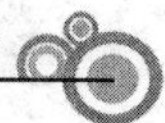

2. 鼓励幼儿勇于动手操作。

【互动过程】

1. 导入。跑跑镇的故事实在是太奇妙了！幼儿们也设计了设计图，来听一听幼儿的创意想法吧！

2. 过程。

（1）我们一起和爸爸妈妈商量设计图的创作想法吧（和家长沟通如何制作）。

（2）活动开始了，我们一起制作吧！

3. 结束。家长帮助录制一段幼儿介绍成果的小视频（图 3-19）。

图 3-19　一起来介绍

写给家长的小贴士

1. 鼓励幼儿参与制作活动，协助幼儿进行操作。

2. 鼓励孩子大胆表达，增进亲子情感交流。

活动二　跑跑镇小剧场

【活动目标】

1. 能够根据作品进行排练。

2. 体验当旁白、小演员。

3. 感受实践活动的快乐。

【材料准备】

排练稿件、幼儿作品、演出服。

【指导重点】

鼓励幼儿用绘本的语言大胆演绎。

【互动过程】

1. 导入。主持人开场白，介绍本次展示活动。

2. 过程。幼儿大胆演绎角色，展示自己的想象成果。

·重点指导：教师在台下展示图片，提示可能会忘记内容的幼儿。

3. 结束。全体鞠躬，表达对这次活动感受。家长表达参与活动的感受。

写给家长的小贴士

1. 支持幼儿参与展示活动（图 3-20）。

图 3-20　幼儿展示

2. 在台下及时鼓掌，鼓励幼儿。

05 案例研究

活动名称：走入跑跑镇

	师幼互动的过程	过程分析及思考
师幼互动实录	在“走入跑跑镇”活动中，在认识了部分居民后，教师让幼儿用操作卡片拼出其他居民。当教师提问“你是怎么找出这些居民的”时，佳佳说：“老师，因为荷叶的形状像伞，拐杖像伞的手把，所以组合在一起就是一把伞了！”幼儿又纷纷说了几个其他的变化组合	1. 幼儿能主动思考，找出居民变化前后的联系 2. 能够大胆交流，参与到活动中 3. 幼儿在自由相互交流时，能够表述很长时间，但需要教师引导思考
我的反思	碰撞的创意提供给孩子一个新奇的思维方向，能够引起孩子们好奇心，吸引他们参与到图画书的阅读中，展开丰富的联想……在整个活动中，我没有将大人们赋予图画书的感化、教育等成人化的意义施加给孩子，始终只扣紧“快乐”的主旨，让孩子享受简单纯粹的快乐	

案例四

主题单元活动：妈妈的爱

青塔第二幼儿园　朱培培

01 主题课程思维导图

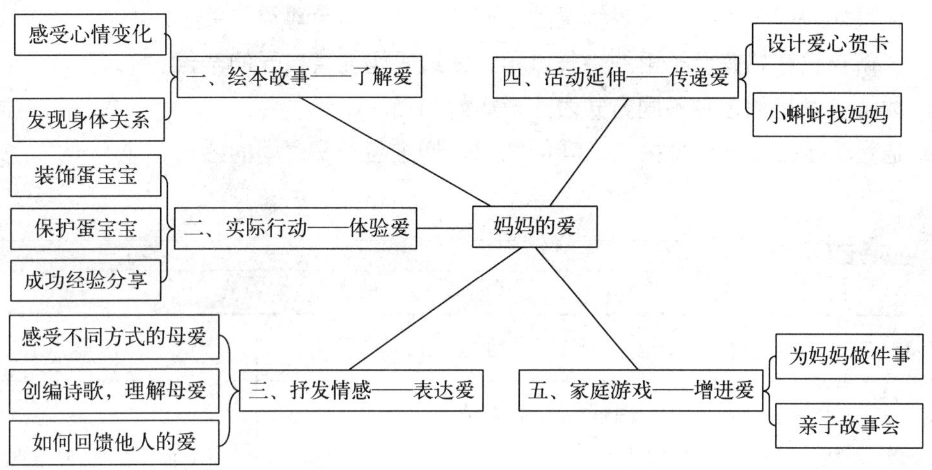

02 活动背景

● **源于故事**：《我要妈妈》讲述了小蛇睡醒后，发现妈妈不见了，从而踏上了寻找妈妈的旅程的故事。随着故事的发展，幼儿通过细致观察画面信息，进一步理解了故事内容，感受到了小蛇迫切需要妈妈、渴望妈妈、想要和妈妈在一起的急切心情，深入了解了小蛇对妈妈的爱。

● **基于绘本**：在《我要妈妈》中，通过小蛇去往不同场景的转换，发现小蛇经过的地方和蛇妈妈身体的关系——原来蛇妈妈一直就在小蛇的身边，从未离开过它。从小蛇联系到幼儿自身，面对妈妈无私的爱，我们又应该怎样去爱妈妈？由此进行拓展，我们可以用哪些方式表达对妈妈的爱？

● **思于现状**：结合《3—6岁儿童学习与发展指南》内容，中班幼儿能根据连续画面提供的信息，大致说出故事情节。能随着作品的展开产生喜悦、担忧等相应的情绪反应，体会作品所表达的情绪情感。通过自主阅读，仔细观察画面信息，幼儿能大胆猜测故事情节，乐于表达自己的想法，并在小组讨论和经验分享中感受、理解妈妈对孩子无微不至的爱。

● **设计思路**：妈妈的爱是无私的，是时时刻刻围绕在我们身边的。在深深感受到妈妈对我们的爱后，我们又应该怎样向妈妈表达自己对她的爱呢？教师应该怎样让幼儿更深入地理解爱与被爱呢？《我要妈妈》绘本故事激发了幼儿对母爱迫切的需求，通过了解爱、体验爱、表达爱、传递爱和增进爱的主题课程方式，引发中班幼儿语言表达的欲望，增强其语言理解能力。

03 主题目标

1. 能够细致观察画面信息，理解绘本故事内容，感受绘本中角色的情感变化。
2. 能大胆地在集体面前介绍自己的妈妈，表达爱妈妈的理由，增强口语表达能力。
3. 通过对妈妈工作、生活等情况的了解与讨论，学会尊重、关心妈妈。
4. 了解自己在妈妈肚子里的生长过程，知道妈妈养育自己的辛苦。
5. 能够尝试运用多种不同方式表达对妈妈的爱。
6. 通过亲子活动，萌发关心长辈的情感，增进与长辈之间的感情。

04 活动设计

名称	实施途径	目标	评价要点
我要妈妈	集体教学活动	1. 理解故事基本情节（小蛇找妈妈的过程） 2. 感受小蛇的心情变化，感受故事结尾的温馨 3. 发现小蛇经过的地方和蛇妈妈身体的关系	1. 能够细致观察画面信息，理解故事内容 2. 能对绘本内容发表自己的想法
保护蛋宝宝	集体教学活动	1. 了解妈妈爱护宝宝的各种方法，感受妈妈对自己浓厚的爱 2. 探索保护生鸡蛋的不同方法，并能创造性地运用辅助材料	1. 时刻关注蛋宝宝的情况，激发幼儿保护事物的责任心 2. 寻找、尝试、操作保护蛋宝宝的多种方法
妈妈的爱	集体教学活动	1. 学习有感情地朗诵诗歌，感受作品的语言美、寓意美 2. 知道妈妈为自己长大付出的劳动，为自己的妈妈感到自豪 3. 了解诗歌的句式特点，学习仿编诗歌	1. 感受儿歌中所蕴含的妈妈的爱，理解并掌握诗歌内容，能有感情地朗诵诗歌 2. 能结合生活实际，根据诗歌句式进行简单创编

（续）

名称	实施途径	目标	评价要点
设计爱心贺卡	区域自主游戏	1. 愿意为妈妈制作贺卡和装饰品，让妈妈感受自己对她的爱 2. 能大胆画出图案，发挥想象力与创造力 3. 学习用剪贴、挖空等方法制作贺卡	1. 引导幼儿选择使用适宜的辅助材料进行有序装饰，不浪费材料 2. 鼓励幼儿观察多种贺卡样式，根据自己的想法进行制作
小蝌蚪找妈妈	区域自主游戏	1. 能在原作品的基础上，在语言、动作、情节表演上有所增添和变动，进行创造性的表演 2. 能根据故事情节，学会利用各种材料尝试设计和制作表演道具，布置场景	1. 幼儿尝试用不同的声音、表情、动作进行对话练习 2. 大胆利用肢体语言，连贯有序地进行游戏
为妈妈做件事	家庭亲子互动	1. 使幼儿了解亲情、感悟亲情、理解亲情，学会感恩 2. 丰富幼儿的学习生活和情感积累，激发幼儿的亲情意识，培养幼儿对亲人的感情	1. 帮助妈妈做一件力所能及的事，学会关心妈妈 2. 听妈妈讲述有关自己成长的故事
亲子故事会	家庭亲子互动	1. 听妈妈讲述幼时趣事，共同回忆美好童年 2. 感受妈妈对自己无微不至的爱	1. 和妈妈一起搜集亲子照片及资料 2. 在亲子共读中，共享快乐时光

一、集体教学活动

活动一 我要妈妈

【活动目标】

1. 理解故事的基本情节（小蛇找妈妈的过程）。
2. 感受小蛇的心情变化，感受故事结尾的温馨。
3. 发现小蛇经过的地方和蛇妈妈身体的关系。

【活动重点】

理解故事的基本情节（小蛇找妈妈的过程）。

【活动难点】

发现小蛇经过的地方和蛇妈妈身体的关系。

【经验准备】

幼儿有过和妈妈短暂分离的经历，感受过焦急等待的心情。

【物质准备】

绘本图书《我要妈妈》、希沃课（图 3 - 21）。

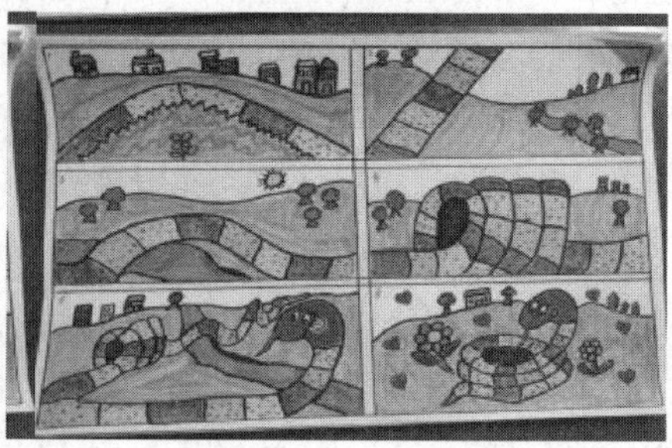

图 3 - 21　物质准备——图书

【活动过程】

1. 导入——激发兴趣（3 分钟）。

（1）围绕话题讨论“当你和妈妈分开时，你是什么样的心情”。

（2）幼儿自由发表意见。

· 导入重点：提问，引出小蛇找妈妈的活动。

· 联结经验：调动幼儿已有经验和心理感受。

· 重点指导：能够表达出自己焦急、害怕的心情。

2. 过程——阅读故事，理解绘本（16 分钟）。

（1）教师领读第 2 页，了解故事起因。

（2）幼儿自由阅读绘本第 3～6 页，了解故事发展，体会小蛇的心情。

（3）集体阅读第 7～8 页，了解故事的转折和结局，感受结尾的温馨。

（4）重点提问。

① 教师：“小山旁边的黑线表示什么意思？小蛇此时的心情是怎样的？”

② 教师：“小蛇去了哪些地方找妈妈？它能找到妈妈吗？”

③ 教师：“小蛇见到妈妈是怎样的心情？会怎么说、怎么做？妈妈会对小蛇说什么？”

· 阅读方式：幼儿自由阅读绘本。

· 阅读策略：引导幼儿仔细观察画面。

· 重点指导：根据绘本内容，理解小蛇心情的变化。

3. 结束——完整阅读，表达感受（6 分钟）。

（1）完整阅读绘本内容。

（2）深入理解故事，回顾故事情节。

（3）重点提问。

教师：“小蛇的心情变化是怎样的？小蛇都去哪里找妈妈了？”（指认蛇妈妈的身体部位）。

· 总结方法：利用课件，梳理绘本内容。

·拓展提升：愿意用自己的方式向妈妈表达爱意。

·重点指导：完整阅读绘本，发表自己的想法。

活动二　保护蛋宝宝

【活动目标】

1. 了解妈妈爱护宝宝的各种方法，感受妈妈对自己浓厚的爱。

2. 探索保护生鸡蛋的不同方法，并能创造性地运用辅助材料（图3-22）。

图3-22　保护蛋宝宝

·活动重点：时刻关注蛋宝宝的情况，激发幼儿保护事物的责任心。

·活动难点：寻找、尝试保护蛋宝宝的多种方法。

·经验准备：在日常生活和游戏中有过照顾家人和同伴的经历。

·物质准备：生鸡蛋若干，棉花、纸盒、皱纹纸、绳、布等辅助材料，课件。

【活动过程】

1. 导入——激发兴趣（3分钟）。用什么材料来装饰鸡蛋，让它更像一个蛋宝宝，同时还能起到保护蛋宝宝的作用？

·困难预设：幼儿没有制作蛋托的经验。

·解决措施：介绍几种保护蛋宝宝的方法，拓展幼儿思路。

·重点指导：通过个别指导和小组讨论分享经验，激发幼儿兴趣。

2. 过程1——装饰蛋宝宝（18分钟）。

（1）观看课件，引导幼儿了解妈妈爱护宝宝的方法。

重点提问：

① 教师："课件里出现的'妈妈'是怎样保护宝宝的？"

② 教师："你小时候，妈妈是怎样爱护你的？妈妈为什么会这样做？"

（2）提出制作要求，开展制作活动。

·困难预设：幼儿有自己的想法，但在制作中不知道怎样完成。

·解决措施：鼓励幼儿开动脑筋，根据自己的兴趣，选择适宜的材料和工具自由制作、装饰蛋宝宝。

·重点指导：教师观察幼儿的制作情况，及时发现幼儿的需要和困难，帮助幼儿树立自信、克服困难。

3. 过程2——保护蛋宝宝（幼儿来园上午半天时间）。幼儿体验护蛋的过程。

（1）要求幼儿利用各种辅助材料保护鸡蛋宝宝，将鸡蛋放在自己身上带一天。一天结束后，看谁的鸡蛋完好无损，体验保护宝宝的辛苦。

（2）整个上午，幼儿喝水、如厕、洗手、户外活动，都要将蛋宝宝一直带在身上并时刻保护好，教师随时记录鸡蛋破损情况。

·重点指导：组织幼儿检查自己的蛋宝宝，探索蛋宝宝完好或破损的原因，引导幼儿交流“护蛋行动”的感受，体验责任心的重要。

4. 结束——成功经验分享（10分钟）。

（1）鼓励个别幼儿介绍自己成功保护鸡蛋的方法。

（2）通过探索保护生鸡蛋的不同方法，创造性地运用辅助材料，从而了解妈妈爱护宝宝的各种方法，感受妈妈对自己浓厚的爱。

活动三　妈妈的爱

【活动目标】

1. 学习有感情地朗诵诗歌，感受作品的语言美、寓意美。

2. 知道妈妈为自己长大付出的劳动，为自己的妈妈感到自豪。

3. 了解诗歌的句式特点，学习仿编诗歌。

【活动重点】

感受儿歌中蕴含的妈妈的爱，理解并掌握诗歌内容，能有感情地朗诵诗歌。

【活动难点】

幼儿能结合生活实际，根据诗歌的句式进行简单创编。

【经验准备】

幼儿了解自己的妈妈有哪些与众不同的本领（工作上的、生活中的）。

【物质准备】

《妈妈的爱》诗歌课件、《爱我你就抱抱我》歌曲音频。

【活动过程】

1. 导入——欣赏《爱我你就抱抱我》，激发兴趣（5分钟）。

（1）教师：“有爱就要大胆表达出来，你最爱谁？”

（2）教师：“妈妈平时是怎样爱你的？”鼓励幼儿大胆表达分享。

·导入重点：引导幼儿回顾自己的成长足迹，感受妈妈为自己长大付出的辛劳。

·重点指导：回顾经验，帮助幼儿回忆自己是怎样在妈妈的照顾下长大的。

2. 过程1——欣赏诗歌，理解内容，感受母爱的不同表现方式（10分钟）。

（1）教师配乐完整朗诵诗歌，幼儿聆听欣赏。

（2）幼儿观察画面信息，理解诗歌内容。

（3）引导幼儿尝试复述诗歌内容，体验诗歌的句式特点。

（4）教师出示PPT图片，幼儿再次完整欣赏诗歌。

·阅读方式：教师配乐完整朗诵诗歌，幼儿聆听欣赏。

·重点指导：引导幼儿仔细观察画面，理解诗歌内容，尝试复述诗歌。

3. 过程 2——尝试仿编诗歌，加深对作品的理解（10 分钟）。

·重点提问：你还能想到妈妈的爱藏在哪里吗？试试把妈妈对你的爱编进诗歌。

·重点指导：鼓励幼儿结合生活实际，大胆创编。对幼儿的回答及时给予肯定。

4. 结束——拓展爱的宽度，思考如何回馈他人对自己的关爱（5 分钟）。

（1）集体配乐完整朗诵诗歌。

（2）展开小组讨论，请个别幼儿进行表达。

·总结方法：利用课件梳理活动内容。

·拓展提升：和妈妈一起玩语言游戏，运用句式“妈妈的爱是……”，进一步感受妈妈对自己的爱。

·重点指导：有感情地朗诵诗歌，感受妈妈在日常生活中对自己无微不至的爱。

二、区域自主游戏

活动一　制作爱心贺卡

区域目标	1. 愿意为妈妈制作贺卡和装饰品，让妈妈感受自己对她的爱 2. 能大胆画出图案，发挥想象力与创造力 3. 学习用剪贴、挖空等方法制作贺卡
环境支持	
材料投放	彩色硬卡纸、剪刀、胶棒、毛根、毛绒球、水彩笔、花边剪刀、自然物、辅助材料等
指导重点	引导幼儿选择使用适宜的辅助材料进行有序装饰，不浪费材料。鼓励幼儿观察多种贺卡样式，并根据自己的想法进行制作
观察指导	·儿童学习过程实录： 大齐在美工区找到了一张绿色硬卡纸，“要到母亲节了，是妈妈的节日，我想送她一个爱心礼物!”说完，他又在折纸筐里挑选了橘色折纸，快速地折叠出几朵美丽的郁金香，“我妈妈最喜欢这个颜色了，她很喜欢漂亮花朵呢!”说完，大齐又拿了两根毛根，并用剪刀剪成一样长短，作为花朵的根茎，他用胶棒反复在毛根和纸花上涂抹了几遍，用力压下去，花朵还是翘了起来。大齐将贺卡用力对折，并在折痕处反复压，贺卡内页的花朵慢慢变平整了。最后，他在整幅画面的两侧画满了粉色和红色的爱心气球，高兴地将自己制作的爱心贺卡展示给我看 ·儿童表现分析： 1. 幼儿有主动参与制作爱心贺卡的愿望 2. 在制作过程中，幼儿在固定立体手工花朵时遇到困难，不能牢固地将花朵粘在贺卡上 3. 幼儿有自己的设计想法，并能大胆进行创作，但需要教师帮助在内页书写对妈妈爱的祝福 ·教师支持策略： 1. 教师肯定幼儿参与和大胆创作的行为 2. 帮助幼儿用胶枪固定住折纸花和花茎，询问幼儿想对妈妈说的祝福话语，帮助幼儿写在贺卡上

活动二　小蝌蚪找妈妈

区域目标	1. 能在原作品的基础上，在语言、动作、情节表演上有所增添或变动，进行创造性地表演 2. 能根据故事情节，学会利用各种材料尝试设计、制作表演道具，布置场景
环境支持	  
材料投放	小动物角色服饰或头饰、道具、背景音乐、演出海报、邀请函
指导重点	1. 能按顺序进行表演，遇到问题不急躁，耐心与同伴协商解决 2. 鼓励幼儿大声有感情地进行对话，大胆运用肢体语言进行表演
观察指导	·儿童学习过程实录： 之前一直扮演鸡妈妈的小朋友没来，珺宝主动来到表演区，自信、开心地把鸡妈妈的头饰戴在了头上。背景音乐响起，珺宝默默地站在了其他小朋友的身后，等待上场表演。轮到珺宝出场的时候，她挥动双臂，扇动着翅膀，将鸡宝宝护在身后，“今天天气真好！宝宝，我们一起去捉虫子吃吧！”珺宝开心地笑着，她双手合十，扮成小鸡尖尖的嘴啄来啄去，“我们再去那边看一看吧！”她带着扮演鸡宝宝的小朋友，模仿小鸡的样子慢慢地走来走去。扮演其他动物的小朋友和旁边建筑区小朋友都被珺宝的样子逗笑了，他们围坐在表演区，脸上充满笑容 ·儿童表现分析： 1. 幼儿能主动参与表演游戏，有强烈的表演欲望 2. 能够大胆灵活地运用肢体语言表现自己扮演的小动物，熟悉表演游戏的活动流程，能够按顺序进行表演 ·教师支持策略： 1. 肯定幼儿的表现，鼓励幼儿的表演行为 2. 继续丰富游戏环境，赋予每个幼儿游戏角色，鼓励更多的幼儿参与到角色表演游戏中

三、家庭亲子互动

活动一　给妈妈做件事

【活动目标】

1. 使幼儿了解亲情、感悟亲情、理解亲情，学会感恩。
2. 丰富幼儿的学习生活和情感积累，激发幼儿的亲情意识，培养幼儿对亲人的感情。

【材料准备】

根据活动内容自行准备。

【指导重点】

1. 帮助妈妈做一件力所能及的小事，学会关心妈妈。
2. 听妈妈讲述有关自己成长的故事，鼓励幼儿大胆表达自己的情感。

【互动过程】

1. 听一听。马上就要到母亲节了，你想对辛苦为我们付出、日夜陪伴照顾我们的妈妈说些什么？你有哪些祝福要送给妈妈？快来说一说，让妈妈听一听吧！

2. 说一说。你想用什么方式向妈妈表达自己对她的爱呢？

3. 做一做。快来用你喜欢的方式向妈妈表达自己对她深深的爱吧（图 3－23）！记得与同伴分享这个温馨的瞬间。

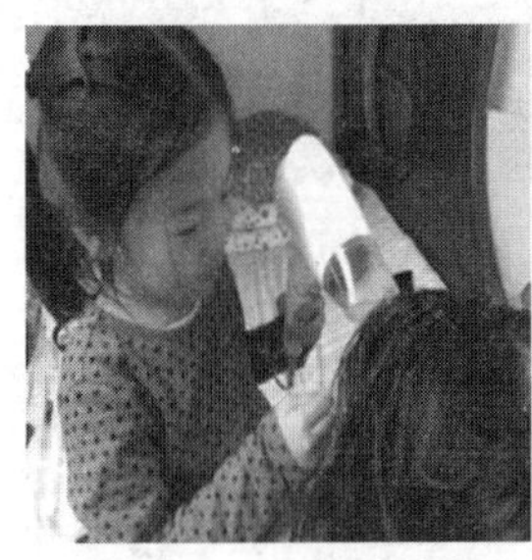

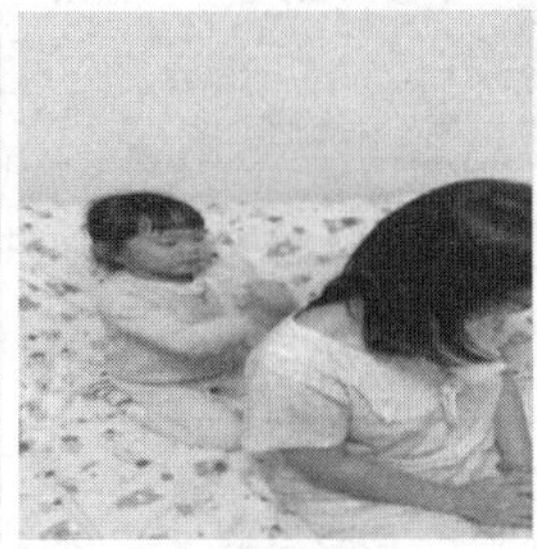
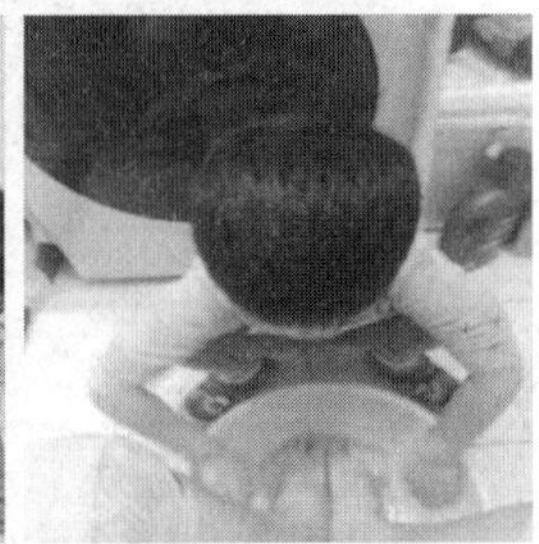

图 3－23　向妈妈表达爱

写给家长的小贴士

1. 鼓励幼儿大胆用不同的、自己喜欢的方式表达自己对妈妈的爱。
2. 接受孩子爱的表达，增进亲子情感交流。

资源拓展

绘本图书推荐：《我妈妈》《抱抱》。

活动二　亲子故事会

【活动目标】

1. 听妈妈讲述自己的幼时趣事，共同回忆美好童年。
2. 感受妈妈对自己无微不至的爱。

【材料准备】

家长自备照片、绘本 PPT。

【指导重点】

1. 和妈妈一起搜集亲子照片及资料。
2. 在亲子共读中，共享快乐时光。

【互动过程】

1. 听一听。妈妈讲述亲子之间发生的温情故事（或与妈妈相关的绘本故事）。
2. 看一看。让我们看一看自己和妈妈之间温馨瞬间的照片。

3. 说一说。生活中，妈妈对自己的爱无微不至，此时此刻你想对妈妈说些什么（图 3－24）？

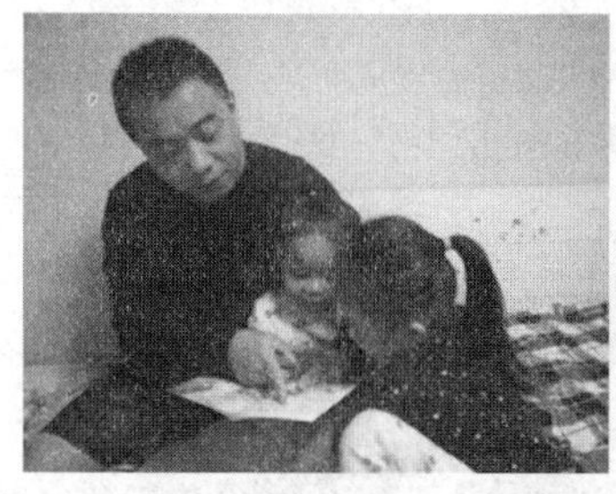

图 3－24　你想对妈妈说的话

在活动过程中和幼儿一起收集照片，让幼儿参与到资料收集中。

05 案例研究

活动名称：妈妈的爱

	师幼互动的过程	过程分析及思考
师幼互动实录	《妈妈的爱》是一首满怀深情的诗歌。诗歌中述说的都是生活中的小事，几乎每个孩子都经历过。现在的孩子大部分都是独生子女，对父母的爱往往视而不见，或认为理所当然。这首诗歌教会幼儿在平凡的生活中体会母爱、感悟亲情，引导幼儿学会正确理解母爱，不辜负妈妈的期望，用自己的实际行动报答妈妈的养育之恩	1. 在准备活动时，拍一些妈妈平时劳动或照顾幼儿的录像和生活点滴的照片 2. 在活动过程中，先让幼儿观看妈妈的录像和妈妈的作品，丰富幼儿对妈妈的印象 3. 在讲述诗歌时，引导幼儿学习“一会儿变成……”的句式，并尝试运用诗歌中的句式进行仿编造句 4. 鼓励幼儿大胆创编：“妈妈的爱还能变成什么？我对妈妈的爱能变成什么？”对幼儿的回答及时给予肯定
我的反思	“妈妈的爱”主题活动创设的互动环境能够与班级各个区域有效融合。互动环境以感恩为主题，创设“我爱妈妈”互动墙饰，让孩子更深入了解妈妈，学会关心妈妈和感恩。在美工区开展动物主题创作，生动表现小动物间的母子亲情；同时，用艺术的创作手法展现妈妈的画像和送给妈妈的礼物，大胆的创意制作既丰富了课程，又在创作中提升了幼儿的语言表达能力。在建筑区挖掘绘本中“蛇妈妈”身体变换出的不同造型，运用围合、搭高、拼插、对称等方法开展搭建活动“桥和山洞”。在表演区	

（续）

我的反思	结合绘本故事中的情感教育，开展“祝福妈妈”表演活动，同时生动演绎传统绘本故事《小蝌蚪找妈妈》。在图书区投放和妈妈相关的绘本图书，幼儿阅读有关“爱妈妈”的主题故事，通过绘本感受妈妈的爱；幼儿进行自主阅读，同伴间进行《我爱妈妈》排图讲述，深入了解故事内容，对故事的发展顺序有清晰认识；投放平板，鼓励幼儿从视、听、说多维度进行语言表达培养。本次活动以幼儿为主体，因势利导、循循善诱，设计提问具有开放性，给孩子们留下了充分思考、探究和表达的空间。师幼充分互动，孩子们思维活跃，情绪投入，获得了有效发展，达到了教育目标

第三节　大班优秀活动案例

案例一

主题单元活动：那封毕业信

育英幼儿园　毕昂

01 主题课程思维导图

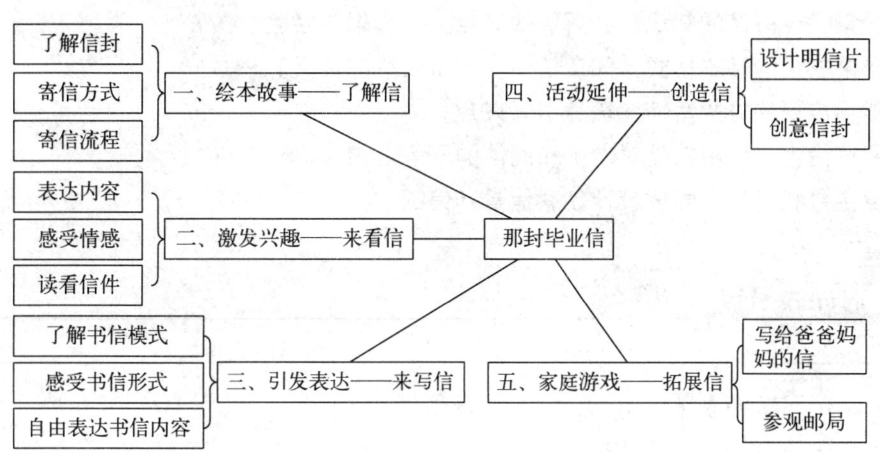

02 活动背景

● **源于故事**：《一封信的旅行》是一本关于寄信的认知故事，孩子们对故事中的寄信流程感到好奇和新鲜。“老师我也想寄一封信。”“我想给我的朋友写一封信。”书信打开了孩子们的语言世界。

● **基于绘本**：在《一封信的旅行》中，信件以拟人的方式表达了从信封到寄信再到收信的整个过程。通过这个故事，孩子们对寄信有了初步的了解，也进一步激发了孩子对写信的兴趣。信封里面有什么？我可以给谁写信？在信纸上我可以写些什么？我还不会写字怎么办？这些都成为孩子们思考的问题，也为我们带来了相互交流和思维表达的乐趣。

● **思于现状**：在现代信息技术高速发展的今天，人们已经习惯用手机、电脑等高科技产品代替传统的信件。书信这种交流方式已被很多人摒弃，信件对现在的孩子来说比较陌生。大班幼儿即将面临人生第一次毕业和分离，书信是孩子运用语言交流、表达、前书写的一种表现形式，更是情感抒发的见证和珍贵回忆的记录与留存。

依托故事内容，挖掘教育价值，进一步激发孩子的语言表达能力，从而设计了此次主题课程活动。

● **设计思路**：信是人类用来交流思想的一种表达方式和交流工具，《一封信的旅行》绘本故事激发了孩子对信件的兴趣。通过收信、看信、写信、寄信的主题课程方式，提高大班幼儿的语言表达能力以及语言理解能力，用语言做媒介，让语言成为交流和思考的工具，同时培养幼儿的书写兴趣。

03 主题目标

1. 理解故事内容，了解寄信的流程，对书信活动感兴趣。
2. 搜集关于书信的知识，了解信的功能，丰富相关经验。
3. 了解书信的基本格式，知道信中内容所表达的含义。
4. 能用自己的方式写信，培养书写兴趣。
5. 在读信、写信中感受对老师和同伴的不舍之情。
6. 自主寻找材料，尝试设计创意信封、信纸。

04 活动设计

名称	实施途径	目标	评价要点
一封信的旅行	集体教学活动	1. 理解故事内容，初步了解寄信的流程 2. 大胆表达对信件的想法 3. 喜欢参与阅读活动，对书信活动感兴趣	1. 能够主动参与绘本故事，理解故事内容 2. 能对绘本内容发表自己的想法

（续）

名称	实施途径	目标	评价要点
来自老师的信	集体教学活动	1. 能用自己的方式感受老师书信的内容 2. 大胆表达自己对老师的信件内容的想法 3. 通过读信的方式，感受对老师、同伴的不舍之情	1. 有看信、读信的愿望 2. 大胆表达对看信的理解和感受
我想对你说	集体教学活动	1. 了解书信的基本格式，知道信中内容所表达的含义 2. 能用自己的方式写信，培养书写兴趣 3. 喜欢用书信的形式，表达对老师、同伴的情感	1. 能够用自己的方式写信 2. 书写内容能够表达出情感、事件或问题
设计明信片	区域自主游戏	1. 了解明信片的特点和作用 2. 尝试用绘画、粘贴、印章等形式设计和制作明信片 3. 在动手动脑中感受游戏的快乐	1. 有自己的创作想法 2. 能根据想法，大胆运用材料进行制作
创意信封	区域自主游戏	1. 运用剪、贴、折、画等方法制作创意信封 2. 在创意游戏中，感受成功的快乐 3. 能够主动收放材料，并摆放整齐	1. 乐于参与创意活动 2. 能按照自己的想法大胆进行创作
写给爸爸妈妈的信	家庭亲子互动	1. 尝试运用符号、文字等方式给爸爸妈妈写信，并能用语言进行连贯表述 2. 表达自己对爸爸妈妈的情感 3. 培养幼儿的书写兴趣	1. 能够用自己的方式写信 2. 信件内容能够表达对父母的情感
参观邮局	家庭亲子互动	1. 通过参观，了解邮局及工作人员的工作点 2. 体验寄信的真实过程 3. 感受实践活动的快乐	1. 主动搜集邮局的相关资料 2. 能提出自己的想法或问题

一、集体教学活动

活动一　一封信的旅行

【活动目标】

1. 理解故事内容，初步了解寄信的流程。
2. 大胆表达对信件的想法。
3. 喜欢参与阅读活动，对书信活动感兴趣。

【活动重点】

理解故事内容，初步了解寄信的流程。

【活动难点】

能够大胆表达对信件的想法。

【经验准备】

知道信件形式。

【物质准备】

绘本图书《一封信的旅行》、课件（图 3 - 25）。

图 3 - 25　物质准备——图书

【活动过程】

1. 导入——激发兴趣（3 分钟）。

（1）你收到过信吗？信是从哪里来的呢？

（2）幼儿自由发表意见。

·导入重点：提问引出信件活动。

·联结经验：对邮局有初步印象。

·重点指导：能够表达对寄信的好奇。

2. 过程——阅读故事，理解绘本（25 分钟）。

（1）幼儿自由阅读绘本。

（2）重点提问。

① 教师："信封的右上角贴着什么？有什么作用？"

② 教师："可以到哪里去寄信？谁会把邮筒中的信拿走？"

③ 教师："信件到邮局后，工作人员会对信做什么？"

·阅读方式：幼儿自由阅读绘本。

·阅读策略：引导幼儿仔细观察画面。

·重点指导：根据绘本内容，理解寄信流程。

3. 结束——完整阅读，感受表达（7 分钟）。

（1）完整阅读绘本内容。

（2）课件总结寄信流程：寄信都需要什么？有几个环节？都是什么？

·总结方法：利用课件梳理绘本内容。

·拓展提升：有参与书信活动的兴趣。

·重点指导：完整阅读绘本，发表自己的想法。

活动二　来自老师的信

【活动目标】

1. 能用自己的方式感受老师的书信内容。

2. 大胆表达自己对老师的信件内容的想法。

3. 通过读信的方式，感受对老师、同伴的不舍之情。

【活动重点】

能用自己的方式感受老师的书信内容。

【活动难点】

大胆表达自己对老师的信件内容的想法。

【经验准备】

对信件有印象。

【物质准备】

教师手写信、信封、课件（图 3 - 26）。

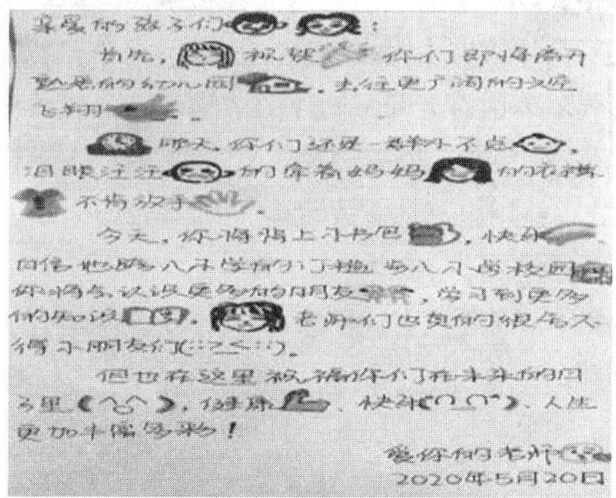

亲爱的孩子们：

首先，祝贺你们即将离开熟悉的幼儿园，去往更广阔的天地飞翔。

昨天，你们还是一群小不点，泪眼汪汪地牵着妈妈的衣襟不肯放手。

今天，你将背上小书包，快乐地……步入小学的门槛，步入小学校园，你将会认识更多的朋友，学习到更多的知识。老师们也真的很舍不得小朋友们。

但也在这里祝福你们在未来的日子里，健康、快乐，人生更加丰富多彩！

爱你的老师

2020年5月20日

图 3 - 26　经验准备

【活动过程】

1. 导入——激发兴趣（5 分钟）。你收到过信吗？收到过谁的信？信中写了什么内容？

· 困难预设：幼儿没有收信经验。

· 解决措施：出示几封信件的内容图片，引发幼儿对信件的初步印象。

· 重点指导：通过提问，激发幼儿兴趣。

2. 过程——看读信件，理解内容（25 分钟）。

（1）教师打开信封，幼儿自由看信、读信。

（2）教师读信，提问。

① 教师："谁写的信？是写给谁的信？"

② 教师："信中老师对你们说了什么？"

③ 教师："看了老师的信，你有什么感受？"

· 困难预设：幼儿看不懂信的内容。

· 解决措施：利用课件，听、看老师的信件内容。

· 重点指导：引导幼儿理解信中内容。

3. 结束——自由表达看信想法（10 分钟）。

（1）通过看老师的来信，你有什么想说的话？

（2）幼儿自由表达对老师、同伴的情感。

· 困难预设：幼儿不敢表达情感。

· 解决措施：给予空间，让同伴之间互相交流。

· 重点指导：鼓励幼儿大胆表达情感。

活动三　我想对你说

【活动目标】

1. 了解书信的基本格式，知道信件的表达内容和形式。

2. 能用自己的方式写信，培养书写兴趣。

3. 喜欢用书信的形式，表达对老师、同伴的情感。

【活动重点】

了解书信的基本格式，能用自己的方式写信。

【活动难点】

书信内容能够描述事件、问题或表达情感等。

【经验准备】

有看信的经验（图 3 - 27）。

【物质准备】

信纸、签字笔、水彩笔、课件（有多种表达形式的书信）。

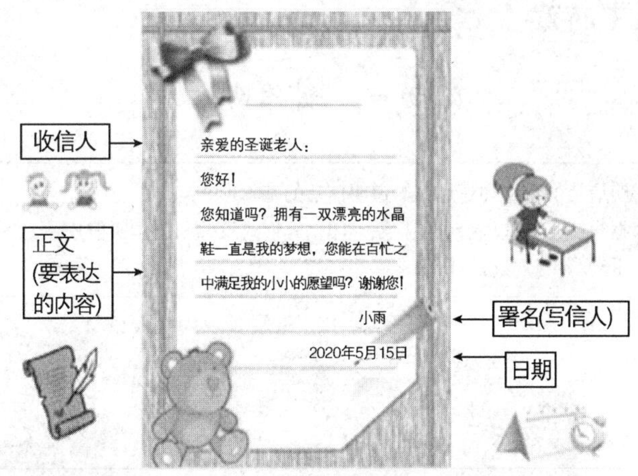

图 3-27 前期经验

【活动过程】

1. 导入——回忆老师的信件，激发书写兴趣（5 分钟）。

（1）教师："上次老师的信件中都写了什么？"

（2）教师："你想不想给老师或同伴写一封信？"

·困难预设：幼儿忘记信件内容，没有表达情感的愿望。

·解决措施：教师出示信件，引发幼儿回忆。

·重点指导：通过提问，激发幼儿的参与兴趣。

2. 过程——幼儿书写，自由表达信件内容（30 分钟）。

（1）引导幼儿写信。

① 教师："你想给谁写信，写什么？"

② 教师："写信的格式是什么？"

③ 教师："不会写字还可以用什么形式来写信？"

（2）幼儿相互交流信件内容。

（3）教师提供材料，幼儿以多种形式写信。

·困难预设：幼儿不会写信。

·解决措施：教师出示课件，引导幼儿发现多种书信内容的表达形式，如图文并茂、符号等。

·重点指导：幼儿的书信内容能够描述事件、问题或表达情感等。

3. 结束——送信，表达情感（10 分钟）。

（1）教师："你收到了谁的来信？他对你说了些什么？"

（2）教师："看完信后你有什么感受？"

·困难预设：写信人写的信与收信人看信的表达内容不一致。

·解决措施：教师给予空间，双方进行交流，进一步完善书写内容。

·重点指导：鼓励幼儿在写信、看信的过程中相互交流。

二、区域自主游戏

活动一　制作明信片

区域目标	1. 了解明信片的特点和作用，知道明信片的基本形式 2. 能根据想法，尝试用绘画、粘贴、印章等形式设计和制作明信片 3. 在动手动脑中感受游戏的快乐
环境支持	  
材料投放	彩纸、水彩笔、油画棒、剪刀、胶棒、双面胶、贴画、印章
指导重点	1. 引导幼儿了解明信片的基本形式 2. 鼓励幼儿观察多种明信片，并根据自己的想法制作明信片
观察指导	·儿童学习过程实录： 朵朵在美工区边找彩纸边说："我妈妈快过生日了，我要给我的妈妈做一个明信片，她肯定会特别高兴的！"说完，朵朵拿起彩笔，快速在彩纸中心画了一个双层蛋糕的轮廓，然后陆续用笔装饰了蛋糕的外形，同时还在说："看我这蛋糕，上面这么多水果，她爱吃水果蛋糕，我要在蛋糕边上再画一束花，我妈妈看见一定会很惊喜。"说完，朵朵就继续专心地创作花束了。最后，她在整幅画的右下角画了一个妈妈的头像，并写下了日期，高兴地将自己制作的明信片收了起来 ·儿童表现分析： 1. 幼儿有主动参与制作明信片的愿望 2. 对明信片的作用有初步的了解，但对于明信片的格式还不明确 3. 幼儿有自己的设计想法，并能大胆进行创作，但混淆了信片的封面与内容 ·教师支持策略： 1. 教师肯定幼儿参与和大胆创作的行为 2. 引导幼儿观察明信片的基本形式和制作方法，如明信片是正反两面，正面是基本格式和祝福语，反面是画面创作

活动二　创意信封

区域目标	1. 运用剪、贴、折、画等方法制作创意信封 2. 在创意游戏中，感受成功的快乐 3. 能够主动收放材料，并摆放整齐
环境支持	

（续）

材料投放	彩纸、水彩笔、油画棒、剪刀、胶棒、双面胶、胶条、贴画、毛根、糖纸、果壳
指导重点	1. 观察多种形式和种类的信封，拓展幼儿思维 2. 鼓励幼儿大胆运用多种材料，支持幼儿的想法
观察指导	·儿童学习过程实录： 七仔从美工区拿来了彩纸、剪刀、胶棒和水彩笔，然后用彩纸和胶棒制作出了最基本的信封样式。随后，七仔拿出水彩笔，在白纸上认真画了一个霸王龙并均匀地涂上了颜色。七仔拿起画好的霸王龙看了看，笑着说了句“不错嘛”，然后拿起剪刀，按轮廓剪了下来，并在制作好的信封上比了比，用胶棒粘在了信封的中心。此时，七仔起身来到美工区玩具柜前，巡视了一圈，拿起了一张糖纸和一包彩色纽扣回到桌前，将糖纸折叠，贴在霸王龙的脖子上当作领结，随后用彩色纽扣粘贴信封四周。七仔看着自己创作的信封，很是满意，并对旁边的小朋友说：“你看我做的霸王龙信封好看吧！” ·儿童表现分析： 1. 幼儿能主动参与创作活动，有创作欲望 2. 能够大胆运用材料，并根据想法创意制作。但其创意行为表现在材料上，而不是形式上 ·教师支持策略： 1. 肯定幼儿的创作行为 2. 提供不同形式的创意信封，帮助幼儿开阔思路

三、家庭亲子互动

活动一　写给爸爸妈妈的信

【活动目标】

1. 尝试运用符号、文字等方式给爸爸妈妈写信，并能用语言进行连贯表述。
2. 表达自己对爸爸妈妈的情感。
3. 培养幼儿的书写兴趣。

【材料准备】

剪刀、彩纸、水彩笔、油画棒。

【指导重点】

1. 支持幼儿参与写信活动，能用自己的方式表达信件内容。
2. 鼓励幼儿大胆表达自己的情感。

【互动过程】

1. 听一听。马上就要毕业了，对于平时陪伴我们、为我们付出最多的爸爸妈妈，你是不是有很多话想对他们说呢？快来说一说，让爸爸妈妈听一听吧！

2. 看一看。我们可以尝试用写信的方式，表达我们对爸爸妈妈的情感。快把你写好的信给爸爸妈妈看一看吧！

3. 说一说。请你的爸爸妈妈说一说看完信的感受和信中那些温暖的故事吧！

4. 玩一玩。快来用你喜欢的方式，给你的好朋友或者其他亲人写一封信，可以采用画图的形式，也可以图文并茂，快行动起来吧（图 3－28）！

图 3-28　一起来写信

写给家长的小贴士

1. 鼓励幼儿参与书写信件活动，协助幼儿用喜欢的方式表达书信内容。
2. 接受孩子爱的表达，增进亲子间的情感交流。

活动二　参观邮局

【活动目标】

1. 通过参观，了解邮局及工作人员的工作特点。
2. 体验寄信的真实过程。
3. 感受实践活动的快乐。

【材料准备】

信封、写好的信、垃圾袋、手纸。

【指导重点】

1. 鼓励幼儿大胆向工作人员提出自己的疑问。
2. 大胆表达自己的参观体验。

【互动过程】

1. 听一听。你们去过邮局吗？让我们一起走进邮局，听一听邮局的工作人员给大家介绍的邮局新鲜事吧。

2. 看一看。让我们看一看真实的寄信流程是什么样子的。

3. 说一说。参观邮局我们需要准备什么？你有什么关于邮局的问题？邮局里的工作人员都有什么职责？

4. 玩一玩。大家来体验真实的寄信过程（图 3-29）。

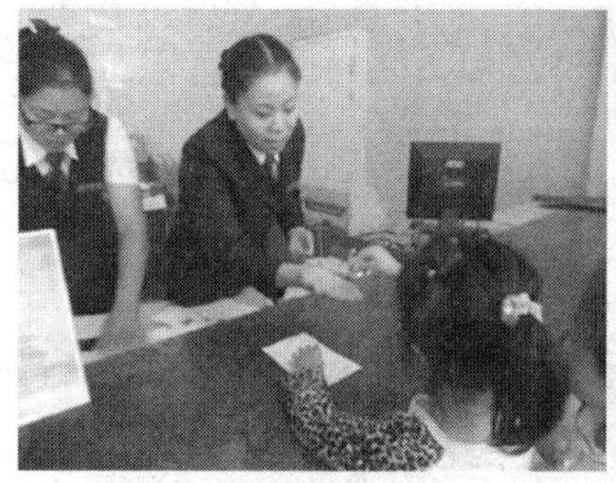

图 3-29　寄　信

写给家长的小贴士

1. 支持幼儿参与参观邮局活动。
2. 为幼儿准备好出行物品。

资源拓展

邮票收集活动（图 3-30）。

图 3-30　邮票收集

05 案例研究

活动名称：我想对你说

	师幼互动的过程	过程分析及思考
师幼互动实录	在“我想对你说”写信活动中，首先通过回忆教师的手写信件内容，激发幼儿的写信兴趣。教师提出：“即将面对毕业和分离，你有什么想对同伴或是老师说的话吗?”悠悠说：“我想对老师说，老师我舍不得您，我想天天在幼儿园!”康天梓说：“老师您辛苦了，我以后会回来看您的!”之后，又有三名幼儿发表了相似的想法。随后，老师给予幼儿自由表达时间，鼓励幼儿之间相互交流	1. 幼儿能够主动参与书信活动 2. 能够理解信件内容及抒发的情感 3. 能够根据教师提问，大胆表达自己对老师和同伴的情感 4. 幼儿想对老师说的话基本都是简短的一句话表述，没有具体的事件和内容，幼儿表达的内容雷同 5. 幼儿自由相互交流时，能够表述很长时间，但不能清楚、连贯地描述一件事件

（续）

我的反思	此活动重点围绕能用自己的方式写信，表达情感；难点在于书信内容能够描述事件、问题或表达情感等。教师通过手写信的形式，鼓励幼儿参与写信活动，从听信、看信的语言输入方式转化为运用语言交流表达的输出行为。幼儿最初表达雷同时，教师应及时帮助幼儿拓展语言内容，如为什么喜欢幼儿园、为什么舍不得老师或同伴等，打开幼儿思路。幼儿之间的相互讨论交流能够促进幼儿之间的表达，但在自由交流时，幼儿不能够清楚、连贯地描述一个事件。此时，教师应多关注幼儿表达内容，鼓励幼儿描述真情实感，联系自身实际，想一想要写信给谁、向他说什么、你们之间的小秘密或问题等，丰富幼儿的书写内容，使写信成为幼儿自发的内心需要，促进幼儿语言能力的发展

案例二

主题单元活动：我的好朋友——影子

中国航天科技集团公司第一研究院航天幼儿园五分园　牛雯雯

01 主题课程思维导图

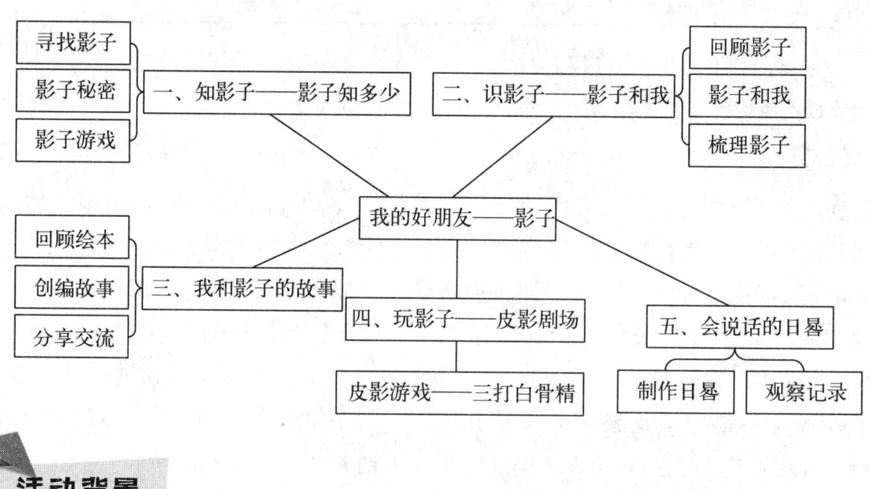

02 活动背景

● **源于故事**：《影子和我》讲述了影子在不同光源、时间、角度下发生的事情。日常生活中，幼儿对影子十分好奇，为了了解这位与我们密不可分的好朋友，随着幼儿的讨论，我们开始走进《影子和我》的故事。

●**基于绘本**：《影子和我》是一本以活动体验为主的读本，其图画情节平行、图文相等，且包含大量影子的相关知识，链接幼儿自身经验，可帮助幼儿丰富、深化对影子的认知，特别是人物活动和影子变化，有众多探索方向，如影子出现、消失、变大、变小的条件，影子的数量等。

●**思于现状**：影子无时无刻不伴随着幼儿，在给幼儿带来乐趣的同时，也使其产生许多疑惑，幼儿对它熟悉且陌生，缺乏科学认知。为此，基于大班幼儿的年龄特点与实际情况，我们开展了本次主题活动，旨在帮助幼儿了解影子，挖掘教育价值，同时培养幼儿的观察与表达能力、语言运用能力，激发幼儿勤于思考、探索科学的精神。

●**设计思路**：影子是日常生活中最常见的现象，大班幼儿好奇心强，对事物有强烈的探究欲望，他们早已发现影子的存在，却不知其形成变化的原因。结合《影子和我》绘本，通过调动幼儿生活经验，鼓励幼儿大胆运用语言进行表达，提高幼儿的词语理解和运用能力，同时培养幼儿的观察兴趣并对影子给予科学解析。

03 主题目标

1. 喜欢参与谈话、阅读和创编活动，对影子的变化感兴趣，有创编兴趣。
2. 欣赏皮影戏，感知皮影戏特殊的艺术风格。
3. 理解故事内容，了解人物活动和影子之间的关系。
4. 完整连贯地表达自己的想法和发现。
5. 理解“也”字如何运用，学习运用句式“谁在做什么，谁也在做什么”。
6. 认识、了解日晷，知道其计时原理。
7. 结合古代日晷，自制日晷，观察影子和太阳的变化并进行记录。

04 活动设计

名称	实施途径	目标	评价要点
影子知多少	集体教学活动	1. 喜欢参与谈话活动，对影子的变化感兴趣 2. 了解并完整表达光影之间的关系 3. 大胆表达对影子的看法	1. 能主动参与谈话活动，并大胆表达自己的看法 2. 了解并完整表达影子和光源之间的关系
影子和我	集体教学活动	1. 喜欢参与阅读活动，对影子感兴趣 2. 理解故事内容，了解人物活动和影子之间的关系 3. 连贯有序地表达自己的想法和发现	1. 理解故事内容，了解人物活动和影子间的关系 2. 连贯有序地表达自己的想法和发现

（续）

名称	实施途径	目标	评价要点
我和影子的故事	集体教学活动	1. 喜欢参与创编活动，培养创编兴趣 2. 理解“也”字如何运用，学习运用句式“谁在做什么，谁也在做什么” 3. 结合生活经验，围绕我和影子进行故事创编	1. 能结合生活经验创编关于影子的故事 2. 正确运用句式进行创编和讲述 3. 乐于和同伴交流分享故事
皮影小剧场	区域自主游戏	1. 欣赏皮影戏，感知皮影戏特殊的艺术风格 2. 通过动手演示皮影戏，发现光和影之间的变化 3. 细心观察，并能用语言表达自己对皮影戏的认识	1. 乐于参与皮影演示活动 2. 可以发现皮影和光之间的关系 3. 灵活调整影子的大小
会说话的日晷	家庭亲子互动	1. 认识、了解日晷，知道其计时原理 2. 结合古代日晷，自制日晷，观察影子和太阳的变化并进行记录 3. 愿意参加探索活动，感受成功的乐趣	1. 认识了解古代计时工具——日晷 2. 共同制作日晷，并进行连续观察记录

一、集体教学活动

活动一　影子知多少

【活动目标】

1. 喜欢参与谈话活动，对影子的变化感兴趣。
2. 了解并完整表达光影之间的关系。
3. 大胆表达自己对影子的看法。

【活动重点】

了解影子的变化方法，获得相关经验。

【活动难点】

可以有序连贯地表达自己的看法。

【经验准备】

知道影子的存在。

【物质准备】

投影仪、手电筒、彩笔（图 3-31）。

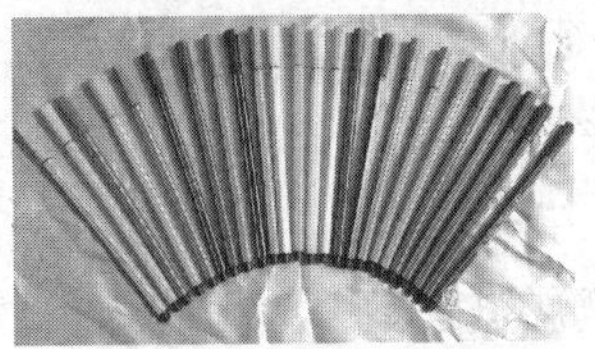

图 3-31 物质准备

【活动过程】

1. 导入——寻找影子（3 分钟）。

（1）教师提问导入，引发幼儿寻找影子。

教师："今天我们请来了一位神秘的朋友，它就在墙上，你能发现吗？"

（2）借助投影投射出影子，引导幼儿发现。

· 导入重点：互动，引出并发现影子。

· 联结经验：在生活中见过影子。

· 重点指导：幼儿可以大胆表达自己的发现。

2. 过程——影子的秘密（25 分钟）。

（1）教师："你们都在哪里见过影子？"

（2）教师："影子是怎么来的？"

（3）教师："影子什么时候会变大，什么时候会变小呢？"

· 困难预设：幼儿对影子的大小和变化不太清楚。

· 解决措施：教师借助手电和笔进行不同位置的演示操作。

· 重点指导：幼儿了解影子会根据光源位置的不同进行相应变化。

3. 结束——有趣的手影游戏（7 分钟）。

（1）玩手影游戏，感受不同造型的影子。

（2）寻找生活中各种各样的影子。

· 困难预设：幼儿对影子的造型变换比较单一。

· 拓展提升：愿意进一步了解影子变化的秘密。

· 重点指导：鼓励幼儿大胆表达自己的想法。

活动二 影子和我

【活动目标】

1. 喜欢参与阅读活动，对影子感兴趣。

2. 理解故事内容，了解人物活动和影子之间的关系。

3. 连贯有序地表达自己的想法和发现。

【活动重点】

通过理解绘本，了解人物、光源和影子之间的关系。

【活动难点】

仔细观察画面细节，并用完整的语言表达自己的发现。

【经验准备】

在生活中见过不同时间的影子。

【物质准备】

绘本《影子和我》、课件（图 3-32）。

光的位置	我在光...	影子在光...	页码

图 3-32　物质准备

【活动过程】

1. 导入——回顾影子（3 分钟）。

（1）教师："你和影子做过哪些游戏？"

（2）幼儿自由表达自己的意见。

·导入重点：提问互动，引出影子。

·联结经验：对影子的变化有一定了解。

·重点指导：大胆表达影子的变化。

2. 过程——阅读故事，理解绘本（27 分钟）。

（1）幼儿自由阅读绘本。

（2）重点提问。

① 教师："绘本中讲了哪些有关影子的现象？"

② 教师："从绘本中你知道哪些有关影子的知识？"

③ 教师："你对哪个问题感兴趣或对哪里不明白？"

（3）深入讨论。

① 影子都是直的吗？你在哪里见过弯弯的影子呢？

② 我们能追上自己的影子吗？为什么？

③ 影子在我们身体的前面、后面还是别的地方？

④ 影子比我们的身体大还是小？你知道什么时候大、什么时候小吗？

⑤ 影子什么时候才会出现？什么情况下又会消失呢？

⑥ 一个物体可以有几个影子？怎样才会有多个影子？

⑦ 影子可以跟我们分开吗？你能想出什么办法让它们分开呢？

· 阅读方式：自由阅读绘本。
· 阅读策略：引导幼儿仔细观察画面。
· 重点指导：根据画面内容，了解影子和光的关系。

3. 结束——回顾梳理（5 分钟）。

（1）完整阅读绘本内容。

（2）从不同维度梳理影子和光的位置关系。

· 总结方法：表格梳理。
· 拓展提升：有参与创编故事的兴趣。
· 重点指导：完整阅读绘本，表达自己的想法。

活动三　我和影子的故事

【活动目标】

1. 喜欢参与创编活动，培养创编兴趣。
2. 理解“也”字如何运用，学习运用句式“谁在做什么，谁也在做什么”。
3. 结合生活经验，围绕我和影子进行故事创编。

【活动重点】

可以运用句式“谁在做什么，谁也在做什么”创编故事。

【活动难点】

结合生活经验，绘画创编出影子和我的故事。

【经验准备】

丰富对影子不同位置、大小的了解，在生活中积累绘画影子的经验。

【物质准备】

画纸、水彩笔、手机、一体机（图 3－33）。

图 3－33　材料准备

【活动过程】

1. 导入——回顾绘本（10 分钟）。集体阅读大书。

（1）教师：“你们知道‘也’代表什么意思吗？”

（2）教师：“书中用什么句式来描述影子？”

(3) 教师："形容你的影子时，你会怎么说？"

· 导入重点：了解"也"的意思和句式的特点。

· 联结经验：生活中运用过同样的字和句式。

· 重点指导：通过提问，链接生活经验，理解句式。

2. 过程——创编"我和影子的故事"（25 分钟）。

(1) 引发幼儿创编故事。

教师："如果由你来创编你和影子的故事，你会写哪些内容？"

教师："画面中要有什么？"

(2) 幼儿绘画创编故事。

(3) 教师借助一体机展示幼儿故事。

· 困难预设：幼儿绘画困难。

· 解决措施：教师出示课件，引发幼儿采用多种形式进行绘画，如符号、简笔画等。

· 重点指导：幼儿的画面内容能够清楚描述故事内容。

3. 结束——分享经验（5 分钟）。

(1) 分享故事内容。

(2) 共同总结创编故事中的经验，如绘画技巧、描述方法等。

· 困难预设：同伴看不懂绘画的内容或存在分歧。

· 解决措施：幼儿进行沟通，改变画面表达方式或增加文字说明。

· 重点指导：鼓励幼儿创编故事，相互交流自己的想法。

二、区域自主游戏

皮影小剧场

区域目标	1. 欣赏皮影戏，感知皮影戏特殊的艺术风格 2. 通过动手演示皮影戏，发现光和影之间的变化 3. 细心观察，并能用语言表达自己对皮影戏的认识
环境支持	
材料投放	平板电脑、白布、手电、皮影、画纸、水彩笔、剪刀
指导重点	1. 根据故事情节演示皮影戏 2. 通过操作，感知演示皮影戏时光源和影子变化的关系

（续）

<table>
<tr><td>观察指导</td><td>·儿童学习过程实录：
可心、木子和乐晨经过商量，决定为大家展示皮影戏“孙悟空三打白骨精”，三人经过两天的不懈努力，终于把角色制作完成，在皮影小剧场展示皮影戏《三打白骨精》。可心手持孙悟空说道：“快看我的孙悟空驾着筋斗云飞起来啦！”说完，木子和乐晨赶紧来到幕布前面看效果，“真的真的，孙悟空飞的好高啊！”乐晨高兴地说。木子说：“你等着，我是白骨精，我要和孙悟空大战一场。”说完，来到可心旁边拿起白骨精的皮影操作起来。这个时候，乐晨喊道：“木子你的白骨精太小了，我看着都快被孙悟空打死了。”“那我要怎么让白骨精变大啊？看我白骨精变大变大变大，吃了你这个孙悟空。”“你往后面一点，离手电筒这儿近点，俺老孙能变大，我变！”说完，两个人来回挪动，找到了变大变小的秘密……就这样，你一言我一语，《三打白骨精》的皮影戏就这样开始了，幕布前的小朋友们看得哈哈大笑
·儿童表现分析：
1. 幼儿愿意主动参与皮影戏的制作和展示
2. 对皮影戏的演示方法有初步了解，但是对光源和影子的关系不太确定
3. 同伴之间可以相互配合，共同合作演出皮影戏
·教师支持策略：
1. 教师鼓励幼儿创作，肯定幼儿行为，感受获得成功的喜悦和自信
2. 通过观察皮影戏幕后工作者如何操作皮影，了解如何进行影子大小和不同角度的变化
3. 在生活中仔细观察自己影子的变化，了解影子和光源的关系</td></tr>
</table>

三、家庭亲子互动

会说话的日晷

【活动目标】

1. 认识、了解日晷，知道其计时原理。

2. 结合古代日晷，自制日晷，观察影子和太阳的变化并进行记录。

3. 愿意参加探索活动，感受成功的乐趣。

【材料准备】

日晷图片、剪刀、彩纸、水彩笔、记录单。

【指导重点】

1. 观看日晷的视频，了解影子和光源的关系。

2. 养成连续观察的习惯，鼓励幼儿大胆表达自己的想法。

【互动过程】

1. 听一听。现在我们有手机和钟表可以知道时间，在古代，人们是怎样知道时间的呢？你们听说过日晷吗？它的作用是什么？让我们来看看吧！

2. 看一看。影子一直在改变自己的位置，太阳也在不停转动，现在你知道日晷的原理是什么了吗？快来制作一个你自己的日晷吧！

3. 说一说。请你说一说影子的变化和太阳的关系。

4. 玩一玩。快和爸爸妈妈一起来制作日晷吧！观察一天中都有哪些变化，把这些变化记录下来（图 3－34）。

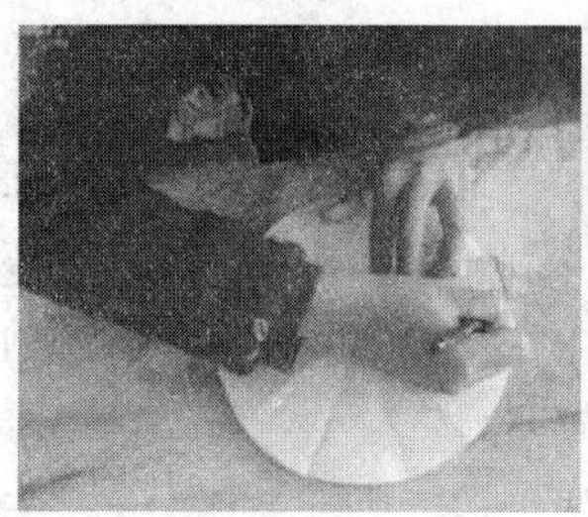

图 3－34　一起制作日晷

1. 鼓励幼儿进行日晷的制作和观察活动。
2. 坚持连续观察，并用自己喜欢的方式进行记录。

05 案例研究

活动名称：影子和我

	师幼互动的过程	过程分析及思考
师幼互动实录	在《影子和我》幼儿自主阅读环节中，当星星看到第 5 页“我追着影子跑，却怎么也追不上”的时候，和旁边的谙谙说道：“你看这个太阳，现在在小男孩的左边，影子在他右边，太阳在他脑袋上，影子就在他前面了，最后，太阳都要落山了，影子就在男孩左边了，他当然不可能追上影子了，反正我从来没有追上我的影子。”之后，谙谙回应：“对，我觉得他也不可能追上自己的影子。”伴随这个追影子的话题，他们开始讨论起自己玩踩影子游戏的经验，对于图书后面的内容未仔细阅读，只是在结束自主阅读前大致翻阅	1. 幼儿能够主动与他人分享发现的结果 2. 观察画面较为仔细，可以发现画面中不同人物、影子和太阳的变化 3. 幼儿可以根据绘画内容，结合自身经验进行分析 4. 在阅读中，幼儿容易与同伴讨论自己的生活经验而忽略阅读图书
我的反思	在“影子和我”活动中，幼儿通过体验式教学，科学认识了光影之间的关系，其难点在于用完整连贯的语句表达自身想法。在幼儿自主阅读活动中，可根据画面内容，结合自身生活经验进行分析和表达，教师给予幼儿表达空间，在相互交流讨论的过程中帮助幼儿更深入地理解故事，拓宽自己的思路。此时，教师可重点关注幼儿讨论的时间与内容，鼓励幼儿表达想法，观察后续发展，提示幼儿继续阅读和分析，帮助幼儿更深入完整地掌握绘本内容，同时养成完整阅读的习惯	

案例三

主题单元活动：分享合作快乐多

丰台区政府机关幼儿园　刘珈瑜

01 主题课程思维导图

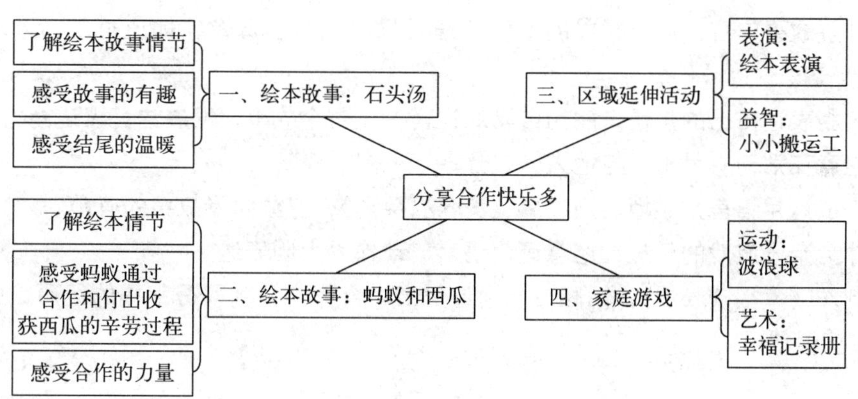

02 活动背景

● **源于故事**：《石头汤》讲述了三个和尚利用一锅石头汤让村民学会分享、找到幸福的故事。三个和尚面对村民不愿意接纳别人的情况，没有愤怒，而是巧借煮石头汤，让村民齐心协力，共同参与煮汤，最终体验分享的幸福和收获的快乐。

● **基于绘本**：《石头汤》讲述了一个关于分享的故事，使幼儿懂得只有学会与他人分享，才会有更多的朋友，才会得到更多的快乐，培养幼儿与他人分享合作的社会品质及关心他人的情感。从故事内容出发，帮助孩子理解故事情节，在深度解读绘本的基础上，了解绘本背后蕴含的深刻意义。

● **思于现状**：《石头汤》不仅对孩子有很好的启发，而且值得大人们思考和感受。互相关爱让人觉得幸福，分享让人收获快乐。故事包括了社会领域和语言领域的相关内容，情节丰富，文字难度适中。大班幼儿自主性、主动性提高，不论是在生活还是学习方面，很多地方都要让孩子自己动手，教师可利用绘本《石头汤》开展一系列符合大班幼儿年龄特点和认知特点的活动。孩子们在平时的活动、区角活动环节都喜欢进行合作游戏，班级老师结合孩子们的兴趣还专门收集了一系列建构玩具、棋类玩具、动物书籍等供孩子们合作游戏、分享阅读，深受孩子们喜爱。借助绘本活动的展开，帮助幼儿养成合作与分享的好习惯。

● **设计思路**：大班幼儿合作能力增强，认知积极性和抽象逻辑思维能力也开始发展。其自我意识不断发展，从个别性评价向多面性评价转变。结合大班幼儿的年龄特点，从故事内容出发，帮助幼儿感知村民的变化，理解故事蕴含的深意，知道付出也是一种快乐。引导幼儿大胆讲述自己的想法，发展幼儿的语言表达能力，体味绘本内容情节的丰富与结尾的精彩、温暖。

03 主题目标

1. 理解故事内容，通过村民的变化，理解故事蕴含的深意，知道付出、分享也是一种快乐。

2. 大胆表达自己的想法，能用自己的语言讲述整个故事，发展语言表达能力。

3. 愿意在活动中付出，与他人一起分享。

4. 尝试运用语言大胆地表演故事《美味石头汤》，充分感受故事的有趣。

5. 体会亲子游戏的乐趣，愿意运用语言、动作等大胆表达。

6. 制作《幸福成长册》，回顾自己通过付出、合作、分享取得幸福的经历，感受自己在付出中获得快乐。

04 活动设计

名称	实施途径	目标	评价要点
石头汤	集体教学活动	1. 通过村民的变化，理解故事蕴含的深意，知道付出也是一种快乐 2. 大胆讲述自己的想法，发展语言表达能力 3. 愿意在活动中付出并与他人分享	1. 通过阅读绘本故事，了解故事发展情节，理解村民变化背后的寓意 2. 能用完整的语言讲述整个故事
蚂蚁和西瓜	集体教学活动	1. 理解故事内容，感知蚂蚁通过合作和付出收获西瓜的辛劳过程 2. 喜欢阅读事，学习蚂蚁勤劳和团结的品质 3. 大胆表达自己的想法，发展语言表达能力	1. 能够理解故事内容，知道在集体中要学会合作和付出才能收获成功 2. 感受蚂蚁齐心协力合作的智慧和付出的辛劳

（续）

名称	实施途径	目标	评价要点
小小搬运工	区域自主游戏	1. 通过控制手部力度，完成搬运任务 2. 能团结一致，合作获取胜利	1. 遵守游戏规则，用手拉动绳子把杯子套住，不用手动纸杯 2. 在搬运过程中，两人动作协调、一致
美味石头汤	区域自主游戏	1. 通过语言、动作等表演故事《美味石头汤》 2. 尝试与同伴运用服装、道具等，表现故事内容的有趣	1. 根据故事情节，大胆进行故事表演 2. 能够运用语言、动作等方式夸张演绎故事，在表演中加入自己对绘本的理解
波浪球	家庭亲子互动	1. 锻炼幼儿全身动作的协调性和灵活性 2. 愿意与家长、幼儿进行互动，培养幼儿的合作意识	1. 愿意积极与家长进行亲子游戏 2. 能够相互合作，灵活地参与活动
制作《幸福记录册》	家庭亲子互动	1. 在制作中体验动手操作的快乐 2. 结合绘本故事，回顾自己通过付出、合作获得幸福的经历 3. 感受自己在付出中获得快乐的过程	1. 愿意与家长一起进行手工亲子活动 2. 运用自己的语言大胆介绍《幸福记录册》

一、集体教学活动

活动一　石头汤

【活动目标】

1. 通过村民的变化，理解故事蕴含的深意，知道付出也是一种快乐。

2. 大胆讲述自己的想法，发展语言表达能力。

3. 愿意在活动中付出和与他人分享。

【活动重点】

通过村民的变化，理解故事蕴含的深意，知道付出也是一种快乐。

【活动难点】

能用自己的语言完整讲述整个故事。

【经验准备】

幼儿有喝汤的经历。

【物质准备】

《石头汤》大书和小书（图 3 - 35）。

图 3 - 35 《石头汤》

【活动过程】

1. 导入——激发兴趣（3 分钟）。

（1）教师："你喜欢喝什么汤？你喝过石头汤吗？"

（2）教师："石头汤是什么味道的？你觉得可能会发生什么事情？"

· 导入重点：联结幼儿生活经验，对封面进行提问，引出故事。

· 联结经验：幼儿有喝汤的经验，对故事的内容有初步感知。

· 重点指导：通过观察画面，猜想故事情节。

2. 过程——阅读故事猜想验证（15 分钟）。

（1）运用 PPT 集体阅读第 1～24 页。

（2）幼儿自主阅读小书。

· 阅读方式：集体阅读＋小书自主阅读。

· 阅读策略：出示大书，对故事内容进行提问，感受村民行为的变化。

· 重点指导：有序观察画面，了解故事结构，理解故事内容。

3. 结束——完整阅读，感受表达（10 分钟）。

（1）幼儿集体回顾故事情节。

（2）出示故事结尾，结合幼儿的生活实际，引发讨论。

· 总结方法：PPT 梳理故事内容，感受故事的精彩结局。

· 拓展提升：启发幼儿思考，如果再有人来到这个村庄，村民会是什么表情呢？你愿意做一个肯付出的人吗？我们可以为他人付出什么？

· 重点指导：结合故事的结构和过程，以幼儿身边的"石头汤"为例，引导幼儿表达自己的感受。学会付出，获得快乐。

活动二　蚂蚁和西瓜

【活动目标】

1. 理解故事内容，感知蚂蚁通过合作和付出收获西瓜的辛劳过程。

2. 喜欢阅读故事，学习蚂蚁勤劳和团结的品质。

3. 大胆表达自己的想法，发展语言表达能力。

【活动重点】

理解故事发展情节，感知蚂蚁通过合作和付出收获西瓜的辛劳过程。

【活动难点】

大胆表达自己的想法，学习蚂蚁勤劳和团结的品质。

【经验准备】

幼儿见过蚂蚁搬运东西。

【物质准备】

《蚂蚁与西瓜》PPT、绘本（图 3－36）。

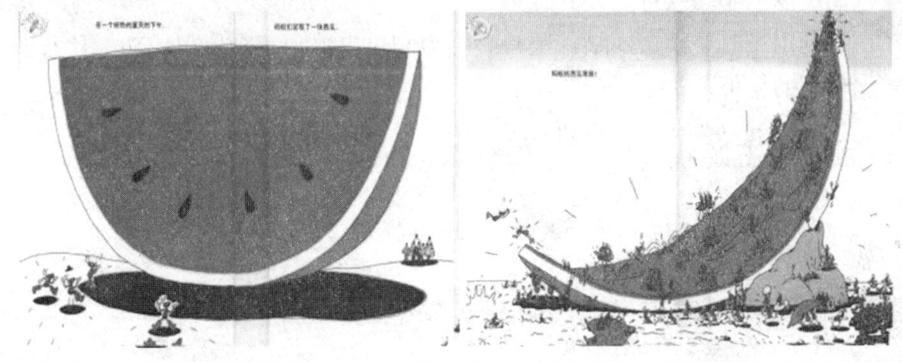

图 3－36 《蚂蚁和西瓜》绘本

【活动过程】

1. 封面导入——激发兴趣（3 分钟）。

出示绘本，引发兴趣。

· 导入重点：观察封面，引出故事的主人公——蚂蚁。

· 联结经验：幼儿对蚂蚁运东西有初步感知。

· 重点指导：通过观察画面，猜想故事内容。

2. 阅读故事，理解内容（15 分钟）。

（1）幼儿自主阅读小书。

（2）重点提问。

① 教师："小蚂蚁长得怎么样，西瓜长得怎么样？搬西瓜对于小蚂蚁来说困难吗？小蚂蚁会放弃吗？"

② 教师："蚂蚁用棍子搬不走西瓜，他们会放弃吗？如果不放弃，有什么其他好办法

搬走西瓜？”

③ 教师：“蚂蚁们是怎么搬西瓜的？结果怎么样？搬完西瓜，蚂蚁们做了什么？”

·阅读方式：幼儿自主阅读小书。

·阅读策略：教师以提问的形式引导幼儿发挥想象，并大胆运用语言和动作表达想象的结果。

·重点指导：引导幼儿用完整、清晰和连贯的语言看图讲述故事，理解故事内容。

3. 结束——完整阅读，感受表达（10 分钟）。

（1）幼儿集体回顾故事内容，引发讨论。

（2）结合自身经验，大胆表达。

·总结方法：利用 PPT 梳理故事内容，感受《蚂蚁和西瓜》的故事蕴含的意义。

·拓展提升：启发幼儿思考，表达自己的想法，教师在总结的基础上引出“遇到困难时要集体合作，学会付出和努力”。

·重点指导：

（1）为什么蚂蚁这么小，西瓜那么大，最后蚂蚁却可以把西瓜搬走？

（2）我们可以从小蚂蚁身上学到什么？

（3）在遇到困难时要学会团结，坚持、努力和付出就一定会取得成功。让我们学习小蚂蚁团结、分享的精神。

二、区域自主游戏

活动一　小小搬运工

区域目标	1. 通过控制手部力度，锻炼手部肌肉灵活性，完成搬运任务 2. 能团结一致，合作取得胜利
环境支持	
材料投放	纸杯、皮筋、绳子
指导重点	1. 指导幼儿观察思考不用手就能用皮筋套住纸杯的方法 2. 遵守游戏规则，能用手拉住绳子把纸杯套住 3. 在搬运过程中协调一致，能一起拉动绳子套住纸杯，将纸杯运送到目的地
观察指导	·儿童学习过程实录： 区域游戏的时间又到了，皮皮和明明来到了益智区，准备进行“小小搬运工”的游戏。他们两个人一组，每人分别拽住两根绳子的一端，一起用力把皮筋拽大，然后一起向下移动绳子，套住纸杯底部。随后，两名小朋友放松拽皮圈的力量，轻轻将纸杯放置到指定位置。杯子顺利落到了桌子上。明明和皮皮对自己合作游戏取得成功的结果十分满意，两个人开心地鼓掌，然后又一起合作把皮筋从纸杯底部取下，开始搬运剩下的纸杯

（续）

观察指导	·儿童表现分析： 1. 幼儿有积极合作游戏的愿望，愿意用皮筋套住纸杯玩搬运纸杯的游戏 2. 幼儿能够遵守游戏规则，在搬运过程中协调一致，将纸杯运送到目的地 3. 在搬运过程中，幼儿能够保持手部肌肉力量一致，尽量不让纸杯掉落 ·教师支持策略： 1. 教师及时肯定幼儿的表现，并鼓励幼儿与同伴进行两人一组的竞赛游戏。在孩子完成游戏后，鼓励幼儿分享自己的游戏经验 2. 在班级中开展“搬运游戏大挑战”，鼓励每名幼儿积极参与活动，帮助幼儿提高手部肌肉的协调性，在游戏中学会团结、合作，提高团队合作能力

活动二 表演《美味石头汤》

区域目标	1. 通过添加语言、动作等，大胆进行故事表演 2. 尝试运用服装、道具等，表现故事内容的有趣
环境支持	   
材料投放	和尚、村民服装及头饰，各种各样的石头和锅
指导重点	1. 理解故事情节，能够运用自己的语言讲述故事 2. 能够明确扮演角色，合作、分工表演故事《美味石头汤》 3. 通过加入语言、表情和动作等扮演角色，突出故事的精彩
观察指导	·儿童学习过程实录： 早餐过后，明明、阳阳、鹏鹏、皮皮、小雨一起来到了表演区，5个人一起商量着表演绘本故事《美味石头汤》。明明、阳阳扮演村民，鹏鹏、皮皮扮演和尚，小雨扮演小孩。5个小朋友明确分工，一起认真地排练着。 鹏鹏、皮皮扮演煮汤的和尚，只见他们将村民带来的石头一个一个放进锅中，有模有样地用勺子搅拌着，孩子们在表演中根据自己对故事的理解，加入创新的台词语言，把故事表现得更加精彩。明明扮演的村民，虽然表现力不强，在排练中有忘记台词的现象，但是孩子们不急不躁，互相鼓励：“没事，我们再练一遍，把我们刚才创编的结局一起表演进去！”阳阳安慰说。“对，咱们一起合作，我们再去请一个演员扮演村民，这样用我们自己的话说台词就不会忘了。”皮皮在一旁鼓掌。“排练出现问题很正常，我们再练几遍，把动作加到表演里，一起再试试看！”面对困难，孩子们没有退缩，而是互相鼓励、共同合作，想办法克服困难。 ·儿童表现分析： 1. 幼儿自主萌发进行故事表演的想法 2. 幼儿能够自主分配角色，专注地进行表演 3. 遇到困难不放弃，主动寻找解决的办法，并相互鼓励，团结合作解决问题 ·教师支持策略： 1. 教师及时参与，认真观看演出，和小演员一起参与到表演的讨论、商议中 2. 及时鼓励幼儿的表演亮点，并邀请幼儿一同观看表演，为演员加油 3. 幼儿收集材料投放在美工区，制作演出的服装与道具

三、家庭亲子互动

活动一　波浪球

【活动目标】

1. 锻炼幼儿全身动作的协调性和灵活性。

2. 愿意与家长、幼儿进行互动，培养幼儿的合作意识。

【材料准备】

篮球。

【指导重点】

1. 能够相互合作，身体协调、灵活地参与活动。

2. 遵守游戏规则，能够双手传球、接球，完成游戏。

【互动过程】

1. 听一听。在困难面前，相互团结、合作能够帮助我们解决困难，今天我们来玩一个传球游戏。在传球过程中，和爸爸妈妈一起合作游戏，保证篮球不掉落在地面上。

2. 做一做。

（1）孩子、爸爸、妈妈站成一竖排或一横排，三人保持适当的站立距离。大腿同时向右侧开立，幼儿手持篮球当排头。

（2）游戏开始，幼儿双手将篮球从胯下穿过，传给后面的队员（爸爸），队员（爸爸）双手接篮球，从头顶将篮球传给后面的队员（妈妈）。妈妈接住篮球后迅速跑到前面当排头，双手传球。游戏继续进行，直到到达终点，完成游戏。

3. 说一说。有的小朋友已经学会了玩游戏的方法了，有没有心得和经验要和我们一起分享呢？我们一起来听一听，也来玩一玩这个游戏吧！

（1）有什么好的方法能够保证篮球不掉落在地上呢？（兴趣、爱好、特长……）

（2）玩游戏时你有什么宝典要告诉我们吗？（反应力、灵活、配合）

（3）在保证篮球不掉在地上的前提下，你有新的游戏玩法吗？

4. 秀一秀。进行运动展示（图 3－37）。

   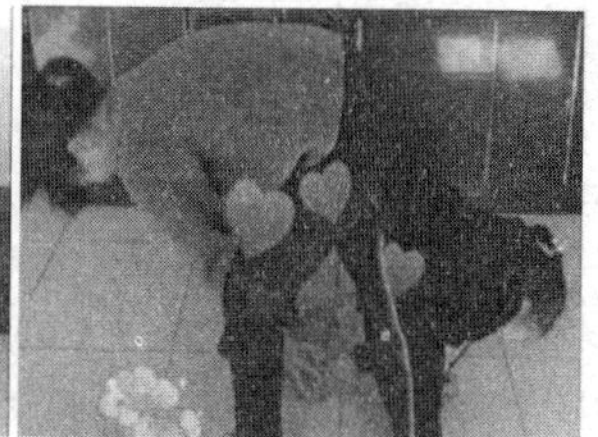

图 3－37　一起秀一秀

写给家长的小贴士

1. 家长与幼儿一起合作完成。
2. 鼓励幼儿创新游戏玩法，锻炼身体的灵活性和协调性。

写给幼儿的小贴士

1. 尝试相互合作，灵活地完成游戏。
2. 愿意清晰、大胆地介绍游戏经验和新玩法。

资源拓展

绘本图书推荐：《蚂蚁搬豆》。

活动二　制作《幸福成长册》

【活动目标】

1. 在制作中体验动手操作的快乐。
2. 结合绘本故事，回顾自己通过付出、合作获得幸福的经历。
3. 感受自己在付出中获得快乐的过程。

【材料准备】

胶棒、相片纸、油画棒、剪刀（图 3－38）。

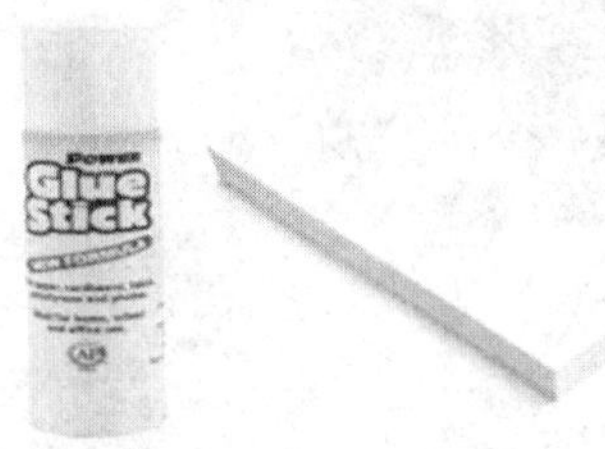

图 3－38　材料准备

【指导重点】

1. 鼓励幼儿积极参与制作《幸福成长册》，回顾自己付出、合作、收获成果的成长经历。

2. 愿意运用多种方式装饰“成长册”，感受自己在活动中的团结、合作，以及付出努力后取得成功的快乐。

【互动过程】

1. 听一听。小朋友们，在集体活动中，你们遇到过通过伙伴间的合作和努力，相互配合，共同解决困难的事情吗？这些事情是不是特别有意义呢？让我们一起运用这些工具材料，把它们制作成成长册记录下来吧！

2. 看一看。小朋友们可以打开自己的成长册，看一看爸爸妈妈为我们制作的成长册里都有什么，我们一起用有趣的方法，比如拍照片、画画或者自己喜欢的形式把它记录下来吧！

3. 说一说。

(1) 你想用什么形式制作自己的幸福成长册？(相册、手抄报)

(2) 怎样记录自己有意义的故事呢？(画画、剪纸、文字)

(3) 认真想一下，说说自己对成长册的设计与想法。

4. 玩一玩。以图文并茂的形式展示（图 3-39)。

图 3-39　玩一玩

写给家长的小贴士

1. 鼓励幼儿积极回忆，大胆设计自己的成长册。

2. 鼓励幼儿大胆讲述对自己有意义的事情，清晰介绍自己的成长册。

写给幼儿的小贴士

1. 幼儿先回忆自己有意义的成长经历，然后欣赏和爸爸妈妈一起合作完成的成长册，学习制作方法。

2. 尝试运用绘画、剪纸、粘贴等多种方式装饰《幸福成长册》。

活动名称：分享合作快乐多

	师幼互动的过程	过程分析及思考
师幼互动实录	在集体阅读大书环节，教师针对封面对幼儿进行提问：“画面上有谁？他们在干什么？猜一猜发生了什么有趣的事？”“我看到了一只蚂蚁，还有一只大西瓜，我觉得蚂蚁想把西瓜搬回家”子辰说。 “你觉得蚂蚁搬得动这么大的西瓜吗？”教师问。 “虽然西瓜特别大，但是我觉得蚂蚁的力量也很大，我经常能看见蚂蚁在背上驮着重重的食物，所以我觉得书上的蚂蚁也能。”子辰说，接着她又指了指西瓜。 “就是西瓜可能太大了，一个蚂蚁可能搬不动，它一个人可以搬个小西瓜子回去。”子辰开心地说。 “你觉得用什么方法才能把庞大的西瓜运回去？”教师提问。 “我觉得可以请别的蚂蚁来帮忙，它们一起合作没准就能把西瓜运回家了，不然这么一大块美味的西瓜可就浪费了。”子辰一边歪着头一边用手比划着，认真极了	在阅读大书环节，孩子们都能专注、仔细地观察画面，分析画面细节，猜想故事情节，能够大胆想象、积极发言，表达自己的所见所想。子辰是一个善于思考但是不爱表达的女孩子，教师发现幼儿都很喜欢绘本故事，并且对封面很感兴趣，通过及时提问，根据幼儿的回答进行追问，激发幼儿想象力，引导幼儿细心观察、大胆表达。通过这样的互动方式，教师与子辰进行了一次对话。 教师通过子辰的回答，发现她是一个观察力、分析力强的孩子，于是运用追问的方法，结合故事内容和幼儿的回答进行提问。子辰能够大胆回答老师的问题，结合自己的生活经验，表达自己的想法，并能从细节出发，用清晰的语言进行描述，有理有据。当教师提出问题后，她能结合生活实际和画面的整个内容，细致分析，大胆表达自己的想法。 子辰能够结合自己的生活实际，联结一只蚂蚁力量小、合作力量大的生活经验，根据画面细节，合理想象推测故事情节，并能用清晰的语言进行描述。看来这本书能够激发孩子的兴趣，幼儿阅读兴趣浓厚
我的反思	在绘本阅读中，孩子们能够仔细观察画面，分析画面内容，大胆猜测故事情节，并结合自己的生活经验，大胆想象、合理推测。能看得出来，孩子们对绘本十分感兴趣，班级阅读氛围浓厚。《蚂蚁和西瓜》这个故事很有意思，这是一节具有幽默风格，且通过不同的画面引导孩子观察猜测线索，大胆讲述、表达的语言课。大班幼儿的认识水平在不断提高，具体形象思维占优势，并具有一定的倾听和语言表达能力。幼儿纷纷表示“一只蚂蚁的力量小，在遇到困难时要学会团结合作、努力付出，分享胜利的果实。”“我们都应该像小蚂蚁学习，面对困难，学会与同伴团结协作，共同商量解决问题。”“一个人的力量小，集体合作的力量最大！” 《蚂蚁和西瓜》的故事情节有趣，从人物形象特点和生活习性出发，引导幼儿联结自己的生活经验，大胆推测故事情节，理解故事内容。让幼儿学会团结合作、分享、付出，在遇到困难时相互配合，共同商讨解决问题的办法	

案例四

主题单元活动：恐龙世界初探

空军蓝天南苑幼儿园　刘娜

01 主题课程思维导图

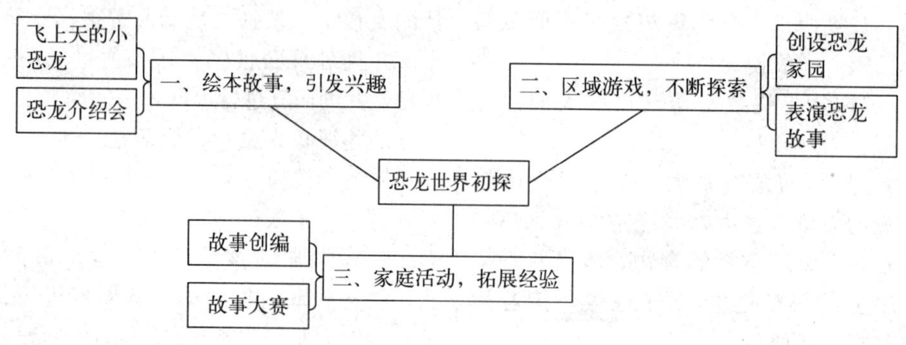

02 活动背景

● **源于故事**：身材笨重的小雷龙希望自己能飞上天。刚开始，它以为只要站在高处往下飞就可以，结果重重地摔在了地上；接着，它认识到，要飞就一定要有翅膀，于是它做了一对翅膀，却又一次重重地摔在了地上；第三次，它想出了一个好办法，终于成功了！飞上天的小雷龙看到霸王龙准备袭击自己的朋友，它急中生智，设法救了朋友们。最后，它成了大英雄！故事风趣幽默，深受大班孩子喜欢。

● **基于绘本**：《飞上天的小恐龙》这本书出现在班级里后，恐龙便成为幼儿谈论的热点话题，他们会经常聊起普普用便便打败霸王龙的片段，也会聊起霸王龙是肉食恐龙，如何凶猛捕食等。我根据大班幼儿乐于尝试和探索的特点设计了本次活动，让幼儿在感受故事趣味性的同时，鼓励幼儿参与对小恐龙试飞方法的评价，大胆表述小恐龙的试飞过程及当时的心理活动，让幼儿敢于、乐于发表自己的看法。

● **思于现状**：围绕恐龙的话题层出不穷，已经消逝的恐龙以其神秘感紧紧抓住了幼儿的好奇心，他们喜欢观看恐龙的书籍，听关于恐龙的故事，玩关于恐龙的玩具。恐龙是一种神秘奇特的动物，没有任何人见过真正的恐龙是什么样子的，人们见到的恐龙图案全是科学家们通过化石还原的形象，这给想象力丰富的幼儿留下了许多想象空间。

● **设计思路**：恐龙对幼儿有着特殊的吸引力，特别能激发幼儿的好奇心和求知欲。“恐龙世界初探”这一主题将带领幼儿走入神秘的恐龙世界，探索恐龙的秘密，在活动中激发幼儿对恐龙的关爱，创建恐龙家园、迷上恐龙故事、创编恐龙故事。我以绘本引导幼

儿不断探索，层层深入。在活动中，幼儿是积极主动的学习者，自然、自由、自主地去感受体验、操作探索、创作表现。

03 主题目标

1. 理解故事主要情节，感受故事的趣味性。
2. 引导幼儿了解不同恐龙的特点，通过多种形式扩展其对恐龙特征和生活习性的认识。
3. 激发幼儿主动探究恐龙的积极性，并用自己的方式大胆表达对恐龙的认识。
4. 积极与同伴交流有关恐龙的知识，激发幼儿对恐龙的热爱。
5. 运用已有知识经验，大胆想象，创编故事，自信地将自己创编的故事用连贯的语言讲述出来。

04 活动设计

名称	实施途径	目标	评价要点
飞上天的小恐龙	集体教学活动	1. 理解故事主要情节，感受故事的趣味性 2. 通过自主阅读，观察画面细节，大胆表述小恐龙三次试飞过程及其当时的心理活动 3. 改编故事部分情节，积极思考让小恐龙飞起来的其他办法	观察画面细节，大胆表述小恐龙试飞时的状态和心理活动
恐龙介绍会	集体教学活动	1. 进一步了解恐龙的生活习性和外形特征 2. 结合收集的恐龙资料，引导幼儿有序、连贯、清楚地进行讲述 3. 鼓励幼儿大胆在同伴面前进行表达，并能积极与同伴互动	1. 有主动探究恐龙的积极性 2. 能大胆表达对恐龙的认识
创建恐龙家园	区域自主游戏	1. 能用手工、绘画、泥工等方式，塑造出自己喜欢的恐龙 2. 能创造性地组合出各种形态的恐龙	1. 能按照自己的想法大胆进行创作 2. 提升立体表现物体的能力
表演恐龙故事	区域自主游戏	1. 初步学习根据故事情节和角色，用富有个性的动作进行合拍的表演 2. 学会与同伴讨论分配角色，体验合作表演的乐趣	1. 能与同伴合理分配角色 2. 根据角色，运用合适的语言、表情、动作进行表演

（续）

名称	实施途径	目标	评价要点
创编恐龙故事	家庭亲子互动	1. 运用已有知识经验，大胆想象，创编故事 2. 在爸爸妈妈的引导和帮助下，能大胆、自信地将自己创编的故事用较连贯的语言讲述出来 3. 能与爸爸妈妈合作，共同完成故事创编，体验家人合作的乐趣	1. 乐于参与创编活动 2. 能在创编过程中大胆说出自己的观点和想法

一、集体教学活动

活动一　飞上天的小恐龙

【活动目标】

1. 理解故事的主要情节，感受故事的趣味性。
2. 通过自主阅读，观察画面细节，大胆表述小恐龙三次试飞的过程及当时的心理活动。
3. 改编故事部分情节，积极思考让小恐龙飞起来的其他办法。

【活动重点】

通过观察画面细节，分享小恐龙三次试飞的过程及当时的心理活动。

【活动难点】

大胆表述小恐龙试飞时的状态和心理活动。

【经验准备】

1. 已经有阅读绘本的经验，知道故事的简要内容。
2. 知道雷龙、翼龙和霸王龙的特征。

【物质准备】

绘本《飞上天的小恐龙》、课件（图 3－40）。

图 3－40　《飞上天的小恐龙》

【活动过程】

1. 导入——谈话激发幼儿兴趣（3 分钟）。

（1）教师："你们喜欢恐龙吗？"

（2）教师："都喜欢什么恐龙？为什么喜欢？"

·导入重点：提问引出恐龙主题。

·联结经验：分享讲述自己的经验。

·重点指导：能够表达自己对恐龙的看法。

2. 过程——图文共读，理解故事的主要情节（25 分钟）。

（1）集体共读第 2～4 页。

① 教师："小恐龙普普在干什么呢？你从哪里看出来的？"

② 教师："普普想飞上天，它是怎么做的？结果怎么样了？"

（2）幼儿自主阅读绘本。

教师："普普是怎么做的？结果怎么样？"

（3）集体共读第 7～12 页。

① 教师："小恐龙第二次尝试飞行时的心情和状态是什么样的？"

② 教师："成功飞上天后，翼龙们和小伙伴们会怎么想？为什么会有这样的想法？"

（4）幼儿完整讲述第 13～17 页的内容。

·阅读方式：集体共读、自主阅读。

·阅读策略：引导幼儿仔细观察画面。

·重点指导：观察画面细节，大胆表述小恐龙试飞时的心理活动。

3. 结束——深入讨论（5 分钟）。完整阅读绘本。

① 教师："你喜欢普普吗？为什么？"

② 教师："除了这三种办法，你还能想出哪些办法来帮助普普飞上天？"

·总结方法：利用课件梳理绘本内容。

·拓展提升：积极思考让小恐龙飞起来的其他办法。

·重点指导：对小恐龙做出自己的评价并说明理由，积极思考让它飞起来的其他办法（图 3-41）。

图 3-41　重点指导

活动二　恐龙介绍会

【活动目标】

1. 进一步了解恐龙的生活习性和外形特征。

2. 结合收集的恐龙资料，引导幼儿有序、连贯、清楚地进行讲述。

3. 鼓励幼儿大胆在同伴面前进行表达，并能积极与同伴互动。

【活动重点】

了解不同种类恐龙的外形特征和生活习性。

【活动难点】

能够清楚、连贯地讲述，并能与同伴进行互动。

【经验准备】

收集有关恐龙的知识，对恐龙的外形特征和生活习性有初步了解。

【物质准备】

幼儿自制恐龙模型、视频、绘画、纸、笔。

【活动过程】

1. 导入——激发兴趣（5分钟）。

教师："除了雷龙、翼龙和霸王龙以外，你还认识什么恐龙？它们有什么厉害的本领吗？"

·困难预设：幼儿不敢表达。

·解决措施：给予空间，激发幼儿的表达欲望。

·重点指导：鼓励幼儿大胆表达。

2. 过程——我知道的恐龙（20分钟）。

（1）幼儿结合收集的恐龙资料和制作的模型，讲解"我知道的恐龙"。

① 恐龙的名称、种类（肉食、草食）、身高、身长。

② 恐龙的生活习性和特点。

③ 它最厉害的本领是什么？

·困难预设：幼儿介绍同一种恐龙。

·解决措施：引导幼儿说一说和其他小朋友了解的不一样的地方是什么？

·重点指导：引导幼儿大胆表述。

3. 结束——制作恐龙名片（10分钟）。

（1）教师："认识了这么多种恐龙，你印象最深、最喜欢的是哪一种？"

（2）用自己的方式大胆表达对恐龙的认识，制作恐龙名片。

·困难预设：幼儿不敢表达。

·解决措施：给予空间，让同伴之间互相交流。

·重点指导：鼓励幼儿大胆表达。

二、区域自主游戏

活动一　创建恐龙家园

区域目标	1. 能用手工、绘画、泥工等方式，塑造自己喜欢的恐龙 2. 能创造性地组合出各种形态的恐龙
环境支持	
材料投放	彩纸、超轻黏土、油画棒、剪刀、胶棒、胶带、废旧纸盒
指导重点	1. 了解恐龙的基本特征 2. 鼓励幼儿塑造自己喜欢的恐龙
观察指导	·儿童学习过程实录： 制作恐龙是一个很受幼儿欢迎的活动，他们已经对恐龙的外形特征、生活习惯都有了充分的了解。在制作过程中，均均小朋友选择了绘画，他熟练地勾勒出恐龙的外形，在涂色时将恐龙背上的“刺”涂上了亮眼的彩色，小朋友们一下就注意到了那些五彩缤纷的“刺”，纷纷问道：“这是什么恐龙，这么好看？”均均自豪地给围观的小朋友讲解起来：“这是剑龙，它带有尖刺的尾巴是保护自己、防止其他恐龙来攻击的……”小朋友正热闹地讲解时，做立体纸箱恐龙的希希沉不住气了，刷颜色的动作加快了许多，个别小朋友看到后纷纷主动去帮忙，你一言我一语地说：“你来给脖子涂颜色，我来涂尾巴……它的腿掉了，我们需要先粘起来……”不一会儿，一个漂亮的纸箱恐龙便出现在我们眼前。 ·儿童表现分析： 1. 幼儿对恐龙的了解十分透彻，在制作中能抓住恐龙的特点 2. 由于立体恐龙体积较大，角落位置较难进行涂色装饰，幼儿会自发地分工、合作、相互交流，大大缩短了制作的时间 3. 幼儿参与的积极性很强，选择制作的方式不同，需要的环境也不同，绘画的幼儿需要安静的创作空间，小组制作的幼儿则需要可以交流的语言环境 ·教师支持策略： 1. 教师肯定幼儿参与活动和大胆创作的行为 2. 分成两个区域——平面绘画区和立体泥工区，方便幼儿有目的地选择自己所需要的装饰材料和更适合的创作环境

活动二　表演恐龙故事

区域目标	1. 初步学习根据故事情节和角色，用富有个性的动作进行合拍的表演 2. 学会与同伴讨论分配角色，体验合作表演的乐趣

（续）

环境支持	
材料投放	恐龙道具、背景音乐
指导重点	1. 能与同伴合理分配角色 2. 能根据角色，运用合适的语言、表情、动作进行表演
观察指导	・儿童学习过程实录： 表演区今日上演“小恐龙飞天记”，邀请我们去观看，只见报幕员第一个出场：“接下来请欣赏故事表演《小恐龙飞天记》。”背景音乐缓缓响起，旁白的幼儿拿着话筒有模有样地讲起了故事，主演幼儿表情夸张、脚步沉重的出场把小观众们逗得捧腹大笑，配合演出的助演们上场、下场井然有序。随着小观众们的欢呼声，一场自编自演的故事表演告一段落。结束后，孩子们纷纷围上前去，有的对表演道具爱不释手，有的对小演员们的演出竖起大拇指、不断夸赞，小演员们则一脸骄傲，十分满足 ・儿童表现分析： 1. 幼儿能主动参与表演活动，有表演欲望 2. 能根据角色，运用合适的语言、表情、动作进行表演 3. 孩子们可以有意识地区分观众和表演者 ・教师支持策略： 1. 鼓励、肯定幼儿的表演 2. 表演结束后，召开“表演分享会”，邀请小演员分享自己的演出经验，鼓励小观众大胆表达自己的感受和想法

三、家庭亲子互动

创编恐龙故事

【活动目标】

1. 运用已有知识经验，大胆想象，创编故事。

2. 在爸爸妈妈的引导和帮助下，能大胆、自信地将自己创编的故事用较连贯的语言讲述出来。

3. 能与爸爸妈妈合作，共同完成故事创编，体验家人合作的乐趣。

【材料准备】

画笔、纸。

【指导重点】

1. 鼓励幼儿大胆参与创编活动。

2. 在创编过程中能大胆说出自己的观点和想法。

【互动过程】

1. 听一听。平时都是听别人讲故事，今天我们也来讲一讲自己创编的故事吧！

2. 看一看。小朋友们讲的故事怎么样？

3. 说一说。小朋友们创编得好吗？你最喜欢故事中哪一点，为什么？一起说一说吧！

4. 玩一玩。来一场故事大赛，看看谁能获得故事大王的称号（图 3－42）！

图 3－42　故事大赛

1. 鼓励幼儿多参与创编活动。

2. 接受幼儿天马行空的想法和创意，协助幼儿记录下来。

05 案例研究

活动名称：飞上天的小恐龙

	师幼互动的过程	过程分析及思考
师幼互动实录	在“飞上天的小恐龙”这一活动的最后一个环节“深入讨论”中，我引导幼儿思考“除了故事中的三种办法，你还能想出哪些办法来帮助普普飞上天？”幼儿的回答充满奇思妙想，有的说利用热气球，有的说乘坐飞机，还有的说需要发射背包才可以……让我印象深刻的是一位小女生，她说：“普普可以乘坐宇宙飞船，不仅可以飞上天，还可以到外太空去，那里有广寒宫，可以和嫦娥一起玩耍，和玉兔一起捣药，和星星月亮一起跳舞……”她不仅想到了不一样的办法，而且讲述了飞上天以后的故事，这让我非常意外和惊喜。孩子的想法天马行空，我趁热打铁，在活动结束后，不仅让孩子们把他们的方法记录下来，还引导小朋友和爸爸妈妈一起进行故事创编。就这样，一个小小的想法衍生出了另一个新的故事——《小恐龙普普的太空之旅》	1. 幼儿能够主动参与故事的创编活动，积极思考让小恐龙飞起来的其他办法 2. 幼儿回答基本结合了自己的生活经验，出现了相似的情况 3. 幼儿自由表达时，能够清楚、连贯地描述一件事件 4. 教师把握时机，积极引导，调动幼儿的积极性

（续）

我的反思	《幼儿园教育指导纲要》指出："教师要善于发现幼儿感兴趣的事物、游戏和偶发事件中所隐含的教育价值，把握时机，积极引导。"这就要求教师一定要主动观察，了解幼儿的学习兴趣和需要，从中挖掘其蕴含的教育价值。创编故事是幼儿语言发展中的一个难点，幼儿创编故事的能力建立在丰富的知识储备、较好地理解故事内容以及丰富的想象力和创造力的基础上。活动中，"除了故事中的三种办法，你还能想出哪些办法来帮助普普飞上天?"这一问题旨在引导幼儿积极思考，大胆想象。当幼儿表达出生动、有趣、极富有想象的故事片段时、教师应把握时机，积极引导，使其深化升华，有效启迪幼儿，培养幼儿良好的语言组织与思维能力，提高幼儿的语言表达能力，促进幼儿语言能力的发展

案例五

主题单元活动：熊小弟的栅栏

蓝天幼儿园华凯园　单玉俊

01 主题课程思维导图

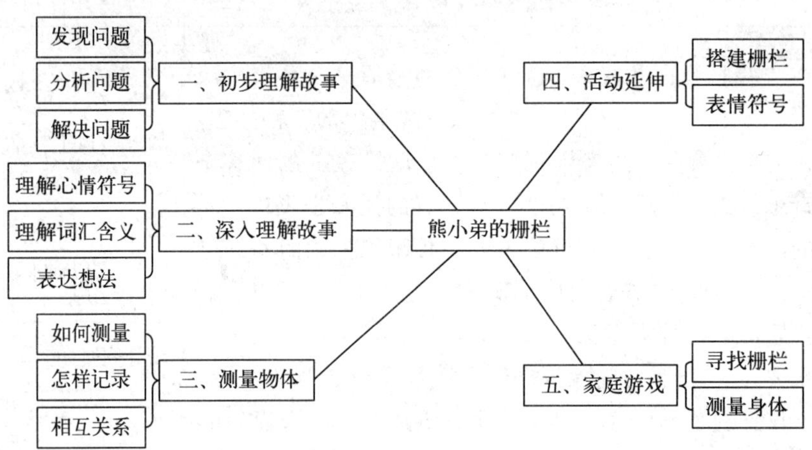

02 活动背景

● **源于故事**：《熊小弟的栅栏》是一本关于熊小弟丢了萝卜，从中发现问题、分析问题、解决问题的故事。幼儿在帮助熊小弟保卫萝卜的过程中，积极思考，解决问题，表达

自己的想法。

● **基于绘本**：《熊小弟的栅栏》这本书情节有趣，阅读过程伴随着紧张、猜测、验证，又常常出乎意料。尤其是故事的结局，让人在感慨之余，也给幼儿留下了丰富的想象空间。幼儿是天生的探索者，在阅读时，他们会融入读本，把自己想象成熊小弟，绞尽脑汁地想办法来保卫萝卜，当然，他们也会为最后的发现而捧腹大笑。读完我们可以再想一想：这个萝卜还能种吗？熊小弟接下来该怎么做？你还能想出其他的办法吗？

● **思于现状**：大班幼儿在遇到问题时，能够在成人的引导下分析问题、解决问题，但还不能主动发现问题，对问题进行分析和解决。《熊小弟的栅栏》这个读本描述了熊小弟针对丢萝卜的问题，仔细分析并多次改进栅栏，最终解决了这个问题，很好地为幼儿呈现出如何发现问题、分析问题、解决问题的策略和方法。同时，此读本画面丰富，结果出乎意料，能再一次激发幼儿进一步解决问题的欲望。因此，此次活动让幼儿在不知不觉中学会了分析问题和解决问题的方法。

● **设计思路**：《熊小弟的栅栏》这本书画面信息丰富，幼儿可通过画面理解故事内容，帮助熊小弟，同时引发幼儿思考问题、解决问题，在活动中大胆表达自己的想法。另外，通过绘本还引出了情绪以及测量方法等内容。

03 主题目标

1. 观察图画内容，理解熊小弟发现问题、分析问题、解决问题的过程。
2. 理解心情符号的含义，感受熊小弟心情的变化，有感情地朗读文字。
3. 体会熊小弟保卫萝卜遭遇的挫折，感受锲而不舍、想办法解决问题的精神。
4. 初步体验自然测量和尺子的作用。

04 活动设计

名称	实施途径	目标	评价要点
熊小弟的栅栏（一）	集体教学活动	1. 从图画中寻找线索，推测萝卜被偷的原因，并尝试解决问题 2. 关注画面细节，能用连贯清晰的语言进行表达 3. 体会熊小弟保卫萝卜遭遇的挫折，感受锲而不舍、想办法解决问题的精神	1. 能找到萝卜被偷的线索，推测原因，尝试解决问题 2. 能用清晰、连贯的语言表达自己的看法，帮助熊小弟解决问题

（续）

名称	实施途径	目标	评价要点
熊小弟的栅栏（二）	集体教学活动	1. 理解心情符号的含义，有感情地朗读文字 2. 深入理解故事内容，理解“高度”“间隔”的含义 3. 积极参与讨论，清楚地表达自己的观点	1. 理解熊小弟一次次丢萝卜后的心情 2. 深入理解故事内容，积极参与讨论，清楚地表达自己的观点
一起来测量	集体教学活动	1. 能用物体来测量别的物体 2. 学习用尺子测量物体的长度 3. 发现测量结果与所用工具之间的关系，学着用数字来表示结果	1. 能用尺子等物体测量物体长度并记录 2. 发现测量结果与所用工具之间的关系
新型栅栏	区域自主游戏	1. 了解栅栏的基本形式和作用 2. 运用各种各样的搭建技能，大胆创新地使用积木，表现栅栏的基本特征和细节 3. 能与同伴合作协商进行搭建，并解决搭建中出现的问题	1. 能够运用积木表现栅栏的基本特征和细节 2. 有创造力，作品有创新性 3. 在游戏过程中能和他人合作，发现并解决搭建中出现的问题
情绪符号	区域自主游戏	1. 利用材料制作各种表情符号 2. 用不同的形式去表现情绪，如用表情、图形、颜色等表示不同的情绪 3. 能够主动收放材料，并摆放整齐	1. 有自己的想法，大胆创作，用不同的方式表现相同的情绪 2. 乐于参与活动
不一样的栅栏	家庭亲子互动	1. 外出时观察各式各样的栅栏 2. 知道不同场地的栅栏的具体作用 3. 能用自己的方式记录所看到的景象	1. 能在活动中发现各种栅栏的不同 2. 知道栅栏在不同场地的作用
给爸爸妈妈测量	家庭亲子互动	1. 尝试给爸爸妈妈测量身高 2. 能用自己的方式对测量结果进行记录 3. 通过记录，比一比家庭成员谁最高	1. 能用正确的方法进行测量 2. 能用自己的方式记录测量结果

一、集体教学活动

活动一 熊小弟的栅栏（一）

【活动目标】

1. 从图画中寻找线索，推测萝卜被偷的原因，并尝试解决问题。

2. 关注画面细节，能用连贯清晰的语言进行表达。

3. 体会熊小弟保卫萝卜遭遇的挫折，感受锲而不舍、想办法解决问题的精神。

【活动重点】

能根据画面信息推测萝卜被偷的原因，用自己的方法解决问题。

【活动难点】

能清晰连贯并且大胆地表达自己的想法。

【经验准备】

知道栅栏的样子及作用。

【物质准备】

绘本图书《熊小弟的栅栏》(遮挡文字)、表格（表 3-1)、木栅栏图片、读本关键情节的图片。

表 3-1 物质准备

发现问题	分析问题	解决问题

【活动过程】

1. 导入——提问激发兴趣（5 分钟）。

（1）教师："你们知道什么是栅栏吗?"

（2）教师："栅栏是用来干什么的?"

（3）教师："你在哪里见过栅栏?"

（4）幼儿自由发表看法。

·困难预设：不知道栅栏的作用。

·解决措施：给予一定的经验支持，告知其栅栏的作用。

·重点指导：知道栅栏的作用，引出活动。

2. 过程——阅读故事，理解绘本（15 分钟）。

（1）师幼共同阅读图画。

（2）教师重点提问。

① 教师："熊小弟为什么要做栅栏？做栅栏用到了哪些工具?"

② 教师："熊小弟为什么要做栅栏？从哪儿看出来的？"

③ 教师："你觉得熊小弟的栅栏做得怎么样？能不能拦住兔子？为什么？"

④ 教师："发生了什么事情？熊小弟的心情是怎样的？"

⑤ 教师："萝卜为什么会被偷？"

⑥ 教师："应该怎么办呢？"

⑦ 教师："经过修改，你觉得萝卜还会被偷吗？为什么？"

⑧ 教师："兔子到底是怎么偷到萝卜的？"

⑨ 教师："熊小弟的栅栏有用吗？你能想到其他好办法帮助熊小弟吗？"

·困难预设：不能发现丢萝卜的原因。

·解决措施：引导幼儿仔细观察画面。

·重点指导：根据图画内容，发现问题、分析问题、解决问题。

3. 结束——完整阅读，表达感受（5 分钟）。

（1）出示故事结构表，梳理情节。

（2）按照故事发生的顺序回顾总结，发现问题、分析问题、解决问题。

·困难预设：对故事发生顺序不明确。

·解决措施：利用关键情节图片梳理内容。

·重点指导：完整阅读绘本，梳理故事情节。

活动二　熊小弟的栅栏（二）

【活动目标】

1. 理解心情符号的含义，有感情地朗读文字。

2. 深入理解故事内容，理解"高度""间隔"的含义。

3. 积极参与讨论，清楚地表达自己的观点。

【活动重点】

能够积极参与活动，对自己的观点进行完整清晰的表达。

【活动难点】

理解绘本中心情符号的作用及意义。

【经验准备】

理解故事内容。

【物质准备】

绘本图书《熊小弟的栅栏》，第 2、6、10、13、14 页图画（图 3－43）。

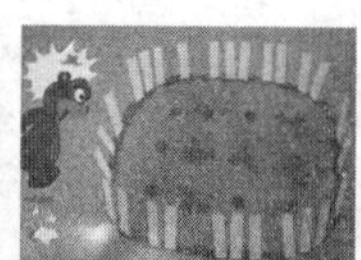
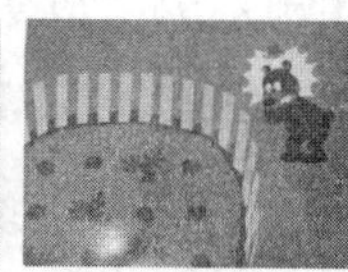
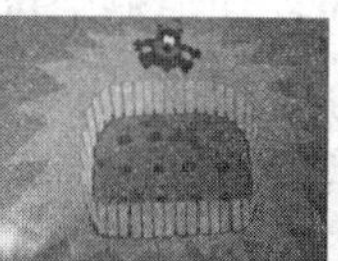

图 3－43 《熊小弟的栅栏》

【活动过程】

1. 导入——回顾图书（5 分钟）。

（1）教师："故事的主人公是谁？"

（2）教师："它为什么要做栅栏？"

（3）教师："它一共修改了几次栅栏？"

（4）教师："最后萝卜保住了吗？为什么？"

· 困难预设：幼儿忘记图书的主要内容。

· 解决措施：通过提问和翻看图书，帮助幼儿回顾。

· 重点指导：通过提问，回顾图书内容。

2. 过程——阅读文字，分析人物心情（20 分钟）。

（1）教师示范朗读，幼儿跟读。

（2）有感情地朗读、观察图画，分析人物心情。

① 教师："萝卜被偷，熊小弟的心情是怎样的？可以用什么词来形容？"

② 教师："图画中用了什么符号来表示？熊小弟当时心里会怎么想？"

（3）深入讨论。

① 教师："熊小弟做栅栏用到了哪些工具？它们的作用是什么？"

② 教师："高度是什么意思？哪一段是栅栏的高度？"

③ 教师："间隔是什么意思？哪一段是栅栏的间隔？"

④ 教师："每次萝卜被偷的原因是什么？熊小弟知道这个原因吗？从哪里看出来的？"

⑤ 教师："熊小弟前面做的事情有用吗？为什么？"

· 困难预设：幼儿不懂词语的含义。

· 解决措施：举例说明，如桌子的高度、幼儿做操时两两之间的间隔。

· 重点指导：引导幼儿理解熊小弟的心情，理解词语含义。

3. 结束——自由表达（10 分钟）。

（1）教师："如果你是熊小弟，做了栅栏也没用，你会怎么解决这个问题？"

（2）幼儿自由表达。

· 困难预设：没有解决方法。

· 解决措施：加以引导，举例说明。

· 重点指导：鼓励幼儿大胆表达自己的想法。

活动三　一起来测量

【活动目标】

1. 能用物体来测量别的物体。

2. 学习用尺子测量物体的长度。

3. 发现测量结果与所用工具之间的关系，学着用数字表示结果。

【活动重点】

正确使用尺子。

【活动难点】

发现用不同的物体测量同一个长度时，测量物越长得到的数字越小，反之则越大。

【经验准备】

知道什么是测量。

【物质准备】

A4纸若干张、两种长度的木棒若干、尺子若干、各种测量工具、记录表若干张（表3-2）。

表3-2　测量表

测量工具	测量结果	
	A4纸	桌子
小棒一		
小棒二		
尺子		

【活动过程】

1. 导入——提问激发兴趣（3分钟）。

（1）教师："熊小弟修改栅栏用了什么工具？"

（2）教师："你知道尺子的作用是什么吗？"

·困难预设：幼儿不知道尺子的作用。

·解决措施：通过观察尺子，帮助幼儿了解尺子的作用。

·重点指导：知道尺子是用来测量的工具。

2. 过程——实际操作，量一量（20分钟）。

（1）教师示范如何用物体进行测量，介绍测量规则。

教师："你们知道这张纸有多长吗？怎么用小木棒进行测量呢？"教师示范正确的测量方法：测量的时候要顶头对齐，木棒一个接一个，首尾相接，排列在长边旁，不能留空，不能重叠，也不能弯弯曲曲地摆放。

（2）幼儿操作并记录。

教师："你测量的是几根木棒就填几。"

（3）集体交流。

教师："为什么用不同的木棒测量结果不一样？"

教师："你们有没有发现什么规律？"木棒越长，结果得到的数字越小；木棒越短，结果得到的数字越大。

（4）学习用尺子测量。

·困难预设：幼儿不会测量。

·解决措施：教师示范讲解。

·重点指导：学会正确地测量物体。

3. 结束——认识测量工具（5 分钟）。

（1）拿出其他测量工具。

（2）幼儿大胆猜测工具的使用方法。

·困难预设：幼儿不知道使用方法。

·解决措施：教师示范操作。

·重点指导：鼓励幼儿大胆表达自己的猜测。

二、区域自主游戏

活动一　新型栅栏

区域目标	1. 了解栅栏的基本形式和作用 2. 运用各种各样的搭建技能，大胆创新，用积木表现出栅栏的基本特征和细节 3. 能与同伴合作协商进行搭建，并解决搭建中出现的问题
环境支持	
材料投放	积木、纸筒、牛奶罐、硬纸板、纸盒等
指导重点	1. 鼓励幼儿运用多种材料及搭建技巧进行搭建 2. 若过程中出现问题，鼓励幼儿动手动脑，不断尝试，解决问题
观察指导	·儿童学习过程实录： 铭铭来到建筑区，走到柜子前拿起积木开始搭建。随后，建筑区又来了三名小朋友——小凡、布丁和石头。布丁问铭铭："你准备搭建什么？"铭铭回答："我想搭一个新型的栅栏。"石头说："那我们一起吧。你和布丁负责搭建，我和小凡给你们拿材料，我们分头行动。"拿材料的小朋友给搭建的两个小朋友拿了很多牛奶罐，他们用牛奶罐围成了一个圆，接着用纸板把顶盖上。再往上搭建的时候，积木总是掉，放不稳，布丁问："石头你看看，总往下掉。"四个人围着建筑看，放在纸板上的积木就是放不稳。"我知道了，是纸板不平。""那怎么办？""把纸板边上要累积木的地方铺一层最长的那个积木，这样再往上加第二层。"几个人在纸板边上压上长积木，又继续往上搭第二层。作品完成后，四个人向其他小朋友介绍自己的作品："因为小兔子会挖洞，所以第一层是熊小弟的家，房顶上是栅栏围起来的菜园，这个房顶很坚硬，兔子就没法偷萝卜了。" ·儿童表现分析： 1. 能很好地进行分工合作 2. 及时发现搭建过程中出现的问题，并协商解决 3. 有创新性 ·教师支持策略： 1. 幼儿遇到困难时，教师不要急于介入，尝试让幼儿自己解决 2. 对幼儿的想法和创新给予及时的肯定与鼓励

活动二　情绪符号

区域目标	1. 利用不同材料制作各种表情符号 2. 用不同的形式表现情绪，如用表情、图形、颜色等表示不同的情绪 3. 能够主动收放材料，并摆放整齐
环境支持	
材料投放	彩纸、白纸、瓦楞纸、毛根、大小毛球、胶棒、水彩笔、油画棒、剪刀
指导重点	1. 鼓励幼儿用各种材料以不同的形式表现情绪 2. 支持幼儿的创意与想法，鼓励其大胆创作
观察指导	·儿童学习过程实录： 彤彤拿出一张白纸说道："今天我和好朋友吵架了，我要做一个伤心的表情。"她拿起毛根，将两根毛根圈成两个圆形，用胶棒粘在白纸上，又拿了一根毛根弯成弧形，粘在白纸上，然后拿了一些小毛球，粘在两个圆形毛根下面。"这个就是难过伤心了，都哭了。"我问她："我觉得我明白了你的心情，你还能用其他方法表现出来吗？"她说："可以。"说完就在白纸上画了爱心，用水彩笔涂上红色，然后在爱心中间画了些折线，"动画片里伤心的时候会有这个。对了，有时候天空还会变成灰色的。"她说完就用灰色水彩笔在白纸上画起了灰色的天空。 ·儿童表现分析： 1. 能用不同的方式方法表现情绪 2. 想法新颖、独特，有创新性 3. 愿意、喜欢参加活动 ·教师支持策略： 1. 在活动中鼓励幼儿用不同的形式表现同种情绪 2. 对幼儿的想法给予肯定和鼓励

三、家庭亲子互动

活动一　不一样的栅栏

【活动目标】

1. 外出时观察各式各样的栅栏。
2. 知道不同场地的栅栏的具体作用。
3. 能用自己的方式记录所看到的景象。

【材料准备】

书包、纸、笔、手机（拍照使用）。

【重点指导】

1. 将自己的见闻大胆表述出来。

2. 遇到问题时，大胆提出疑问。

【互动过程】

1. 听一听。你知道栅栏也是多种多样的吗？你知道栅栏在不同的地方都有哪些具体作用吗？和爸爸妈妈一起出去找找各种不同的栅栏吧！

2. 看一看。一起看一看外面各式各样的栅栏。

3. 说一说。出门之前，我们需要准备些什么呢？你会用什么样的方式记录自己看到的各式各样的栅栏呢？你知道不同的栅栏在不一样的地方有什么具体的作用吗？

4. 玩一玩。用你自己方式向我们展示一下你在活动中见到的栅栏吧（图 3－44）！

图 3－44　生活中的栅栏

写给家长的小贴士

1. 和幼儿一起准备出行物品。

2. 在活动中引导幼儿发现各种各样的栅栏。

活动二　给爸爸妈妈测量

【活动目标】

1. 尝试给爸爸妈妈测量身高。

2. 能用自己的方式对测量结果进行记录。

3. 通过记录，比一比家庭成员里谁最高。

【材料准备】

尺子、笔、纸、木棍。

【重点指导】

1. 用正确的方法进行测量。

2. 正确记录测量结果。

【互动过程】

1. 听一听。你知道爸爸妈妈的身高是多少吗？

2. 看一看。比一比家庭成员的身高，你觉得谁最高？
3. 说一说。说一说你的测量结果。
4. 玩一玩。试着测量一下爸爸的手指和胳膊的长度。

写给家长的小贴士

1. 观察幼儿的测量方法，适时进行指导。
2. 支持幼儿在家进行测量活动。

资源拓展

测量各种物体（图 3-45）。

图 3-45　生活中的测量

05 案例研究

活动名称：熊小弟的栅栏

	师幼互动的过程	过程分析及思考
师幼互动实录	在“熊小弟的栅栏”活动中，我和幼儿一起讨论，帮助熊小弟想办法，解决兔子偷萝卜的问题。图图说：“把栅栏周围的地做成石头的。”小野说：“在栅栏边上安装能发出声音的机关，兔子一来，会发出警报，熊小弟就能发现。”米多说：“可以把栅栏做得长一些，有一部分埋在地底下，这样兔子挖了洞也会被地下的栅栏拦住的。”大董说：“可以把土运到房顶上，在房顶上种萝卜，这样连栅栏都不用了。” 之后，又有多名幼儿表达了自己的想法，各式各样	1. 幼儿能够积极主动地参与活动 2. 幼儿能够根据老师的提问大胆表述自己的想法 3. 遇到问题时能积极主动思考，想办法解决 4. 在表述过程中，部分幼儿不能完整、有条理地进行表述

（续）

我的反思	幼儿在整个活动中兴致很高，能够认真观察图画，仔细思考。当有新的问题出现时，能够通过积极思考、互相讨论、交流等方式，想出解决问题的办法。特别是最后的部分，孩子们积极讨论，发表了很多自己的看法。通过此次活动，幼儿能够在生活中发现问题、分析问题、解决问题，动手动脑，积极思考。幼儿在表达时，语言完整性不够强，教师需要用合适的方法引导幼儿去完整表述

案例六

主题单元活动：最特别的我

群英幼儿园　王谊

01 主题课程思维导图

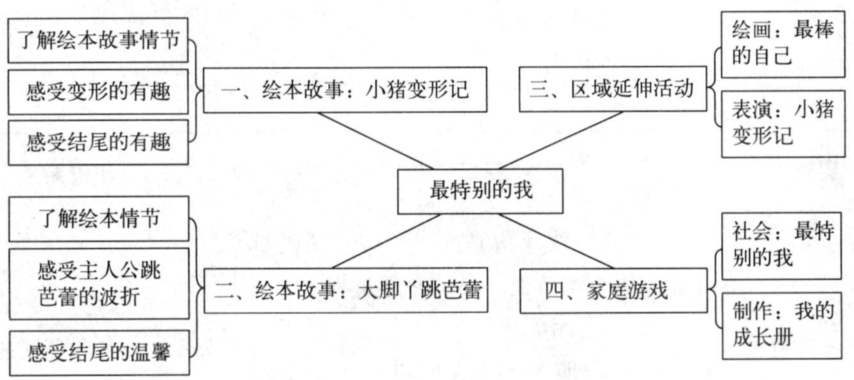

02 活动背景

● **基于绘本**：《小猪变形记》讲述了一个风趣幽默而又寓意深刻的故事。有一只憨态可掬的小猪，一会儿装扮成长颈鹿，一会儿装扮成斑马，一会儿装扮成大象……兜兜转转几番折腾之后，它才发现当小猪是最快乐的事情。该书用一种奇妙的方式为我们展示了一只猪"认识自我、认识他人"的思想历程，显得特别幽默和轻松。

● **思于现状**：在一次命题绘画《最棒的自己》活动中，我发现幼儿在自我认知和绘画表现上有着截然不同的水平。一部分幼儿对自己有很自信，能画出自己的特点和特长；而有一些幼儿对着空白的图画纸思考很久，还是没有想法，这些幼儿就需要老师的引导和指点。经过一番对话和讨论，孩子们慢慢找到了自己的特点，开始画起来。

● **设计思路**：幼儿十分喜欢幼儿园生活，在幼儿园中喜欢与同伴一起游戏，愿意与同伴分享喜欢的事情，在游戏中愿意接受同伴的意见和建议。其中一小部分幼儿知道自己的优点和长处，并对此感到满意。大多数幼儿容易发现同伴的优点，对自己的肯定不够。其实，每个幼儿都像一颗闪亮的星星，只是他们自己没有发现。于是，我通过一本《小猪变形计》，开启了一场发现自我、认知自我的阅读之旅，让孩子最终发现“做自己，最快乐”!

03 主题目标

1. 通过绘本故事，知道自己是独一无二的，从而认识自我。
2. 懂得欣赏自己、欣赏别人，不取笑他人。
3. 尝试运用语言大胆地表演故事《小猪变形计》，增强自信心。
4. 体会亲子游戏的乐趣，愿意运用语言、动作等大胆表达对家人的爱。
5. 制作《我的成长册》，回顾自己的成长经历，感知自己的成长。

04 活动设计

名称	实施途径	目标	评价要点
小猪变形记	集体教学活动	1. 通过细致观察画面，了解小猪尝试运用不同方法改变自己的有趣过程 2. 尝试运用固定语句“我是一只了不起的……我能……”大胆讲述小猪变形的经历 3. 知道每个人拥有自己的特点，学会欣赏自己	1. 能够理解绘本故事的有趣，对故事感兴趣 2. 通过阅读绘本故事，了解自己的特点，欣赏自己
大脚丫跳芭蕾	集体教学活动	1. 感受绘本故事的多样性 2. 懂得欣赏自己、欣赏别人，不取笑别人 3. 能理解故事内容，大胆表达自己的想法	1. 能够理解故事内容，知道嘲笑别人是不好的行为 2. 感受贝琳达对芭蕾舞的执着，通过自己的勇敢坚持，最终如愿以偿成为芭蕾舞演员

（续）

名称	实施途径	目标	评价要点
最棒的自己	区域自主游戏	1. 了解自己的优点，愿意运用绘画的形式表现 2. 大胆向同伴介绍作品《最棒的自己》	1. 明确自己的优点，发现自己是独一无二的 2. 敢于运用绘画的形式大胆表现
小猪变形计	区域自主游戏	1. 通过语言、动作等表演故事《小猪变形计》 2. 尝试与同伴一起，运用服装、道具，表现故事内容的有趣	1. 根据故事情节，大胆进行故事表演 2. 能够运用语言、动作等，夸张地表现故事中出现的动物
最特别的我	家庭亲子互动	1. 了解自己的优点及独特的地方 2. 知道每一个人是不同的，愿意接纳自己的不同之处	1. 愿意积极与家长进行亲子游戏 2. 能够运用绘画、折纸等多种方式参与制作翻翻书《最特别的我》
我的成长册	家庭亲子互动	1. 在游戏中体验成功的快乐 2. 通过多种方式，回顾自己的成长历程 3. 知道自己是独一无二的，萌发自信	1. 愿意与家长在一起进行亲子制作 2. 用自己的语言描述“我长大了”

一、集体教学活动

活动一　小猪变形记

【活动目标】

1. 通过细致观察画面，了解小猪用不同方法改变自己的有趣过程。

2. 尝试运用固定句式“我是一只了不起的……我能……”，大胆讲述小猪变形的经历。

3. 知道每个人拥有自己的特点，学会欣赏自己。

【活动重点】

1. 通过阅读画面，观察小猪变长颈鹿、斑马、大象、袋鼠、鹦鹉的过程。

2. 运用“我是一只了不起的……我能……”的句式进行表述。

【活动难点】

通过小猪变形的故事，学会欣赏自己。

【经验准备】

幼儿了解各种动物的外形特征。

【物质准备】

《小猪变形记》PPT（图 3-46）、小书绘本故事。

图 3-46 《小猪变形记》PPT

【活动过程】

1. 导入——激发兴趣（3 分钟）。

（1）这只小猪在做什么？

（2）它的心情怎么样？

· 导入重点：观察封面，引出故事的主人公。

· 联结经验：对小猪的外形特征有初步印象。

· 重点指导：通过观察画面，猜想故事内容。

2. 过程——阅读故事，猜想验证（15 分钟）。

（1）运用 PPT，集体阅读第 1～4 页。

（2）幼儿自主阅读小书。

· 阅读方式：集体阅读＋小书自主阅读。

· 阅读策略：有序观察画面，把握重点线索。

· 重点指导：运用语言大胆进行描述——小猪运用了什么方法？变成了谁？（斑马、大象、袋鼠、鹦鹉）

3. 结束——完整阅读，感受表达（10 分钟）。

（1）幼儿集体回顾故事情节。

（2）出示故事结尾，引发讨论。

· 总结方法：用 PPT 梳理故事内容，感受故事的幽默。

· 拓展提升：启发幼儿思考小猪变形的其他方法。

· 重点指导：结合小猪变形的过程，表达自己的感受。

活动二 大脚丫跳芭蕾

【活动目标】

1. 感受故事类型的多样性。
2. 懂得欣赏自己、欣赏别人，不取笑别人。
3. 理解故事内容，大胆表达自己的想法。

【活动重点】

理解故事发展情节，大胆表达自己的想法与感受。

【活动难点】

知道做事情要坚持，不轻言放弃。

【经验准备】

欣赏过芭蕾舞演出。

【物质准备】

《大脚丫跳芭蕾》PPT、绘本（图 3－47）。

图 3－47 大脚丫跳芭蕾

【活动过程】

1. 游戏导入——激发兴趣（3 分钟）。

（1）游戏“猜猜我是谁”。教师说幼儿的特征，幼儿猜测教师说的是谁？

（2）出示绘本，萌发兴趣。

·导入重点：观察封面，引出故事的主人公“贝琳达”。

·联结经验：对芭蕾舞有初步认知。

·重点指导：通过观察画面，猜想故事内容。

2. 阅读故事，理解内容（15 分钟）。

（1）幼儿自主阅读小书。

（2）教师重点提问。

① 教师：“贝琳达参加芭蕾舞选拔赛，评审员说了什么？她是什么心情？”

② 教师：“贝琳达在餐厅工作快乐吗？为什么？”

③ 教师：“乐团出现以后，贝琳达是怎样做的？她能成为一名芭蕾舞演员吗？”

·阅读方式：幼儿自主阅读小书。

·阅读策略：幼儿能够仔细观察画面，理解页与页之间的衔接，把握故事的完整性。

·重点指导：根据故事内容，理解贝琳达想成为芭蕾舞演员的愿望。

3. 结束——完整阅读，感受表达（10 分钟）。

（1）幼儿集体回顾故事内容，引发讨论。

（2）结合自身经验，大胆表达。

·总结方法：利用 PPT 梳理故事内容，感受《大脚丫跳芭蕾》的故事蕴含的意义。

·拓展提升：启发幼儿思考，每个人都拥有独特的一面，正确对待自己与他人，成就独一无二的自己。

·重点指导：

1. 当你觉得自己与别人有不一样的地方时你会怎么想？

2. 贝琳达是一个什么样的女孩？她有没有因为自己的大脚而放弃跳芭蕾舞？

3. 自己特别感兴趣的事情应该怎么做？有喜欢的事情就坚持下去，一定会取得成功。让我们跟贝琳达一起，让自己变得独一无二吧！

二、区域自主游戏

活动一　最棒的自己

区域目标	1. 了解自己的特点，愿意通过绘画的形式表现 2. 大胆向同伴介绍作品《最棒的自己》
环境支持	
材料投放	水彩笔、油画棒、图画纸、彩色卡纸、彩泥、泥工板
指导重点	1. 找到自己的特点，愿意用绘画形式表现 2. 尝试运用涂色、剪纸、捏泥等多种形式装饰作品 3. 愿意用语言大胆向同伴介绍《最棒的自己》
观察指导	·儿童学习过程实录： “六一”儿童节要到了，我要送给自己一份特别的礼物——我的自画像！说完，达达选择了图画纸、剪纸、彩泥等材料，开始画起来。他画了小山、泡泡和跑步的自己，边画边说：“我参加了一个儿童马拉松运动会，还得到了一枚奖牌，这就是我最棒的地方。” 随后，他拿来五颜六色的彩泥装饰背景小山，不一会儿，小山就变得绿油油的。接着，他用剪纸剪出大大小小的圆圈来装饰泡泡，最后运用涂色的方式均匀地装饰“自己”。达达对自己的作品十分满意，制作完成后，他将材料放回原处，并将自己的作品放在作品栏展示

（续）

观察指导	·儿童表现分析： 1. 幼儿有主动绘画《最棒的自己》作品的愿望。幼儿有自我认知水平，并愿意用绘画的形式表达 2. 幼儿能够清楚地回忆参加比赛的过程 3. 幼儿能够合理布局，并运用涂色、捏泥、剪纸等多种方式进行装饰 ·教师支持策略： 1. 教师及时肯定幼儿的表现，并鼓励幼儿与同伴进行分享 2. 在班级中开展“最棒的自己”主题画展，鼓励每一名幼儿积极参与，帮助幼儿认识自己

活动二　小猪变形记

区域目标	1. 通过语言、动作等表演《小猪变形记》 2. 尝试运用服装、道具等方式，表现故事内容的有趣
环境支持	   
材料投放	小猪、斑马、大象、袋鼠、鹦鹉服装及头饰
指导重点	1. 熟悉故事内容，能够用自己的语言复述故事 2. 能够分工确定角色，合作表演故事《小猪变形记》 3. 通过眼神、动作等进行表演，突出故事的幽默与有趣
观察指导	·儿童学习过程实录： 阳阳、矿元、沙沐筠来到了表演区，他们商量一起演出《小猪变形记》这个故事。通过大家的分工讨论，沙沐筠扮演小猪，阳阳和矿元分别扮演斑马、大象、袋鼠、鹦鹉四种小动物。 他们运用自己的语言进行表演，特别专注与认真。衔接中有一些不紧凑，阳阳有些着急。矿元安慰说：“我们这是第一次排练，出现点儿问题没关系。我们邀请老师一起加入我们的排练，再试一试吧！” ·儿童表现分析： 1. 幼儿自主萌发进行故事表演的想法 2. 幼儿能够自主进行角色分配，专注地表演 3. 遇到困难不放弃，主动寻找解决的办法 ·教师支持策略： 1. 教师及时参与，认真观看演出，作为观众，提出自己的合理建议 2. 引导幼儿进行讨论，如何更好地演出情景故事 3. 幼儿收集材料投放在美工区，制作演出的服装与道具

三、家庭亲子互动

活动一　最特别的我

【活动目标】

1. 了解自己的优点及独特的地方。

2. 知道每一个人是不同的，愿意接纳自己的不同之处。

【材料准备】

水彩笔、胶棒、剪刀、卡纸（图 3 - 48）。

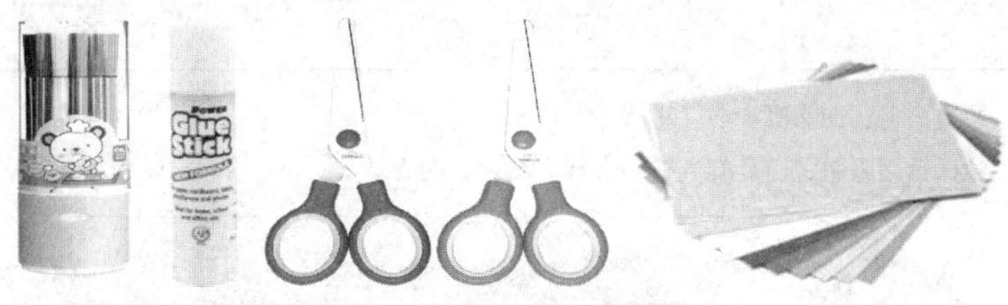

图 3 - 48　材料准备

【指导重点】

1. 运用折纸的方式，制作手风琴并进行装饰。

2. 家长撰写文字，幼儿以绘画的形式介绍自己。

【互动过程】

1. 听一听。每个人都是独一无二的，今天让我们一起来制作翻翻书《最特别的我》。还可以把翻翻书带到幼儿园向大家介绍自己。

2. 看一看。我们来欣赏一下小朋友们制作的翻翻书吧！思考一下你想怎样制作翻翻书呢？

3. 说一说。

（1）可以怎样介绍自己？（年龄、爱好、姓名、性别）

（2）你想通过哪些方面介绍自己？（最喜欢的食物、最爱的动物、最爱的玩具、最喜欢的运动、最喜欢的地方）

（3）你想怎么装饰翻翻书呢？

4. 玩一玩。以图文并茂的形式展示（图 3 - 49）。

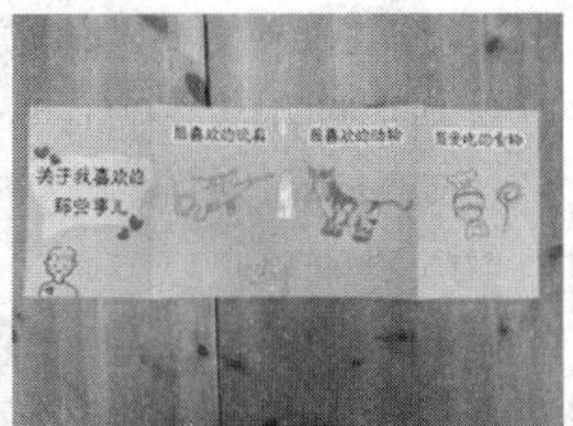

图 3 - 49　玩一玩

写给家长的小贴士

1. 幼儿与家长合作制作翻翻书，体现最特别的我。
2. 运用绘画、剪纸等形式，大胆装饰翻翻书。
3. 鼓励幼儿运用多种形式制作翻翻书。
4. 愿意清晰、大胆地介绍“最特别的我”。

活动二 我的成长册

【活动目标】

1. 在制作游戏中，体验成功的快乐。
2. 通过多种方式，回顾自己的成长历程。
3. 认识自己是独一无二的，增强自信心。

【材料准备】

剪刀、彩纸、油画棒、水彩笔（图 3 - 50）。

图 3 - 50 所需材料

【指导重点】

1. 鼓励幼儿积极参与制作“成长相册”，回忆自己的成长历程。
2. 愿意运用多种方式装饰“成长相册”，感受成长的快乐。

【互动过程】

1. 听一听。“最特别的我”的活动很有趣，今天我们用照片来制作一份独一无二的“成长相册”吧！

2. 看一看。先整理一下自己的照片，思考一下，成长册应该怎么做呢？

3. 说一说。

（1）你想用什么形式制作成长册？（海报、相册）

（2）你想怎样介绍自己？（图文并茂）

（3）认真思考，说说自己的布局与设计。

4. 玩一玩。以图文并茂的形式展示。

（1）幼儿先欣赏照片，感受自己的从小到大的变化。

（2）尝试运用绘画等多种方式，装饰“我的成长册”（图 3 - 51）。

图 3－51　一起玩一玩

写给家长的小贴士

1. 鼓励幼儿大胆想象，亲手设计、制作成长册。
2. 愿意用清晰地语言大胆介绍“我的成长册”，感受成长的快乐。

05 案例研究

活动名称：小猪变形记

	师幼互动的过程	过程分析及思考
师幼互动实录	在自主阅读小书环节，我看到湉湉在认真阅读小书。“画面上有谁？发生了什么事情?”教师问。 “小猪看到了大象，很喜欢它的长鼻子。”湉湉说。 “你猜小猪会怎么做?”教师问。 “小猪一定是要想办法扮演成大象的样子。”湉湉说，接着她翻到下一页。 “小猪真的想办法变成大象了，”湉湉激动地说。 “它是用哪些方法变成大象的?”教师提问。 “小猪在鼻子上绑上长长的塑料管，在耳朵上挂上两片大大的树叶，就变成大象了。”她边说边做模仿动作	在阅读小书环节，大部分幼儿都能相对自主地阅读小书，沉浸在故事轻松有趣的氛围中。 湉湉是一个比较文静的女孩，但老师发现她对《小猪变形记》有着浓厚的兴趣。于是教师抓住她的兴趣点，通过互动的方式，与湉湉进行了一次对话。 通过观察，教师发现湉湉十分专注，于是结合她的阅读情况进行提问。湉湉能够积极与教师互动，运用清晰的语言进行描述。当发现小猪在扮演大象时，她能够细致地观察画面，用自己的语言大胆进行描述。 湉湉不仅词汇量丰富，描述清晰，同时还做出大象甩着长鼻子的动作，看来她的阅读的过程很愉快

（续）

我的反思	在阅读活动中，幼儿对《小猪变形记》的故事充满了浓厚兴趣。他们主动猜想小猪会扮演哪些动物，仔细阅读后，运用丰富的词汇进行描述 小猪每一次扮演斑马、大象、袋鼠、鹦鹉的过程，都很有趣。幼儿纷纷表示："小猪明白了做自己最开心""其实我们也像小猪一样，做自己才最快乐呀！""也许别人有比我好的地方，但在我心中自己却是最棒的！" 《小猪变形记》的故事仅仅是一个开始，我会通过更多优秀的绘本故事，让幼儿自我认知、感受幸福，让幼儿都成为"最特别的自己"，感受美好的童年生活

案例七

主题单元活动：书的世界

蒲黄榆第一幼儿园　杨娜

01 主题课程思维导图

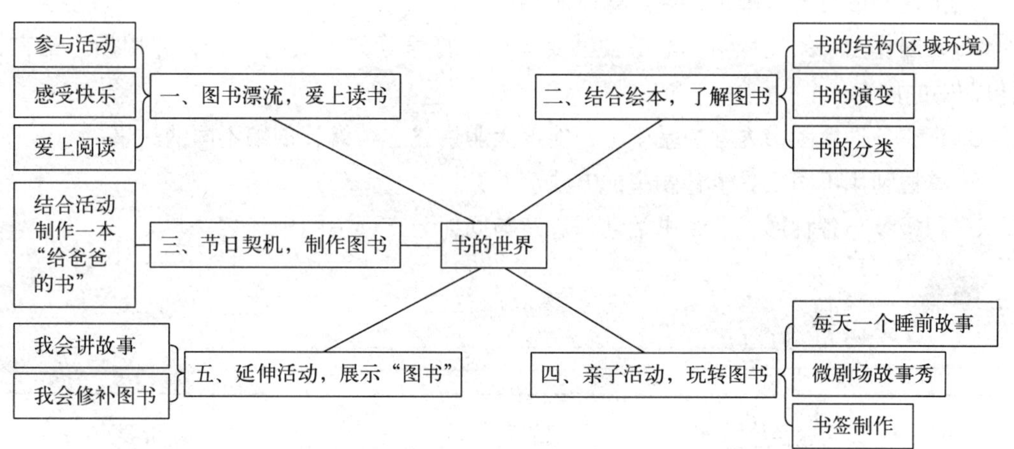

02 活动背景

● **源于活动**：每年4月23日是世界图书日，结合图书日的契机，幼儿园将4月定为读书月，开展了"图书漂流"活动。在活动中，大班幼儿通过老师创设的游戏情境，寻找图书，与爸爸妈妈阅读图书，开始对图书有了探索热情。“书都是用纸做的吗?”“书是怎么来的?”……伴随着幼儿的好奇心，我们走进了“书的世界”。

● **基于兴趣**：兴趣是最好的老师，读书月活动的开展激发了幼儿的阅读兴趣，他们的热情持续不减。因此，作为读书月活动的延续和深入，也为了能够充分满足幼儿想要阅读的心情，我们又开展了丰富的关于书的活动。

● **思于现状**：近年来，人们对阅读活动越来越重视，家长们对于幼儿阅读能力的培养也更加关注。《3—6 岁儿童学习与发展指南》一书中提到，我们要为幼儿提供丰富、适宜的低幼读物，经常和幼儿一起看图书、讲故事，丰富其语言表达能力，培养他们的阅读兴趣和良好的阅读习惯，从而进一步拓展其学习经验。阅读习惯以及能力的培养不是枯燥地依托在阅读数量上，而是要融于游戏、融于活动，通过不同形式的活动，让幼儿在游戏中爱上阅读。

● **设计思路**：大班幼儿喜欢阅读各种各样的书，书不仅是连接幼儿与外界事物的工具，也是培养幼儿良好习惯和多种能力的媒介。此主题课程通过了解图书、制作图书、展示图书、玩转图书，家园合作，使幼儿喜爱图书，愿意和书交朋友。在听故事、看图书的过程中，培养幼儿的前阅读和前书写能力。

03 主题目标

1. 知道书由封面、扉页、封底等基本结构组成。
2. 在制作图书的过程中，能够尝试用图示、符号等方式进行记录，并用相应语言讲述自制书的内容。
3. 在充分理解图书内容的基础上，能够大胆讲述、续编、创编不同的故事。
4. 掌握利用不同工具修补图书的方法。
5. 积极参与各种形式的读书活动，愿意与同伴分享读书的乐趣。

04 活动设计

名称	实施途径	目标	评价要点
有趣的图书大家族	集体教学活动	1. 了解图书的演变过程，对图书的演变过程感兴趣 2. 在他人介绍图书时能够认真倾听 3. 对图书演变过程有疑问时能够主动提问	1. 能够积极参与活动，收集身边不同材质的图书 2. 能够根据图书种类进行简单分类

（续）

名称	实施途径	目标	评价要点
我爸爸	集体教学活动	1. 理解绘本内容，在观察与想象中感受绘本带来的乐趣 2. 乐于赞美自己的爸爸，进一步萌发对爸爸的爱 3. 尝试运用绘本中"爸爸像……一样……"的句式夸赞自己的爸爸	1. 根据图书结构进行简单的图书修补 2. 积极参与绘本阅读活动，利用绘本中的句式赞美自己的爸爸
给爸爸的书	区域自主游戏	1. 能利用绘画、折叠、粘贴等方式制作"给爸爸的书" 2. 在制作图书的过程中，尝试用图示、符号等方式对与爸爸相关的信息进行记录	1. 能自己想办法收集关于爸爸的喜好、特长等信息 2. 在制作图书的过程中，能够自主设计每一页内容，表达对爸爸的爱
我会讲故事	区域自主游戏	1. 在充分了解故事内容后，能够在集体面前大胆讲述自己喜欢的故事 2. 知道怎样讲故事效果更好 3. 积极参加故事讲述活动，并能结合现实谈论自己的感想	1. 积极与同伴、老师讨论自己对于书中内容的看法 2. 对图书中的文字符号感兴趣，喜欢把自己丰富的语言与相应的符号联系起来
创意书签制作	家庭亲子互动	1. 知道书签的作用 2. 能利用身边的材料进行书签制作 3. 感受和爸爸妈妈一起动手制作的快乐	1. 能在书签制作过程中大胆表达自己的想法，并和爸爸妈妈合作 2. 将自己制作的书签用于阅读活动中
微剧场故事秀	家庭亲子互动	1. 大胆清晰地讲述故事，熟练掌握故事内容，理解故事含义 2. 初步尝试理解故事中时间、地点、人物的关系，根据不同人物进行语气上的变化 3. 愿意与爸爸妈妈合作进行故事表演，喜欢故事表演活动	1. 能主动选择自己喜欢的故事进行表演 2. 在与爸爸妈妈合作表演的过程中，能够大胆表达自己的想法

一、集体教学活动

活动一　有趣的图书大家族

【活动目标】

1. 了解图书的演变过程，对图书的演变过程感兴趣。
2. 在他人介绍图书时能够认真倾听。
3. 对图书的演变有疑问时，能够主动提问。

【活动重点】

通过活动，了解图书的演变过程。

【活动难点】

能够简单地对图书进行分类。

【经验准备】

幼儿对图书材质有初步的了解。

【物质准备】

书的历史发展科普视频、《书的历史》绘本课件（图 3－52）。

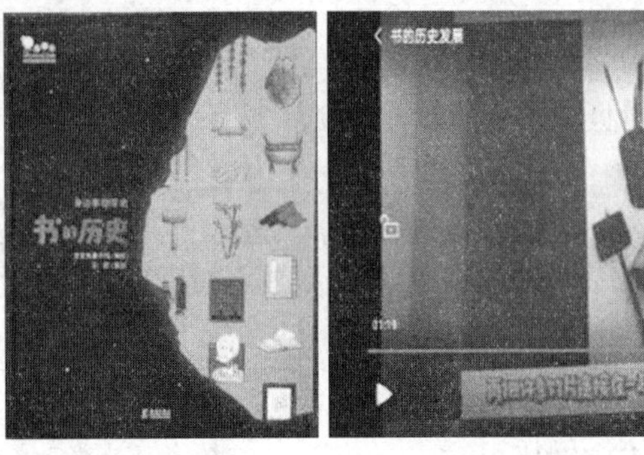

图 3－52　书的历史

【活动过程】

1. 导入——创设情境，激发兴趣（5 分钟）。

（1）教师："你们见过用什么材质做成的书？"

（2）教师："今天我们收到了图书宝宝的邀请函，让我们一起去图书宝宝的家参观一下。"

· 导入重点：创设情境，引发幼儿参与活动的兴趣。

· 联结经验：对图书有一定的了解，如纸质图书、电子图书等。

· 重点指导：对其他材质的图书有求知欲，想要去图书宝宝的家参观。

2. 过程——观看多媒体课件，了解图书（20 分钟）。

（1）在幼儿观看前进行提问，带着问题看课件。

① 教师："你看到图书宝宝变了几次？每次分别变成了什么样子？"

② 教师："图书宝宝的 4 种变化分别是在哪些不同的时代？"

（2）幼儿观看后进行梳理讨论。

·困难预设：幼儿在课件观看过程中对于演变过程不理解。

·解决措施：观看后进行小组讨论并进行记录，提升经验。

·重点指导：引导幼儿关注图书重点变化的阶段。

3. 结束——完整阅读，感受表达（6 分钟）。

（1）再次观看课件，幼儿表达自己的想法。

（2）教师小结。

（3）延伸：我给图书分分类。

·总结方法：利用课件，小组讨论，梳理经验。

·拓展提升：对图书分类、制作等活动感兴趣。

·重点指导：幼儿展示小组讨论结果，教师适时小结提升，了解图书的演变过程。

活动二　我爸爸

【活动目标】

1. 理解绘本内容，在观察与想象中感受绘本带来的乐趣。

2. 乐于赞美自己的爸爸，进一步萌发对爸爸的爱。

3. 尝试运用绘本中“爸爸像……一样……”的句式夸赞自己的爸爸。

【活动重点】

在观察与想象中理解绘本内容。

【活动难点】

运用绘本中的句式表达自己对爸爸的爱。

【物质准备】

《我爸爸》课件、关于爸爸兴趣爱好的调查表（图 3－53）。

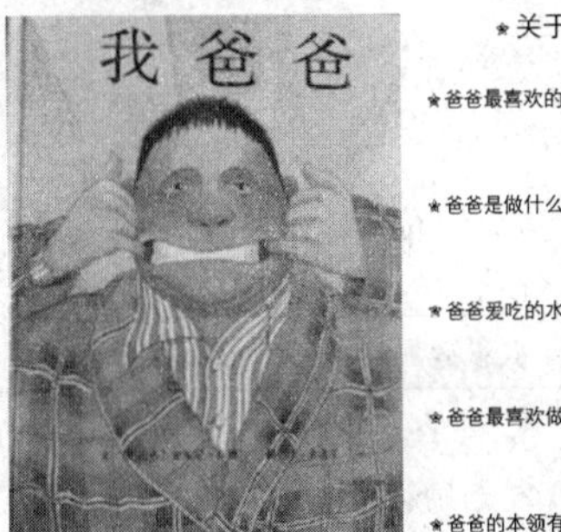

图 3－53　《我爸爸》

【活动过程】

1. 导入——引出话题，激发兴趣（5 分钟）。

（1）教师：“你的爸爸有哪些本领？你爱他吗？爸爸平时爱你的表现有哪些？”

（2）幼儿自由发言。

·导入重点：出示封面，引出话题。

·联结经验：对爸爸有崇拜之情。

·重点指导：能够清楚表达自己对爸爸的喜爱、崇拜之情。

2. 过程——完整欣赏绘本（15 分钟）。

（1）教师完整讲述绘本。

（2）教师：“布朗的爸爸是什么样子的？他会是怎样的爸爸？”

（3）幼儿自主阅读《我爸爸》自制小书，寻求答案。

·阅读方式：集体阅读与幼儿自主阅读相结合。

·阅读策略：仔细观察画面，重点环节重点提问。

·重点指导：感受书中爸爸对作者的爱。

3. 结束——完整阅读，感受表达（6 分钟）。

（1）完整欣赏绘本，总结绘本中布朗夸自己爸爸的话。

（2）尝试用“爸爸像……一样……”的句式夸自己的爸爸，理解爸爸对自己的爱。

（3）延伸活动：“爸爸信息问卷调查”

·总结方法：利用课件及不同的阅读方式，使幼儿充分感知绘本内容。

·拓展提升：更加了解自己的爸爸。

·重点指导：与书中内容达成情感共鸣，感受爸爸对自己的爱以及自己对爸爸的爱。

二、区域自主游戏

活动一　给爸爸的书

区域目标	1. 了解书的基本构成元素 2. 能够利用自己喜爱的艺术表现形式制作“给爸爸的书” 3. 利用自己熟悉的符号进行书中内容的表述
环境支持	
材料投放	水彩笔、油画棒、彩纸、黑色马克笔、胶棒、幼儿自拍照片等
指导重点	1. 引导幼儿通过观察图书以及墙面提示环境了解图书的基本构架 2. 鼓励幼儿大胆将自己的想法表现出来（如利用绘画等形式）
观察指导	·儿童学习过程实录： 琦琦在美工区制作送给爸爸的书，她拿着对爸爸的调查问卷来到提示墙边看了看，然后走到材料架前拿了水彩笔和油画棒，开始认真地画了起来。她分别画了爸爸爱吃的樱桃、爱做的运动（打篮球）以及自己喜欢和爸爸一起做的事，然后停了下来：“老师，我爸爸是个厨师，我想给他画一张他工作时的样子，可是我不会画厨师帽。”“我可以帮你找一些图片，我们一起观察一下。”经过对厨师帽的观察，琦琦尝试着画了起来。最后，琦琦在第一张纸上写上了“给爸爸的书”几个字，简单装饰了一下，并在每一张的右下角写上了数字 ·儿童表现分析： 1. 幼儿了解图书的基本结构，知道封皮、页码等构成元素 2. 在创作遇到困难时能够主动向老师寻求帮助 3. 自制书中绘画主题明显，但内容简单，不够丰富 ·教师支持策略： 1. 引导幼儿细致观察图书中单页的画面组成，除了有主体画面，还有装饰内容 2. 提供关于图书制作的工具书，丰富幼儿制作图书的形式，如除了绘画还可以利用折纸、粘贴等形式

活动二　我会讲故事

区域目标	1. 充分了解故事内容，能够在集体面前大胆讲述自己喜欢的故事 2. 知道怎样讲故事效果更好 3. 能够积极参加故事讲述活动，并结合现实谈论自己的感想
环境支持	
材料投放	手机等录音设备、头饰、服装等
指导重点	1. 鼓励幼儿自然讲述故事，并愿意将自己讲的故事分享给其他人听 2. 与幼儿讨论讲故事的注意事项
观察指导	· 儿童学习过程实录： 瑶瑶、君君两个小朋友每天都很喜欢到图书区看书，他们有一定的阅读基础和很好的阅读习惯。今天，他们两个共同选择了之前还没有看完的《嫦娥奔月》这本书。他们把故事整体看完，然后相互讨论起了这个故事。“你们在看什么故事？”刚来到图书区的昕昕问道。“我们在看嫦娥奔月，它讲的是古时候关于月亮的故事……”说着，瑶瑶开始手舞足蹈地讲了起来，一旁的君君还会给予补充 · 儿童表现分析： 1. 幼儿有简单的合作分工，愿意将自己看到的故事讲给他人听 2. 在讲述过程中，对不同人物的语气、表情把握得不够准确 · 教师支持策略： 1. 教师可将幼儿讲故事的音频以二维码的形式进行编辑，然后发送到班级群，以此增加幼儿讲故事的信心 2. 教师以同伴的身份加入幼儿讲故事活动中

三、家庭亲子互动

活动一　微剧场故事秀《狐假虎威》

【活动目标】

1. 大胆清晰地讲述《狐假虎威》的故事，理解故事含义。
2. 初步尝试理解故事中时间、地点、人物的关系，根据不同人物进行语气上的变化。
3. 愿意与爸爸妈妈合作进行故事表演，喜欢故事表演活动。

【材料准备】

故事相关人物的头饰或手偶。

【指导重点】

1. 通过听和讲的方式，充分熟悉故事内容，并在表演过程中多次尝试，熟练掌握故事情节。

2. 通过爸爸妈妈的陪伴和鼓励，激发幼儿的表演欲望。

【互动过程】

1. 听一听（精品细读）。教师通过看图讲述、录制视频的方式，激发幼儿倾听故事内容。

2. 讲一讲（阅读笔记）。让幼儿尝试看图讲述故事内容。

3. 做一做（问题时刻）。教师介绍故事表演需要使用的道具和材料，幼儿和爸爸妈妈一起动手设计剧本、制作道具。

4. 演一演。幼儿和家人讨论，分好角色后按照设计的剧本进行有感情的表演（图 3－54）。

 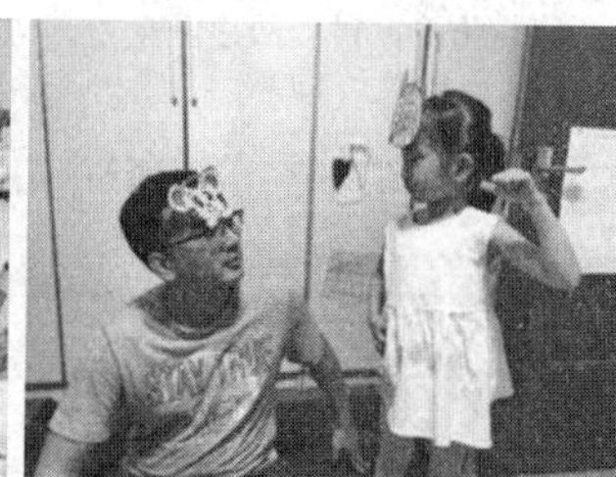 

图 3－54　一起来表演

写给家长的小贴士

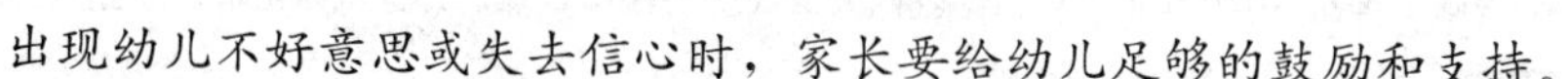

1. 将故事表演出来需要幼儿熟练掌握故事情节，家长需要耐心地从故事内容和情节上引导幼儿进行记忆。

2. 出现幼儿不好意思或失去信心时，家长要给幼儿足够的鼓励和支持。

3. 表演之前的讨论和准备要陪伴幼儿共同完成。在分配角色时候，可先引导幼儿尝试简单的角色。

「资源拓展」

开动小脑筋想象一下，狐狸和老虎之后又会发生什么有趣的事情？可以和爸爸妈妈一起续编故事，设计剧本并表演出来。

活动二　创意书签制作

【活动目标】

1. 知道书签的作用。

2. 能利用身边的材料进行书签制作。

3. 感受和爸爸妈妈一起动手制作的快乐。

【材料准备】

曲别针、彩色纸、超轻黏土、胶棒等。

【指导重点】

1. 提供多种形式的书签成品，供幼儿及家长欣赏、参考。

2. 鼓励幼儿在亲子制作的过程中大胆表达自己的想法。

【互动过程】

1. 听一听。

教师："书签夹在书里有什么作用呢?"

教师："它可以用来做标记，帮助我们更快地找到看书的页码，为我们节省时间。"

2. 讲一讲。

教师："你见过什么样书签呢？大家一起来说一说吧!"

教师："书签除了有各种各样的形状和图案外，还有以山水、人物、动物等主题为内容的，能表现美的事物。"

3. 做一做。幼儿及家长选择自己喜爱的书签类型，选取相关材料制作书签(图 3 - 55)。

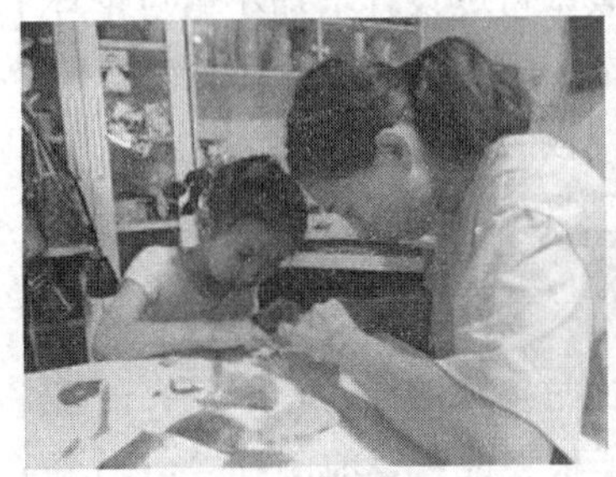

图 3 - 55 一起来制作

写给家长的小贴士

1. 家长在与幼儿进行亲子制作的过程中，可以充分听取幼儿的想法，亲子共同协商制作。

2. 鼓励幼儿尝试多种不同的书签制作方法。

资源拓展

1. 将自己制作的书签用于亲子阅读活动中。

2. 举行家庭亲子书签作品展，邀请家人欣赏。

05 案例研究

活动名称：我爸爸

	师幼互动的过程	过程分析及思考
师幼互动实录	在绘本《我爸爸》的阅读活动中，在导入环节，通过谈话活动，调动了幼儿的情感，他们都能表达出爸爸爱自己的具体表现。教师通过课件，讲述故事，使幼儿对绘本内容有了初步的整体感知，也开拓了班中幼儿的思维，使他们了解到原来爸爸的爱是体现在很多方面的。 在幼儿尝试用书中句式夸赞自己的爸爸时，幼儿的想法多了起来，有的幼儿说爸爸像魔术师一样、给我变出很多礼物；有的说爸爸像电脑一样聪明，像托马斯一样跑得快……在这个过程中，我充分鼓励幼儿的想法，给他们创造一个想说、敢说的环境。 本次活动的延伸活动也是为接下来的区域活动——图书制作做铺垫的，鼓励幼儿利用自己的方法收集关于爸爸的信息，幼儿的积极性都很高	1. 幼儿在表达爸爸爱自己的具体表现时，表达方式比较单一，有的幼儿只是跟随其他幼儿的想法 2. 在运用绘本中的句式夸赞自己爸爸的环节、幼儿能够结合自己的生活经验，灵活利用“爸爸像……一样……”的句式 3. 在自主阅读小书环节，幼儿观察画面不够细致，不能够将爸爸与动物形象联系起来。教师可以设计增加小组讨论环节，同伴间的相互讨论可以解决该问题
我的反思	《我爸爸》虽然是一次绘本阅读活动，但是在活动过程中，教师也结合绘本，将图书的重要组成部分进行了展示（如封面、封底、页码等），为接下来的活动积累了经验（比如接下来的图书制作、讲故事活动）。班中幼儿通过丰富的活动，不仅在语言表达能力、阅读习惯养成、保护图书的行为习惯上有了很大改善，前阅读、前书写能力也有了一定的提高 通过此主题课程，幼儿对于图书有了更全面、更系统的认知。形式多样的活动、集体与小组结合、幼儿园与家庭结合，让孩子们爱上了阅读，爱上了图书	

图书在版编目（CIP）数据

幼儿游戏化课程设计与指导．语言分册／高小芳，张韵主编．—北京：中国农业出版社，2021.6（2021.8 重印）
ISBN 978-7-109-28136-3

Ⅰ．①幼… Ⅱ．①高… ②张… Ⅲ．①语言教学—课程设计—学前教育 Ⅳ．①G613

中国版本图书馆 CIP 数据核字（2021）第 066540 号

中国农业出版社出版
地址：北京市朝阳区麦子店街 18 号楼
邮编：100125
责任编辑：刘昊阳
版式设计：王 晨　　责任校对：沙凯霖
印刷：北京中兴印刷有限公司
版次：2021 年 6 月第 1 版
印次：2021 年 8 月北京第 2 次印刷
发行：新华书店北京发行所
开本：787mm×1092mm 1/16
总印张：20.25
总字数：480 千字
总定价：98.00 元（全二册）

幼儿游戏化课程设计与指导

YOUER YOUXIHUA KECHENG SHEJI YU ZHIDAO

数学分册

高小芳　范　靖　主编

中国农业出版社
农村设物出版社
北　京

项目单位 北京市丰台区丰台第一幼儿园

北京市丰台区丰台第二幼儿园

北京市丰台区丰台第三幼儿园

北京市丰台区丰台第四幼儿园

北京市丰台区方庄第一幼儿园

北京市丰台区蒲黄榆第一幼儿园

北京市丰台区蒲黄榆第二幼儿园

北京市丰台区长辛店第一幼儿园

北京市丰台区青塔第二幼儿园

北京市丰台区丰台实验幼儿园

北京市丰台区群英幼儿园

北京市丰台区蓝天幼儿园（华凯园）

北京市丰台区空军蓝天南苑幼儿园

北京市丰台区政府机关幼儿园

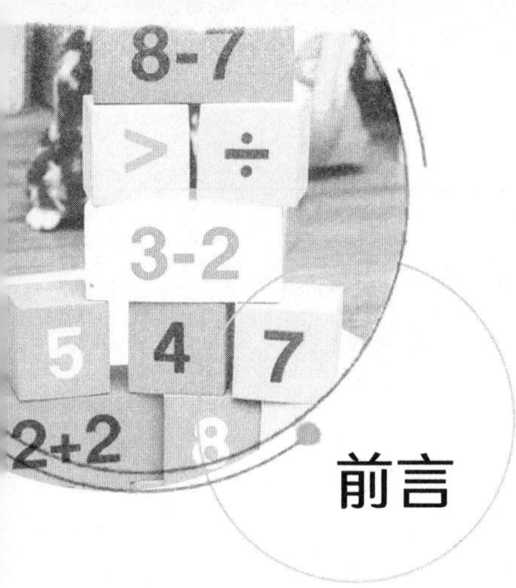

前言

在新时代快速发展、竞争激增的背景下，家长过度担心儿童的未来，担心儿童入学不适应及其未来的发展，开始盲目牺牲孩子的童年，让孩子过早地学习算术、拼音、汉字、英语等课程。因此，社会上各种课外班盛行，幼儿园也应“家长需求”开设各种超出幼儿园大纲的课程。丰台区目前幼儿园课程“小学化”的现象通过专项检查和指导得到了很好的控制和改变，但不容乐观的是，由于家长教育观念的改变还需要一个过程，家长认为孩子在幼儿园每天只是“玩”，不能为升入小学做好准备，很多幼儿园出现了大班幼儿流失的情况。另外，在幼儿园的课程组织实施过程中，教师对学前阶段数学教育的价值取向不够清楚，对学前儿童的年龄特点及学习特点把握不准，对科学领域的年段目标及教育价值、数学学科的学科知识学习理解得不够扎实，数学教学设计与组织水平亟待提升。结合新时期课程改革的精神，学前数学教育游戏化的推进需要重点研究。

基于区域现状问题，丰台学前教研室聚焦课程质量提升，于2018年5月成立丰台区幼儿园教师数学能力提升项目组，引进优质课程资源，借助专家团队，参与国家级课题《课程游戏化视域下幼儿深度学习的理论和实践模式研究》，开展数学教育教学实践，引领教师学习幼儿数学教育前沿理论、儿童数学学习路径等相关知识，并通过典型数学优秀课例分析与实践、区角观摩探究、家庭游戏案例研讨等多种形式，从理论到实践，共同探索数学教育的内涵和价值。

本书对项目研究以来的理论认识、研究思路、推进进程及研究成效进行了总结梳理，通过系统化的梳理，在经验的基础上呈现结构化的思考，从项目研究方法策略及数学教育实践研究两个层面对策略方法进行了总结，重点介绍了“三研究”教学研究路径在数学教育研究中的应用，呈现了数学活动的设计方法和基于教学观察的活动反思等方面的研究成果。书中收录了多篇园所研究的经验以及各年龄班的数学教学案例、家庭数学游戏案例，将为幼儿园开展数学教育研究、教师设计组织数学游戏活动提供方法的导引和实践的参照。

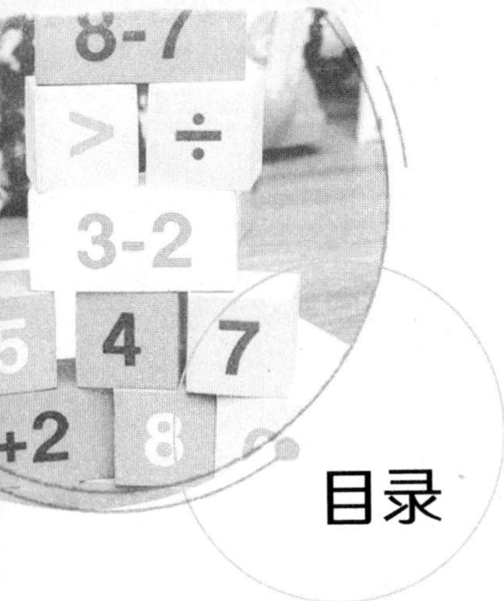

目录

第一章　研究背景

第一节　缘　　起

一、时代背景

随着社会的不断发展变化，在教育信息化的时代背景下，中国的学前教育资源得到快速发展，“上学难”的矛盾得到根本缓解。但同时，人们越来越认识到仅有升学率是不够的，更希望打破优质教育资源的地域差异，充分运用互联网信息，使每个孩子都享受公平而有质量的教育。为此，国家给予学前教育事业高度的关注与政策支持。2017 年，党的十九大报告做出了“中国特色社会主义进入新时代”的重大判断后，学前教育领域随之有了划时代的变化。报告不仅要求“办好学前教育”，还将实现“幼有所育”作为“七有”重大民生问题之首，习近平总书记还为此做出了重要批示，要求加强学前教育的系统谋划。紧接着，2018 年，国家发布了《关于学前教育深化改革规范发展的若干意见》，这是中华人民共和国成立以来以中共中央、国务院名义出台的第一个面向学前教育的重要文件，具有重要的里程碑意义。它将学前教育的年龄范围扩展到 0～6 岁，同时要求学校提供公平的受教育机会，提供有质量的学前教育。自此，我国学前教育领域进入了全新的发展阶段，学前教育中的普惠性资源不足、教师队伍建设滞后、保教质量差、部分民办园过度逐利等问题都在逐步得到解决。在 2019 年的中国学前教育年度报告中，指出了三项核心目标：普及、普惠、优质。这进一步说明了国家改革学前教育的坚定决心。尤其是核心目标的“优质”，意味着幼儿学习不再是机械式、填鸭式，而要以幼儿为中心，依据幼儿每个阶段的心理发展特点，把游戏作为幼儿学习的主要方式，进行因地制宜的教育教学。

综上看出，幼儿园作为学前教育改革具体落地实施的基地，肩负着重要的使命和任务，同时也反映着改革推进的进展和成果。为了保证幼儿园能够顺利开展幼儿教育，教育部一直给予政策支持与指导，切实保证可操作性。在教育部颁发的《幼儿园教育指导纲要》中，一再强调幼儿教育要坚持“以游戏为基本活动”。《3—6 岁儿童学习与发展指南》更是对幼儿园五大领域课程做了细致要求，“生活化”一词被引入课程中，比如将抽象的数学与科学放在一起，目的是让孩子通过观察生活，从实际生活中寻找数学元素，再归纳与总结到数学知识上，这正符合幼儿的“动作—表象—抽象”三阶段的思维发展模式。在教育部修订发布的关于《幼儿园工作规程》中，再次指出幼儿园应当将游戏作为对幼儿进行全面发展教育的重要形式。这一举措使得全国各地的幼儿园逐渐以课程游戏化理念为导向，开展各种探索与研究，其最主要的目的是将权利交给幼儿，不仅让幼儿在游戏中习得知识，还要习得解决问题的能力。

幼儿教育质量的提升，教师的专业性也是关键的一环。在面对巨大的升学压力和社会竞争下，家长认为只有让孩子超前学习小学知识，才能保证孩子发展不落后，也因此要求幼儿园教师能够教授小学知识。这样的恶性循环，严重打击了幼儿的学习兴趣。为此，教育部专门颁布《关于开展幼儿园"小学化"专项治理工作的通知》，要求各地通过全面部署、自查与摸排、全面整改及专项督查，让幼儿园去"小学化"，小学"零起点"。考虑到教师的专业性是防范和杜绝幼儿园"小学化"的关键点，同年，教育部下发了《关于开展幼儿园优秀游戏活动案例征集的通知》，历经一年多的时间，130 份全国幼儿园优秀游戏活动案例被遴选出来。这是各地教育部门通过在学校的实地考察、讨论后获得的，目的是通过对游戏的探索，提升幼儿园教师的专业素质和教育实践能力，使幼儿园教师在进行教学时，有切实可操作的方向。教师结合幼儿发展特点进行教学，才能使幼儿得到全面健康的发展，进而使学前教育质量得到全面提升。

国家一直将学前教育作为重中之重，不断进行政策性引领和实操性指导。虽然学前教育仍然是整个教育体系的短板，依然有发展不平衡、不充分的问题，但是只要坚持对学前教育进行深化改革，使幼儿园坚持"课程游戏化、生活体验化"的理念，持续关注幼儿的整体发展，从入园到毕业，贯穿始终，我们新时代的幼儿一定能获得全面、自由、充分的发展，潜能得到持续性开发，会拥有更健康的心理与更均衡的学业成就，同时具备解决复杂问题与实践的能力，以适应不断发展变化的社会。

二、课程改革背景

幼儿园课程改革是为了能够找到真正适合本园发展的道路，打造开放的、充满生机的幼儿园，以满足幼儿各种发展的需要。课程不断改革，也是在进一步丰富与完善幼儿园课程体系，解决课程中的难点、痛点，促进教师专业技能的提升，使幼儿园教育质量得到保证。

中华人民共和国成立 70 余年，幼儿园课程也历经了巨大变革，具体包括 4 个阶段的发展：

20 世纪 50～80 年代，当时中国的教育基础极其薄弱，几乎处于停滞状态。为扭转这种状态，教育部提出要全面学习苏联的教育经验。这个时期，课程改革的核心是将"课程"变为"作业"。在幼儿园中，按照作业要求对幼儿进行分科教学，各学科独立存在。其中，数学在当时被划定为计算学科，主要帮助幼儿认识物体的数量，小、中、大三个年龄班都设置了相应的计算学习课程目标、教材大纲等。在这种状况下，再加之当时的特殊背景，学前教育发展得极其缓慢。

20 世纪 80 年代，即十一届三中全会之后，教育迎来了重大转折。幼儿园课程不仅增

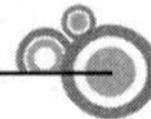

加了学科内容，更强调了教师的教学方式，要求幼儿园通过“活动”进行教学，包括游戏、劳动、日常观察等，这是国家第一次正式指出教育不再以书本为中心，而是转向游戏等教育形式。同时，南京师范大学教育系学前教育专业与南京市幼儿园合作进行的“幼儿园综合教育结构的探讨”等研究，率先提出了综合课程理念，也打破了分科课程的统治。至此，幼儿园课程改革重心转向以综合性、生活化为主体的发展道路。

20世纪90年代以来，幼儿园课程改革的理论基础逐步形成，由于国外学前儿童教育理论，如蒙台梭利、杜威、布鲁纳、皮亚杰等人的教育理论不断进入我国，加之陈鹤琴先生“活的教育”的思想再次传播，使得幼儿园课程越来越注重幼儿主体，并深入研究儿童心理发展规律，综合课程内容的设置也更加深入，各类知识内容相互渗透。这个时期课程改革最重要的一项内容是国家教育委员会正式颁布实施《幼儿园工作规程》，特别强调幼儿学习内容是以“游戏为基本活动，寓教育于各项活动之中”。自此，课程改革进入多样化发展模式。

进入21世纪，素质教育成为教育发展的重点，而构建“符合素质教育要求的新的基础教育课程体系”也被提上日程。幼儿园课程改革关注的是为幼儿的一生服务，幼儿教育不仅关注幼儿主体，更要关注幼儿个性化发展，尊重幼儿差异。为了使教师能够进行实操性教学，教育部特别规定了幼儿课程的五大领域，从不同的角度促进幼儿情感、态度、能力、知识、技能等方面的发展。至此，幼儿园课程改革朝着本土化发展。

经过多年的改革与发展，目前中国幼儿园课程改革呈现以下发展趋势：①课程整体框架清晰，呈现多维立体化的课程模式，即以幼儿为主体，课程实施时刻关注幼儿的直接感知、实际操作与亲身体验；②以游戏为教育方式，确保每个儿童富有个性的发展，提升课程内容的整合性、活动性和自主性；③各个领域知识相互渗透，存在于幼儿一日生活的各项活动中；④教师的专业技能紧紧环绕其中，注重课程中间过程的评价，以便及时了解幼儿的发展需要。

三、数学教育的研究现状

数学是研究现实世界的空间形式和数量关系的一门科学，它背后是思维能力、推理能力、解决问题的能力的综合体现。在3～6岁幼儿的发展关键期，幼儿的数学教育更为重要，它不仅能帮助儿童认识世界，更能帮助儿童建立解决日常生活相关问题的能力。幼儿阶段的数学能力一旦没有得到很好的锻炼，直接影响之后各个阶段各科的学习。随着国家政策性文件的出台和幼儿园课程改革的不断深入，有关幼儿数学教育的研究越来越丰富，并取得了一定的成果。

1. 有关幼儿数学教育的研究主题越来越丰富 查阅与整理现有文献后发现，数学教育研究主题的数量多达17个，涵盖教学环境、思维培养、操作法、生活化、教学活动设计、教师专业成长、幼儿综合能力等，并且研究重点转向关注幼儿自主学习能力、关注数学活动与儿童生活如何有效结合、培养幼儿的各种能力。

2. 教育研究学者重点致力于倡导幼儿数学活动走向游戏化、生活化、操作化，并指出三者是相辅相成、相互渗透的　强调教师在设计数学活动时，应将这些元素融入数学教学中，从而有效激发儿童对于数学学习的兴趣与效率。

四、数学教育活动存在的问题

尽管当今的幼儿数学教育研究已经指明了方向，但应试教育的现实使得家长要求“孩子不能输在起跑线上”，催生了一批校外幼小衔接班，提前教授幼儿小学知识。幼儿园也因为外界压力，使数学教学活动变得机械化，不断向儿童输入概念性知识，使得幼儿逐渐丧失了对数学的学习兴趣。通过大量调查发现，目前的幼儿数学教育活动还存在诸多问题急需解决。

1. 幼儿数学教学活动开展深度不够　这导致幼儿园的数学教育内容呈现两极化。一方面是活动内容浅、重复性多，无法满足幼儿思维的发展需求，尤其是同一类型的知识在小班、中班、大班都要学，而知识的深度和广度并没有随着不同年龄段有所变化。幼儿不能将所学知识进行有效迁移，始终停留在一个个片段的知识点上，无法形成知识脉络。同时，教学目标设定单一，教师通常只完成了知识层级的目标，而技能、情感阶段目标常常被忽略，使得幼儿长期处于知识储备多但思维发展能力弱的境况。这还直接导致幼儿进入小学后，出现二、三年级成绩急剧下滑的情况。另一方面，幼儿园数学教育内容过度“小学化”。受升学压力和社会竞争压力，为防止幼儿在小学阶段跟不上，家长更乐意选择让孩子学习小学知识，也就导致了许多所谓的幼小衔接班的出现。过高估计幼儿的接受能力、一味“填鸭式”的教学，使得幼儿被动接受知识，教学效果非常差，也直接导致幼儿的思维能力、解决问题的能力得不到长足的发展。

2. 传统的集体授课模式一直占据主要位置　在传统教学中，老师多采用直白的授课形式，比如数的认识、物体形状的了解，都会直接告诉幼儿，让其机械记忆，或虽设定了提问环节，但提出的问题意义不大，多处于中等偏易的程度，不能有效检测幼儿是否掌握了知识。实际课堂观察还发现，教师偏重数学答案的正确性，只要大部分幼儿说对了，就直接跳过，基本忽视了幼儿的教育性。融入游戏法的情景教学也只是头重脚轻，课堂导入用游戏效果好，但在教学过程中无法将游戏中的知识进行提炼和概括。这些不当的教学方式导致幼儿数学教育变得相对抽象、枯燥，或是一盘散沙，不易被幼儿接受和理解。

3. 教学操作材料配置不当　由于数学太过抽象化，幼儿在学习时，需要借助可操作的物体，先建立直观、具体的概念，再转换到抽象的数学概念上。因此，操作材料的选取至关重要。在实际教学中，经常是几套操作材料反复使用，使用方式基本一样，不会在原有基础上进行创新和重新组合，使得幼儿的兴趣度大大降低。或者将多种操作材料一起提供给幼儿，幼儿无法判断材料的用途和意义是什么，变成单纯的玩游戏，直接弱化了数学知识的总结与归纳，使教学目标无法达成，从而影响整个教学活动的效果。

4. 幼儿教师欠缺专业技能　数学背后体现的是逻辑性、抽象性的知识，教师需要将其转化成生动、有趣的游戏活动，准确地教授给幼儿，是非常具有挑战的。同时，教师对数学知识的连贯性把握不到位，只关注一个知识点在本班的教授，对于其他年龄段应延伸到什么深度，以及知识点的内在联系，都不了解。调查发现，幼儿教师对数学学科教学知识的了解总体处于中等水平，对背后的数学体系与框架没有清晰的认识，无法将每个章节的数学内容和幼儿应掌握的能力与知识相匹配，上升到理论研究的教师更少。一线教师经常依靠的是经验总结，关注幼儿数学思维能力如何发展的特别少。因此，怎么将目标、活动内容、游戏方式、评价等有效结合起来，一直是困扰教师的问题。与此同时，教师虽然认识到了问题是什么，但由于专业化不足，欠缺解决问题的能力，即使进行教研也无法深入探讨，导致保教活动整体水平较低。

基于以上问题，幼儿园数学教育亟须进行调整，而在《3—6岁儿童学习与发展指南》背景下进行的有关数学的游戏化课程实践研究，是对幼儿数学教育进行的一次更深、更全面的认识，并试图将其与科学领域整合为一个有机整体。通过探索和发现幼儿生活，让幼儿从游戏和生活中感知数学的重要性，学会运用数学方式去观察、分析现实社会，用数学解决生活和游戏中的问题，从而发挥更好的教育效果。

第二节　区域研究现状

基于学前教育中的各种社会问题，2012年，《3—6岁儿童学习与发展指南》颁布，其目的是引发全社会对儿童发展需要及特点的关注，纠正幼儿园、各类学前教育机构、家长对学前儿童教育的误区，建立学前儿童教育的正确观念。2018年，教育部发文，开展幼儿园“小学化”专项治理工作，对幼儿园的课程实施进行专项检查，严禁教授小学的学习内容，纠正“小学化”的教育方式，对幼儿园的课程提出了明确的规范要求，目前已取得显著的效果。

目前，摆在我们面前的问题有两个：一是如何指导幼儿园贯彻落实《幼儿园教育指导纲要》及《3—6岁儿童学习发展指南》的精神，深入研究五大领域课程的组织与实施，提高教师的教学能力及水平，促进孩子快乐学习并获得发展。二是通过幼儿园的教育，引导影响家长改变教育观念，了解学前儿童的特点及需要，高质量陪伴儿童成长。

为了着力推进区域教育质量提升，从2018年开始，丰台学前教研室重点聚焦五大领域课程实践研究，启动项目研究，引进优质课程资源和专家团队，重点推进五大领域学科建设，培养学科骨干队伍，带动幼儿园开展实践研究，切实提升课程教学质量。基于幼儿园课程“小学化”实现从“现象控制”到发生“实质改变”的需要，丰台区学前教研室实施“丰台区幼儿园教师数学教学能力提升项目”，着力推进幼儿园数学活动课程游戏化进程，其意义在于：

1. 儿童发展方面　基于儿童学习特点及发展需要，抓住一日生活的教育契机，创设适宜发展的有准备、有目标的环境，开展丰富有趣的数学教育，在促进幼儿发展方面做到以下点：

（1）激发并保护幼儿学习数学的兴趣和动机。

（2）促进儿童数学学习经验的建构和思维认知水平的发展。

（3）培养幼儿形成良好的学习品质，激发学习兴趣和动机，养成专注有序、积极思考的习惯，促进儿童表达、合作、解决问题等学习能力的提升。

2. 教师发展方面

（1）引导教师研读儿童。有效引导教师研读儿童，观察学前儿童学习数学的认知特点及学习表现，通过观察和分析，反推教师在实践中对领域目标、儿童特点、学习方式的对应学习内容，反思自身教育行为，优化课程组织。

（2）提升学科素养。加强教师学科基础知识的学习，提升学科素养。学前教育有自身的特点，在教学组织上不是分科教学，而是强调领域融合，但仍然需要教师有一定的学科基础，对学前阶段的数学目标概念及路径有清晰的了解，这样才能够更加科学地进行活动设计及教学组织。

（3）提高教学能力。在实践研究中，帮助教师建构系统化的“教师知识”，深化其对科学领域数学教育的学科知识、儿童能力发展的认知。通过学习与实践，不断提升认识，从宏观、中观、微观 3 个层面梳理符合新时代课程改革背景的幼儿园数学教育策略。明确幼儿园数学教育的内容及实施途径，学会教学设计的方法，总结新课程理念背景下能够支持儿童开展有价值的数学学习的教学策略。

3. 幼儿园发展方面

（1）改变。从根本上改变幼儿园数学课程组织实施的现实状况，纠正幼儿园在数学教育实施中的片面认知，改变机械化、枯燥的训练模式，还原幼儿园应有的课程形态。

（2）明确。幼儿园数学教育的定位并不是单纯为升入小学做准备，而是以为幼儿的后继学习和终身发展奠定良好基础为目标。因此，要结合 3～6 岁儿童的年龄特点及发展目标，确定适宜的内容及教育组织策略。

（3）导引。引导园所开展学前阶段数学教育的园本教学研究，通过大量的实践研究，梳理经验、集结教育智慧，有意识地整理园所数学教育的经典案例。在课程借鉴、应用、研究使用、优化设计的基础上，逐渐构成园本数学教育课程，形成园本研究的成果及特色，促进课程不断优化及教师专业持续发展。

第三节　教研范式

在课程改革推动教研转型的背景及要求下，项目研究转变以往的思路，由单一的培训转向深入的研修互动，采取入园基础培训、区级项目组教研指导相结合的方式，在过程中重点推进行动研究，通过“三研究”“同课异构”等多种方式，引导教师从借鉴优质课程

资源入手，学习研究，优化教学方案设计，开展集体备课教学研讨、现场观摩交流。在过程中引导参与教师共同观察，强调教师的自我反思和同伴的协同研究与交流，最后整理思路，生成研究案例报告。在形成完整闭环之后，成为下一个研究循环的新起点，最终促进教师专业能力呈螺旋上升式的成长。在行动研究的过程中，更多地结合观察法，在教学情境中聚焦课堂观察，通过实录和行为检核量表的方式，观察并分析幼儿的行为表现，引导教师反观教育行为。其具体思路如下：

一、明确路径——建立以儿童为中心的教师专业发展路径

行动研究基于教师所亲历的教育情境中现实问题，是教师获得认识并持续思考“是什么”“如何做”“为什么做”的过程，能够最大限度地实现教师的“学以致用”，激发他们自我专业发展的意识。这一过程倡导教师对自己的实践进行批判性思考，让教师能够更好地觉知自己过去、现在、将来的专业发展状态，形成专业发展的规划。在实践过程中，我们清晰地认识到，行动研究一直以来都是教师专业发展的有效路径，但现今需要结合课程改革的变化，引导教师调整研究重心，从较多地研究教育策略转向对幼儿行为的观察与研究，建立新课程理念下教师自我专业发展研修路径（图 1－1）。

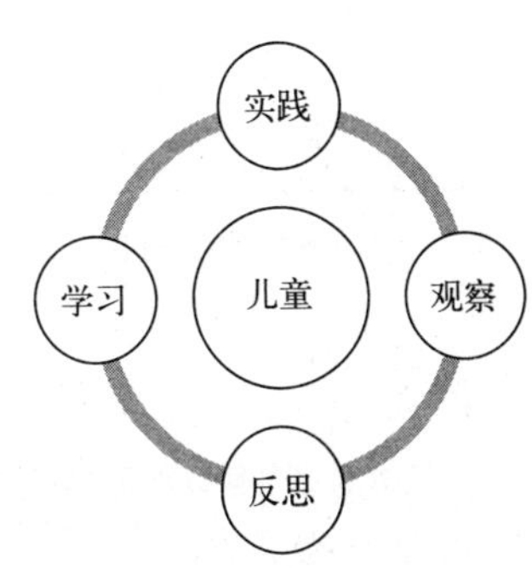

图 1－1　新课程理念下教师自我专业发展研修路径

需要说明的是，这一路径形成了完整并不断循环的闭环，其核心是教育中的“人”。循环的开始可能是从学习开始导向的实践反思，也可能是由实践引发的主动学习，还有可能是无意观察引发的研究实践和学习探索。无论从哪里开始，必将经历完整的行动研究过程。这一过程与教师的学习发展规律相适应，能够最大限度地调动学习动机，是一个需求和满足交互的过程，有助于帮助教师建立批判性、成长性思维，最终形成自我专业发展的意识。

二、模式建立——分层教研，环环相扣落实“一课三研究”

以儿童为中心的教师专业发展研修路径的建立，帮助教师在个体发展方面建立了良性循环，与此同时，园本教研、区级教研也需要各自形成闭环，促进行动者从孤立走向合作，从自我驱动走向共同体驱动，建立合作研究模式。我们大胆尝试，以“一课三研究”的研修方式贯穿，形成区级教研支持园本教研、园本教研支持个人研修的合作研究模式。图 1－2 是三级研修模式下开展“一课三研究”的具体实践。

这里所指的“课”不是一节课，而是课程实施的方案，是教师整体的课程设计与思考。“一课三研究”分别是一研活动前、二研活动中、三研活动后，强化区教研、园本教研、教师在 3 个研究阶段中需要完成的目标和任务，紧密围绕教师个人发展、园本教研实效、项目研修作用，在 3 个维度进行统合思考，具体内容见表 1－1。

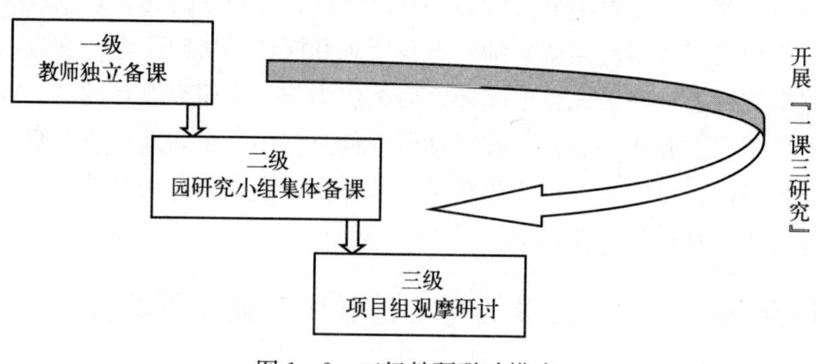

图 1-2　三级教研联动模式

表 1-1　"一课三研究"

	活动前——教学设计	活动中——观察	活动后——教育反思
教师	独立设计： ①分析儿童特点及经验 ②梳理学科领域关键经验 ③进行教学设计	观察： ①我看到的——记录儿童行为表现 ②我想到的——分析儿童特点和需求，分析教师支持策略的适宜性	反思： ①撰写完善研修案例 ②分享观察到的儿童学习故事
园本研修	集体备课：领域小组、同年龄班教师参与设计，发挥同伴互助的作用	活动观察：组织教师有目的、有重点地观察儿童行为表现	交流研讨：聚焦重点问题，分析儿童表现，反思教师教育行为
区级项目指导	研究重点布置： ①结合项目教研专题进行实践研究重点的布置 ②预先了解园本教研计划和方案，教师进行教学设计	重点活动观察：同步参与现场观摩，有目的、有重点地观察儿童行为表现	参与园本教研： ①参与幼儿园园本教研活动研讨 ②指导园本教研开展实效性

表 1-1 体现出了教师个人、园本教研、区级项目研修 3 个不同层面上各自形成的研究工作闭环，同时还呈现了 3 个循环之间的相互联系。整个过程强调教师的独立、完整研修。强化园本教研作用的发挥，注重同伴的互助和群体跟进研究，能够聚焦问题，有质量地研讨，促进教师的专业化思考。区级教研作为整体统筹，在园本教研计划、教学研讨重点设计上给予指导，并引发区域内园际之间的合作研究，最终实现双重目标：提升教师个人研修能力、提高园本教研实效。

三、范式引导——以"一课三研究"案例模板为支架，提高实践效果

三级教研模式对教师、园所在研修中需要完成的任务及步骤进行了积极的引导，在很大程度上改变了目前园本教研空洞无实效、教师缺少研究意识的问题，在经历共同研究的过程中，为幼儿园和教师提供了方法性的引导。但在实际工作中，我们发现区域内园与园

之间教育的研究能力水平存在差异，新教师占很大比例，同时又缺少有经验的业务干部。此外，仅有方法的引导是不够的，因为在实际操作层面会出现不规范甚至认知不正确的问题。很多园所尝试去做，但是规范性和实效性不强。为了解决这一问题，我们从教师研修入手，设计了“一课三研究”案例模板表格，针对教师备课设计、观察记录、案例反思3块内容进行规范设计，并结合教学改革新理念的变化进行优化，呈现对教师思路和教育行为的引导。一研表的目的在于帮助教师规范备课设计，完善教学课程实施的思考；二研表的目的是引导全体参与者变成观察者，更多地关注儿童的学习表现；三研表的目的是引导教师进行案例梳理，并反思总结。在具体实施过程中，采取区级项目组带动，指导各个实验园在园本教研中进行应用的方式，带领教师尝试完成“一课三研究”案例研修。实践证明，范式的引导收到了很好的效果，应用本就是学习的过程，这一方式减少了盲目性、提高了效率，起到了关键的支架作用。

第二章　课程实践研究

第一节　项目研究方案

一、项目简介

基于区域现状问题，丰台学前教研室聚焦课程质量提升，于2018年5月成立丰台区幼儿园教师数学能力提升项目组，引进优质课程资源，借助专家团队力量，参与国家级课题《课程游戏化视域下幼儿深度学习的理论和实践模式研究》，开展数学教育教学实践。引领教师学习幼儿数学教育前沿理论、儿童数学学习路径等相关知识，并通过典型数学优秀课例分析与实践、区角观摩探究、家庭游戏案例研讨等多种形式，从理论到实践，共同探索数学教育的内涵和价值。

丰台区参与项目的研究园所共20所，涵盖各类型园所，采取专家入园培训的方式，共计培训教师800余人。在过程中导引幼儿园开展专题研究，指导教师教育实践，有效促进园本教研的实效性和教师教学水平的提高。同时，协助园所定期开展家长学校培训，改变家长对学前数学教育的认识，纠正其对幼小衔接的认识误区。项目研究聚焦教师队伍培养，由教研员牵头成立数学教育研修种子营，重点培养55名优秀种子教师，组织区级教学研讨，开展数学教育实践研究，推进区域科学领域数学活动课程游戏化的研究。

二、项目研究定位

落实指南精神，深化课程改革，聚焦新理念背景下数学活动设计与组织的研究，推进学前数学活动课程游戏化。通过研修，指导教师研读儿童，明确各年龄段目标和学科关键经验，提升教师数学活动设计与组织能力。开展优秀课程设计，将优质示范课物化成果进行整理，形成幼儿园的数学课程园本教材，合力构建丰台区学前科学领域数学活动区本课程资源共享。

1. 研究目标

（1）为幼儿提供适宜发展的数学教育，激发并保护幼儿学习数学的兴趣，培养幼儿良好的习惯和学习品质，促进儿童思维水平的提升。

（2）提高教师对新时代课程改革背景和数学教育核心价值的认识，关注数学思维发展对于幼儿终身发展的意义。帮助教师精准掌握数学学科知识，在学习和实践中提高教师的

学科素养和教学素养，建构系统化的学科知识和教学知识，提升教师的数学活动设计与组织能力以及观察、评价和研究能力，促进专业能力发展。

（3）引导家长了解幼儿学习特点，关注幼儿可持续发展需求，转变其对学前教育认识的误区，树立科学的教育观。

（4）推动园所课程改革，提升园本教研质量，优化课程资源，提升保育教育水平。

（5）加强区域课程建设，构建区级课程资源共享，以点带面，改变全区数学教育开展的现状，破解“幼小衔接”认识误区，深化区域学前教育改革，推进课程游戏化研究。

2. 研究内容

（1）调查丰台区域园所教师对幼儿园数学教育的认识和组织实施现状，了解观念认识和做法中存在的问题与优势，分析问题产生原因并制定相应的解决措施。

（2）依托数学优质课程，引导教师进行案例实践，规范集体教学活动设计，研究数学活动组织策略。

（3）在实践中不断深化对《3—6岁儿童学习与发展指南》的学习和理解，进一步思考学前课程模式及儿童学习特点的生活化、游戏化数学活动的设计与组织。

三、项目研究过程

结合研究内容，项目组调研为先，了解教师的真实困惑与需求，通过开展理论伴随式学习，提高教师对数学领域核心价值的初步认识；通过引进优质课程资源，从集体教学活动观摩与实践入手，明晰教学内容；在实践的基础上逐步优化教学设计，并探索研究新时代背景下的数学课程模式。以为幼儿提供适宜发展的数学教育、激发并保护幼儿学习数学的兴趣、培养幼儿良好的习惯和学习品质、促进儿童思维水平的提升为最终目标（图2-1）。

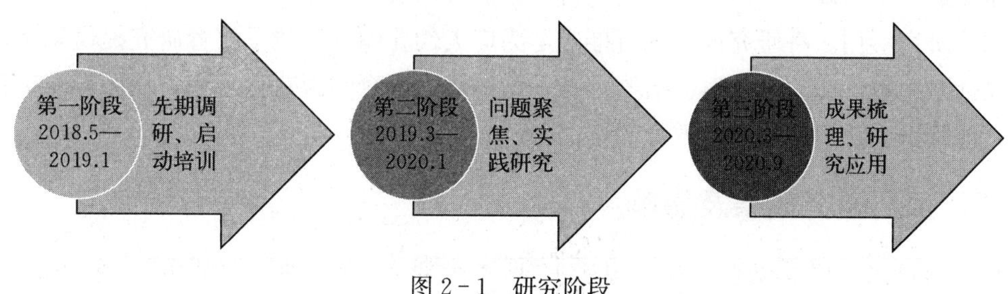

图2-1　研究阶段

1. 第一阶段——先期调研、启动培训

（1）调研为先。通过对幼儿园数学教育现状进行了调研，了解教师对数学学科的困惑，明确研究方向，制订项目二年研修方案。

（2）理论支持。结合《3—6岁儿童学习与发展指南》《幼儿园数学领域教育精要——关键经验与活动指导》以及相关文献研究，进一步熟悉儿童数学能力发展路径以及学科核心经验。

（3）跨省学习。走进南京幼儿园现场，观察在幼儿园数学教育研究下，儿童在环境、游戏、活动中的数学能力发展，找到差距，达成研究共识。

（4）研学课程。结合《通向数学教师指导手册》，初步了解儿童数学发展目标、数的概念在活动设计中层次性和递进性的体现，以及不同年龄班活动实施策略的差异性。

（5）材料感知。带领实验园教师进行材料介绍和分类，支持儿童的数学学习。

2. 第二阶段——问题聚焦、实践研究

（1）实践应用。引领各项目园种子教师借鉴《通向数学教师指导手册》，从集体教学活动入手，开展第一轮教学活动实践研究，初步了解活动基本流程。

（2）问题聚焦。组织观摩交流，对实施中的问题进行研讨，进一步明确各环节的意义、过程中的学科核心经验把握、规则在数学活动中的重要性等内容。

（3）教学优化。项目组应用“三研究”案例模板，引导教师独立设计、小组调整—实践中儿童行为表现观察与反思—完善教学设计、撰写学习故事，进一步明确新时代背景下幼儿园数学教育活动的设计思路，为教师可持续发展助力。

（4）研读儿童。为了进一步在研究过程中引导教师更加关注儿童学习的差异性，项目组设计了课堂观察量表，目的在于通过记录儿童操作环节中的差异性表现，分析儿童的学习特点及需要，通过分析反思教育行为，优化教师指导策略。

3. 第三阶段——成果梳理、研究应用

（1）案例集结。结合数学“三研究”案例表，梳理出以《3—6 岁儿童学习与发展指南》为精神引领的幼儿园数学单元主题活动设计方案。

（2）经验分享。项目园园长结合教师与幼儿在项目研究中的成长变化，以及家长的支持与认可进行经验分享。

（3）成果梳理。梳理研究过程，整理阶段成果，在总结的基础上明确认识，总结方法和策略，进一步明确“十四五”期间项目研究的方向及重点。

（4）研究应用。将研究成果进行推广，为广大幼儿园开展数学教育研究提供思路，为教师设计组织数学活动提供案例借鉴，推动学前数学教育的游戏化进程，从而影响家长的观念，使其正确认识学前数学教育的价值。

四、项目研究成果及影响

数学项目组自成立以来，实验园从 13 所扩大到 20 所，种子教师由 15 名增加到 70 余名，集结教学活动设计 30 余篇、数学单元主题课程设计 20 余篇、园所经验分享 10 余篇、优秀说课稿 10 余篇、优秀活动课例 10 余节、家庭游戏案例＋微课 40 余篇，在区级丰台学前教育研究公众号和丰台学前科学领域科学教育研究公众号中发布。与丰台信息中心合作，在教育云平台上传微课资源，项目组研究阶段性成果即将出版。数学项目组将通过各平台和出版阶段性成果书籍，更好地推广区域研究成果，并辐射全区甚至其他区域，引领学前幼儿教师共同成长，更好地服务于家长，促进学前儿童科学、健康成长。

五、项目研究后续思考

（1）在行动研究的过程中，继续完善教师观察量表、教师评价量表等促进教师研究的教研工具量表，从观察儿童、评价教师、评价课程等多角度进行研究，更好地提高教师研究的专业性和实效性。

（2）在新课程理念的引导下，深入挖掘《3—6岁儿童学习与发展指南》对3～6岁儿童学习与发展的方向引领，深度学习数学核心经验、儿童发展规律和数学学习路径，进一步探索在儿童学习路径导引下的教、学、评一体化的数学主题单元课程设计，重点挖掘生活和区域中的教育价值，挖掘不同层次材料投放对幼儿数学认知和能力发展的支持作用，设计真正符合学前儿童发展和需要的数学游戏化课程，完善学前数学教育课程体系。

（3）进一步加强与家长在教育思想和儿童阶段数学学习内容方面的交流，通过家园互动式数学教育研究，真正使家、园、社区形成合力，在了解儿童学习方式和特点的基础上尊重儿童发展规律，共同提高幼儿在数学认知、数学思维方面的全面发展，使幼儿园教育得到家长的认可和支持，减少大班流失现象，做好幼小衔接。

第二节　研究策略

一、深化学习，促课程观念的改变

项目组通过对个体建构理论、社会理论、《3—6岁儿童学习与发展指南》的学习，进一步明确了幼儿学习与发展的整体性原则，能够在数学活动中遵循幼儿直接感知、实际操作、亲身体验的学习方式，尊重幼儿生活、游戏、活动的整体性，尊重园所、家庭、社会环境的综合教育作用，多途径相互配合、形成合力。

（一）把握数学建构理论，尊重儿童数学学习规律（图2-2）

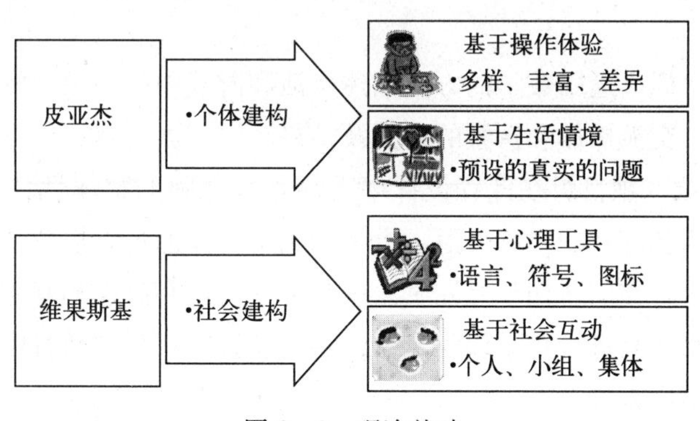

图2-2　理论基础

1. 注重基于幼儿操作体验的数学活动　操作法是指幼儿在亲自动手操作材料、摆弄物体的过程中进行探索学习，从而获得数学经验、逻辑知识和技能的学习方法，是幼儿学习数学最基本的方法。教师在理解的基础上，能够注重在活动中为幼儿提供丰富多样且不同层次的操作材料，使幼儿通过感知、操作、体验自主建立数学经验。

2. 注重基于幼儿生活情境下的数学活动　现实生活是幼儿数学概念的源泉，幼儿的数学知识和他们的现实生活有着密切的联系。教师应在活动中充分挖掘生活中的数学内容，开展多种形式的数学活动，注重数学在实际生活中的应用。

3. 注重基于幼儿心理工具获得抽象的数学知识　数学是一套抽象化的知识体系，在幼儿的数学学习中，语言、符号、图标等外部支持为幼儿提供了一个“支架”，帮助他们提升对数学概念的理解，同时也帮助幼儿的思维水平从具体水平向抽象水平提升。教师在教学活动中，通过观察幼儿操作、倾听幼儿语言表达等多种方式，促进幼儿数学思维的发展。

4. 注重在多种互动学习方式的运用下获得数学经验　组织与实施数学活动能够为幼儿创设独立思考和操作的空间，同时，结合不同活动内容和幼儿年龄特点，灵活运用同伴、小组、集体等多种方式优化教学活动，在多种互动学习方式下促进幼儿数学经验的获得。

（二）把握《3—6 岁儿童学习与发展指南》的实施原则，明确数学课程目标定位

《3—6 岁儿童学习与发展指南》中强调，实施该指南应把握以下 4 个原则：关注幼儿学习与发展的整体性原则；尊重幼儿发展的个体差异；理解幼儿的学习方式和特点；重视幼儿的学习品质。

1. 目标定位　结合以上原则，我们的数学课程在目标定位中关注目标之间的整体性原则，尊重幼儿的学习品质，目标制定突出幼儿学习品质、数学知识和数学能力三方面内容的融合，既符合儿童思维发展水平，又对后续学习有重要的促进作用。

（1）数学学习品质目标。对周围环境中的数学现象和问题感兴趣，能体验到数学的有用和有趣，喜欢参加数学活动和游戏，有良好的学习习惯。

（2）数学知识目标。感知和理解数、量及数量关系，感知物体的形状特征和空间关系。

（3）数学能力目标。运用数学的方法描述生活和游戏中的现象，解决简单的问题，并用适当的方式表达、交流操作和探索的过程及结果。

2. 课程设计定位　项目组在课程设计中关注领域之间的整体性，尊重幼儿的学习方式和特点，珍视生活和游戏的独特价值，支持和满足幼儿通过直接感知、实际操作和亲身体验获取经验的需要，在幼儿初步感知生活中数学的有用和有趣的基础上，获得一些浅显的数学知识，帮助幼儿园进行数学课程定位，避免幼儿园在数学教育中出现不适宜的“小学化”教学内容和学习方式。

3. 课程实施定位　项目组在课程实施中也能够把握尊重幼儿发展的个体差异这一教育原则，放慢儿童学习的脚步，通过观察，了解儿童学习的不同进程并充分理解和尊重幼儿的个体差异，支持和引导他们从原有水平向更高水平发展。

（三）把握学前数学课程特点，研究一日生活中的数学教育

儿童早期的数学学习和发展，是他们在与周围环境的互动中自发地或在成人的引导下习得数的知识和技能，发展数学认知能力的过程。它强调儿童对自己周围环境中的数学问题的关注和兴趣，强调在日常生活中通过感知、体验和操作活动理解数的抽象关系，并在解决问题的过程中，运用所学的数学知识，逐步发展逻辑思维能力。

在数学教育中，教师逐步建构课程意识，从关注教师如何教到关注儿童如何学；注重数学内容本身与幼儿生活、经验的联系，注重内容的连贯性。一个数学课程的引发，可以是一个数学概念的导引，也可以是儿童生活中发现的问题。儿童的一日生活中蕴含着许多教育价值，当教师心中有目标并能较好地把握本班幼儿的年龄特点时，就能够在儿童的生活中发现许多教育契机，挖掘其中的教育价值，通过幼儿与环境、材料、同伴、教师的有效互动，形成一系列相关的数学单元课程内容或多领域融合下的综合主题活动。

1. 生活中的数学探究活动　回归生活、贴近幼儿生活经验的教育对幼儿来说是最好的教育。生活中的数学教育契机无处不在，项目组教师在清晰了解幼儿现阶段发展目标的基础上，观察发现儿童的兴趣，发现生活中的数学资源，设计了秋天的落叶、石头的秘密、你家在哪里、数字的秘密等不同年龄班的多个数学内容，涵盖了数的认识、数量关系、数的运算、空间关系等多个数学概念。

一个物品（树叶、石子、纸杯……）、一个环节（户外游戏、加餐环节……）都有可能引发数学课程。生活中的数学无处不在，只要你去发现，数学和课程就在那里。

在小班数学“秋天的落叶”中，小朋友发现秋天树叶都变黄了，落在了地上，纷纷捡起了树叶。教师发现这一契机，结合小班第一学期“1 和许多”这一关于数的认识的目标，开始和小朋友一起捡树叶，边捡树叶边说：“我捡了一片黄黄的树叶。”小朋友也兴奋地举起手中的树叶说：“老师，我也捡了一片树叶”，接着小朋友捡的树叶越来越多，都有点儿拿不住、数不过来了，教师就说：“哇，我捡了许多片树叶呀！”。小朋友听到也开心地跟着教师说了起来。老师接着说：“这么多小树叶，我们把它一片一片地放到班中植物区的窗台上，把我们的植物区也变成美丽秋天的样子吧！”在教师的引导下，幼儿把树叶放到了植物区、美工区，用小树叶装饰植物区、做粘贴画、拓印画……在教师反复的“一片树叶”和“许多片树叶”的数学语言支持下，在幼儿一次又一次反复有趣的操作中，幼儿自然而然地习得了“1 和许多”这一数学概念，初步体验了整体与部分的关系，并在游戏中感受了数学游戏的快乐。教师在这一过程中也将多领域进行了有机融合，突出了领域的融合、知识的融合以及兴趣和习惯等学习品质在游戏中的培养和体现。

2. 家庭数学游戏案例探究　幼儿的发展离不开家庭和幼儿园共同的教育支持。疫情期间，幼儿不能来园，所有的学习回归到家庭，我们教师应该做些什么呢？这一特殊时期让教师对教育有了新的认识和思考：其实，教育从来都不是割裂的，是一个多方面并进、相互影响的过程，做好家庭数学教育观念的学习指导，鼓励更多的家长关注日常数学教育，关注数学游戏在幼儿阶段的重要作用，让家长每天的陪伴更有意义，让数学不再是枯燥的加减法，让数学和有趣画上等号，让家长在陪伴幼儿的过程中与幼儿共同学习和发展。

疫情期间，教师为每个年龄班每周推送一个家庭亲子数学游戏，如叠叠乐、好玩的纸牌、旋转比萨、水果切切乐……教师本着“从生活中发现创意”“选择生活中常见的材料”“数学概念与游戏有机融合”的原则，从活动内容的素材选择、引导方式等方面进行整体的游戏化设计。游戏设计符合儿童特点和数学发展目标，同时，一个概念并不局限于单一的一种游戏方式，教师提供了很多创意、多材料选择的游戏内容，并配有文案和视频，让家长看得明白、幼儿玩得轻松。

小班家庭数学游戏案例“我的图形朋友”引导爸爸妈妈和幼儿一起找一找家中和图形相似的物品，如三明治、饼干盒、积木，摸一摸、说一说他们都是什么图形，然后把它们藏在家中的各个角落，和幼儿一起说儿歌“小孩小孩真爱玩，摸摸着、摸摸那，找找三角形玩具在哪里?”幼儿在房间里快速找到相似图形的物品拿到爸爸妈妈面前，然后轮换小朋友说儿歌，家长找物品，最后可以玩“为图形画照片”“戴上眼罩猜图形”等游戏，进一步感知图形的特点。游戏既有趣味性，又能体现小班“初步感知图形”这一数学概念，同时，在游戏中让家长了解数学的学习其实就在生活中和游戏中，它可以很有趣（图 2－3）。

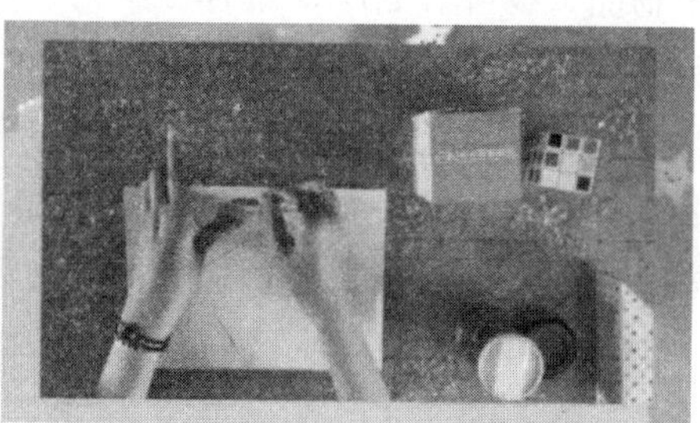

图 2－3　生活中的图形游戏

3. 区角自主数学游戏设计及目标化材料投放　区角自主数学游戏设计突出了幼儿的自主性，幼儿能根据自己的意愿选择材料和同伴进行游戏，这样的游戏更加尊重每一名幼儿游戏的兴趣和幼儿不同的发展，促进幼儿获得经验和能力，在自己原有的水平上有所提高。

区角游戏中目标化互动环境、材料的创设和投放是幼儿能否在游戏中发展的关键。教师结合数学目标，在室内、楼道、墙面和地面上设计许多蕴含数学概念的互动环境（图 2－4），在材料投放中体现幼儿的年龄特点和材料的层次性（图 2－5），包括优质课程下的现有游戏材料、购买玩具的再加工游戏材料、教师结合目标自制的游戏材料等。教师结合幼儿数学学习发展规律，将蕴含数学概念，趣味性、操作性强的游戏材料有目的地投放到数学区、角色区等多个区角，如烧烤店、小超市等，幼儿可自主选择区域和游戏材料，并在与之互动时获得个性化发展。

图 2-4　目标下的数学游戏环境

图 2-5　图形组合目标下游戏材料的层次性投放

教师在关注儿童与环境、材料互动的同时，也要关注儿童与同伴间的互动，尽可能发挥同伴间的互动优势，达到在游戏中相互学习、相互促进的作用（图 2-6）。在游戏过程中，教师会依据儿童的需要适时介入，给予适当的支持与指导。

图 2-6　同伴互动下的数学游戏

4. 基于数学路径有层次的数学教学活动设计　任何一个新知识的获得都需要与旧知识产生链接，每一个内容都不是割裂的。在数学教学活动中，我们首先强调活动目标的融合，教师不仅关注知识能力，也要关注幼儿学习品质等方面的发展，强调全儿童能力的培养。其次，在活动内容的选择中，强调与儿童生活的融合，贴近儿童生活的内容有助于调动幼儿的学习动机，建立幼儿经验的链接，满足幼儿基于数学学习路径的集体教学活动的系统性和层次性。在幼儿操作活动中，教师能够通过为幼儿提供巩固游戏材料、基本游戏材料、平行游戏材料、提升游戏材料等不同层次的操作材料，给予幼儿个性化的指导，进一步体现对不同发展水平的全体幼儿的关注和尊重。最后，教师能够注重活动后的总结、交流与延伸环节，鼓励幼儿用语言提炼游戏经验，建立数学经验、发展数学思维，在将活动进行区域、家庭、活动的延伸中，给幼儿更多数学应用的机会，满足数学课程建设的整体性，并体现数学从生活中来还要回到生活中去、解决生活中实际问题的价值。

二、基于数学学科知识和儿童年龄特点，明确数学教学设计结构及方法

通过优质课程的实践与应用，同时借鉴相关学习材料，在实践中进行反思和调整，在重复的过程中内化数学教学活动设计的方法和结构。其具体收获如下：

（一）明晰数学集体教学活动设计的结构

1. 教师的活动设计思路　教师通过分析现有课程活动设计方案，梳理出数学活动中的关键流程以及每一个内容下的关注点。在目标制定中，教师不断实践，把握三个维度目标的制定和表述；在材料投放中，教师能够在分析现有材料的基础上，结合本班幼儿的年龄特点，将现有材料进行适当调整，如增加或减少投放材料的数量、自制一些降低难度或增加难度的材料等；在活动中，教师更加注重在幼儿操作过程中的观察指导和过程性评价（表 2－1）。

表 2－1　教师的活动设计思路

数学活动设计流程	内容和指导要点
基于数学概念 把握年龄特点	1. 制定活动目标 2. 目标体现：数学知识—数学能力—学习品质
基于活动目标 确定活动内容	1. 选择适宜材料 2. 材料体现层次性：巩固材料—基本材料—平行材料—提升材料
基于活动内容 细化实施策略	1. 把握观察评价要点 2. 注重幼儿操作环节的观察、个性化指导与评价

2. 活动设计环节与对应的重点内容（图 2－7）　在细化活动的过程中，重点包含情境与问题、体验与建构、分享与反思 3 个重点环节。不同年龄班幼儿 3 个环节的时间分配略有不同，每一个环节中具体的实施策略也有区别。

（1）情景与问题环节。需要关注时间和导入策略选择两方面的内容，一般小班导入时

间控制在5～7分钟，中大班在8～10分钟，避免教师说得过多，把幼儿操作的时间压缩的现象。在导入方式上，小班主要以游戏化情境、故事情境等方式导入，能够更好地激发小班幼儿参与数学活动的兴趣，中大班则可以结合儿童生活经验、游戏中的材料引发、问题切入等形式导入。

（2）体验与建构环节。需要关注时间，把握观察指导时机。一般小班操作10分钟左右，中大班12～15分钟，为幼儿提供充足的操作时间。在儿童操作中，教师首先要鼓励幼儿根据兴趣和需要自选操作材料，同时要观察在前，指导在后，为幼儿提供充足的思考和操作时间，避免无效指导，影响幼儿独立思考。小班教师更多关注操作、轮换、收放材料等常规的养成，中大班教师要更多地关注幼儿数学操作规则的掌握，体现数学概念的理解，观察幼儿操作中思维过程的体现，可以做适当的记录，做到班中幼儿数学能力和发展水平心中有数。在操作过程中，还要鼓励幼儿轮换不同难度的操作材料，重视幼儿通过操作获得体验与知识建构的过程。

（3）分享与反思环节。需要关注时间和幼儿交流表达的频率。小班3～5分钟，中大班8～10分钟，小班更多的是在教师引领下的幼儿交流表达，中大班则要为幼儿提供充分的相互交流和大胆表达自己观点的机会，形成同伴间的分享，最后是教师的总结与提升（图2-7）。

情境与问题	体验与建构	分享与反思
激发兴趣 形成问题	操作体验 社会建构	交流分享 反思巩固
集中幼儿，通过故事情境、游戏或讨论引出问题，介绍各个活动操作规则，必要时由教师或幼儿演示操作、集体讨论，从而加深幼儿对规则的理解	引导幼儿参与活动(分组操作、交换活动)，观察幼儿的规则执行、操作结果、操作策略，分析其发展水平，进行个别指导。鼓励同伴交流和检查	集中幼儿，共同分享操作经验，对新出现的操作问题进行集体讨论，共同反思与评价基本经验达成、问题解决策略、学习品质和活动常规养成情况

图2-7　活动设计环节与对应重点内容

3. 体验与操作环节中教师观察指导层次与内容　数学过程中的体验与建构环节是幼儿知识建构的关键环节，在这一环节，教师经常容易过多或过早地“指导”幼儿的操作。同时，教师也经常出现不知道观察什么、观察层次是什么等问题。图2-8为教师提供了观察层次和观察内容的支持。

（二）优化数学单元主题课程的建构

在不断深入实践的研究过程中，教师将数学教学活动设计进行了优化，突出基于数学概念和儿童阶段发展水平的数学单元课程建设，突出家庭活动、区角游戏、集体教学活动三方面内容的有机结合：体现课程从生活中来又回到生活中去的过程；体现课程生活化和游戏化的过程；体现一个数学概念下多途径习得和应用的过程；体现一个领域向另一个领域融合延伸的过程。具体数学单元课程实施路径如图2-9所示。

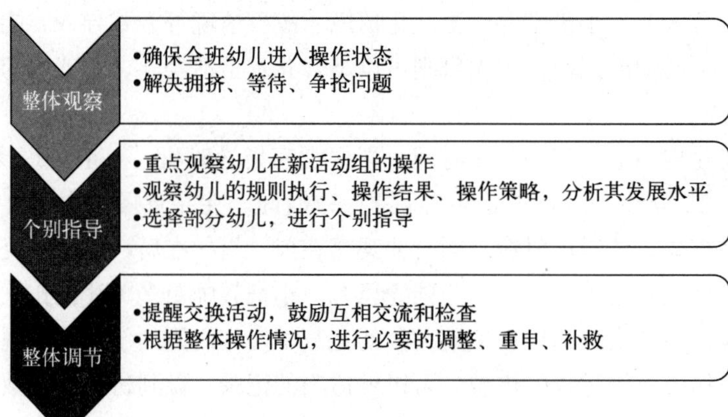

图 2－8　体验与操作环节中教师的观察指导层次及内容

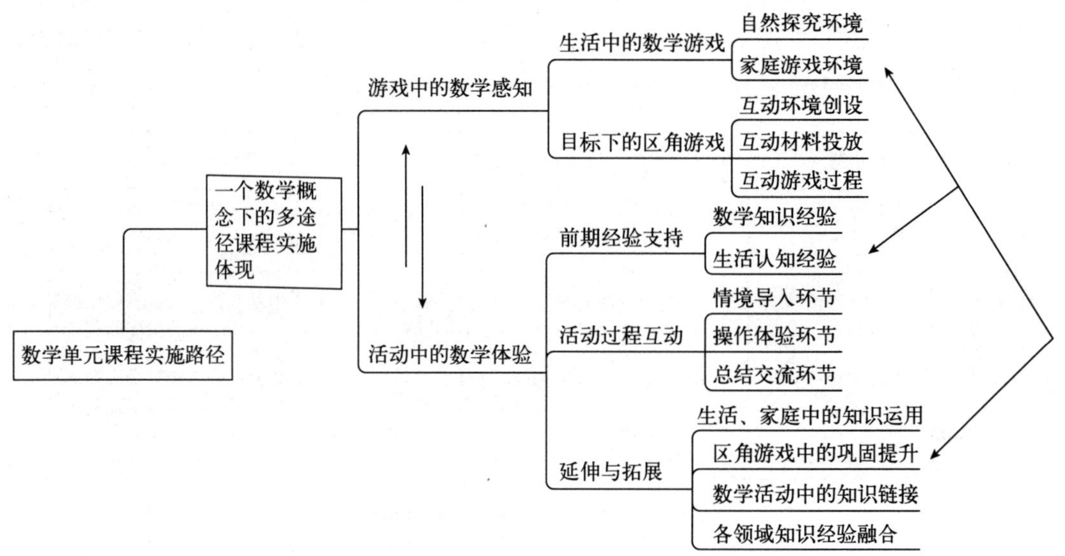

图 2－9　数学单元课程实施路径

（三）导引教师关注儿童学习过程，提高教育反思能力

项目研究过程中运用“三研究”案例表、儿童操作观察表等研究工具，让教师在研究过程中有抓手，且更加有效地支持教师对儿童学习过程的关注，引导教师发生转变，不仅仅关注幼儿的操作结果，而是有意识地倾听幼儿对学习认识和操作过程的表达，真正关注幼儿数学学习的特点、需要以及思维发展水平，从而反观自身教育行为的适切，做更有意义的改进性教育反思。

1. 以“一课三研究”案例模板为支架，提高教师的观察实践能力　“三研究”案例表体现个人、园级、区级三级教研模式，培养教师独立备课能力，发挥园级数学小组互助研

究优势，借助区级观摩研讨引发共同思考与提高。

例：大班第一学期数学活动“排书架”

一研

科学领域数学集体活动教学设计

记录人：张敏学

<table>
<tr><th colspan="2">教学设计</th><th>调整完善</th></tr>
<tr><td>设计意图</td><td>幼儿在小班和中班已有一定的排序经验，进行过数量排序的练习和物体的排序练习，幼儿积累了大量排序的经验。如在日常生活中，会请小朋友在户外活动前带领班中其他幼儿进行从高到矮或从矮到高的排序，将排序运用到幼儿的一日生活中来。设计本次活动，幼儿需要独立完成数量为 10 的宽窄（长短）排序。通过这一活动，帮助幼儿从量的理解转化到数的理解，进一步为“数的比较”打下基础。</td><td></td></tr>
<tr><td rowspan="2">幼儿表现分析</td><td>幼儿表现观察：
1. 情感态度。幼儿喜欢进行数学游戏，通过数学游戏锻炼幼儿的数学思维
2. 能力发展。幼儿对排序有一定的经验，能通过半范例进行 7 以内的长短排序
幼儿初步理解宽窄的概念，能用宽窄进行表述。</td><td>幼儿喜欢进行数学游戏，在活动过程中愿意积极动手操作和思考</td></tr>
<tr><td>活动设计思考：
基于幼儿以往的排序操作经验和对宽窄（或长短）关系传递性、可逆性的理解，独立对多个物体进行排序</td><td></td></tr>
<tr><th colspan="2">教师个人初始设计方案</th><th>集体备课调整</th></tr>
<tr><td>教学目标</td><td>目标构成：
1. 能保管自己的操作材料，不弄混、不丢失
2. 能独立按宽窄（或长短）对 10 个物体进行排序
3. 初步理解物体宽窄（或长短）关系的传递性和可逆性</td><td></td></tr>
<tr><td>教学重点</td><td>引导幼儿以同一基线为标准，独立按宽窄（或长短）对 10 个物体进行排序</td><td rowspan="2"></td></tr>
<tr><td>教学难点</td><td>引导幼儿思考和解释物体宽窄（或长短）关系的传递性和可逆性</td></tr>
</table>

（续）

教学准备	（一）经验准备 1. 教师 （1）熟悉物体排序和数量排序的相关数学知识概念 （2）教师以集体活动组织形式，引导幼儿主动探索、自主学习、分享操作结果，促进同伴间的相互学习 2. 幼儿 （1）已进行过长短、高矮排序学习，有相关的排序经验 （2）利用日常生活中的物品进行排序，巩固长短、高矮排序经验 （3）幼儿在生活中，见过书架中摆放的图书 （4）幼儿对宽窄的概念有初步的理解 （二）物质准备 1. 教师 （1）大电视、白磁板、多用插板、《数的顺序》底纸 （2）磁贴：书架排序卡 10 个、油画棒排序卡 10 个 2. 幼儿 （1）白磁板、多用插板、《数的顺序》底纸 （2）磁贴：书架排序卡 10 个、油画棒排序卡 10 个、皮球物群卡 1～10、数字卡 1～10	
活动过程	（一）以“派派和麦麦去图书馆做管理员”为情境，引出按宽窄给书架排序、按长短给油画棒排序的问题 1. 引出问题 教师：“派派和麦麦今天要去图书馆做管理员，他们要把新添置的书架放进书库，我们也去帮忙好吗?” 出示书架排序卡 10 张。教师：“这些书架宽窄一样吗？你会按照它们的宽窄不同有顺序地排队吗？想想要怎样放才能比较出它们不一样的宽窄呢?” • 指导策略： （1）若幼儿没有理解“有顺序地排”，教师可以解释为“从最窄的排列到最宽的，或者从最宽的排列到最窄的。” （2）引导幼儿充分发表自己的意见，肯定幼儿提出的可行的排序方案 2. 演示规则 出示白磁板。教师：“现在书库里还是空空的，一个书架也没有，谁愿意先来排排这几个书架呀?”请一名幼儿在白磁板上尝试排列书架 提示幼儿可以将白磁板竖着放，书架从上往下排，一律对齐左边或对齐右边，才好比较出几个书架哪个宽、哪个窄 教师：“看看他从上到下排得对吗？他是按什么顺序来排的?” 教师：“你想不想也试一试，等一会儿，你自己做的时候可以想想，从上到下还可以按什么样的顺序排书架。” 3. 介绍相关活动 教师出示油画棒排序卡。教师：“派派和麦麦发现一些油画棒还没有收拾好，你能帮忙把油画棒有顺序地排好队吗？这些油画棒要怎样放才能一眼就看出它们的长短呢？如果竖着放，要对齐哪一边？如果横着放，要对齐哪一边?”	引出问题。出示 5 张书架排序卡。教师：“图书馆今天新到了一批书架，派派和麦麦要把新添置的书架摆整齐，我们一起来看看，这些书架哪里一样？哪里不一样？ “它们高度一样，书的数量一样，书的摆放位置一样。 “原来只有一个地方不一样，就是宽窄不一样，那我们按照它们宽窄的不同有顺序地排队吧，想想可以怎么排?” 教师出示油画棒排序卡。教师：“派派和麦麦发现一些油画棒还没有收拾好，你能帮忙将油画棒有顺序

（续）

活动过程	请你选择一种方法，把油画棒有顺序地排一排。” 4. 提出操作要求 教师：“今天‘排书架’和‘排油画棒’这两个活动，每份学具的材料都比较多，请小朋友注意保管好材料，磁贴不要拿到磁板外边去，做完以后要把材料还原。” 5. 介绍巩固活动 出示“数的顺序”的活动材料。教师：“还记得这个活动叫什么名字吗？是怎么玩的？” 如果幼儿忘了，教师重申一下游戏规则：“自选 4 张物群卡，按‘大嘴鱼’要求的顺序排一排，再填放数字卡表示大小关系。” （二）幼儿自选操作活动，教师帮助幼儿理解规则，并做个别指导 1. 分组操作 请幼儿先完成自己小组的活动，然后再换组。提示幼儿保管好材料，不要把磁贴和旁边的小朋友的混在一起 2. 观察指导 教师巡视各组幼儿的操作，重点指导新活动组。观察幼儿是否理解操作规则，是用什么策略来比较材料的宽窄或长短的，排序时操作是否有序 ·教师指导重点： （1）当幼儿随意排列时，教师重申游戏规则“有序地排”，同时可根据幼儿的实际发展水平，给个别幼儿减少几个操作材料 （2）若幼儿偶尔出错，教师质疑，启发幼儿自己纠错 （3）当幼儿顺利完成排序，教师指出一个书架和他讨论：“这个书架比哪些书架宽，比哪些书架窄？你是怎么知道的？” 3. 常规提示 教师：“做完的小朋友在换组之前要请好朋友检查，材料还原后才能离开。”分组操作结束前，请幼儿保留最后的排序结果 （三）集体交流各种不同的排序方法，引导幼儿思考宽窄（或长短）关系的传递性和可逆性，进行活动小结并点评 1. 交流 请幼儿停止操作，坐回原位 教师：“今天哪些小朋友去当小小管理员，帮忙排书架、排油画棒了呀？谁愿意把你排的拿给大家看看？”请几个幼儿展示操作结果，教师组织其他幼儿逐一检查纠错，并比较自己排的和他人排的相同处或不同之处。 教师指着一个幼儿的排序材料提问：“这个书架比哪些书架宽，比哪些书架窄？（或这支油画棒比哪些油画棒长，比哪些油画棒短？）你是怎么知道的？” 2. 评价 教师：“你觉得谁排得很有顺序？谁用了和别人不一样的方法？”表扬能动脑筋，用和别人不同的顺序尝试排序的幼儿 请幼儿收拾材料。教师：“检查一下桌上和地面上，再看看谁的材料收拾得好？” 3. 整理 请幼儿清点自己的排序卡是否为 10 张，确认后整理好。值日生留下还原学具材料	地排好队吗？这些油画棒要怎样放才能一眼就看出它们的长短呢？请你选择一种方法，把油画棒有顺序地排一排。” 提出操作要求。 教师：“‘排书架’和‘排油画棒’这两个活动，每份学具的材料都比较多，请小朋友注意保管好材料，不要和其他小朋友拿混，做完以后要先检查一下再把材料还原。” 交流。 教师：“今天小朋友是不是都去帮忙排书架、排油画棒了呀？我这儿有两个小朋友的作品，我们一起来看一看。 “他们有什么相同处和不同处？他们是按什么顺序排的？” 教师指着一个幼儿的排序材料提问：“这支油画棒比哪些油画棒长，比哪些油画棒短？你是怎么知道的？”

（续）

教学拓展	给幼儿材料，请他们继续玩一玩、做一做 1. 在区角中投放相关活动材料，供幼儿巩固练习 2. 带领幼儿在户外散步时，鼓励幼儿用各种方法比较树干的粗细，并根据树干的粗细给树木挂牌编号排序 3. 请家长指导幼儿完成《家庭活动册》	
认识及反思	1. 分层次投放游戏材料。能力强和能力弱的幼儿、游戏时间短和游戏时间长的幼儿需要有不同的游戏材料，支持幼儿继续游戏 2. 提前介绍好数学中的游戏规则，有的幼儿喜欢随意游戏，这样就失去了数学活动中本该有的规则 3. 引导幼儿收好游戏材料 4. 引导幼儿有任务意识，有目的地玩	

二研

观察分析记录表

记录人：赵雅楠

活动名称	排书架	适合年龄	5～6 岁
园所名称	蒲黄榆第一幼儿园	执教教师	张敏学

教　学　实　录	
我看到的	集体讲述时，一名女孩上前按照自己的理解操作排序，排出来的结果是正确的，但是在分享操作方法时，她却说“我是按照书架的高矮不同排出来的” 幼儿 1：女孩先把 3 根蜡笔按长短摆在白瓷板上，对齐白瓷板最下面一条边，然后把剩下的蜡笔插入摆好的 3 根蜡笔中 幼儿 2：女孩是按照从窄到宽的顺序排列的，男孩是按从宽到窄的顺序排列的。操作完成后，两人互相看了对方，然后女孩将自己的排序结果按照男孩子的做了些更改 幼儿 3：在排蜡笔的活动中，一名女孩快速按照从长到短的顺序排好后，又打乱了顺序，按照从短到长的顺序又排了一遍 分享环节：教师挑选了两组有特点的操作结果，请幼儿上前分享自己的操作，幼儿能够大胆按照自己的排序方法分享
我的思考	1. 操作结束后，应在什么时间进行集体讲述，对时间的把控以及对幼儿的关注点都需要教师特别注意 2. 幼儿的思维是比较发散的，在各种活动中会有很多意想不到的结果，会与活动预想的问答有偏差，这就要求教师要有很强的随机应变能力，积极引导幼儿，以幼儿为主体，避免在活动中出现教师主导课堂、幼儿被动接受的现象 3. 幼儿对于数学概念的学习还是比较直观的，对简单的概念也只能通过直观和已有经验进行学习和提升，这就要求教师将语言组织得更加严谨、易懂，引导幼儿参与到活动中来，学习新的概念
我的反思	1. 在拓展材料的投放上，可以选择一些概念比较清晰的材料，如粗细（粗细不同的小木棍）等 2. 数学概念较为严谨，在活动中组织好语言比较重要，在幼儿对于宽窄的概念理解较浅的时候，一定要运用严谨的语言引导幼儿，也可以在语言的基础上加以手势的帮助：“这些书架的宽窄不同。”（双手比出宽与窄） 3. 教师可以提前向幼儿介绍几组操作材料分别是什么，幼儿可以再完成两组基础材料后操作拓展组

三研

研修案例

数学活动“排书架”

适合年龄：大班

园所：蒲黄榆第一幼儿园　　执教教师：张敏学

一、设计意图

幼儿在小班和中班已有一定的排序经验，进行过数量排序的练习和物体的排序练习，积累了大量的排序经验。如在日常生活中，会请小朋友在户外活动前带领班中其他幼儿进行从高到矮或从矮到高的排序，将排序运用到幼儿的一日生活中来。设计本次活动，幼儿需要独立完成数量为10的宽窄（长短）的排序，通过这一活动，帮助幼儿从量的理解转化到数的理解，进一步为“数的比较”打下基础。

二、目标

1. 能保管自己的操作材料，不弄混、不丢失。

2. 能独立按宽窄（或长短）对10个物体进行排序。

3. 初步理解物体宽窄（或长短）关系的传递性和可逆性。

三、教学重点

引导幼儿以同一基线为标准，独立按宽窄（或长短）对10个物体进行排序。

四、教学难点

引导幼儿思考和解释物体宽窄（或长短）关系的传递性和可逆性。

五、准备

（一）经验准备

1. 教师。

（1）熟悉物体排序和数量排序的相关数学知识概念。

（2）教师以集体活动的组织形式，引导幼儿主动探索、自主学习，分享操作结果，促进同伴间的相互学习。

2. 幼儿。

（1）已进行过长短、高矮排序的学习，有相关的排序经验。

（2）对日常生活中的物品进行排序，巩固长短、高矮的排序经验。

（3）幼儿在生活中，见过书架中摆放的图书。

（4）幼儿对宽窄的概念有初步理解。

（二）物质准备

1. 教师。

（1）大电视、白磁板、多用插板、《数的顺序》底纸。

（2）磁贴：书架排序卡10个、油画棒排序卡10个。

2. 幼儿。

（1）白磁板、多用插板、《数的顺序》底纸。

（2）磁贴：书架排序卡 10 个、油画棒排序卡 10 个。

（3）2 套皮球物群卡（1～10）、2 套数字卡（1～10）。

（4）4 套同等高度、薄厚不同的书本（每套 5 本），4 套同等高度、树干粗细不同的大树图片。

六、活动过程

（一）以“派派和麦麦去图书馆做管理员”为情境，引出按宽窄给书架排序、按长短给油画棒排序的问题

1. 引出问题。出示 5 张书架排序卡。教师：“图书馆今天新到了一批书架，派派和麦麦要把新添置的书架摆整齐，我们一起来看看这个书架应该怎么放呢？这样放可以吗？”

“原来我们需要把书架立着放置。

“这些书架哪里一样？哪里不一样？

“它们高度一样，书的数量一样，书的摆放位置一样。

“原来只有一个地方不一样，就是宽窄不一样。这样叫作宽，这样叫作窄。

“那我们按照它们宽窄的不同有顺序地来排队，可以怎么排？”

· 指导策略：

（1）若幼儿没有理解“有顺序地排”，教师应解释为“从最窄的排列到最宽的，或者从最宽的排列到最窄的。”

（2）引导幼儿充分发表自己的意见，肯定幼儿提出的可行的排序方案。

2. 演示规则。出示白磁板。教师：“现在书库里还是空空的，一个书架也没有，谁愿意先来排排这几个书架呀？”请一名幼儿在白磁板上尝试排列书架。

提示幼儿可以将白磁板竖着放，书架从上往下排，一律对齐左边或对齐右边，才好比较出这几个书架哪个宽、哪个窄。

教师：“看看他从上到下排得对吗？他是按什么顺序来排的？你想不想也试一试，等一会儿你自己做的时候可以想想，从上到下还可以按什么样的顺序排书架。”

3. 介绍相关活动。教师出示油画棒排序卡。教师：“派派和麦麦发现一些油画棒还没有收拾好，你能帮忙把油画棒有顺序地排好队吗？这些油画棒怎样放才能一眼就看出它们的长短呢？请你选择一种方法，把油画棒有顺序地排一排。”

4. 提出操作要求。

教师：“‘排书架’和‘排油画棒’这两个活动，每份学具的材料都比较多，请小朋友注意保管好材料，不要和其他小朋友的拿混，做完以后要先检查一下再把材料还原。”

5. 介绍巩固活动。出示“数的顺序”的活动材料。教师：“还记得这个活动叫什么名字吗，是怎么玩的？”

如果幼儿忘了，教师重申一下游戏规则：“自选 4 张物群卡，按‘大嘴鱼’要求的顺序排一排，再填放数字卡，表示大小关系。”

（二）幼儿自选操作活动，教师帮助幼儿理解规则并做个别指导

1. 分组操作。请幼儿先完成自己小组的活动，然后再换组。提示幼儿保管好材料，不要把磁贴和旁边小朋友的混在一起。

2. 观察指导。教师巡视各组幼儿的操作，重点指导新活动组。观察幼儿是否理解操作规则，是用什么策略来比较材料的宽窄或长短的，排序时操作是否有序。

· 教师指导重点：

（1）当幼儿随意排列时，教师重申游戏规则“有序地排”，同时可根据幼儿的实际发展水平，给个别幼儿减少几个操作材料。

（2）若幼儿偶尔出错，教师质疑，启发幼儿自己纠错。

（3）幼儿顺利完成排序后，教师指出一个书架和他讨论：“这个书架比哪些书架宽，比哪些书架窄？你是怎么知道的？”

3. 常规提示。

教师：“做完的小朋友在换组之前要请好朋友检查，材料还原后才能离开。”分组操作结束前，请幼儿保留最后的排序结果。

（三）集体交流各种不同的排序方法，引导幼儿思考宽窄（或长短）关系的传递性和可逆性，进行活动小结并点评

1. 交流。

教师：“今天小朋友是不是都去帮忙排书架和油画棒了呀？我这儿有两个小朋友的作品，我们一起来看一看，他们有什么相同之处和不同之处？他们是按什么顺序排的？”

教师指着一个幼儿的排序材料提问：“这支油画棒比哪些油画棒长，比哪些油画棒短？你是怎么知道的？”

2. 评价。

教师：“你觉得谁排得很有顺序？谁用了和别人不一样的方法？”表扬能动脑筋，用和别人不同的顺序尝试排序的幼儿。

请幼儿收拾材料。教师：“检查一下桌上和地面上，再看看谁的材料收拾得好？”

3. 整理。请幼儿清点自己的排序卡是否为 10 张，确认后整理好，值日生留下还原学具材料。

七、延伸活动

1. 在区角中投放相关的活动材料，供幼儿巩固练习。

2. 带领幼儿在户外散步时，鼓励幼儿用各种方法比较几棵树干的粗细，并根据树干的粗细给树木挂牌编号。

3. 请家长指导幼儿完成《家庭活动册》。

八、困惑及反思

（一）困惑

1. 如何确定游戏时间节点，帮助幼儿在游戏中有任务意识。

2. 在活动中，是否要和小朋友强调找到书架或油画棒的基线再进行游戏。

（二）反思

1. 分层次投放游戏材料。能力强和能力弱的幼儿、游戏时间短和游戏时间长的幼儿需要有不同的游戏材料，支持幼儿继续游戏。

2. 提前介绍游戏规则，有的幼儿喜欢随意游戏，这样就失去了数学活动本该有的规则。

3. 引导幼儿收好游戏材料。

4. 引导幼儿有任务意识，有目的地玩。

5. 活动中的导入很重要，关系到幼儿能否明白游戏规则的重点。

6. 做活动评价时要评价幼儿活动中的问题，是查漏补缺的环节。

7. 可以根据幼儿的能力随时调整游戏内容，按照幼儿的发展水平设计活动。

八、儿童学习故事记录

活动开始，老师讲完游戏规则后，请小朋友自主选择一个自己喜欢的游戏先去玩一玩，小朋友选了游戏内容后，都开始玩儿起来。

这时候，我观察到一个小女孩，长得很可爱，开始做的时候，她的小眼睛一会儿看看左边的小朋友，一会儿看看对面的小朋友，迟迟不肯摆放蜡笔。这时候，她旁边的小男孩开始摆了起来。游戏规则是将小蜡笔按照从短到长或从长到短排列，这个排序游戏，对小女孩来说有一些难，她在做的时候，一直在旁边效仿着一个小男孩，但是这个小男孩也属于排序能力不是很强的小朋友，他并没有先把所有蜡笔都摆好，再去判断，而是拿一个摆一个，一边摆一边比较，需要不断调整才能摆出正确的顺序。

小男孩摆一个、小女孩摆一个，小男孩纠正一个、小女孩纠正一个，在小男孩不断调整的过程中，小女孩也在不断调整。

我发现，这个小男孩的基线选择在中间，而小女孩的基线选择在了另外一侧，那么问题来了：两个人的基线不一样，小女孩就会不断调整，结果就是因为蜡笔太多了，两个小朋友的基线又不一样，所以小女孩就看不过来了，由于时间关系，小女孩最后没有完成这个游戏。

通过小女孩在游戏中的表现，能够看出小女孩的排序能力比较弱，针对这一现象，我对小女孩有以下指导策略：

1. 游戏材料的改变。减少排序数量，让她看到的蜡笔少一点，在她能够接受的范围内。当她完成剩下的蜡笔排序时，及时给予小女孩鼓励，让小女孩体会到成功，保持小她对数学的兴趣，让她能够在自己的水平上有所发展。

2. 在教师的帮助下完成游戏。教师给幼儿一定的语言引导，如这支油画棒比哪些油画棒长，比哪些油画棒短？你是怎么知道的？引导小女孩拿出其中一支油画棒，和其他的油画棒进行比较，帮助小女孩积累经验，然后进行剩下的油画棒的排序活动。

一研：教师在原有课程资源的基础上，结合本班幼儿的排序经验和幼儿表现，分析设计此次集体教学活动。本节活动重点为“引导幼儿以同一基线为标准，独立按宽窄（或长

短）对 10 个物体进行排序，排序后能理解物体宽窄（或长短）关系的传递性和可逆性。”在延伸环节，注重此概念在区角、户外和家庭活动中的进一步探究。“调整完善”部分重点体现的是园所研究小组的相互研讨和修改建议。

二研：以观察幼儿行为表现为主的二研表更加突出教师在实践过程中对儿童行为表现的观察、分析和反思，通常体现的是教师实施过程中的观察追记、回看录像后的记录，或者也可以是团队观摩后小组人员的观察记录。其目的是通过幼儿行为表现，反观教师教育行为的适宜性。在数学活动中，幼儿操作环节可以体现教师是否为幼儿创设了独立自主思考的空间，体现每一个儿童的个性化学习，教师借助二研表能够更加清晰地观察到儿童对操作常规的掌握、游戏规则的理解、操作结果的展现等过程，从而反思自身教学活动设计和组织实施策略中是否适宜以及后续如何改进。

三研：一研、二研（多个二研）后，经反复推敲形成较完善的教学文案，其中包括完整的教学活动设计和幼儿学习故事的撰写，体现教师的儿童观和教育观，促进教师从教育观念到教育行为的转变。在数学活动中，教师重点针对操作过程中不同能力的儿童进行个性化指导，并在延伸活动中对幼儿进行重点关注与指导，使教师能够很好地了解班中每一名幼儿，并进一步提高自身的观察研究能力。

2. 细化数学操作环节观察量表，提高教师的观察指导能力　教师在实施教学活动中容易关注幼儿操作的结果而忽视操作过程中幼儿的不同表现，不能通过幼儿的行为表现反思儿童数学学习发展进程。因此，项目组细化了数学操作环节观察量表，观察分为现场观察和实录观察两部分内容，通过对一组儿童和个别儿童操作规则、习惯、方法的观察，一方面可以导引教师关注班级儿童能力发展水平的差异性，另一方面也可以反馈出教师在教学活动设计与组织中存在的问题，帮助教师优化各环节指导策略的运用，提高教师的观察和指导能力。

【实验案例】

数学集体教学活动中的“基本活动材料中的幼儿操作情况量表”

观察时间：2019.12.25

实验地点：蒲黄榆第二幼儿园

实验班级：小一班

主班教师：杨柳

配班教师：蔡涵、张斯婕

活动名称：挂车厢

数学概念：体验以 AB 为单位的重复排列

一、活动目标

1. 初步体验以 AB 为单位的重复排列。

2. 能按全范例重叠对应排列 AB 模式。

3. 在活动中能按照规则边操作边讲述。

二、操作规则

从车头开始，先按照车厢颜色选插钉，然后按顺序把两列小火车的车厢挂完，最后从车头开始连起来，说一说车厢颜色是怎么排的。

三、活动观察量表

（一）观察评价目的

1. 了解幼儿操作新授活动材料时的行为与能力，通过观察记录、描述分析等方式，熟悉幼儿数学学习的不同能力和发展水平。

2. 反思教育行为，进一步完善数学课程设计，制定切实可行的支持策略（以学促评，以评促教）。

（二）量表指标解读/记录方式

操作规则：幼儿理解活动规则，并按规则进行有序操作（完成项画√）。

操作结果：独立完成操作，操作结果正确（完成项画√）。

概念理解：是否在操作中掌握了本次活动涵盖的数学概念（完成项画√）。

操作（方法）策略：能体现幼儿在操作中运用的不同方法和策略，体现幼儿的学习过程和能力（用简单文字表述）。

解决问题能力：在过程中体现幼儿独立发现问题和解决问题的能力（完成项画√）。

操作过程表达：能积极与教师或同伴交流，表达操作过程和结果（完成项画√）。

学习态度：体现对与数学相关现象及问题的兴趣、好奇心、求知欲，参与数学活动和思考的积极性、主动性（完成项画√）。

学习行为和习惯：体现学习自主性，表现在任务意识和规则意识、专注性、坚持性、计划性、反思能力等方面（完成项画√）。

（三）观察评价量表

性别	姓名	数学知识理解			数学过程能力			学习品质	
		操作规则	操作结果	概念理解	操作（方法）策略	解决问题能力	操作过程表达	态度	行为习惯
女	孙美涵		√		第一列按颜色选插钉，从车头插，第二列从车尾插插钉	√	√	√	√
女	史天薇		√		有序按颜色选插钉，第二列车厢从车尾插插钉，教师指导后调整			√	√
★女	霍紫瑶	√	√	√	有序从车头方向按车厢颜色选插钉操作	√		√	
★男	范龙骞		√		随意选颜色	√		√	√
女	王恩希		√		未按车头方向插，颜色正确，插完一排后拆下，整理材料			√	

（续）

性别	姓名	数学知识理解			数学过程能力			学习品质	
		操作规则	操作结果	概念理解	操作（方法）策略	解决问题能力	操作过程表达	态度	行为习惯
女	屈楚希	√	√	√	先看插钉，后根据车厢颜色依次选择插钉	√	√	√	
女	杨栖桐	√	√		有序从车头方向按车厢颜色依次选择插钉	√			√
幼儿表现与教师指导	范龙骞小朋友没按颜色插，不了解规则，第一名教师指导无效，幼儿操作完发现问题，进行了自我纠正；第二次操作按颜色但没有从车头开始，没有按顺序插，第二名教师用手指着车厢进行指导，在带着幼儿说第一列车厢后，幼儿能够独立按顺序表达第二列车厢规律 大部分幼儿第二列火车问题较多，幼儿规则不够清晰								
儿童操作情况分析	数据分析：操作规则达成约42%，操作结果达成100%，概念掌握约28%，解决问题能力约71%，操作过程表达约28%，学习态度约85%，行为习惯约57%。其中优势项为操作结果，达100%；弱势项为操作规则，约42%；操作过程表达约28%，概念掌握约28% 评价内容分析：教师经常从幼儿操作结果得出结论，认为操作结果正确说明大部分幼儿基本掌握了本次活动的数学概念，认为目标达成度较高，但事实并非如此。 通过视频回放，反复解读儿童操作过程，教师发现幼儿并非真正理解了数学概念。幼儿数学知识的理解蕴含在规则中，能够按照操作规则操作并能够用语言表达才是真正的理解 数学知识方面：7名幼儿操作结果正确，有3名幼儿两列火车都能按规则操作，2名幼儿第一列教师演示的火车操作正确。幼儿是否真正能掌握这一模式应进一步在教师介入指导时有意识地进行延伸提问，目前不能完全判断幼儿是否掌握了AB模式 数学过程能力方面：交流表达、问题解决体现一般过程能力，模式规律体现本次活动特殊过程能力。幼儿处于小班水平，解决问题的能力体现不突出。在交流表达中，2名幼儿表达清晰、明确，3名幼儿在教师指导后能正确表达 数学学习品质方面：幼儿都能够积极投入到操作过程中，6名幼儿状态较好，3名幼儿活动坚持性和专注性体现较明显 目标达成方面：目标体现在对模式的理解、有序操作和讲述三方面内容。从观察分析看，幼儿对于模式的理解不是很清晰，在操作中，教师没有强调幼儿边操作边讲述，目标达成度不高 不同发展水平儿童情况分析： 能力较强的幼儿：霍紫瑶、屈楚希2名儿童能够按照规则进行认真、有序的操作，表现出积极的态度，具有良好的学习品质，且操作结果正确并能用语言清晰表达操作过程，体现了对模式概念的认识和理解，较好达成了活动目标 中等表现幼儿：孙美涵、史天薇、杨栖桐3名儿童操作认真、较专注，但开始并没有按照规则进行操作，后续在教师指导下能够很快调整操作行为，操作结果正确，并能基本按模式顺序说出车厢颜色排列特点，基本达成目标，但不稳定 理解偏弱幼儿：范龙骞、王恩希2名儿童操作较认真，但基本没有理解操作规则，在活动中反复调整和操作，以颜色对应为主，没有发现模式规律，没有达成活动目标								

（续）

<table>
<tr><td></td><td>（录像回看进行案例描述）
男孩 1：范龙骞
幼儿快速拿出红色插钉插在第二列火车车头第一节黄色车厢上，接着将绿色插钉插在第二节绿色车厢上，然后是蓝色插黄色、黄色插绿色、蓝色插黄色、绿色插绿色、黄色插黄色，黄色插绿色，插完马上说“好了”。教师发现问题，进行指导，幼儿不理解，能说出是一列一列排的，但不能将插钉颜色与车厢颜色对应。教师多次指导后，幼儿仍然不理解，拿蓝色插钉从第一列火车车尾插起，接着开始跳着挂车厢，且插钉颜色与车厢颜色不符。在插最后一个红色车厢时，主动寻求帮助“老师这个没有了”。教师问：“看看有没有排错的？”幼儿先从小筐里又找到了一个黄色插钉，然后插到红色车厢上。教师再次询问：“看看是不是有车厢排错了？”幼儿回应“排错了”，然后开始拔下插钉反复调整。这次是主班教师进行指导，幼儿能积极回应教师的指导，但不能完全理解教师的意图。幼儿尝试按颜色对应挂车厢，但没有按顺序操作，对模式规律不理解。经过反复调整，幼儿最终把插钉按车厢颜色对应插好。在教师指导交流表达时，幼儿开始不理解，不能独立表述，最后在教师手指的帮助下按顺序说出车厢颜色。在表述第二列火车时，独立从火车头开始，用手指着车厢颜色按顺序进行了表达。收玩具时，从第一列火车车尾、第二列火车车头开始收，操作共计 10 分钟</td></tr>
<tr><td>幼儿操作过程个案描述</td><td>配班教师介入指导（2 分钟）

教师：“你的小火车从哪开始是第一节呀？”
幼儿用手指火车头方向说：“窗户……”
教师：“窗户？窗户在哪儿？”
幼儿转身指着左手边说：“那儿。”
教师：“我是说你的小火车在哪儿，往哪儿开？”
幼儿看向右边
教师：“不用看那边，看你自己的小玩具，从哪儿开始，第一节小火车在哪儿？”
幼儿对面的女孩说：“老师，先从小火车头粘的。”
教师：“特别好，还有一个小火车呢？”
教师：“看看你的小火车是怎么开的？”
（问题不明确）
幼儿：“蓝、绿色。”
教师：“我说的是下面的这个小火车，绿色车头这个小火车是怎么开的？”
幼儿手指着车头说：“是从……嗯……”说不出来了。
教师：“看看是什么颜色的小车厢啊？”
幼儿：“绿色。”
（教师只用语言进行指导，这种方式不符合儿童年龄特点和发展水平）
教师：“车厢，哪个是小车厢啊？”
幼儿从车尾开始指着说：“这是小车厢。”
教师：“看看你的小车厢是怎么排列的？”
幼儿从后往前指，又从前往后指说：“是一列一列排的。”
教师：“对，都是什么颜色的车厢？”
幼儿开始从车头方向说：“红色、绿色。”然后手中插钉掉了，老师帮助捡起后继续说：“蓝色、黄色……”
教师：“你看是这个颜色的车厢吗？”</td></tr>
</table>

（续）

<table>
<tr>
<td>幼儿操作过程个案描述</td>
<td>
幼儿：“是。”
教师看到对面女孩已经做完，走向了对面的女孩，并对男孩说：“你再看看对吗？”第一次指导结束。
主班教师第一次介入指导（1 分 15 秒）
教师：“你的小火车插完了吗？从哪儿开始呀？从小火车头开始，第一节小车厢什么颜色的呀？”
幼儿：“红色。”说着，插上第一节车厢的红色插钉，然后开始按颜色拿红色插钉插第五节红色车厢。
问题不明确，但给幼儿尝试的机会
教师：“你这样小车厢断了还能开走吗？”
幼儿：“不能。”

教师：“第一节插完了插第几节呀？”
幼儿：“插第三节。”然后用手从车尾开始，往前一个一个指。
教师：“第二节插什么颜色？”
幼儿拿起蓝色插钉，说：“插这个。”
教师：“嗯，那你试试。”
幼儿接着把蓝色插钉插在了第六节蓝色车厢上。
教师：“你这样小火车就断了呀！”
幼儿拿着绿色插钉在第二列绿色车头位置摆弄。

教师指着第一列、第二节蓝色车厢问：“第二节车厢什么颜色呀？”
幼儿要插红色插钉。
教师问：“和它颜色一样吗？”
幼儿：“不一样。”但仍然没有理解，继续随意插其他插钉。
教师离开。
主班教师第二次介入指导（1 分 30 秒）
教师：“第一列小火车往哪儿开呀？”
幼儿开始指车头并向远方指。
教师换了问题：“小车厢是怎么排的？”
幼儿从后面指。
教师指着火车头说：“从火车头开始。”
幼儿没有理解，开始拆下最后一个红色插钉准备插到火车头的位置。
教师用手指着第一列火车厢问：“第一列小火车的车厢是怎么排的，第一个是什么颜色？”
幼儿开始按照教师手指的顺序进行表达：“红色、蓝色……”
教师：“那你自己说说第二列车厢是什么颜色？”
幼儿指着第二列车厢的颜色，从车头开始表达：“黄色、绿色……”
教师问题明确并且用动作和语言共同帮助幼儿理解。通过引导，幼儿初步了解了表达的方式，在表达第二列小火车时开始独立表达
教师：“你的小火车开走了，收起来吧！”
幼儿收好材料，换组游戏
</td>
</tr>
</table>

（续）

<table>
<tr><td rowspan="2">个别儿童指导分析</td><td>幼儿表现分析</td><td>教师指导分析</td></tr>
<tr><td>幼儿动作较快，对操作活动比较积极，小肌肉发展较好，对教师提出的问题虽然不能完全理解，但能够与教师积极互动。幼儿与教师互动时，边用手指点边表达，突出体现了小班幼儿的年龄特点。幼儿在活动过程中能够用简单的语言表达自己的意愿，并坚持下来，能够反复调整自己的插钉颜色，最后在教师的引导下从车头方向按颜色有序表达，通过 10 分钟的操作，幼儿有一定的发展和提高。
幼儿不清楚操作规则，过程较随意，在不断调整后最终完成了操作，获得了成功。幼儿在操作和与教师沟通方面都出现了一些困难，幼儿的语言理解能力、数学概念的认知和理解能力还有待加强</td><td>第一位教师在幼儿摆好第一列火车说“好啦”后进行了指导，指导时机比较恰当，但在指导中一直用语言进行引导，并且指导语不够清晰明确，在发现幼儿不理解后，教师没有继续指导而是选择了放弃。
第二位教师在幼儿调整插钉准备插第一列小火车时进行了介入，时机有些早，还可以再观察一下幼儿插第一列火车的表现再选择介入，但中途有离开等待幼儿独立操作和思考的过程。第二次在幼儿操作完介入指导，时机较恰当。引导幼儿按规则进行表达时，先用语言指导，发现幼儿不理解时，及时调整指导策略，选择用手指着车厢带领幼儿按顺序表达，指导意图明确。幼儿有了第一列小火车表达的经验，能够独立对第二列小火车进行表达，指导有一定效果</td></tr>
<tr><td>幼儿操作过程个案描述</td><td colspan="2">（录像回看进行案例描述）
女孩 1：霍紫瑶
幼儿先给第二列火车挂车厢，她拿起蓝色插钉，发现不对，立刻换了黄色插钉，从第二列火车的车头开始，由右向左插插钉。第一个插钉插得不是很顺畅，第二个插钉拿到手后，她抬头看了老师一眼，开始插插钉，插第三个插钉时，她把头放得很低，仔细看着插钉和小孔，边看边插，但还是有些不顺畅。该插第四个插钉了，幼儿突然犹豫了，不知道要拿什么颜色，于是左手扶筐，右手在筐中摆出准备拿的动作，头歪向操作板反复看了两次后，从小筐里找到了绿色插钉操作，插不进去就用另一只手帮忙。接着是第五个黄色插钉、第六个绿色插钉，就在插第七个黄色插钉时，她听到对面老师正在指导小朋友，抬头停顿了 7 秒左右，开始插最后一个绿色插钉。插完，她随着男孩的语言和动作看向左边，接着和对面老师主动说：“老师，先从小火车头粘的。”边说边用右手点着火车头又点点黄色插钉（1 分 29 秒）。这时老师提醒“还有一个小火车”，女孩开始找到第一列火车，从火车头方向从左向右挂车厢，红色、绿色、红色、绿色，4 个插钉只用右手，边拿边插，比较顺畅。在第 5 个红色插钉插完的同时，她又一次停了下来，关注对面教师和幼儿的交流，停顿后快速把后面的插钉按颜色插完了（1 分 10 秒）。插完后，这名幼儿又一次主动对对面的老师说：“老师你看看我的。”老师引导幼儿坐好后进行提问，引导幼儿表达。幼儿从第一列小火车的火车头开始，指着车厢一个一个按顺序表达，但在表述第二列火车时，从车尾开始按颜色顺序表达。经过老师的反复提问引导，幼儿从第二列火车头开始正确表达，得到了教师的认可（1 分 19 秒）。最后，先从第二列火车车尾和第一列火车从车头开始收玩具（1 分 7 秒）。整个活动操作共用时 5 分 24 秒
</td></tr>
</table>

（续）

<table>
<tr><td>个案儿童指导分析</td><td colspan="2">1. 幼儿操作规则掌握较好。幼儿没有从第一列教师演示过的火车开始操作，且能够直接找到车头位置，从第一节车厢开始，用相同颜色的插钉对应操作，在对面幼儿不理解时，能用语言进行规则表达
2. 幼儿对模式概念有初步理解，但还需巩固。主要体现为幼儿的操作过程很清晰，但在最后表达操作结果时，幼儿没能正确表述自己的操作结果，在经过教师的语言指导后进行了调整
3. 幼儿体现了初步解决问题的能力。当幼儿不知道拿什么颜色的插钉时，她通过反复观察和选择，最终确定了插钉的颜色，同时，当一只手操作插钉有困难时，能用另一只手进行辅助操作
4. 幼儿善于语言交流与互动。幼儿能够主动表达自己的意愿，并主动与教师进行语言互动
5. 幼儿学习态度积极。幼儿能够积极主动地操作，积极参与、互动和表达
6. 目标基本达成
7. 幼儿的专注力有待进一步提高。过程中多次出现幼儿被周围事物干扰的现象，幼儿停下操作两次，一次 7 秒、一次 17 秒，幼儿动作不慢，但每一次干扰后，幼儿思路会被打断，所以每一列火车操作时间稍长，共用时 5 分 24 秒</td></tr>
<tr><td rowspan="3">教师支持策略思考与建议</td><td rowspan="2">教学活动中的调整支持策略</td><td>操作过程中的指导策略：
1. 主班教师先重点关注幼儿操作重点活动材料的情况。先看幼儿整体的操作状态和操作过程，了解幼儿对规则是否理解，如果发现大部分幼儿都出现问题，教师要重申操作规则
2. 关注不同儿童的具体行为表现。对于完成较快的幼儿要及时给予支持，避免幼儿无效等待，同时根据教师对幼儿能力的了解拓展提问内容，如：如果在这列火车前面再加一节小车厢，你会加什么颜色的车厢？通过拓展性提问，进一步了解幼儿对概念的理解和掌握。对中等幼儿先尝试拓展提问，如果幼儿不理解，可以再次通过不同语调和节奏，让幼儿对模式有所感知。对于能力较弱的幼儿，可以帮助幼儿完成前半部分操作，降低操作数量或引导幼儿边说边操作，降低操作难度</td></tr>
<tr><td>活动设计中的支持策略：
1. 在活动设计经验准备中，可以从新年话题入手，带幼儿看一些有模式的拉花，并组织幼儿在美工活动中做漂亮的拉花，布置教室环境，感受模式
2. 在情景导入环节，可以从布置新年环境这一已知经验入手，在白板中呈现、链接生活经验，再次感受模式
3. 多种模式感受策略。以小动物坐上小火车参加新年联欢会，帮助小动物挂车厢为情景，用声音的强弱和高低、一个单位一停顿、教师手指辅助边指边说等多种方式，让幼儿在跟说中反复感知。最后，用和小动物说一说你是怎样帮助他们挂车厢的情景，激发的幼儿操作兴趣
4. 在交流评价中提升经验：把火车变长</td></tr>
<tr><td>经验拓展支持策略</td><td>1. 在生活中寻找模式的环境和动物图片，布置在教室中。拓展经验，感受模式在生活中的应用
2. 在数学区创设铺小路、小插片插小火车，在建构区开展给小动物装饰漂亮的家等活动，将模式应用到生活和游戏中</td></tr>
</table>

（续）

<table>
<tr><td rowspan="1">教师支持策略思考与建议</td><td>儿童差异关注与支持策略</td><td>1. 关注幼儿的数学能力差异和年龄差异，做到心中有数，要有个案记录
2. 在指导过程中，教师在指导前先观察幼儿的操作过程，尽量不在过程中打扰幼儿操作，结合小班幼儿的年龄特点，在指导中要用简练、听得懂的语言进行指导
支持策略：环境、材料、操作兴趣、操作机会、个案记录
对于能力较强幼儿，应丰富活动材料，通过变换操作数量或操作方式，进一步发展幼儿的数学能力
对于中等表现幼儿，要为幼儿创设丰富的数学环境，促进幼儿的感知、理解和应用。为幼儿提供更多的操作机会，通过不断尝试和练习，巩固幼儿对数学经验的掌握和理解
对于理解偏弱幼儿，要在日常形成个案记录，关注幼儿数学能力的发展水平。在游戏活动中，要多为幼儿提供操作练习的材料和机会，在活动中降低活动材料难度，同时给予其更多的关注和指导</td></tr>
<tr><td>教案再设计进行同课异构</td><td colspan="2">目标：
1. 初步体验以 AB 为单位的重复排列
2. 能按全范例对应排列 AB 模式
3. 在活动中能按照规则，边操作边讲述
教学重点：体验模式的排列规律
教学难点：能边说边操作，并通过表述进行检查
准备：
1. 经验准备
（1）教师
①组织活动经验：活动组织形式、多种活动、自主轮换
②环节设计：介绍规则、分组操作、交流评价
（2）幼儿
①前期经验铺垫，一日生活、区域游戏
②了解从前完后、从头到尾
③提前尝试插钉
2. 物质准备
（1）教师：课件
（2）儿童
①新授：《挂车厢》、多用插板、底卡 1“挂车厢”、插钉（红、黄、蓝、绿各 4 个）（8 份）
②巩固：《分点心》、多用插板、白磁板、底纸 6“分点心”、磁贴（红、黄、蓝、绿标记 3 个，几何图形共 12 个，红、黄、绿大圆形各 2 个，红、黄、绿大长方形和小三角形各一个）（8 份）
③提升：《小动物上火车》、车厢和小动物卡片 4 套
活动过程：
1. 以“小火车需要挂车厢”为情境，有节奏地表述，感受颜色模式中的“单位”
（1）出示第一列小火车，提问：火车头往哪里开？车上都有什么颜色的车厢，是怎么排列的？
（2）重点指导：我们一起从车头开始，说一说车厢的颜色。说车厢颜色时，可请幼儿以动作（如双臂模仿车轮前行）配合语言，有节奏地连说红蓝组成的单位，帮助幼儿体验颜色模式的单位以及单位的重复</td></tr>
</table>

（续）

<table>
<tr><td>教案再设计进行同课异构</td><td>（3）出示第二列小火车，提问：车头往那边开？都有什么颜色的车厢，是怎么排列的？
（4）重点指导：我们一起从车头开始，说一说车厢的颜色。说车厢颜色时，可请幼儿以动作（如双臂模仿车轮前行）配合语言，有节奏地连说黄绿组成的单位，帮助幼儿体验颜色模式的单位以及单位的重复
2. 演示操作，出示彩色插钉
（1）情景：小动物们都等急啦，我们快来用插钉挂车厢吧！
（2）重点指导：挂的时候，插钉的颜色要和车厢的颜色一样。我们先看上面的小火车，要选什么颜色的插钉，从哪儿开始插？对，从火车头开始，一个一个按顺序插。谁愿意来试试看？
（3）请个别幼儿上前演示，教师引导其他幼儿观察：他是从哪里开始插的？第一个插的是什么颜色（红色），下一个该插什么颜色呢（蓝色）？待幼儿插完两个单位后叫停。
（4）提问：我们看看他有没有按顺序插？小朋友们会做了吗？
（5）总结规则：
①这个活动的名字叫‘挂车厢’
②等一下你们做的时候，就要像这样从火车头开始
③怎么选插钉呢？按照车厢的颜色选插钉，按顺序把两列小火车的车厢挂完。挂完车厢以后，要从车头开始，说一说车厢颜色是怎么排的，挂完要记得干什么
（6）介绍巩固组活动。指着巩固组材料说：“今天老师还准备了以前玩过的‘分点心’的活动，放在了这几组，大家还记得是怎么玩的吗？”
（7）教师：“在最后一张桌子上，是帮小动物按顺序上车的游戏，小朋友要做完前两个游戏，再去做这个。”
3. 安排幼儿自选活动、分组操作，并观察指导。重点关注操作顺序，提示按车厢颜色选插钉，并通过幼儿的表述进行检查。要求还原材料再换组
（1）分组操作教师：“小朋友可以自己选择先玩什么，再玩什么。玩过后，把材料收回原处，再换到另外一个组去玩。下面我请到哪一组，就请你们轻轻搬椅子过来选活动。”
（2）观察指导教师巡视幼儿的操作，重点观察“挂车厢”活动，提示：“请小朋友先看好底板上车厢的颜色，再选插钉。”
4. 分类整理学具。个别演示、集体表述检查，进一步感知AB模式中的“单位”及其重复
（1）交流。将幼儿集中起来，提问：“老师这里的小火车车厢还没有挂完，谁愿意来挂呀？”请一名幼儿完成挂车厢的全部演示。该幼儿操作时，教师提示其他幼儿观察：“我们看一看，他是不是按图纸上车厢的颜色来插插钉的呢？（等该幼儿插完一列火车后）大家来说一说，检查一下。”
（2）教师：“这里有一列小火车还没开走呢，我们一起来检查一下车厢哪里出现问题了呢？”请在活动中出现问题的幼儿进行改错
（3）评价。重点评价新活动组：“今天，哪些小朋友是按图纸上车厢的颜色选插钉，从车头开始按顺序挂车厢的？哪些小朋友挂完车厢记得说一说了？”
（4）能按范例板重叠对应排列插钉。尝试有节奏地表述排列规律</td></tr>
</table>

以上是对教师在观察幼儿与材料互动过程中的表现以及与个别幼儿进行互动操作的过程性描述记录和分析。项目组在研究过程中进行了初步尝试，运用了两台摄像机，一台主要固定在基本活动材料桌前，目的是更好地记录幼儿在进行重点活动过程中，在轮换人数、操作规则掌握等方面不同的行为表现，对幼儿掌握重点内容的情况有一个量化的观察

和统计。另一台摄像机可以由观察教师自行准备，目的是对个别幼儿进行过程性的视频记录。在观察初期，教师还不能细致、准确地描述幼儿的行为表现，采用录像形式，教师可以反复观看，进行记录，分析幼儿的行为表现，通过量化统计，反思班级儿童的整体发展水平以及在本次活动中教师在内容设计和组织过程的适宜性。通过对个别儿童的观察记录和分析，可以更有针对性地了解儿童差异，并反思教师在指导过程中语言、方法的适宜性。此量表是教研员和教师共同观察记录分析完成的，因幼儿的操作过程稍纵即逝，每名幼儿的差异性都很大，所以，我们的量表是以现场记录和教师录像回看两种形式完成的，其目的一方面是教师可以更加深入地了解群体儿童和个性化儿童的需求，给予更加适时、适度的指导和支持，另一方面也进一步提高了教师设计、指导、评价、研究的能力，后续还可根据记录的实际情况进行调整，更加方便教师记录，发挥其最大价值，促进观察的即时性和实效性。

三、项目研究的后续思考

1. 进一步通过实验，完善多层级观察量表，提高教师观察儿童和数学单元课程设计实施的能力　项目组将在行动研究的过程中，继续完善教师观察量表、教师评价量表等促进教师研究的教研工具量表，从观察儿童、评价教师、评价课程等多角度进行研究，更好地提高教师研究的专业性和实效性。

2. 进一步加强对儿童数学学习路径的研究，深入研究学科的核心价值　在新课程理念的指导下，引导教师进一步学习和挖掘科学领域下数学学科的核心价值，加强儿童学习路径导引下的教、学、评一体化数学单元课程设计的实践研究，重点挖掘生活和区角中的数学教育，以及不同层次材料投放对幼儿数学认知和能力发展的支持作用，设计真正符合学前儿童发展和需要的数学游戏化课程，完善学前数学教育课程体系。

3. 进一步加强家园经验互通，形成合力，真正促进学前阶段儿童的数学能力发展　项目园所将与家长形成定期观摩、分享、交流的机制，重点交流学前儿童阶段的学习方式和特点。定期组织家长观摩幼儿园教学活动，通过家园互动式数学教育研究，使家、园、社区形成合力，在了解儿童学习方式和特点的基础上，尊重儿童发展规律，促进幼儿在数学认知、数学思维方面的全面发展，使幼儿园教育得到家长的认可和支持，减少大班流失现象，做好幼小衔接。

第三章　典型案例

第一节　小班优秀活动案例

案例一

排除其他特征干扰，按颜色分类

方庄第一幼儿园　王晶

01 活动介绍

适合年龄班	小班	建议学习时间	第一学期（9月）
数学概念	把具有相同特征或相同条件的事物进行分组，并用对应的标记卡表示出来		
关键经验	能排除形状、大小的干扰，按颜色给图形分类，用颜色标记表示分类结果，并按照分类规则把材料分完		
幼儿学习情况分析	在以往的分类游戏中，幼儿已经掌握按一个属性对事物进行分类。在对幼儿进行持续观察后发现，对于同一种材料，幼儿出现了不同的分法，如按颜色或按形状分类。由此，我结合《通向数学老师指导手册》，确定了本次活动的难点和重点。本次活动相比之前的活动有了一定难度的提升，分类游戏更加深入		
整体设计思路	“游戏化的一日生活”是小班幼儿获取新经验的主要方式。特别是在实际操作性较强的游戏中，更能调动幼儿的多种感官，使其对新事物有更深的理解。因此，我结合小班幼儿的年龄特点以及近期开展的数学活动——蝴蝶找花，设计了游戏性和操作性较强的活动——分点心，并利用生活中的游戏情景，开展了树叶分分类、我为玩具找家等区域游戏		
活动名称	实施途径	活动目标	评价要点
分点心	集体教学活动	能排除形状、大小的干扰，按颜色给图形分类，并用颜色标记表示分类结果	能否按照分类要求对物品进行分类，并将所有物品分完，用标记卡表示出来
树叶分类	区域自主游戏——益智区	排除干扰，按照颜色或形状进行分类，并用标记卡表示分类结果	能先观察树叶的特征，按照自己的想法对树叶进行分类
玩具总动员	区域自主游戏——益智区	能够观察玩具特点，排除干扰，按同种特征进行分类	能否排除干扰，按照自己的想法将乐高进行分类整理

02 课程实施途径

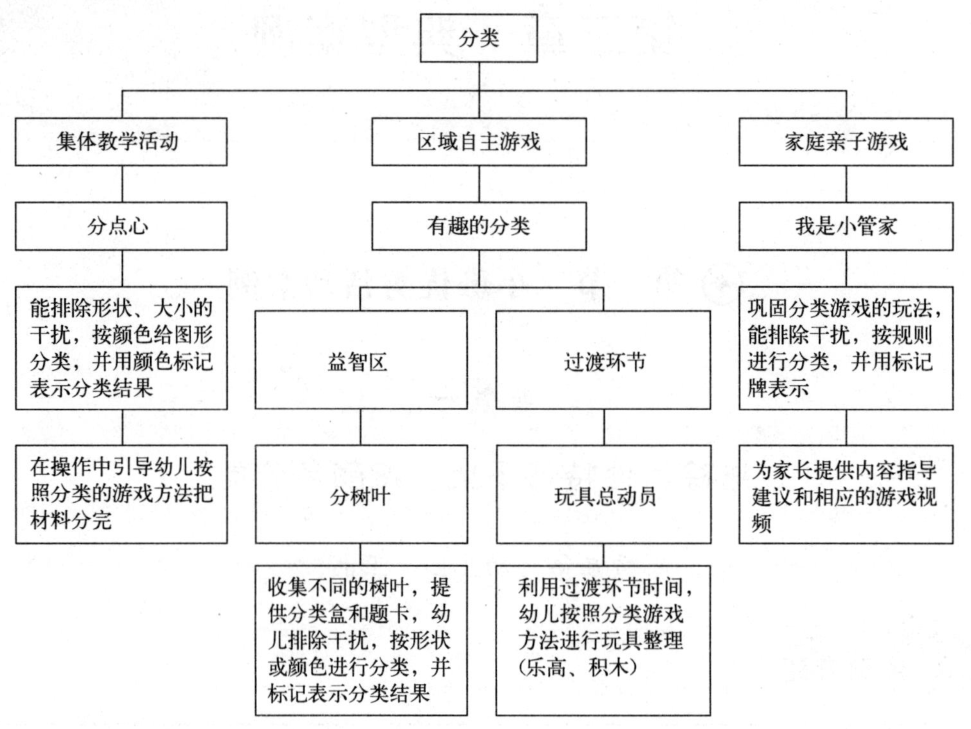

一、集体教学活动

分　点　心

【活动目标】

1. 知识技能。能排除形状、大小的干扰，按颜色给图形分类，并用颜色标记表示分类结果。

2. 能力。能按照分类的游戏方法把材料分完。

3. 情绪情感。喜欢参加数学游戏，感受游戏的有趣。

【活动重点】

能排除形状、大小的干扰，按颜色给图形分类，并用颜色标记表示分类结果。

【活动难点】

幼儿能按照游戏玩法先分点心，再放标记牌。

【活动准备】

1. 经验准备。

（1）幼儿熟悉操作材料，有操作经验。幼儿能自主选择游戏的先后顺序，遇到问题能

够初步有意识地思考，并向老师求助。

（2）开展过“蝴蝶找花”游戏，按一种特性进行分类。

（3）丰富区域活动。提供“蝴蝶找花”的题板，满足幼儿再次游戏的愿望。提供“小鱼找朋友”游戏材料，进一步巩固同一维度的分类。

2. 物质准备。自制不织布教具一套，小火车图片，三个小站牌，幼儿操作材料，不同颜色、大小、形状的“车票”若干（图 3－1）。

小火车图片

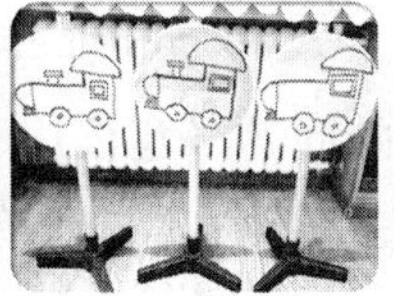

三个站牌

幼儿操作材料

制作不织布教具

图 3－1　操作材料

【活动过程】

1. 导入环节。教师创设“分点心”的游戏情境，引导幼儿了解游戏的玩法（建议用时 5 分钟）。

（1）介绍情境，引出问题，出示分类操作底纸和几何图形磁贴。

教师：“今天小猴和小猫来到小兔家做客，（指着几何图形磁贴）兔妈妈做了好多点心来招待它们。大家看看，都有什么颜色的点心呀?”（红黄绿）

小猴说：“我想要相同颜色的点心。”小兔说：“我也想要相同颜色的点心。”小猫说：“我也想要相同颜色的点心。”

教师：“你能让每个小动物都分到相同颜色的点心吗?”

（2）教师演示分类规则。

教师：“谁愿意来先给小猴分一分?”请一名幼儿尝试操作。

（3）提出表征要求，出示三种颜色标记。

教师：“点心分好以后，请你按每个小动物点心的颜色放颜色标记。”

（4）介绍相关组活动。

教师：“今天还有一个可以玩的活动是‘按颜色装点心’，老师放在了这儿桌。这个活动的玩法和‘分点心’差不多，但这是用分类盒做的，还是要求先把相同颜色的点心放在一起，再选颜色标记插到分类盒上。”

2. 操作环节。幼儿在操作中排除形状、大小的干扰，按照颜色给图形分类（建议用时 8 分钟）。

（1）分组操作。

教师：“小朋友自己选择先玩什么。玩过后，把材料收回原样，再换到另外一个组去玩。”

（2）观察指导教师巡视幼儿的操作。重点提问：你是按什么来分的？这份点心是什么颜色的?

① 若出现随意分（按形状或大小）的情况，提示幼儿："小动物要吃相同颜色的点心。"

② 若幼儿偶尔出错，教师询问："你是按什么来分的？这份点心是什么颜色的？"

③ 若幼儿不受形状、颜色的干扰，坚持分完，教师提问："你把什么样的点心分在一起了？为什么这么分？"

理解幼儿之间的差异性，给不同层次的幼儿适当的指导。

④ 若幼儿忘记或先放标记卡，教师询问："这个小动物吃的是什么颜色的点心？你要告诉它哟！"提示幼儿将标记卡放到相应位置，帮助幼儿解决活动的难点。

3. 结束环节。师幼共同分享分类的方法，解决遇到的问题（建议用时 5 分钟）。

（1）交流。重点提问：你是怎么分的？其他小朋友是怎么做的？你有和他不一样的地方吗？今天哪些小朋友是分好点心再插标记的？

（2）小结。教师用提问的方式帮助幼儿明确分类游戏的玩法及游戏规则。

① 幼儿分类游戏规则是否明确。请个别幼儿进行演示，并请幼儿说说是怎样分的？

② 幼儿能否遵循先分点心再插标记卡的游戏规则。教师："哪些小朋友是先分点心再放标记卡的？"用提问的方式帮助幼儿回忆游戏规则。

③ 幼儿能否按游戏规则将材料都分完。教师："那些小朋友将点心都分完了？"用提问的方式再次明确游戏的难点。

4. 相关游戏——坐火车。

（1）介绍情境。小兔子要带客人一起坐火车出去玩，请大家先领火车票再上车。

（2）请拿到火车票的小朋友看看自己的车票，请相同颜色火车票的小朋友站在一个小车站。

活动延伸

1. 区域中的延伸。分别在益智区和过渡游戏时间投放相关材料，让幼儿进行分类游戏。

2. 家庭中的延伸。把排除物体两种属性进行分类的游戏方法教给爸爸妈妈，让幼儿与家长共同分类整理家中可分类摆放的物品。

3. 活动的延伸。用分类游戏的方法整理班中玩具。

二、区域自主游戏

活动一　有趣的分类

游戏目标	幼儿能排除干扰，按颜色或形状将捡来的树叶进行分类，并用标记卡表示出来
落实区域	益智区

（续）

	图片	策略说明
材料	户外捡拾的树叶，题卡	1. 鼓励幼儿发现树叶的特点，说说树叶都是什么样子的 2. 能排除干扰，按照树叶的形状或颜色进行分类，并用标记卡表示出来
指导重点	1. 鼓励幼儿说说都有什么形状的叶子，想按照什么方法进行分类 2. 鼓励幼儿大胆表达，边说边做	

活动二 玩具总动员

游戏目标	排除干扰，能够将凌乱的乐高玩具按照形状或者颜色进行分类整理	
落实区域	益智区（过渡游戏时间）	
环境支持	图片	策略说明
	乐高玩具	乐高是幼儿喜欢的游戏材料，游戏后，乐高区会非常凌乱。在开展“分点心”的活动后，我们将“乐高非常乱，小朋友在游戏时找不到自己所需要的材料”这个问题抛给孩子，鼓励幼儿尝试对乐高进行分类
材料	乐高	1. 鼓励幼儿发现乐高的特征（颜色、形状、大小等） 2. 鼓励幼儿说一说想按照什么特征进行分类 3. 与幼儿一同制作标志牌，用标志牌表示分类结果
指导重点	1. 鼓励幼儿发现乐高积木的特征，并思考可以按什么方法进行分类 2. 鼓励幼儿大胆表达，边说边做	

三、家庭亲子游戏

饼 干 店

小朋友们，看看我们手中都有什么形状的小饼干呢？观察饼干形状，排除颜色和大小干扰，将同一形状的“饼干”放在一起。

1. 想一想。

（1）出示图片。饼干店制作了一些新饼干，我们一起来看看都有什么形状的饼干吧！

（2）家长引导幼儿说出饼干的形状，巩固幼儿对图形的认知。

2. 看一看。

（1）我们要把同一种形状的饼干放在一起，想一想，我们要怎么分呢？

（2）请家长引导幼儿说一说要怎样分饼干。重复要求：按照形状分饼干。

3. 做一做。

（1）请幼儿将相同形状的饼干放在一个饼干盒里。完成后，请幼儿说一说这个盒子里是什么形状的饼干。

（2）过程中，鼓励幼儿边操作边说出饼干的形状。

4. 说一说。

（1）出示图卡，请幼儿帮助图形妈妈找宝宝，说说这些物品都是什么形状的（图 3－2）。

（2）过程中，请幼儿将相同形状的物品进行连线（手拉手），再次巩固图形分类。

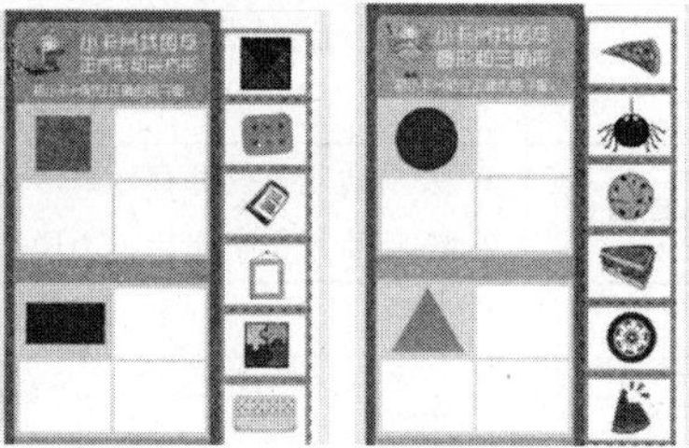

幼儿操作卡片

图 3－2　幼儿操作卡片

拓展游戏

与幼儿一同开展图形大搜索游戏——在家中寻找相对应图形的物品。

温馨小贴士

1. 在游戏过程中，引导幼儿边操作边说出图形的名称。

2. 在“分饼干”游戏中，请幼儿先分饼干，分完后，请幼儿说说每个盒子里的饼干都是什么形状的。

典型学习故事

小班幼儿的抽象能力较弱，因此，分类活动在小班数学活动中既是重点又是难点。幼儿的这种能力是在分类活动中逐步形成的，在小班进行分类活动的目的是让幼儿通过对各种材料的操作，形成一定的概括能力。

当幼儿进行完集体活动“分点心”后，孩子们对于分类游戏非常喜欢。正值秋天，幼儿园的操场上落叶纷飞。每次户外活动时，我都会发现一部分孩子喜欢追逐捡拾那些飘舞的树叶，孩子们互相讨论着：这片叶子是绿色的，这片叶子是黄色的；我的这片叶子大，你的那片叶子小；我的是圆形的，你的是三角形的。这时，成成走过来对我说：“晶晶老师，我能将树叶带回班吗？”我点点头。这时，孩子们都参与到了捡树叶活动中，孩子们将捡拾到的树叶带到了美工区。

活动开始，成成开始摆弄那些刚捡到班中的叶子。有一个小朋友指着两片叶子说："你看成成，这两片叶子一样。"成成点点头说："这里还有一片一样的呢！"听到他们的对话，联想到成成在"分点心"活动中对于按颜色分类的游戏还需要提示，我灵机一动，何不以分树叶为活动内容，以孩子们熟悉的各种各样的树叶为操作材料，进行多角度的分类活动，让他们以自己喜欢的方式进行分类游戏呢？

我走到成成旁边，说："咦，这里的树叶都是一样形状的呢！""是的，这是我们两个人一起找到的。"成成说。我说："那这里还有什么形状的叶子呢？"小朋友在一堆树叶里找出一片椭圆形的，成成拿出一片五角形的枫叶。我点点头，竖起大拇指。我接着说："美工区的小朋友刚才跟晶晶老师说他们想制作树叶画，但是小树叶太顽皮了，需要小朋友帮助它们排排队，同样的小树叶站一起。你们两个能帮助美工区的小朋友把树叶分一分吗？"成成和小朋友点点头，超级开心地分起了树叶。一边分还一边说："这是椭圆形的，这个大椭圆；这是小小的五角星；这个银杏叶黄黄的；还有绿色的银杏叶呢。"

本次区域活动是在幼儿学习了按物体的一个特征标准进行分类的基础上进行的，所以，我将活动目标设定为学习从多个角度对树叶进行分类，并能用语言表述自己的分类标准，使幼儿在原有的基础上"跳一跳"都能"摘到果子"，目标难易适中，符合幼儿的发展。

秋天是一个美丽的季节，自然界的植物都有了明显的变化，特别是各种各样的树叶纷纷飘落，给秋天涂上一层神秘的色彩，给人以美的享受。因此，我选择了"分树叶"作为活动内容，把孩子们平时最喜欢的树叶作为幼儿操作的材料，激发幼儿的操作兴趣，满足幼儿的好奇心和探索欲望。以大自然中的"活教材"支持幼儿的学习，引导幼儿开展的探究活动，符合"既贴近幼儿的生活来选择幼儿感兴趣的事物和问题，又有助于拓展幼儿的经验和视野"的要求，很好地把数学与生活融合在了一起。

• 教学反思：在活动过程中，我贯彻幼儿是活动的主体，教师是活动的支持者、合作者、引导者的教育理念，以游戏的形式，引导幼儿自主探索、发现学习。本次活动的重点是多角度将树叶分类摆放，难点是自己选择分类标准来给树叶分类，并选择相应的标记。

本次活动寓教于乐，符合小班幼儿的年龄特点。幼儿在玩中学、在学中玩，充分调动了幼儿活动的"三性"，幼儿在轻松愉快的环境中学会了从多个角度对树叶进行分类，教育教学效果好，目标达成度高。

在本次活动中，教师充分利用幼儿身边的事物与现象作为科学探索的对象。在整个活动中，幼儿亲自动手、发现问题，对活动表现出极大的兴趣和探究欲望。教师收放自如，做到了心里有目标，但又不被目标所左右，是一次成功的数学教学活动。

03 单元活动反思

1. 在环节设计上，符合幼儿年龄特点，活动以坐火车的形式开展，结尾增加“开火车”游戏，前后呼应，在游戏体验中再次进行分类体验。

2. 数学活动不应反靠集体教育活动完成，更应该依托区域、生活以及家庭活动。要重视区域材料的有效投放和生活中教师有效的指导，发挥教育合力，使幼儿在玩中学、在操作中学。

3. 游戏的开展一定要遵循幼儿的学习方式，重视幼儿的学习过程，在环节设计上要注重层层递进，由浅入深，帮助幼儿更好地理解与接受新游戏。

4. 活动中的提问设计也是教师应着重思考的地方，要满足不同幼儿的需要，设计不同层次的提问，让不同幼儿通过活动都有所收获。

5. 利用操作性游戏。操作性游戏是幼儿通过操作玩具或实物材料，并按照游戏规则进行的一种游戏。应在游戏中为幼儿提供较为丰富的操作材料，让幼儿通过与材料的充分接触，积累相关的具体操作经验，在此基础上，教师再引导幼儿，将操作经验加以交流、归纳，积极主动地去发现一些简单的规律，初步建立理性的概念。这样的活动，不但符合幼儿学习的特点，提高了幼儿活动的兴趣和能力，而且能让幼儿成为学习的主体，从而促进幼儿思维的发展。

总之，寓教于乐，以游戏化的形式开展教学活动是幼儿愿意接受的，也是我的努力方向。这一年的学习使我收获颇多，很感谢老师们给予我学习的机会。对不同层次的幼儿进行指导将是我下一步重点努力的方向。

案例二

拓展 AB 模式

丰台区实验幼儿园　金宜

01 活动介绍

适合年龄班	小班	建议学习时间	第一学期（11 月）
数学概念	根据半范例拓展 AB 模式		
关键经验	有复制 AB 模式的经验		
幼儿学习情况分析	幼儿在排列复制活动“挂车厢”中，能简单地按游戏规则，从火车头开始，按颜色取插钉，按顺序插边插边说，体验规律排列		

（续）

适合年龄班	小班	建议学习时间	第一学期（11月）
整体设计思路	我结合小班幼儿数学发展目标和“小熊项链”情景，设计了拓展AB模式的教学活动。同时，在家庭游戏中继续巩固拓展AB模式，并在区域中投放了相应的玩具材料，在促进儿童掌握拓展AB模式能力的同时发展数学思维		

02 课程实施途径

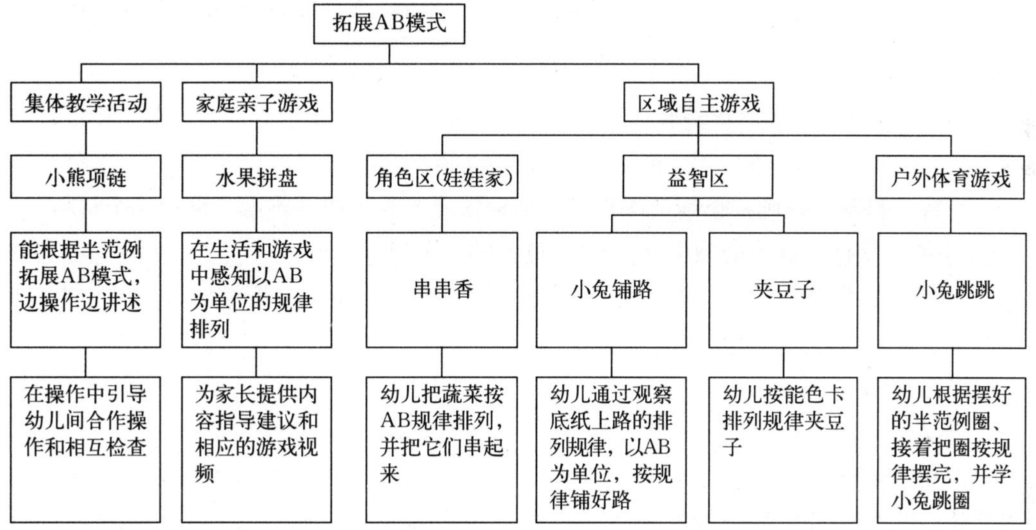

一、集体教学活动

小　熊　项　链

【活动目标】

1. 能根据半范例拓展AB模式。
2. 在活动中能按规则边操作边讲述。
3. 在操作游戏中体验数学分类活动的乐趣。

【活动重点】

能根据半范例拓展AB模式。

【活动难点】

在活动中能按规则边操作边讲述。

【活动准备】

1. 经验准备。幼儿在“挂车厢”活动中，体验过以AB为单位的重复排列，并能按全范例重叠对应排列 AB 模式。

2. 物质准备。

(1) 教师准备:"小熊穿项链"画,黄、红圆片(各 3 个),小熊玩偶,"跷跷板"底卡,多用插板,插钉(红、黄、蓝、绿各 5 个)(图 3-3)。

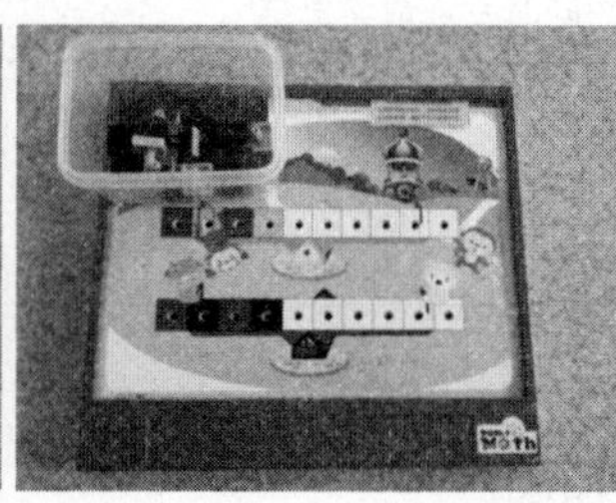

图 3-3　材料准备

(2) 幼儿准备:小熊穿项链底纸(8 个),对应的圆形和三角形磁力贴,多用插板,"跷跷板"底卡,插钉(红、黄、蓝、绿各 5 个),小动物手偶(4 个),对应的串珠(4 串)。

(3) 特殊材料。教师根据前两次班级的活动情况,为了降低难度,设置几个材料。

① 小熊穿项链:绿色的圆形(5 个)、黄色的三角形(5 个)。

② 跷跷板:添加白纸,遮挡下面的跷跷板,只提供上面跷跷板的插钉,对能力弱的幼儿降低难度,引导其逐步完成。

【活动过程】

1. 导入环节(8 分钟)。

(1) 介绍情境,引出问题。出示"小熊穿项链"图画,以"帮小熊修项链"为情境,通过表述,感知模式中的"单位"。

(2) 观察模式,发现规律。

① 玩法:能按小熊项链前面珠子的排列规律把剩下的项链穿好。

② 重点提问:小熊的项链是什么样子的?已经穿好的珠子是什么颜色?

③ 说一说:黄红、黄红,那接下去该穿什么颜色的珠子?

(3) 交代规则。

教师:"今天的这个活动名字叫'小熊穿项链'。(出示磁贴,边演示边交代方法)要先把前面的珠子颜色连起来说一说,再想一想下一个是什么颜色,选什么磁贴。(此处不再示范,仅提要求)记住,一直到把它的最后一个珠子贴完。"

(4) 介绍相关组活动。

①"小熊正在修项链,我们去游乐场再看看吧。这里的跷跷板还没有完工呢,你能不能把跷跷板赶紧做完呀?"

重点提问:"上面这个跷跷板有什么颜色,是怎么排的?(引导幼儿一起说)红黄、红黄。你能根据前面的颜色规律选插钉,接着插完吗?"指着底卡下部的跷跷板:"看看下面这个跷跷板上有什么颜色,是怎么排的?你会接着往下插吗?"

规则："做跷跷板的时候，要先把前面钉子的颜色连起来说一说，然后想想下面是什么颜色、选什么插钉，一直要把跷跷板上所有的洞洞全部插完。大家会做了吗?"

② 森林里还有很多小动物也买了项链，想请小朋友帮它们把项链按一个颜色、另一个颜色的规律穿好，并帮它们戴上。

③ 小朋友，今天我们可以先玩自己组的游戏，玩过后，把材料收拾好再换到另外一个组去玩一玩。

2. 操作环节（15 分钟）。

（1）分组操作：安排幼儿分组操作。提示幼儿通过表述发现的规律，按规律确定颜色（选磁贴或插钉）。要求收好材料再换组。

（2）观察指导。

① 巡视两种拓展模式的活动，观察幼儿在操作中的材料选择和操作策略，分析幼儿的发展水平，了解他们是否能独立拓展 AB 模式。

② 教师根据幼儿操作及交流情况进行重点指导。

幼儿 1：幼儿出现顺序颠倒的问题。

重点指导：引导幼儿观察粘贴珠子的顺序，自己发现问题。随后与幼儿讨论解决办法，调整磁贴位置。

教师请幼儿按顺序说所有贴好的磁贴。

幼儿 2：幼儿在操作时不能理解按前面半范例接着排列或是在引导下不能理解 AB 的模式。

重点指导：教师为幼儿提供另一种类似的活动，降低操作的难度。

教师："没关系，我们先修一修它的好朋友的项链。"先说前面贴好的珠子形状是什么顺序，让幼儿再接着说接下来是什么形状。先帮助幼儿建立信心，再尝试"小熊项链"活动。

幼儿 3：幼儿不看跷跷板前面排的是什么颜色，直接拿插钉随意插。

教师："仔细看一看跷跷板前面的颜色是怎么排的？大声说出来。"然后让幼儿接着往下排。若幼儿不理解，则带领幼儿一边说一边接着往下排。

幼儿 4：基本掌握 AB 模式，但偶有错误。

重点指导：从旁提醒幼儿说一说已经插好的颜色，让幼儿通过自己的表述发现错误并及时改正。

幼儿 5：熟练掌握 AB 模式，能独立完成活动。

重点指导：说一说是怎么做的，并提出进一步的挑战：拿走几个插钉，让其填空，或任意选择两种颜色的插钉，平面朝下，在多用插板底部的凹槽里创造 AB 模式。

幼儿 6：不能理解 AB 模式，将 4 种颜色的插钉都插在一个跷跷板上。

指导重点：教师选择盖住下面的跷跷板，不让下面的跷跷板干扰幼儿，拿出下面跷跷板的插钉，降低游戏的难度，帮助幼儿逐步完成游戏。

（3）提示常规。鼓励幼儿做完一组活动后，收拾好材料再和其他幼儿交换活动。

3. 结束环节（7 分钟）。

（1）整理。提示幼儿活动结束了，请幼儿收拾其他材料并送至指定处的学具筐里。保留个别幼儿“跷跷板”出错的操作结果。

（2）交流。

教师：“今天哪些小朋友帮小熊穿项链了？请把活动单展示给旁边的小朋友看看，珠子颜色贴得对吗？”

指导重点：教师到幼儿中间，如果检查出错误，则先请该幼儿自己说说错在哪里，可以怎么改。如果幼儿本人发现不了错误或不知该怎么改，教师再引导幼儿求助同伴或进行集体讨论。

出示排列有错误的跷跷板。教师：“看一看，这个跷跷板上的插钉排得对吗？我们一起按顺序说一说插钉的颜色（如：黄绿、黄绿、绿黄……），对吗？哪里错了？可以怎么改呢？”教师和幼儿一起纠错。

（3）小结。通过提问引导幼儿根据半范例拓展 AB 模式。

重点提问：穿项链和修跷跷板的第一步是什么？说完前面排列好的颜色接下来做什么？全部排列好以后做什么？再完整地说一说自己修好的项链或跷跷板。

活动延伸

1. 区域中的延伸。分别在益智区、角色区、表演区投放相关材料，体现难度层次，供幼儿巩固游戏。

2. 家庭中的延伸。按 AB 规律排列进行水果拼盘游戏。

3. 活动的延伸。从能根据半范例拓展 AB 模式到自己创造 AB 模式。

二、区域自主游戏

活动一　串串香

游戏目标	把蔬菜片有规律地排列起来（黄红、黄红，绿黄、绿黄，或按大小、大小穿串）	
落实区域	角色区娃娃家	
材料	图片	策略说明
		按 AB 规律排列的方法把蔬菜穿好
指导重点	根据幼儿能力，可以准备半范例，让幼儿完成 AB 模式的排列	

活动二　小兔铺路

游戏目标	通过观察底纸上路的排列规律，以 AB 为单位按规律铺好路	
落实区域	益智区	
环境支持	图片	策略说明
材料	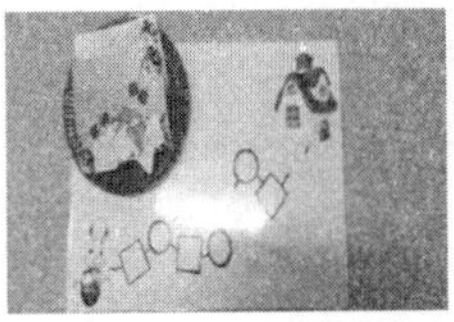 小兔铺路底纸 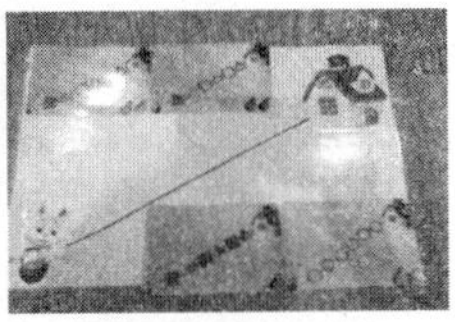　小兔铺路规则图	小兔铺路的底纸分为 4 种难度：全范例、半范例、独立创造排列、空缺排列。幼儿应根据规则卡片图，按规律完成小兔铺路的游戏
	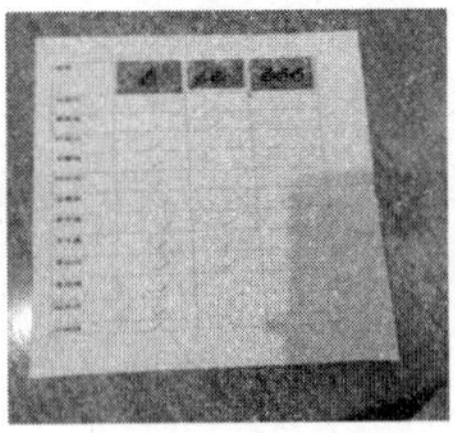	通过游戏记录表，了解幼儿现阶段按规律排列的水平，根据幼儿游戏水平，引导幼儿选择适宜的游戏材料
指导重点	随着难度的提升，指导幼儿通过观察底纸上路的排列规律，以 AB 为单位，按规律铺好路	

活动三　夹豆子

游戏目标	幼儿能按色卡排列规律夹豆子	
落实区域	益智区	
材料	图片	策略说明
	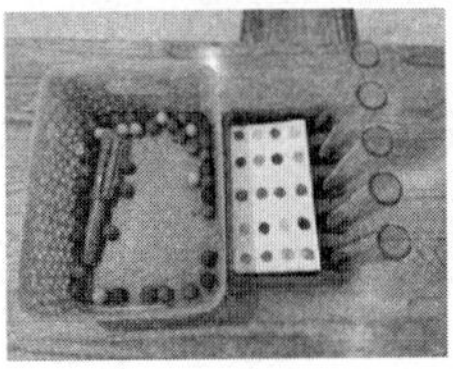	1. 选择色卡上的一组 2. 根据色卡上选好的色点夹豆 3. 掌握了色卡的排列规律后接着夹，直到夹满 4. 夹满以后自己从下往上说一说
重点指导	观察色卡的颜色排列规律，自己多说一说，通过表述充分感知	

活动四　小兔跳跳

游戏目标	幼儿根据摆好的半范例圈，接着把圈按规律摆完，并学小兔跳圈
落实区域	户外体育游戏

（续）

	图片	策略说明
材料	塑料圈	跳圈是孩子们很喜欢的游戏，通常都是教师根据游戏规则摆放。这次在幼儿分散游戏环节，我尝试让幼儿根据我摆好的圈的排列规律接着摆完，完成小兔跳跳游戏
重点指导	引导幼儿观察地上摆好的圈，说一说它的排列规律，尝试自己接着摆完，并鼓励幼儿自己挑选两个颜色的圈，尝试拼摆一条路	

三、家庭亲子游戏

水　果　拼　盘

亲爱的家长、小朋友们，大家好！你们的家里一定有很多水果，水果的营养很丰富，多吃水果对小朋友的身体很有好处。我们每天都要吃各种水果，这次，我们和爸爸妈妈一起试着用水果做一个水果拼盘吧。

看一看：有什么水果？

想一想：它们是怎么摆放的？

做一做：按前面水果排列的规律，接着摆水果。

说一说：你的水果拼盘是怎么做的？

拓展游戏

1. 让幼儿自己创作以 AB 为单位按规律排列的水果拼盘。
2. 找一找家里或外面还有什么装饰物是有规律排列的。
3. 爸爸妈妈和孩子一起完成以 AB 为单位按规律排列的美术作品。

温馨小贴士

1. 家长可以根据自己孩子的能力，提供不同的水果。如不同种类、相同颜色，相同种类、不同颜色。

2. 可以提供不同形状造型的盘子，增加游戏趣味，在游戏过程中可以设计全范例、半范例、独立创造排列、空缺排列等多种游戏玩法。

典型学习故事

在教学活动的操作环节中，安宝先来到“小熊穿项链”小组，她按照游戏规则，很快就完成了游戏，又开心地来到跷跷板小组。看着桌上的彩色插钉，她有些迟疑，颜色太多了，她插着插着，4 个颜色就混乱了。

通过她的操作，我发现她在“小熊穿项链”活动中完成得很好，但是因为第二组活动跷跷板颜色多，并且有两个跷跷板需要维修，所以安宝有些混乱，把4个颜色都插混了。

于是，我走到安宝身边，蹲下来想看看她能不能发现自己没修好跷跷板。等了一会儿，我发现安宝插完看看别人就准备把插钉收了。这时，我赶紧凑过去，问：“安宝，你能跟我说说你的跷跷板都是什么颜色得吗?”安宝照着自己的跷跷板，用手指着念出来：“红黄红黄红绿黄蓝红绿，绿蓝绿蓝绿红黄蓝蓝绿。”我拿了一套新的底板，用一张白纸挡住下面的跷跷板，然后问：“上面的跷跷板是用哪几种颜色修的?”安宝回答：“红黄。”“那它是怎么把这两个颜色排列的?”安宝答：“红黄红黄。”“你觉得接下来应该放什么颜色?”因为安宝已经掌握了AB排列模式，所以很快说出：“红黄、红黄、红黄。”之后，她自己按着这个方法很熟练地把剩下的全部完成。这时，安宝露出了开心的笑容，把材料收拾好又去挑战“给小动物戴项链”游戏了。这次，我根据幼儿游戏出现的问题分析原因，发现是因为游戏中干扰的因素太多，一个是颜色多，另一个是跷跷板的数量增加了。所以，我帮助幼儿一一排除障碍，先用白纸挡住一个跷跷板，然后让幼儿观察跷跷板的颜色有哪些，帮助幼儿理清思路，更好地完成游戏，体验成功带来的快乐。

03 单元活动反思

1. 用游戏情境贯穿活动，激发幼儿兴趣。小班幼儿喜欢玩游戏，所以在教学活动设计上，我用3个游戏情境吸引幼儿，分别是小熊穿项链、跷跷板、小动物戴项链，并且用情境制定规则。这样，幼儿可以更好地理解游戏规则。这3个游戏的设计难易不同，能满足不同幼儿的能力水平。

2. 在幼儿操作中，教师的指导体现层次性。教师在活动前预测过幼儿可能在操作中出现的问题，所以提前准备了几种方案应对，如特殊材料的准备。特殊材料降低了游戏的难度，适合能力较弱、没有理解拓展AB模式的幼儿。对于能力强一些的幼儿，因为他完成得很快并且熟练掌握了拓展AB模式，可提高游戏的难度，例如空缺或是创造模式排列。教师了解班中孩子的能力水平，所以要针对不同幼儿有不同的指导方案，体现指导层次。

3. 活动后延伸的可持续性。在活动中一定会有幼儿没有很好地完成游戏，或是对活动的内容没掌握清楚。后续在不同的区域中，设计了难易不同、丰富有趣的游戏，让幼儿继续巩固或提升按规律排序的能力。家庭亲子游戏水果拼盘、找一找等游戏，让幼儿把活动内容知识点回归到生活。

案例三

点物等量匹配——3以内

长辛店第一幼儿园　焦娇

01 活动介绍

适合年龄班	小班	建议学习时间	第一学期（9月）
数学概念	通过点物等量匹配的活动，使幼儿体验点子等图符构成的集合与实物集合有相等的数量		
关键经验	3以内的数的概念和判断等量关系的能力		
幼儿学习情况分析	幼儿在前期经验的相关学习游戏中，存在个体差异，在点数的过程中出现手口不一致、多数、重复数、漏数、点数与说出的总数不一致等现象。在按数取物中，部分幼儿也存在一定的困难。在边做边说中，大部分幼儿出现不敢说、不说、幼儿不考虑物群标记卡数量随意摆放组块等现象		
整体设计思路	通过匹配、计数等方式来感知和体验一个集合，获得对集合内元素具体量的认识。结合小班幼儿年龄特点及发展目标，开展“送糖果”生活情境，设计了点物等量匹配的集体教育活动，在益智区区域投放相关玩教具，使幼儿体验点子等图符构成的集合与实物集合可以有相等的数量，为幼儿抽象出相应的数的概念奠定基础		
活动名称	实施途径	活动目标	评价要点
送糖果	集体教学活动	在送糖果情境游戏中，感知3以内数量。根据小动物的数量盖出等量的点子，并进行匹配	能根据小动物的数量盖出等量的点子，并进行匹配
装糖果	区域自主游戏——益智区	根据数量，放入等量物品进行匹配	按照数字或点卡进行点物等量匹配
放糖果	家庭亲子游戏	根据数量，放入等量物品进行匹配	按照等量点子的点卡，放等量的糖果

02 课程实施途径

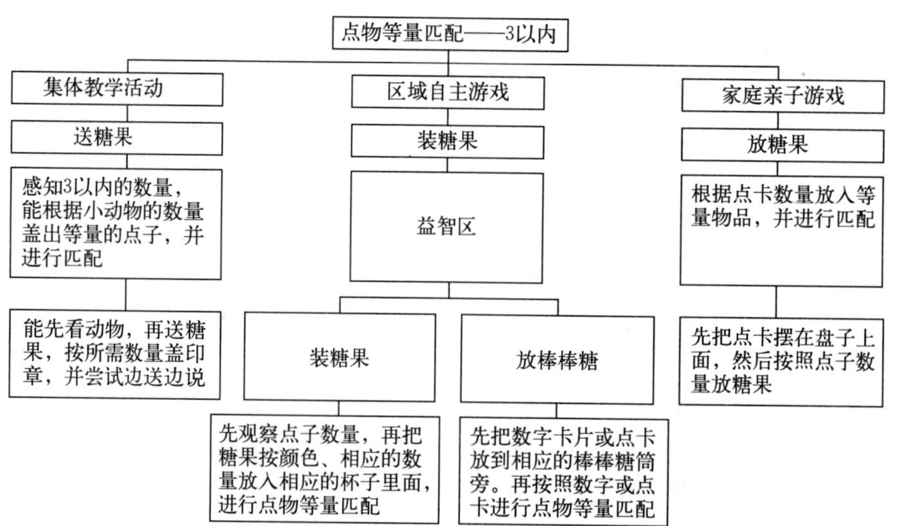

一、集体教学活动

送　糖　果

【活动目标】

1. 在“送糖果”情境游戏中，感知3以内的数量，体验数学活动的乐趣。

2. 能根据小动物的数量盖出等量的点子，并进行匹配。

3. 能按规则进行操作，知道印章要盖在活动单上。

【活动重点】

能根据小动物的数量盖出等量的点子，并进行匹配。

【活动难点】

能先看动物，再送糖果，按所需数量盖印章，并尝试边送边说。

【活动准备】

1. 经验准备。能手口一致点数，并说出总数，前期参加过为动物集合匹配等量的相应实物的活动，尝试过边操作边表述，使用过印台、印章。

2. 物质准备。星级提示卡、印章、印台、音乐、夹子、课件、操作单（图3-4）。

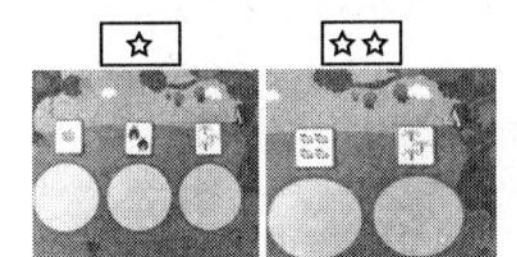

星级提示卡、送糖果活动单

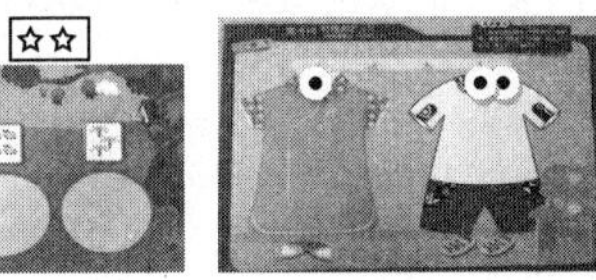

“钉纽扣”活动单

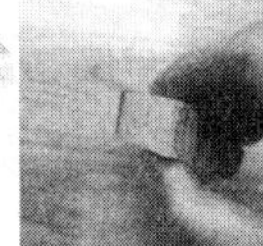

印章、印台

自制课件、音乐

图3-4　操作材料

【活动过程】

1. 导入环节（5分钟）。

（1）情境导入：激发、调动幼儿兴趣。森林里召开音乐会，来了很多小明星，在路上还有很多小动物。逐一出示并提问：“蜗牛有几只？瓢虫呢？”

（2）教师：“这些小动物想带着好吃的圆糖去参加音乐会，想请小朋友们来帮忙。蜗牛、瓢虫最爱吃小圆糖了，我们一起做小圆糖送给它们。”

（3）介绍规则，学习盖点。

① 教师边说演示：“我们要先数一数有几只小动物，然后再送小圆糖。”

② 教师：“一只小动物吃一颗小圆糖，现在我想给蜗牛送小圆糖，应该送几颗？”

③ 出示点子印章和活动单，我们可以用点子印章盖在活动单上盖出小圆糖。

重点提示：先把活动单放在桌子上，一只手按住活动单，另一只手拿点子印章的中间位置盖下去，然后抬起来，一颗小圆糖就做好了。

（4）幼儿在完成送小圆糖的活动单后，可再自选一张“钉纽扣”活动单，提升难度。

（5）总结规则。教师交代任务，在送糖果的时候，先取活动单，看清有几只小动物，就做几颗小圆糖送给它们，边送边说。小圆糖一定要盖在活动单上。

2. 操作环节（10分钟）。

（1）自选操作材料。幼儿自选活动，分组操作。重点关注幼儿能否根据动物数量盖糖果。提示：糖果要盖在活动单上，边送边说，要求收好材料再尝试换组。

（2）教师观察（重点指导）。教师巡视，了解幼儿是否都选择了活动并开始操作，关注幼儿在操作中遇到的问题。提示、鼓励幼儿边做边说。

（3）个性化指导（简写）。对个别幼儿给予关注。关注幼儿能否根据动物数量盖糖果，并边送边说。

3. 结束环节（5分钟）。利用音乐，提示幼儿活动结束后把材料放到原处。

（1）自由表达。请幼儿展示活动单，并介绍自己的操作过程。

（2）集中交流。针对幼儿在操作中遇到的共性问题进行小结，请幼儿介绍自己的操作过程。鼓励、表扬今天能按动物数量盖糖果、尝试能边做边说、在操作中按规则做的小朋友。

（3）分享。鼓励幼儿把自己的操作过程介绍给同伴，尝试表达。

活动延伸

1. 区域中的延伸。在益智区投放相关材料，体现难度层次，供幼儿巩固游戏。进一步发展幼儿对3以内的数的概念的理解和判断等量关系的能力。

2. 家庭中的延伸。利用家里生活中常见的糖果，鼓励、引导幼儿按照等量点子的点卡（自制点卡1～3），进行点物等量匹配的游戏。

二、区域自主游戏

装　糖　果

游戏目标	根据数量，放入等量的物品，进行匹配	
落实区域	益智区	
	图片	策略说明
材料	装糖果	先观察点子数量，再把糖果按颜色和相应的数量放入相应的杯子里，进行点物等量匹配
	装棒棒糖	先把数字卡片或点卡放到相应的棒棒糖筒旁，再按照数字或点卡进行点物等量匹配
指导重点	发现点卡或数字卡片的数量，然后进行等量匹配	

三、家庭亲子游戏

放　糖　果

亲爱的家长、小朋友们，大家好！你们的家里一定有很多糖果，让我们一起按照点卡上的数量（自制点卡 1～3），把糖果送给爸爸、妈妈和家人吧。

看一看：出示点卡，这些点卡上有几个点子呢？

想一想：有几个点子就放几颗糖果。

做一做：先把点卡摆在盘子上面，然后按照点子数量放糖果。

说一说：你是怎么放糖果的？介绍自己的操作过程。

拓展游戏

1. 在家中可以开展猜糖、手指夹糖、装糖的游戏，将所学内容运用到生活中去，并尝试给爸爸妈妈讲述。

2. 引导幼儿找一找玩具橱内数量在 3 以内的物体有哪些，找到以后做有等量点子的点卡，粘到玩具橱相应的格子中，表示物体的数量。

温馨小贴士

1. 引导鼓励幼儿先放点子卡片，再放糖果。

2. 鼓励幼儿放完糖果后，大胆说一说自己是怎样放糖果的。

典型学习故事

情境一：

泽泽小朋友在选择操作材料时，先思考了一会，然后选取了 2 颗星难度的操作单，回到座位，开始给小动物"送糖果"。他能按要求去做，先数一数有几只小动物，再送糖果，一边出声数，一边用手指，再用印章盖相应的糖果，尝试边送边说。我蹲下来向他提问："给蜜蜂送了几颗糖果，为什么？"他说："送了 4 颗糖果，因为有 4 只小蜜蜂。"他还用手比划 4。"你能帮助小老鼠按纽扣吗？"我问。"我怕按不好。"他说。"你一定可以帮助小老鼠按好纽扣，让它们去参加音乐会。""好吧。"于是，他去选择新的游戏材料了。泽泽小朋友在老师的鼓励下，能尝试新的挑战，自信心得到了提高。

情境二：

铭铭小朋友选择了一颗星难度的操作单，还跟旁边的小朋友说："我要选简单的。"然后回到座位开始操作起来，他先看了看操作单，用手指数了数蜗牛，嘴里说着"1"，然后拿印章盖了一颗糖果，又去数瓢虫，然后拿印章盖了 2 颗糖果，数蜻蜓的时候，嘴里数着“1、2、3”，最后说“4”，盖了4颗糖果。“老师我送完糖果了。”他说。我蹲下来问：“你是怎么给小动物送糖果的，能跟我说一说吗?”“我先数数小动物，再送糖果”他说。“小蜻蜓有几只啊?”他用手指一边数一边说：“1、2、3。”“有几只蜻蜓?”“4只，焦老师你看我送糖果了”。我说：“你送了几颗糖果?”他用手指数了数又说：“4。”我说：“4颗糖果送给谁啊?”他说：“送给蜻蜓。”“那你数数蜻蜓有几只?”只见他用手指又重新数了数：“3只。”“3只蜻蜓送它几颗糖果啊?”我问。“3颗。”他用手比划3。“你看看你送了几颗糖果?”他数了数：“4。”他用手捂着自己的脸，嘴里说“我送错糖果了”。“送错糖果没有关系，你可以再重新拿一张新的活动单来给小动物送糖果。”我说。他又到前面拿了一张新的活动单，继续操作，最后完成了本张活动单。

西西小朋友选择了一颗星难度的活动单，回到座位，开始操作起来。她先用手指数小动物，再根据动物数量盖糖果，然后举手示意操作完成。我轻轻走到她面前，蹲下来问：“西西，你是怎么送糖果的?”她小声说：“先数小动物，再送糖果。”我给她竖了一个大拇指，脸上露出了微笑。我问：“你能跟我说说有几只小瓢虫吗?送几颗糖果给它?”她不好意思地看着我。“没关系，焦老师和你一起说。咱们先数一数小瓢虫有几只。”她用手指数着“1、2”。“大声说出来，焦老师没有听到。”她大声说：“1、2。”“2只小瓢虫送几颗糖果呢?”我问。“2只瓢虫送两颗小圆糖。”她说。“你说得真好!”我说。西西只操作不表述，在教师的引导下，她尝试大胆说出来，并逐步形成了主动表述的意识。

03 单元活动反思

说材料：

活动中，在投放游戏材料时，教师要考虑不同年龄段幼儿在发展水平上的差异以及同一年龄段幼儿之间的能力差异，采用层次性策略，努力满足每个幼儿不同程度的发展需求。投放的材料既要符合幼儿原有水平，又能起到提升幼儿经验、促进幼儿发展的作用。

在自主选择材料游戏时，幼儿处于一种自由、放松的状态，可以根据自己的能力和兴趣选择适合自己的活动材料。他们在一次次的尝试和探究中体验着成功和快乐；他们获得更多的机会和同伴、老师交流，自信心也得到极大的发展；他们在与材料、环境、同伴、教师的多重互动中，获得多方面的知识和经验，能力得到显著提高。

说教师的思考：

1. 同一操作材料有不同的难度，满足个体需要。不同年龄段幼儿的身心发展水平有较大差异，他们在生活经验、认知水平、动作发展、情感体验等方面具有明显的年龄特征。所以，在投放区域游戏材料时，应注意与幼儿的发展水平相适应，既不能脱离幼儿的原有水平，也不能缺乏挑战性。即使是同一活动内容，教师也应考虑材料投放的层次性，以适应不同发展水平的幼儿。

2. 在同一年龄段投放不同难度要求的材料，既满足一般水平幼儿的发展要求，又照顾到那些能力较强和较弱的幼儿的发展需要，使他们都能在区域游戏中找到与自己能力、兴趣相适应的材料。这样，缺乏自信的幼儿能感受到成功的喜悦，发展较快的幼儿也能看到前进的方向。

3. 及时调整，使材料投放呈现动态性。在游戏中，幼儿的能力、兴趣往往会随着游戏的进行而不断发生变化，这就要求教师仔细观察幼儿对材料的利用情况及兴趣倾向，及时对材料进行调整，使材料投放呈现动态性，体现同一年龄段幼儿材料投放的层次性。

4. 同伴互相学习。体验伙伴游戏的乐趣，引导幼儿进行强弱组合，发挥同伴互动作用，在共同游戏中尝试新方法。

说教学效果：

幼儿在参与活动时，在情境中始终保持高涨的情绪，在听听、玩玩、做做中，感受数学游戏的有趣。在不同层次材料的提供上，满足不同幼儿的需要，使幼儿在原有水平基础上都有所提高，在活动中层层递进、步步深入、环环相扣，充满了趣味性和游戏性，在轻松、愉快的氛围中学习。

在活动中，幼儿能积极参与、认真思考。从幼儿的表现上来看，大部分幼儿完成了教学目标，个别幼儿出现了一定的困难，教师在幼儿动手操作的过程中仔细观察每一位幼儿的表现，发现问题给予个别指导，让幼儿有更多的机会进行操作。在整个活动过程中，幼儿的兴趣和积极性都非常高，孩子将大量时间放在了亲身体验和感知操作中。

案例四

按数量分类——5以内

北京蓝天幼儿园华凯园　朱丹

01 活动介绍

适合年龄班	小班	建议学习时间	第二学期（4月）
数学概念	按数量分类即依据集合的数量特征，将数量相同的集合归为一类，从这些“一样多”的集合中初步抽象出数的概念		
关键经验	进一步感知5以内的数量，发现物群卡的数量特征；能够排除集合的其他干扰特征，按数量分类；能够比较专注地进行操作，坚持按规则把物群卡分完		
幼儿学习情况分析	小班阶段基数意义的学习任务主要是感知5以内的数量，初步理解5以内数的抽象意义。本班幼儿通过小班前一阶段的学习，了解了点数的基本方法，能够用一一对应的方法做等量集合，匹配点卡与物群。在此基础上学习按数量分类，使幼儿对数的抽象性有进一步的理解		

（续）

适合年龄班	小班	建议学习时间	第二学期（4月）
整体设计思路	本次活动是知识序列“数的认识”中的一部分，是在幼儿能够完成等量集合的基础上，进一步发展设计的系列活动。通过集体活动“水果超市”、区域活动“水果找朋友”、家庭活动“扑克牌分一分”等，使幼儿进一步感知5以内的数量，发现物群卡的数量特征，能够根据数量对多个集合进行分类，最终帮助幼儿理解数的实际意义		
活动名称	实施途径	活动目标	评价要点
水果超市	集体教学活动	进一步感知5以内的数量，能按数量给物群卡分类	能按数量给物群卡分类，坚持按规则分完
一样多的住一起	区域自主游戏——益智区	能按数量给物群卡分类	把数量相同的挑出来，放在同一分类盒里
给花涂色	区域自主游戏——美工区	按数量给物品分类，并将相同的物品涂上颜色	能找出数量一样多的花并涂上相同的颜色
水果找朋友	区域自主游戏——表演区	能按数量给物群卡分类并根据规则完成游戏	音乐停止，找到和自己物群卡数量一样多的人，抱在一起
扑克牌分一分	家庭亲子游戏	能按牌面数量给扑克牌（5以内）分类，并坚持将扑克分完	是否能按数量分类，并坚持分完

02 课程实施途径

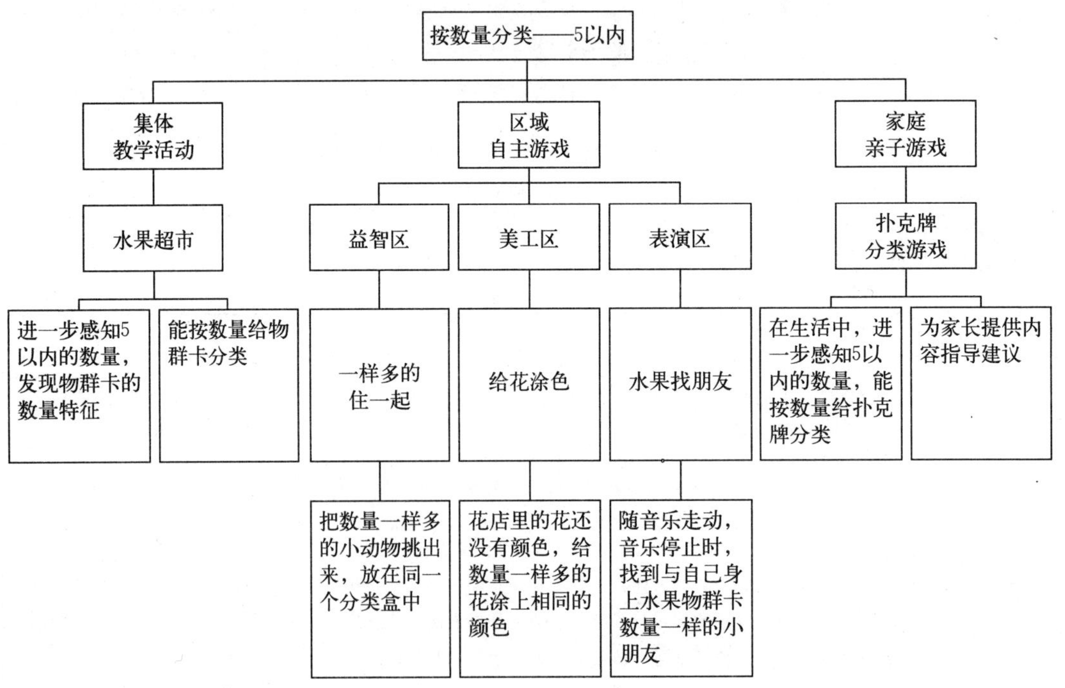

一、集体教学活动

水 果 超 市

【活动目标】

1. 进一步感知5以内的数量，发现物群卡的数量特征。

2. 能按数量给物群卡分类。

3. 能比较专注地进行操作，坚持按规则把物群卡分完。

【活动重点】

能按数量给物群卡分类。

【活动难点】

能够坚持按规则把物群卡分完。

【活动准备】

1. 经验准备。能够进行5以内数的点数，能正确判断5以内的等量关系，有排除干扰分类的经验。

2. 物质准备。分类盒3格，水果物群卡（苹果、草莓、梨各2～5个），猫物群标记卡（3个），猴物群标记卡（4个），兔物群标记卡（5个），小实物（鱼4个、桃子5个、萝卜5个）。

【活动过程】

1. 导入环节（约5分钟）。

（1）情境导入，引出问题。

出示水果物群卡："小区里开了一家水果超市，里面有很多好吃的水果，但是小动物们发现这个超市货架太乱了，想请小朋友们帮忙分一分，你们愿意帮忙分一分吗？"

（2）演示操作。

教师："我们先来看看，都有哪些水果？每张卡片上的水果一样多吗？"（逐一指着提问）"这是几个什么？那是几个什么？还有这些呢，分别是几个？"

教师："小动物们希望小朋友们能帮它们把数量一样多的挑出来放在一起，你们会吗？（出示分类盒）找到数量一样多的水果卡片，把它们放在同一分类格里。要把什么样的水果放在同一格子里呀？"

教师："谁愿意来试试？"请一名幼儿上前示范。教师："我们看看，他把什么样的水果放在了一起？这是几个什么？这个呢？还有这个呢？数量一样多吗？有没有按要求，把一样多的放在一起？这个游戏叫'水果超市'。你会玩了吗？"

（3）介绍巩固组活动。

出示巩固材料。教师："小动物们刚才整理水果都很辛苦，你愿意给他们发点心吗？你还记得'发点心'是怎么玩的吗？"引导幼儿讨论，知道要先插物群标记再发点心，有几个小动物就给它们发几个爱吃的点心。

教师："今天可以玩两个游戏，要把材料收好再换组。"

2. 操作环节（约10分钟）。

（1）自选操作材料。幼儿自主选择游戏，每人可选择两个游戏，完成一个游戏后换组，教师观察指导。

（2）教师观察（重点指导）。重点观察新活动组"水果超市"的操作情况，了解幼儿是否理解按物群的数量特征分类的操作规则，观察幼儿不同的分类方法，选择部分幼儿进行个别指导。

观察1：如果幼儿计数能力不足，可能需要反复地数水果数量，但依然会出现重数、漏数的情况。教师首先要帮他们解决"如何数清每张卡片上的水果数量"这一问题，在他们正确点数水果数量之后，再尝试按物群的数量特征进行分类。如果依然难以正确点数，则不必勉强他们按数量分类，只要求他们确定每张卡上的水果数量即可。教师可具体指导幼儿选择一个起点，按一定的排列顺序计数。

观察2：如果幼儿不能坚持分类标准，一会儿按数量分一会儿又按种类分，致使分类结果比较混乱，教师需从旁提醒分类标准。当幼儿自认为分好水果后，提示幼儿按规则进行自我检查。如果幼儿仍然没有发现个别摆错的卡片，则直接指出错误之处，让幼儿自行调整、纠错。最后，还需追问幼儿；"刚才为什么不能把那两张水果卡片放在同一个分类盒内？"强化幼儿按数量分类的规则意识。

观察3：如果幼儿完全理解规则，头脑清晰、操作熟练，教师可以让他们在完成操作后说明自己分类的理由，还可向他们提出进一步的操作要求——将数量相同的物群卡分别摞成一摞，然后从分类盒的一个方向按物群卡数量进行排序。

在巩固组"发点心"活动中，教师需观察幼儿是否对活动规则有所淡忘，进行必要的个别指导。

（3）提示常规。

教师："做完自己面前的活动后，如果你还想去别的组玩一玩，要记得先把材料收好，再到其他组和别人交换座位。"

3. 结束环节（约5分钟）。

（1）集中交流。

教师："今天哪些小朋友帮助小动物整理好了水果？谁愿意来说一说，你是怎么帮助它们整理水果的呢？"请个别幼儿上前演示操作。"其他小朋友和他一样吗？你是怎么分的呢？"

教师："今天哪些小朋友在分水果时是按照数量分类的？有哪些小朋友分水果时，能耐心挑选，一张也没放错？"补充评价在个别指导过程中发现的幼儿操作情况。

评价要点：①能按物群卡的数量进行分类；②能专注操作，按规则把物群卡全部分完。

（2）拓展提升。

教师："今天'水果超市'的游戏你们喜欢玩吗？你们可以在活动区试试，将数量相同的水果卡片摞成一摞，然后在分类盒里按物群卡数量进行排序。"

「活动延伸」

1. 区域中的延伸。在益智区投放不同种类的物群卡、照片等材料，引导幼儿继续按数量进行分类；在美工区投放“给花涂色”的游戏，将数量一样多的花涂上相同的颜色；在表演区进行“水果找朋友”的游戏。

2. 家庭中的延伸。利用家庭中常见的扑克牌进行游戏，引导幼儿按数量进行分类，分好后可按数量进行排序；在家中或户外找一找数量相同的物品有哪些。

二、区域自主游戏

活动一　一样多的住一起

游戏目标	进一步感知5以内的数量，能按数量给物群卡分类	
落实区域	益智区	
	图片	策略说明
材料		提供分类盒5格，物群卡至少3种（数量1～5），请幼儿把数量相同的挑出来，放在同一分类盒里
指导重点	1. 能按物群卡的数量特征进行分类 2. 能专注操作，按规则把物群卡全部分完	

活动二　给花涂色

游戏目标	找出相同数量的花朵，并将数量一样多的花涂上相同的颜色	
落实区域	美工区	
	图片	策略说明
材料		能按数量给花分类，并将数量一样多的花涂上相同颜色
指导重点	能够按规则进行游戏，先找到数量一样多的花瓶中的花，然后将数量一样多的花涂上相同的颜色	

活动三　水果找朋友

游戏目标	能够在音乐停止时，找到与自己物群卡上水果数量相同的人	
落实区域	表演区	
	图片	策略说明
材料		幼儿随音乐走动，音乐停止时，找到与自己物群卡数量相同的幼儿
指导重点	能够按规则进行游戏，音乐停止后，找到与自己物群卡数量相同的幼儿	

三、家庭亲子游戏

扑克牌分一分

亲爱的家长、小朋友们，大家好！你们在家里玩过扑克牌吗？你们喜欢玩扑克牌吗？扑克牌上的图案是什么样子的呢，你们仔细观察过吗？今天我们就用扑克牌来玩一玩分类游戏吧！

看一看：这些扑克牌图案一样吗，有什么不一样？

想一想：如果将数量一样多的扑克牌放在一起，你们会分吗？

做一做：幼儿尝试将数量一样多的扑克牌（数字在 5 以内）放在一起，进行分类。

说一说：请幼儿说一说为什么将这些扑克牌放在一起，说出分类理由。

拓展游戏

1. 将扑克牌按数量分类后，可提升难度，按数量进行排序。
2. 引导幼儿观察扑克牌还能如何进行分类，如按颜色、花色等。

温馨小贴士

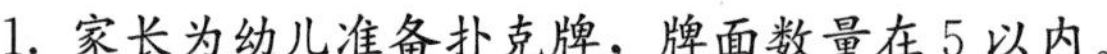

1. 家长为幼儿准备扑克牌，牌面数量在 5 以内。

2. 如果幼儿计数能力不足，家长不要着急分类，首先要解决如何数清数量，在幼儿能够正确点数数量后，再尝试按数量特征进行分类。

3. 如果幼儿不能坚持分类标准，致使分类结果混乱，家长需从旁提醒。幼儿分类结束后，提醒幼儿按规则进行自我检查。如果幼儿仍然没有发现问题，则直接指出，让幼儿自行调整。

典型学习故事

在集体活动的操作环节中，菲菲先选择了“水果超市”的游戏，她一张一张地拿出水果物群卡进行点数，当物群卡上只有2～3个水果时，她能很快进行分类，当拿到印有5个苹果的物群卡后，菲菲将这张卡片与印有4个草莓的物群卡放在了同一个分类格里，最后还有两张物群卡没分完，菲菲停止了游戏，准备开始收材料了。

观察她的操作过程后，我发现她对规则有初步的理解，但不能坚持分类标准；在进行相对大的数量（4、5）点数时，计数能力不够强；完成活动后，还有2张没分完的物群卡，说明幼儿的自我检查能力还需要进一步提升。

于是我走到了菲菲身边，询问道：“菲菲，超市里的水果你都整理好了吗?”菲菲回答道：“已经整理好了。”我又问道：“你是怎样整理的，把什么样的水果放在了一起?”菲菲回答道：“我把数量一样多的水果放在了一起。”通过回答，我发现她对规则还是比较清楚的，我表扬她：“你说得特别好，那你再检查一下这些水果是不是一样多的放在了一起，看看有没有放错的，你要怎么检查呀?”菲菲说：“我要再数一数。”菲菲开始点数每个分类格里的水果，过程中她发现了放错的水果，进行了调整，我再追问菲菲调整的原因：“这张水果卡片为什么要拿走呢?”菲菲说：“它是4个，其他的都是5个，数量不一样。”在这个过程中再次强化了菲菲对数量分类的规则意识。接着，我提醒菲菲：“你再看看还有没有没分完的水果?”菲菲发现落下了两张，把它们全部分完了。最后我对菲菲说：“你看，现在数量一样多的水果都放在了一起，特别棒，那以后完成游戏后要怎么办呢?”菲菲说：“要检查一下。”再次提醒幼儿检查的重要性。

03 单元活动反思

1. 加强理论知识的学习，深入理解数学概念。分类活动在小班上学期就有所涉及，在上学期的分类活动中，幼儿能够排除干扰，根据物体的一个特征进行分类，如按颜色分类，而到小班下学期，则将分类活动与数的认识结合起来，要求幼儿按数量分类，这也是在前几节活动进行等量集合的基础上进行的，按数量分类代表幼儿对数的抽象性的进一步理解。设计活动时，我了解到设计这类活动的要领是在材料中体现集合“数”的属性。为了实现这一目的，教师要注意材料在颜色、形状、大小等属性上的一致性，这样才能将幼儿的注意力引向外部特征和内部属性以外的数量关系上，实现从数的角度来表征物体，形成数的概念。

2. 活动中注重知识的关联性，体现层次性。数学活动中，每节活动之间都是有关联性的，按数量分类这个活动也是在前几节课——等量集合的基础上进行的，因此，想要顺利完成本次活动，前期的学习经验也是至关重要的。在操作的过程中，我发现有的幼儿对规则不理解，不能坚持分类标准，还有的幼儿5以内的计数能力不足，这时，教师要考虑到这些幼儿对前期所学知识掌握得不够扎实。因此，无论是活动设计还是教师的指导策略，都要更好地体现出层次性，满足不同幼儿的发展。例如针对计数能力不足的幼儿，不必勉强他们按数量分类，只要求他们确定每张图上动物的数量即可，教师可具体指导幼儿选择一个起点，按一定的排列顺序计数；对不能坚持分类标准、自我检查能力需要加强的幼儿，可以在活动材料上体现层次性，让他们先利用实物材料按数量进行分类，更加直观。

3. 将活动渗透到不同领域，融入生活。数学概念虽然很抽象，幼儿难以理解，但是将它与五大领域相融合，不但能够激发幼儿的学习兴趣，同时也巩固了相关知识。如在音乐领域中进行按数量找朋友的游戏，在美工活动中给数量一样的花朵涂上相同的颜色等，使幼儿在不同游戏中感受数学的有趣，体现了“玩中学”的理念。幼儿数学的学习，很重要的一部分是把它运用到生活中，使其感受到数学离我们并不遥远。如在幼儿园中，让幼儿找一找考勤表中哪几天人数是一样多的，都是几个人；教室里有哪些物品的数量是一样多的等。在家庭中，可与父母共同进行按数量分类的游戏，从而体现出数学在生活及游戏中的应用。

案例五

体验数量的不变性——5以内

丰台区青塔第二幼儿园　卢静雯

01 活动介绍

适合年龄班	小班	建议学习时间	第二学期（5月）
数学概念	一组物体的数量不因排列形式的改变而改变		
关键经验	体验物体数量与排列形式无关；探索用5个物品变化出不同的排列方式；介绍自己的操作结果		
幼儿学习情况分析	我班幼儿对数的概念有一定的认识，在小班第一学期，开展了一系列相关活动，通过活动，幼儿初步感知了3以内的数量，能够做到手口一致地点数，并进行等量匹配。到了小班第二学期，为了进一步发展幼儿的点数能力，加深其对总数意义的理解，我通过等量集合活动，让幼儿感知5以内的数量，大部分幼儿能做到手口一致地点数，然后再取物。但是，他们还没有接触过数量的不变性这个概念		
整体设计思路	数量的不变性是幼儿逻辑思维能力发展的重要标志，因为各种最基本的推理形式都是建立在数量不变性的原理基础上的。小班幼儿对各种事物充满了好奇，愿意尝试探索。“都是5个（体验数量的不变性——5以内）”对于小班的幼儿来说，是一个较难理解的逻辑概念。因此，我结合小班幼儿的数学发展目标和“种植蔬菜”这一情境，设计了本次集体教学活动，并在班中创设了相应的环境，在区域中投放了相关玩具材料。幼儿通过亲身操作，体验数量的不变性，发展幼儿的数学思维		

（续）

活动名称	实施途径	活动目标	评价要点
小小配送员	家庭亲子游戏	能根据全范例，用重叠对应的方法体验物体的数量与排列形式无关	鼓励幼儿尝试发现车厢上蔬菜的位置虽然不同，但数量相同
开心农场	集体教学活动	探索用5个蔬菜卡片变化出不同的排列方式，并能用点数的方法比较数量的多少	初步体验蔬菜的排列方式都是由5个组成的
小花园	区域自主游戏——益智区	继续探索用5个插钉变换出不同的排列方式 愿意和老师、同伴交流自己的操作结果	探索5朵小花更多的排列方式，但都是5个
创意队形	区域自主游戏——表演区	探索将5个小朋友变换出不同的排列方式	尝试通过改变位置，变换出不同排列方式的队形
分食物	区域自主游戏——角色区	感知5以内的数量，能正确点数并说出总数，体验数量的不变性	根据娃娃家的人数，引导幼儿发现人数和食物数量是一样的
趣味涂色	区域自主游戏——美工区	能根据轮廓图选择相应的颜色进行涂色，体验数量的不变性	通过涂色，引导幼儿观察画面上物体的数量，发现都是5个

02 课程实施途径

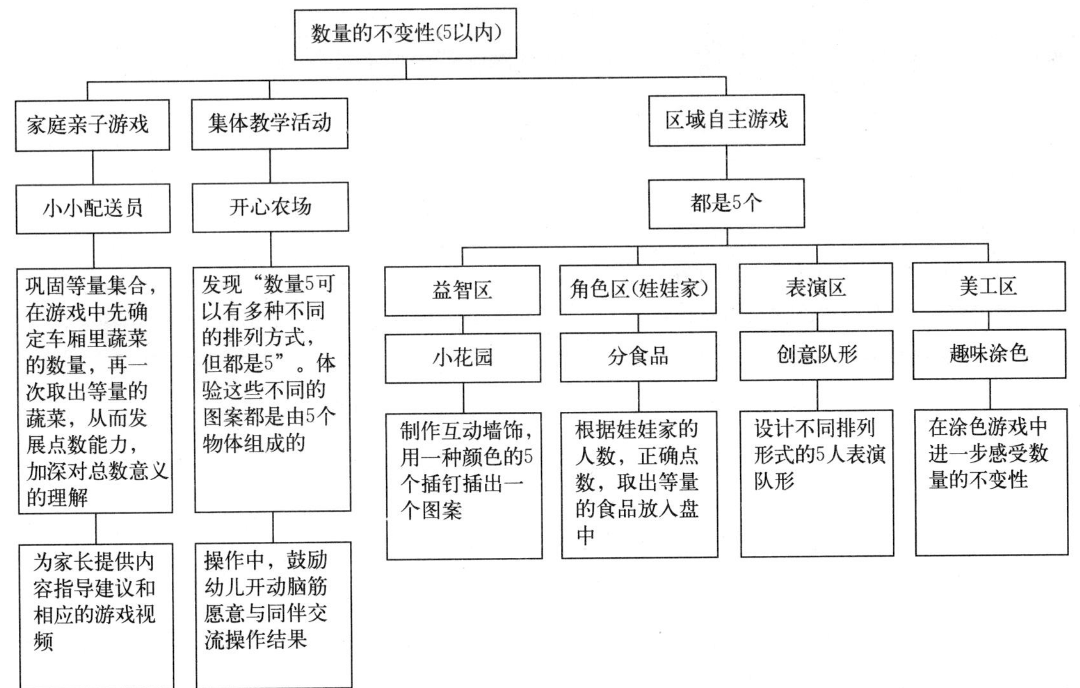

一、集体教学活动

开　心　农　场

【活动目标】

1. 体验物体数量与排列形式无关。

2. 探索用5个蔬菜卡片变化出不同的排列方式，并能用点数的方法比较数量的多少。

3. 乐于动脑，体验游戏的乐趣。

【活动重点】

初步体验5以内数量的不变性。

【活动难点】

正确感知数量5的多少不受排列形式的影响。

【活动准备】

1. 经验准备。能给三种蔬菜分类；能正确点数，并能根据点数取相应数量的物体。

2. 物质准备。农场图片、田地底卡、不同蔬菜的卡片各5个（图3-5）。

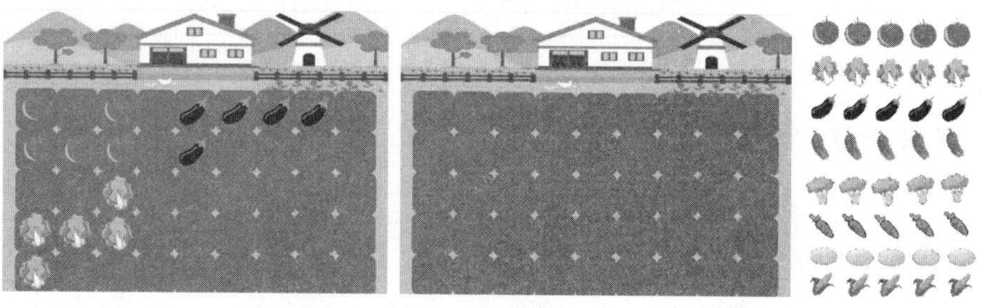

图3-5　物质准备

【活动过程】

1. 导入环节（约5分钟）。

（1）出示情境，引出活动内容。

① 教师："今天老师要带你们去开心农场玩一玩，农民伯伯在那里种了好多蔬菜，我们一起去看一看吧。"

② 出示农场图片。教师："请你看一看农民伯伯在田地里都种了哪些蔬菜？数一数每种蔬菜有几个？它们是怎么排列的，像什么？"引导幼儿发现不同排列方式的蔬菜数量都是5。

③ 教师："农民伯伯种的蔬菜可真有意思，你想不想也来种一种呢？"

（2）幼儿演示操作，思考不同的拼摆方法。

① 教师："农民伯伯每种蔬菜都种了5个，如果让你每种蔬菜种5个，怎样既将同一种蔬菜种在一起，又可以排列出不一样的图案呢？"

② 请一幼儿上前。教师提示：要求他先取出 5 个同种蔬菜，教师带领全体幼儿跟他一起做拿取蔬菜的动作。拿完后，问大家："他拿了几个什么蔬菜？现在请你将蔬菜种到田地里，看看能不能种出和农民伯伯都不一样的排列方式。"

③ 幼儿尝试拼摆。操作完后，引导全班幼儿看一看，他种的蔬菜排列方式跟农民伯伯的一样吗？引导全班幼儿检查并思考不同的拼摆方法。

（3）介绍平行游戏。教师："开心农场里除了可以种植蔬菜外，还可以种植水果和鲜花，农民伯伯为小朋友们准备了水果插钉和鲜花插钉，小朋友可以自由选择。"

（4）重申规则。引导幼儿回顾操作流程，梳理游戏规则。

2. 操作环节（约 10 分钟）。

（1）自选操作材料。请幼儿先完成自己小组的操作活动，然后再换组。

（2）教师观察指导。

① 教师巡视幼儿的操作。观察幼儿是否理解操作步骤和规则，了解幼儿的发展水平，分层进行个别指导。

② 提示幼儿："要先拿出几个同种蔬菜的卡片呀？种的时候，每个蔬菜都要挨在一起，不要分家。"鼓励幼儿将所有的蔬菜种到农田里并用不同的方式进行排列。

③ 提示换组。提醒幼儿玩好后把材料收好再换组。

（3）观察指导。

幼儿 1：幼儿不理解游戏规则，不管种类和数量，随意拿蔬菜卡片进行拼摆。

重点指导：教师重申规则，强调每次要选"相同的 5 个蔬菜"来种植。

教师："你想种什么蔬菜？把你想种的蔬菜全部拿出来，数一数有几个？种的时候我们要让蔬菜全部种在一起，不要分家。"

幼儿 2：幼儿只会模仿，不会自己设计种植图案。

指导重点：教师可以言语提示，拓展幼儿思路。

教师："你任意移动一个蔬菜卡片试试，但是还要让它们挨在一起，看看会发生什么变化。"

幼儿 3：幼儿能够操作，但不能清楚地表述操作过程。

指导要点：通过分享与提问，梳理经验，引导幼儿初步发现数量 5 的不变性。

教师："你都种了哪些蔬菜，是怎么排列的，像什么？每种蔬菜种了几个？"

3. 结束环节（约 5 分钟）。

（1）集中交流：我们来看一看这几个小朋友种的蔬菜。

展示第一种。教师："检查一下，每种蔬菜都有几个？"

展示第二种。教师："这些蔬菜的排列形式有没有一样的？谁来帮助他改一下呢？"

展示第三种。教师："再来看看这块田地，有什么问题？（有的蔬菜不是 5 个，排列方式也有重复）谁来帮助他改一下呢？"

（2）小结。教师："现在我们再来看看这三块田地，每种蔬菜的排列方式都不一样，但都是用了几个蔬菜卡片？"

活动延伸

1. 区域中的延伸。分别在益智区、角色区、表演区、美工区投放相关材料，体现难度层次，供幼儿巩固游戏。

2. 家庭中的延伸。在日常生活中，利用指定数量的物品（如 5 个干果），请幼儿从不同的起点开始，按不同的顺序计数并说出总数。引导幼儿发现：不管怎么数，总数不变。

3. 活动的延伸。自制卡片若干，每张卡片上有三盘不同排列形式的食物，请幼儿判断哪两盘食物的数量是相等的，然后在这两盘上画出喜欢的标记。

二、区域自主游戏

活动一　派派的水果店

游戏目标	帮花园师傅种植花朵，继续探索用 5 个插钉变换出不同的排列方式。愿意和同伴交流自己的操作结果	
落实区域	益智区	
	图片	策略说明
环境支持	互动墙饰	在益智区创设一个可互动的环境墙面——“派派的水果店”，幼儿根据标记卡，用不同的排列方式摆放水果，体验数量的不变性。鼓励幼儿摆出不一样的图案，并愿意和同伴交流自己的操作结果
材料	多用插板和插钉材料	在区域中投放多用插板和彩色插钉（红、黄、蓝、绿、白各 5 个），幼儿继续操作和探索，体验数量的不变性
指导重点	发现更多的拼摆方法	

活动二　分食品

游戏目标	感知 5 以内的数量，能正确点数并说出总数	
落实区域	角色区	
	图片	策略说明
材料	餐具与食物	玩具柜一个，食品若干，盘子若干
重点指导	尝试根据同伴的人数匹配相同数量的餐具及食物，如：3 个人发 3 个盘子和 3 个面包	

活动三　创意队形

游戏目标	让 5 个小朋友变换位置，排列成不同的队形	
落实区域	表演区	
环境支持	图片	策略说明
		设计 5 人不同排列形式的表演队形，教师用照片的形式记录，并创设在环境中
重点指导	鼓励幼儿尝试变化自身位置，变换不同的队形（5 人） 变换队形后进行人数统计，感受数量 5 的守恒	

活动四　趣味涂色

游戏目标	能根据轮廓图选择相应的颜色进行涂色，体验数量的不变性	
落实区域	美工区	
材料	图片	策略说明
	涂色材料	幼儿进行涂色练习，引导幼儿观察
重点指导	在涂色过程中，引导幼儿观察画面内容，看一看都有什么，数一数分别有几个，感受数量的不变性	

三、家庭亲子游戏

小小配送员

亲爱的家长、小朋友们，大家好！蔬菜配送员麦麦今天生病了，不能为小动物们配送新鲜的蔬菜了，想请小朋友帮帮忙，为小动物们配送新鲜好吃的蔬菜。你愿意帮助麦麦完成配送员的工作吗？在配送蔬菜的过程中，小朋友要按照要求，根据货车上的标记和数量有顺序地装车，这样货车才能安全出发，将蔬菜配送到每个小动物的家中。

看一看：出示蔬菜卡片。

教师："都有哪些蔬菜？现在所有的蔬菜都混到了一起，你能帮忙分一分吗？分好后，数一数，每种蔬菜有几个？"

想一想：出示货车底卡。

教师："根据每辆货车上的标记想一想都要配送哪些蔬菜？每辆货车上装的蔬菜一样吗？可以装几个蔬菜？应该如何装车呢？"

做一做：幼儿进行操作。要求幼儿根据货车上的标记先取出同种的5个蔬菜，对应车厢上蔬菜的位置进行装车。完成装车后再装下一辆车。

说一说：鼓励幼儿说一说为什么每种蔬菜一样多，看上去却不一样长呢？请幼儿表达自己的想法。

拓展游戏

1. 加大题卡难度，数量不变，改变蔬菜的大小，使幼儿不受蔬菜大小的干扰，进一步体验数量的不变性。

2. 蔬菜拼盘游戏。尝试用5个蔬菜卡片任意拼摆，看能拼摆出多少种不同的图案。

3. 比眼力游戏。任选一张蔬菜卡片，请幼儿一盘一盘仔细数，找到两盘一样多的，做上自己喜欢的标记或盖上小印章。

4. 亲子纸杯塔游戏。和爸爸妈妈比赛，每个人挑战用5个相同的纸杯搭高，完成后比一比看谁能将5个纸杯在不倒的情况下搭到最高，并说一说你的方法。

温馨小贴士

1. 鼓励幼儿自己将蔬菜卡片分类后点数，发现每种蔬菜都是5个。

2. 利用情境帮助幼儿理解游戏规则，并鼓励幼儿大胆说出自己的想法。

3. 如果幼儿不理解游戏规则，不按货车底卡上的蔬菜种类和数量随意摆放，家长可重申规则。

典型学习故事

在教育活动操作环节中，鲍鲍小朋友来到了蔬菜组，她想先玩种植蔬菜的游戏。鲍鲍是一个非常聪明的小朋友，但是她的性子比较急，做事总是不按步骤来。她没有按照老师给出的要求先取出相同种类的5个蔬菜再进行种植，而是在材料筐中挑来挑去，拿起了一个白菜，直接种在田地上，然后再在材料筐中挑来挑去，拿第二个白菜，种在田地上，就这样，直到拿起第五个白菜，看到筐里没有白菜了，就停止了摆弄。然后，她特别自豪地举起了小手，说："老师您看，我种了一个和农民伯伯不一样的图案，像手机一样。"听到鲍鲍的声音，我走到了鲍鲍身边。鲍鲍兴奋地说："老师，老师。"我蹲在她的身旁，看到她拼摆出了不同的图案，给予鲍鲍鼓励，但是我紧接着问鲍鲍："你刚刚是按老师要求的游戏规则完成的游戏的吗？"鲍鲍看着我，没有说话。我继续追问："我们在种蔬菜前第一步要干什么来着？"鲍鲍想了想，回忆起了游戏步骤，说："应该先数，然后再种。"我肯定了鲍鲍的想法："说的没错！那我们按照农民伯伯提出的要求重新种蔬菜好不好？"鲍鲍点头同意了，她把种好的白菜全部收回到材料筐里。我问她："这回你想先种什么蔬菜呀？"鲍鲍说："先种胡萝卜吧。"于是鲍鲍耐心地从材料筐中一边点数一边取胡萝卜，就这样一个一个地取，直到点数到5。她

开心地对我说："我拿了5个胡萝卜。"然后，鲍鲍根据自己的想法，把胡萝卜种到了田地里。聪明的鲍鲍脑洞大开，又种了一个和农民伯伯不一样的图案，是一个"十"字形图案，鲍鲍说那是医院的标志。我表扬了鲍鲍，并让她继续完成后边的操作。当鲍鲍全部操作完，我和她一起检查，引导鲍鲍发现5的不变性。通过和鲍鲍的交流，我了解到鲍鲍其实是一个特别有想法和创造性的孩子，她的思路特别清晰，也明白游戏的玩法，但是却没有按步骤进行游戏。我觉得数学游戏是一个非常严谨的活动，不能因为孩子聪明而跳过任何一个步骤，在游戏中，我们要重视幼儿的操作过程，而不是操作结果，幼儿的操作过程可以透露出幼儿对所学内容的理解，方便教师有针对性地进行个别指导，所以，我们不能因为感觉孩子已经掌握而漏掉所谓简单的步骤。

03 单元活动反思

在活动中，幼儿兴趣较高，通过去开心农场游玩的情境引入，使幼儿融入情境中，激发了幼儿参与活动和观察表述的兴趣，符合小班幼儿的年龄特点。多数幼儿能按照老师的要求，根据游戏规则种植蔬菜，基本完成了目标。

本活动情境贯穿于整个活动，游戏性强，通过与农民伯伯之间的互动和种植蔬菜的游戏，让幼儿动静结合，使幼儿的注意力更加集中。

本次活动有效利用了多媒体，解决活动中的重点、难点问题。利用希沃课件，插入音频以及有趣的动画效果，将蔬菜田地呈现在幼儿面前，吸引幼儿的注意力，通过触摸、拖拽、展示等功能，幼儿在一体机上进行观察与操作，从而激发了幼儿操作的兴趣和探究的愿望，并且充分让幼儿通过多媒体观察到蔬菜不同的排列形式。

在活动中，我根据本节活动的目标和重点、难点，有针对性地进行提问和总结，帮助幼儿梳理游戏规则。在幼儿操作过程中，我能够关注大部分幼儿，有意识地提示幼儿操作顺序；能够针对个别幼儿进行有目的的指导，帮助能力弱的小朋友解决操作中出现的问题，针对操作快的幼儿，以追问的形式让幼儿继续探索，提升幼儿经验。幼儿操作完成后，通过听幼儿的讲述以及和幼儿一起检查操作结果，并用大拇指盖章的形式鼓励他们，使幼儿感受操作成功的乐趣。

语言是思维的结果，也是思维的工具。在数学活动中，幼儿良好的语言表达能力不仅有助于幼儿同伴间的交流和讨论，也有利于教师了解幼儿的思维过程。所以，我在活动中非常注重幼儿语言的表达。在"观察农民伯伯种蔬菜"这个环节中，我有目的地引导幼儿跟随我的提问进行观察，通过提问，引导幼儿观察到同种蔬菜都是种到一起的，通过点数，幼儿发现它们都是5个。在分组操作环节，通过与幼儿之间的对话，了解他们对本次活动重点和难点的掌握情况，有针对性地对幼儿进行个别指导。在交流分享环节，引导小朋友积极表达自己的想法，教师再进行提升总结。

案例六

图形分类

丰台第三幼儿园　刘永然

01 活动介绍

适合年龄班	小班	建议学习时间	第一学期（12 月）
数学概念	幼儿把一个个具有相同特征的物体放在一起归为一类的过程就是分类。排除图形颜色、大小、位置等干扰，将相同的图形放在一起		
关键经验	排除图形颜色、大小、位置等干扰进行图形分类 用语言描述自己的分类过程		
幼儿学习情况分析	在分类路径下，孩子们从归类到分类，开展了很多游戏活动，例如实物归类、按颜色分类、按大小分类。同时，小班幼儿对生活中的图形非常感兴趣，在有一定分类基础经验下，我们提升了活动难度，要求小朋友排除图形颜色、大小、位置等干扰，将相同的图形放在一起，进行图形分类活动		
整体设计思路	幼儿对分类活动很感兴趣，在生活和游戏中很喜欢对物品进行分类。例如：在娃娃家游戏时，他们会把相同的物体放在一起，能够正确掌握根据物体种类进行分类；在美工区活动的时候，他们能够将画笔按照颜色进行分类。本次活动希望通过情景的贯穿、教师语言的指导、操作材料的投放等，引导幼儿排除干扰，正确进行图形分类		
活动名称	实施途径	活动目标	评价要点
我的图形朋友	家庭亲子游戏	感知圆形、三角形、正方形的基本特征	能够辨别生活中物体的形状，并尝试描述
喂小动物	区域自主游戏——科学区	排除颜色干扰，正确进行图形分类	按图形特征进行分类，并用勺子喂给小动物
图形宝宝去旅行	区域自主游戏——数学区	排除颜色干扰和大小干扰，正确进行图形分类	按图形特征进行分类，将相同图形放在同一个箱子里
图形迷宫	过渡环节	按相同图形走迷宫	能够排除图形的大小因素，按图形分类
鼠宝宝过新年	集体教学活动	能够排除颜色、大小等干扰，正确进行图形分类	能够排除颜色、大小等干扰，正确进行图形分类
图形聚会	区域自主游戏——数学区	初步尝试按自己的意愿进行图形分类	能够排除颜色、大小等干扰，正确进行图形分类

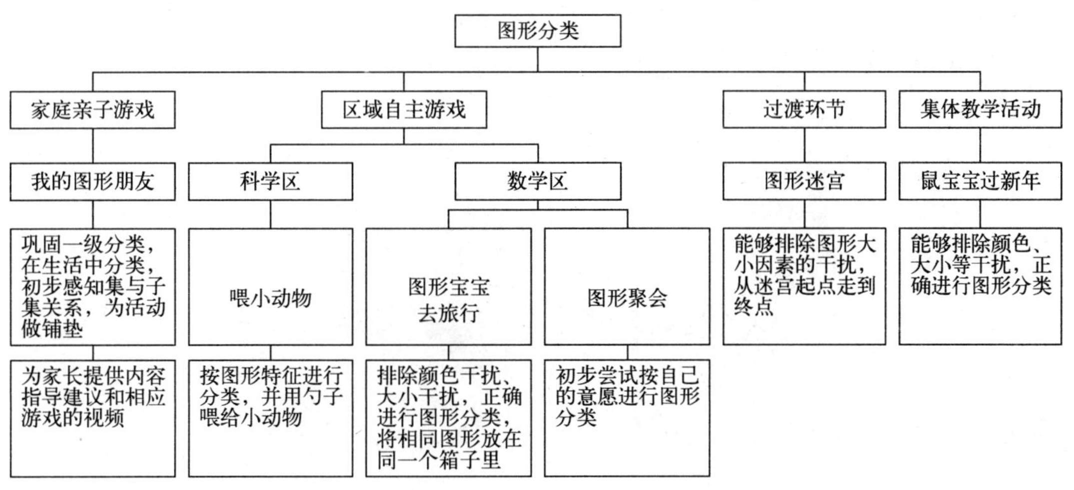

一、集体教学活动

鼠宝宝过新年

【活动目标】

1. 在游戏中，感受分类活动的有趣。
2. 能够排除颜色、大小等干扰，进行图形分类活动。
3. 引导幼儿用语言描述自己的分类过程。

【活动重点】

排除颜色、大小、位置等干扰，进行图形分类。

【活动难点】

尝试用语言表述操作过程与分类结果。

【活动准备】

1. 经验准备。能够指认生活中的图形。

2. 物质准备。“饼干图”，“糖果”图形磁贴，自制“比萨盘”，自制圆形、三角形、正方形的大盘子，串珠架，贴有图形的串珠，三色辅助标杆（图 3 - 6）。

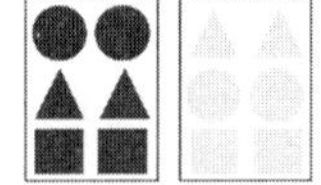

“饼干”图

图形盘子

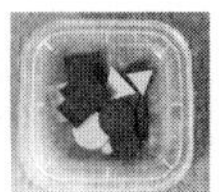

“糖果”图形磁贴

“糖果披萨”

串珠架

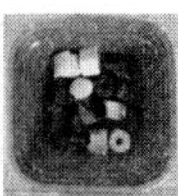

“糖果”贴有图形串珠

三色辅助标杆

图 3 - 6　物质准备

【活动过程】

1. 导入环节。复习形状，进行相同颜色、不同图形的分类活动（5 分钟）。

（1）辨别图纸，从许多图形中选择与自己图纸相同的饼干。

教师："饼干店新做了好多饼干，鼠宝宝选一个你最喜欢饼干图，看看你的图上的饼干是什么样子的？"（什么颜色，什么形状）

教师："那我们拿着图去饼干店选饼干吧。"（图 3－7）

图 3－7　幼儿选饼干

（2）排除颜色干扰进行图形分类。

教师："你们都拿到了自己喜欢的饼干，快来看看你们手里的饼干应该放在什么地方呢？"（三角形的饼干放在三角形盘子里……）

教师："看看你们的盘子里还有饼干吗？我们把三角形饼干都放在了三角形的盘子里，盘子里有好多饼干啊。"（图 3－8）

图 3－8　排除颜色干扰进行图形分类

2. 操作环节。排除颜色、大小的干扰，进行图形分类（8 分钟）。

（1）游戏"糖果比萨"。

教师："鼠宝宝们做了饼干，接下来我们要做好吃的糖果比萨了。"

教师："这是做糖果比萨需要用的糖果，我们看看都有什么形状的糖果呢？"（三角形、圆形、正方形）

教师："小朋友要把三角形、圆形、正方形的糖果做成三块不同形状的糖果比萨。"（图 3－9）

教师："看看你碗里的糖果都用了吗？说说你这块比萨都用了什么形状的糖果？"

（2）游戏"糖果串"，尝试在图形分类的基础上进行二次颜色分类。

教师："我们将比萨送去烤箱，碗里是做糖果串的材料，小朋友看看碗里都有哪些材料？"

教师："小朋友要把三角形、圆形、正方形的糖果穿成三串不同形状的糖果串。"（图 3－10）

图 3－9 做糖果比萨

图 3－10 做糖果串

教师："看看你碗里的糖果都用了吗？说说你这串糖果串都是用什么形状的糖果做的？"

（3）个性化指导。借助三段颜色的辅助标杆，幼儿尝试在正确图形分类的基础上进行颜色分类。

教师："快来看一看，琪琪小朋友的糖果串真有意思啊，红色的糖果在一起，黄色的糖果在一起，绿色的糖果在一起，你能试试让你的糖果串也这么漂亮吗？"（图 3－11）

3．结束环节（3 分钟）。

（1）自由表达。一起来看看我们今天都做了什么好吃的（图 3－12）！

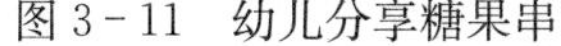

图 3－11 幼儿分享糖果串

图 3－12 交流讨论

（2）集中交流。将饼干放在一起，比萨放在一起，糖果串放在一起。

活动延伸

1. 区域中的延伸。分别在益智区、角色区、表演区投放相关材料，难易程度不同，供幼儿巩固游戏。

2. 家庭中的延伸。和爸爸妈妈一起分一分生活中的图形，并鼓励幼儿说一说为什么这么分。

3. 活动的延伸。丰富分类活动材料的种类、数量整体结构等，满足幼儿的思维和操作需求。

二、区域自主游戏

活动一　喂小动物

游戏目标	能根据小动物的嘴巴形状进行图形归类	
落实区域	科学区	
环境支持	图片	策略说明
	可互动环境，三种轨道， 小动物的嘴分别为圆形、三角形、正方形，图形若干	在区域墙饰（科学区）中制作一个可互动的喂小动物吃饼干的游戏墙面，三只小动物的嘴巴是不同形状的，将不同的轨道游戏形式和图形分类相结合，大大提升幼儿与墙面的互动性，提高了数学游戏的趣味性
指导重点	能够按小动物嘴巴的形状将图形喂给小动物	

活动二　图形宝宝去旅行

游戏目标	能排除颜色、大小等特征的干扰，按形状分类，并用语言描述自己的分类过程和结果	
落实区域	数学区	
环境支持	图片	策略说明
	可互动环境，快乐火车	创设可互动的环境，并将图形信息、分类游戏相融合

（续）

材料	图形旅行箱	用软布缝制大小不同、颜色不同的图形，幼儿将相同的图形分别放在三个旅行箱中
	小怪兽的图形车票	将圆形、三角形、正方形的车票，分别分给三个小怪兽，进行图形分类，并点数
指导重点	排除干扰进行图形分类	

活动三　图形聚会

游戏目标	能排除颜色、大小等特征的干扰，按形状分类，并用语言描述自己的分类过程和结果	
落实区域	数学区	
环境支持	图片	策略说明
	可互动环境，图形聚会	创设可互动的环境，并将图形信息、分类游戏相融合
材料	图形拼拼乐	排除颜色干扰进行图形分类，投放拼摆图纸，幼儿可以进行拼摆
	图形分一分	排除颜色、大小的干扰进行图形分类，幼儿可以随意拼摆
指导重点	排除干扰进行图形分类	

活动四　图形迷宫

游戏目标	排除颜色、大小等干扰，按相同图形走迷宫	
落实区域	过渡环节	
	图片	策略说明
环境支持 （层次一）	同颜色、同图形	在地面上贴同颜色、同图形的迷宫路线，幼儿选择其中一种图形，从起点走到终点
环境支持 （层次二）	排除颜色、大小干扰	在地面上贴不同颜色、不同大小的迷宫路线，幼儿选择其中一种图形，从起点走到终点
环境支持 （层次三）	排除颜色、大小、样式干扰	在地面上贴不同颜色、不同大小、不同摆放方向的迷宫路线，幼儿选择其中一种图形，从起点走到终点
指导重点	幼儿从迷宫起点开始，一路选择走相同的图形才能走到终点	

三、家庭亲子游戏

我的图形朋友

亲爱的家长、小朋友们，大家好！我们家里有很多物品，他们都有不同的形状，有的圆圆的，有的尖尖的，你能找出什么形状的物品呢？让我们一起把物品按图形分一分吧！

子游戏一：图形图形真好玩

想一想：“小孩小孩真爱玩，摸摸这，摸摸那，摸摸圆形的物品在哪里？”

看一看：幼儿观察家中哪些物品是圆形的。

做一做：找到家中圆形的物品并摸一摸图形的边缘。

说一说：

1. 请幼儿说出找到的物品哪些是圆形的，如：瓶盖是圆圆的，杯子底是圆圆的……

2. 你怎么知道它是圆形（三角形、正方形）的呢？圆形的边是圆圆的，三角形是尖尖的，正方形是方的。

子游戏二：神秘的口袋

看一看：家长将幼儿找到的家中物品对应的图形拓画下来，剪好后放入袋子中。

做一做：幼儿通过触摸图形的边缘思考摸到的图形是什么？

想一想：幼儿把一样的图形放在一起。

说一说：

1. 幼儿说说摸到的形状的感觉，如圆圆的、尖尖的等。

2. 说说摸出的图形是什么物品印出来的，帮助它们找到好朋友，并把一样的图形放在一起，并说一说为什么把它们放在一起。

拓展游戏

1. 图形宝宝变魔术。家长用一种或两种图形变魔术，如：两个三角形拼成一条鱼。

2. 家长有意识地带领幼儿在户外找一找不同的图形，并请幼儿说一说生活中的图形。

温馨小贴士

1. 当幼儿戴着眼罩不能确定图形特征时，可以允许幼儿摘下眼罩看一看、摸一摸。

2. 家长应有意识地在日常生活中引导幼儿观察周围环境中的各种形状，帮助幼儿在图形名称和图形特征之间建立联结。

3. 鼓励幼儿说出为什么将这些图形放在一起。

典型学习故事

教学活动第一个环节的设计想法来自小班初期我和琪琪在益智区的一次游戏情景：我给了琪琪一些红色插片和绿色插片，然后问她红色插片多还是绿色插片多？琪琪摇摇头。那时，在琪琪的头脑里，整体与部分并没有形成包含关系，而是并列的两个部分。

在这次教学活动操作环节中，我重点观察了一下琪琪的操作，琪琪很快从很多图形中，按照图纸找到了相应图形的饼干，并指着自己的盘子说："我的饼干好少啊，柜子里的饼干多"。听到此话，我发现在琪琪的思维中，逐步形成了类和子类之间的层级关系，并发现了整体一定大于部分。由此，我发现班级大部分幼儿通过一学期分类活动的逐步开展，能够发现整体与部分的包含关系。

在"糖果串"游戏环节，难度有所增加，例如：在三角形中加入了幼儿不常见的变式三角形；在幼儿完成较好的情况下，要求幼儿观察别人的作品，发现不同之处；在正确图形分类的基础上，将相同颜色放在一起。同时，为不同能力水平的幼儿提供不同的帮助。如为操作有困难的幼儿提供三色辅助标杆，为能力强的幼儿提供更难的材料。

特特很快就完成了糖果串的分类活动，我走过去问道："特特，你的糖果串都用完了吗？你是怎么做的糖果串？"特特说："三角形的糖果和圆形的糖果不一样，这些都是三角形，穿在一起，这些都是正方形，穿在一起。"听了特特的话，在分享环节，我邀请特特与大家分享自己的好办法。找出不一样是下一步按特征分类的基础，所以特特很快就完成了自己的分类。

03 单元活动反思

我们班的小朋友们特别喜欢分分这个、分分那个：我们帮助食堂老师分蔬菜、分碗筷；在美工区活动时，将画笔、画纸按颜色分类；在娃娃家游戏时，他们会把相同的物体放在一起，能够正确根据物体种类进行分类。可见，孩子们对分类活动的兴趣极高，我也趁热打铁，丰富了班级可玩、可用的数学环境，在区域内投放了不同层次的分类玩具材料，如按颜色分类、排除大小按颜色分类、排除形状干扰按颜色分类、排除多种干扰因素按颜色分类。在我们班数学区快乐火车的墙上有一个"宝宝去旅行"的板块，洋洋在分图形的时候是这样分的：把所有圆形放在一起、方形放在一起、正三角形放在了一起，而其他变式三角形放在了箱子外面。我问他："这些图形宝宝怎么没去旅行?"洋洋随口回了我一句："我没见过它。"由此可见，小朋友们对于常见图形非常了解，而对于变式的不常见图形却很陌生。由此，我又设计了本次"鼠宝宝过新年"的图形分类活动，希望通过情景的贯穿、教师语言的指导、操作材料的投放等，引导幼儿排除干扰，正确进行图形分类。

第二节　中班优秀活动案例

案例一

7以内的数量排序

蒲黄榆第一幼儿园　张敏学

01 活动介绍

适合年龄班	中班	建议学习时间	第一学期（10月）
数学概念	理解数量的实际意义，能够对7以内的数量进行排序		
关键经验	了解3～7的数量依次多1的递增关系；能按数量的多少对7以内的物体进行排序，并匹配点卡；遵守游戏规则，按规则进行自助操作，并尝试进行自我检查		

（续）

适合年龄班	中班	建议学习时间	第一学期（10月）
幼儿学习情况分析	中班小朋友对7以内的数和数量有了一定的认识，进行过等量判断、比多少等数的概念游戏，有过按照长短、高矮排序的经验，但还没有进行过7以内的数量排序		
整体设计思路	生活中处处皆能体验到数量的递增、递减关系，例如楼梯上的台阶、门帘的有序排列等。为此，我结合中班幼儿发展目标，以“小刺猬开商店”的故事为依托，通过搭台阶、整理货物等活动，进一步发展幼儿的分类计数能力和数量比较能力，让幼儿体验7以内的数量顺序，发展7以内的心理数线		
活动名称	实施途径	活动目标	评价要点
楼梯上的小秘密	过渡环节	发现数量递增关系	随着台阶的增高，能够发现贴纸数量逐层多1的关系
小刺猬开商店	集体教学活动	进行7以内数量的排序	能够按顺序排列3、4、5、6、7个数量的物品
创意门帘	区域自主游戏	体验7以内的数量顺序	能够有规律地依次递增或递减拉花数量
小小建筑师	区域自主游戏	感知数量逐层递减的关系	能够随着搭建台阶层数的增多，逐层减少一个物体
整理粮仓	家庭亲子游戏	能够分类计数并排序	先将豆子分类数清数量，再按照数量的多少进行排序

02 课程实施途径

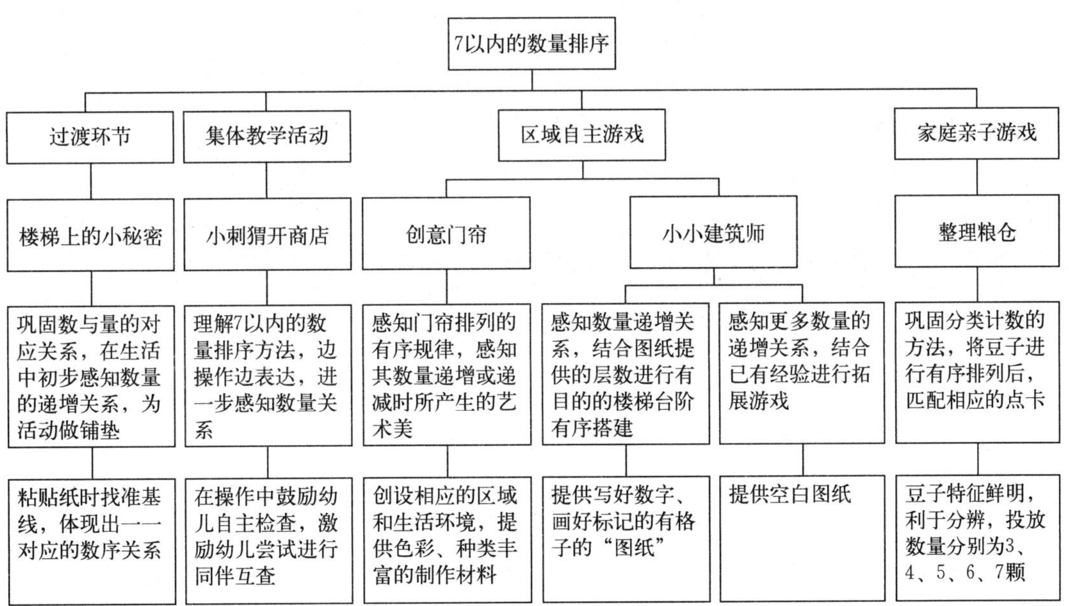

一、过渡环节

楼梯上的小秘密

游戏目标	感知物体随台阶层数升高逐层多 1 的数量关系	
落实区域	楼梯间	
环境支持	图片	策略说明
	楼道的台阶	在台阶的侧面粘贴数字和图案贴纸，找准基线，从离地面最近的一层台阶开始依次往上，数量递增
指导重点	发现楼梯上的小秘密，鼓励幼儿走近对比观察。在每次上下楼梯的时候，幼儿能够非常直观地看到数与量的对应和递增关系	

二、集体教学活动

小刺猬开商店

【活动目标】

1. 体验 3～7 的数量依次多 1 的递增关系。

2. 能按数量多少对 7 以内的物体进行排序，并匹配点卡。

3. 遵守游戏规则，按规则进行自主操作，并尝试进行自我检查或同伴互查。

【活动重点】

能够按数量多少对 7 以内的物体进行排序。

【活动难点】

根据 7 以内的心理数线，将物体进行分类计数和数量比较，并排序。

【活动准备】

1. 经验准备。

（1）生活小常识。知道台阶从下往上一层比一层高。

（2）初步理解 7 的基数意义，感知过 7 以内的数量，知道比 7 少的数量有哪些，能用计数的方法比较 7 以内的数量，能根据基线给 7 个以内的物体按照高矮、长短进行排序等。

（3）在生活中开展的活动。

① 角色游戏“装点心”。给标有点子的小盘装点心，感知 7 以内的数量。

② 进区签到活动。盖印章签到，感知 7 以内的数量关系。

③ 结合新年环境创设。制作拉花，感知 7 以内彩纸排序的美。

④ 生活游戏。台阶上的小秘密，感知数量依次多 1 的递增关系。

⑤ 室内外体育游戏。跳房子、闯关游戏，感知 7 以内数量的递减关系等。

2. 物质准备。

(1)“修灯泡”游戏单，“整理货架”游戏单（图 3 - 13）。

(2) 插钉：红、黄、蓝、绿、白 5 色，数量分别为 3～7；分类盒；小丑帽、面具、小鼓、皮球、花伞 5 种磁贴，数量分别为 3～7；磁贴点卡 3～7；标记点卡 3～7。

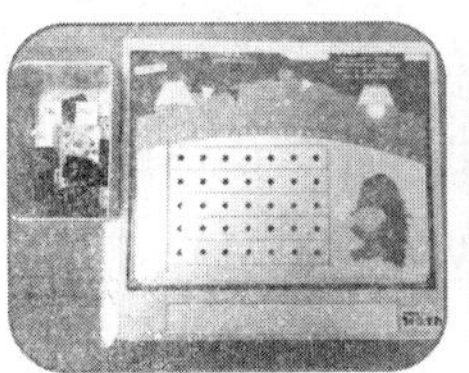
修灯泡

整理货物

图 3 - 13 游戏单

【活动过程】

1. 导入环节（建议用时 8 分钟）。

子游戏一：修灯泡

(1) 情景引入。教师：“小刺猬要开商店啦，可是店里的灯坏了一个，需要用插钉搭好台阶，让它能沿着台阶走上去修灯，你们愿意帮忙吗?”

(2) 重点提问。教师：“这些插钉有哪些颜色？各有多少个？同一层台阶用同一种颜色的插钉，你准备从上往下搭还是从下往上搭？先搭哪一层?”

指导策略：请一名幼儿到前面尝试搭建一下，并引发幼儿思考他是按照什么顺序搭建的。

(3) 介绍游戏名称“修灯泡”。引导幼儿说出游戏规则：先把插钉按照颜色分一分、数一数，再按顺序一层一层搭建。

子游戏二：整理货物

(1) 情景引入。教师：“货架上的货物乱糟糟的，得在商店开门前把它们整理好，还需要给每样货物标注好数量，你能帮帮小刺猬吗?”

(2) 介绍规则。教师：“小朋友先把货物分一分、数一数，知道每种货物各有多少个，然后按照从少到多的顺序排列在货架上，最后贴上点卡。”

2. 操作环节（建议用时 16 分钟）。

(1) 自选操作材料，提示小朋友先完成一个游戏后，再进行换组游戏。

(2) 教师观察（重点指导）。教师观察幼儿是否理解“修灯泡”“整理货物”的活动规则，了解幼儿的操作策略，分析其发展水平，进行必要的个别指导。

指导策略：在“修灯泡”组，如果幼儿能按颜色进行分类，但是没有按数量排序，教师可以按操作步骤一步一步提示幼儿进行操作。

如果幼儿能理解活动规则，但按数量排序时有个别错误，教师可以提示：“检查一下你搭的台阶，是按数量顺序排的吗?”请幼儿自己调整。

如果幼儿能遵守活动规则，比较顺利地完成了分类、计数、排序 3 个过程，教师可询问幼儿的操作过程，引导他们总结操作的方法（例如边分类计数边排序）。

在“整理货物”组，教师可按上述方法进行指导。此外，还需提醒幼儿在分类、计数、按序排好后，要放上点卡。

常规提示："做完以后，要记着请朋友检查哟。然后，还要把材料收回原来的样子再换组。"

（3）个性化指导。

子游戏一：修灯泡

情况一：理解游戏规则，能够顺利地进行分类、计数、排序。

指导策略：鼓励幼儿进行自查，并自主换组进行其他游戏。

情况二：能按照颜色进行分类，但是没有按照数量排序。

指导策略：教师进行个别指导。

① 重述游戏规则，强调关键语句"按顺序一层一层搭台阶"，引导幼儿数一数每种颜色的插钉有几个？哪个最多，哪个最少？

② 经验迁移。教师："台阶是什么样子的？"引导幼儿回忆台阶是一层比一层高的。

教师："最下面的台阶是什么样的？最上面又是什么样的？你想从哪开始搭？"

③ 减少材料，降低难度。遮挡住一层台阶，并拿掉数量是7的插钉。

游戏二：整理货物

理解游戏规则，但是不能直接看出货物的数量，计数不清。

指导策略：教师提供白磁板，便于小朋友将所有货物都摊放在一起进行对比观察。

3. 结束环节（建议用时6分钟）。

（1）自由表达。教师："今天玩了几个游戏，各是什么？有没有检查，是怎样检查的？"

（2）集中交流。请搭台阶游戏时遇到困难的小朋友帮老师完成游戏，幼儿观察他的搭建顺序，并回忆自己的游戏情况。

发现1：两个小朋友搭建台阶的共同之处：①搭建的台阶数量都是3～7个；②都是5层台阶。

发现2：两个小朋友搭建台阶的不同之处：①每行的插钉颜色不同；②幼儿1先插的是最上面的黄色插钉——从上往下排，先排最少的，幼儿2先插的是最下面的白色插钉——从下往上排，先排最多的。

（3）小结。在搭台阶的时候，无论是从上往下搭还是从下往上搭，摆出来的台阶都是最上面的台阶用到的插钉最少，由台阶层数往下依次递增（多1）。

活动延伸

1. 区域中的延伸。分别在美工区、建构区投放相关材料，体现不同的难度层次，进一步巩固幼儿对7以内数量排序的认知。

2. 家庭中的延伸。把按照数量多少排序的方法教给爸爸妈妈，通过分类计数、按量排序、匹配点卡等游戏，与家长共同整理"小粮仓"。

三、区域自主游戏

活动一　创意门帘

游戏目标	理解物体数量依次递增或递减的规律	
落实区域	美工区	
环境支持	图片	策略说明
	自制门帘	在门框边缘粘贴小朋友自制的门帘，按左到右数量依次递增（多 1）的规律排列
	自制窗花	采用左右对称的方法，左边的窗花按照从多到少的顺序依次递减，右边的窗花按照从少到多的顺序依次递增
材料	手工纸、剪刀、胶棒	投放颜色鲜艳丰富的手工纸，小朋友可以根据自己的喜好任意搭配色彩
指导重点	鼓励幼儿根据数量依次递增或递减的顺序进行排列和制作	

活动二　一分再分

游戏目标	感知物体数量逐层递增或递减（多 1 或少 1）的关系		
落实区域	建构区		
材料	图片		策略说明
	积木	建筑图纸	利用乐高、积木等建构玩具的空间体验，进一步感知数量递增或递减的关系 投放画线（7 以内）和没画线的图纸，增加游戏难度的层次性
指导重点	鼓励幼儿通过对比每层台阶的块数，感知数量关系的变化		

四、家庭亲子游戏

整　理　粮　仓

亲爱的家长、小朋友们，大家好！你们的家里一定有很多豆类粮食吧，它们都有哪些种类呢？让我们一起把它们按你自己发现的特点分一分吧！

看一看：豆子都混在一起了，你能按照不同的种类把它们分类放好吗？

说一说：请你数一数，每种豆子都有多少颗？

想一想：怎样才能把它们按照规律排列好呢？你想按照什么规律来排列呢？

做一做：请你动手试一试吧，排好后记得放上相应的点卡哦。

拓展游戏

1. 亲子共同游戏，可以进行“谁最快”挑战比赛。
2. 和爸爸妈妈一起在家中寻找可以按数量排序的物品，继续巩固这一经验。

温馨小贴士

1. 在挑选豆子时，尽量选择体积大一点且特征鲜明的种类，这样比较便于小朋友进行分类。

2. 最初分豆子的数量最少可以从 3 颗开始，例如 3 颗花生、4 颗黄豆、5 颗黑豆、6 颗芸豆、7 颗玉米等。

典型学习故事

在玩“整理货物”游戏的时候，我发现小华总是在分类计数的环节卡顿，游戏材料一遍一遍地摆出来，又一遍一遍地收回去，要么是在反复数数，要么就是把卡片排成无序的状态……

在小华旁边观察了好一会儿，我最终还是进行了干预，希望通过几个提问，对她有一点启发：“请你先来数一数每种货物各有几个？”她一边指着卡片，一边手口一致地数着每一样物品，都能数对。我又问她：“你能找出这些货物中哪种最多，哪种最少吗？”她看着眼前的一堆卡片，又回答对了。接下来，我开始鼓励她往游戏板上排货物了，排完了 4 个物体后，她又一次卡顿了：停在了 5 和 6 的排序位置。

经过询问，我得到了一个意外的回答：“5 个皮球比 6 个面具多”。显然，小华对数量的理解不够清晰，无法直接感知数量的多与少。

两个集合的元素无法对应排列时，就需要进行计数比较，先分别对两个集合准确计数，再通过对比观察，进行数量比较。于是，我采取一一对应的摆放方式，和小华一起摆放了 5 个皮球和 6 个面具。通过两种物品的对比观察，使小华直观感知，发现

不同，看到了“多”的是哪个，最终，她明白了“6 比 5 多”。

突破了这个瓶颈，往后的按规律排序就顺畅多了。

这个小小案例再一次充分证明：孩子的学习方式是直接感知、亲身体验、动手操作，一次游戏活动可能无法使孩子彻底掌握一个概念，但是在思维参与、思维转变的过程中，其数学能力、数学思维在不断地完善和进步。

数学能帮助我们解决生活中的实际问题，使我们的头脑变得更加灵活，数学也会给我们带来美的感受和体验。

03 单元活动反思

1. 贴近生活的经验。在每次数学活动中，我都非常注意小朋友前期经验的渗透。每一个数学概念都不是独立存在的，它需要前期的生活经验做铺垫、打基础，也需要后期拓展经验、开阔思路。在按量排序的活动中，有的小朋友遇到困难，不会玩、玩不对，其原因除了对规则不理解外，还有一部分原因是因为前期的经验掌握不足。所以，我们要动脑筋、想办法，真正把数学融入小朋友的生活中。

2. 对材料投放的思考。对于小朋友来说，数的概念是非常抽象的，但是相对量的概念就好理解多了，因为他们可以通过游戏操作来熟悉和掌握，所以，游戏材料对于数学活动来说就显得尤为重要。通过按量排序的活动，我越发觉得在为孩子们准备游戏材料的时候，要考虑得更全面一些，不仅要注意材料能够体现数学概念、充足、便于操作，还要考虑孩子的年龄特点、性格特点等。在游戏时，需要灵活、适时地调整材料的数量及种类，避免出现“模仿秀”“死记硬背”的现象。

3. 拓展经验的延伸。数学能帮助我们解决生活中的问题，也会给我们的生活增添乐趣和美的享受。所以，我们就好像一把钥匙，帮助孩子们打开了一扇扇数学的大门，拓展他们的思路，启迪他们的思维，让他们有更多的发现与创造。

案例二

数量排序

蒲黄榆第二幼儿园　张建梅

01 活动介绍

适合年龄班	中班	建议学习时间	第一学期（11 月）
数学概念	将 7 以内的数根据数量进行排序，匹配相对应的点卡，理解多 1 递增的关系		

（续）

适合年龄班	中班	建议学习时间	第一学期（11 月）
关键经验	体验 7 以内的数量依次多 1 的递增关系；感知排序的概念和方式；有规则意识，自主操作		
幼儿学习情况分析	幼儿对于 7 以内的数有初步的认识，能够点数并匹配点卡，但对于理解数的多 1 递增关系存在一定的困难		
整体设计思路	我们的生活中到处充满了排序，如排队中的排序、游戏中的排序等。孩子们会在生活中有意无意地发现一些有趣的排序现象，在日常的区域中，我也发现幼儿对于数的游戏很感兴趣。为此，我将数的认识设计为教学活动，让幼儿进一步感知数的等量关系和匹配		
活动名称	实施途径	活动目标	评价要点
玩具排排队	家庭亲子游戏	把玩具分好，按数量的多少进行排序，并尝试改变数量，变为依次递增多 1 的关系	说出自己的排序方式，每一排的数量是多少，并尝试表达其中的关系
小小修理工	集体教学活动	按数量多少对 7 以内的物体进行排序，体验 3～7 的数量依次多 1 的递增关系	通过幼儿不同的操作方法和表现，进行对比观察，鼓励幼儿发现最好的方法
舒适的台阶	区域自主游戏——建筑区	结合数量的排序及生活实际，给建筑区的房子或建筑物搭好台阶	能够尝试自己解决问题，找到最适宜的方法
数量排队	区域自主游戏——益智区	在理解数量排序的基础上，在游戏中体现数量的多 1 递增关系	鼓励幼儿学会观察，理解排序数量间的关系
搭台阶	区域自主游戏——体育区	在体育游戏中，感受排序的重要性，解决游戏中遇到的困难	了解轮胎的大小，尝试稳固的组合，体验递增的排序关系

02 课程实施途径

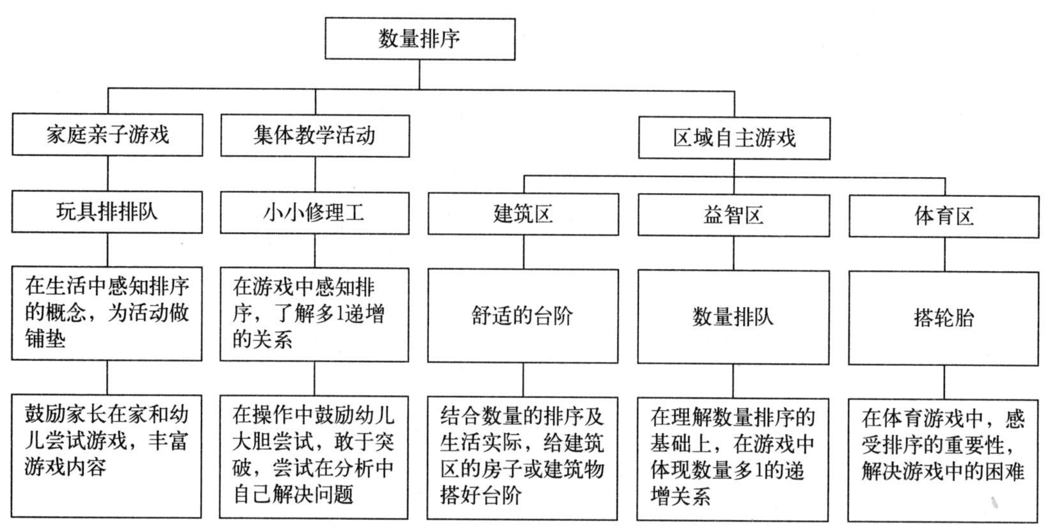

一、集体教学活动

小小修理工

【活动目标】

1. 体验 3～7 的数量依次多 1 的递增关系。

2. 能按数量多少对 7 以内的物体进行排序，并匹配点卡。

3. 能按规则自主操作，并请同伴检查。

【活动重点】

能按数量进行排序，感受多 1 的递增关系。

【活动难点】

知道正确的排列顺序和方向，找到其中的递增关系。

【活动准备】

1. 经验准备。有过排序、点数、匹配的经验，在区域中玩过数的匹配游戏。

2. 物质准备。底卡 4 “小小修理工”，多用插板，插钉（红、黄、蓝、绿、白 5 色，数量分别为 3～7），材料盒（每人 1 个），纸砖，U 卡积木（图 3－14）。

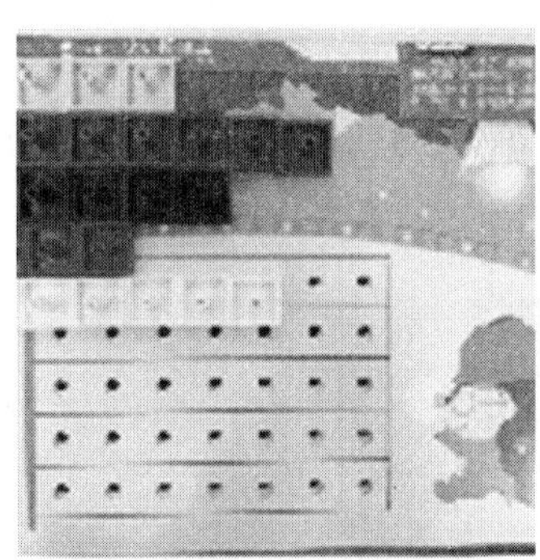

图 3－14 物质准备

【活动过程】

1. 导入环节（8 分钟）。以“小小修理工”的情境，引出按数量排序的问题。

（1）引出问题。出示底卡 4 “小小修理工”，提出问题，鼓励幼儿帮忙搭台阶。

（2）演示规则。出示插钉，提要求。

指导重点：引导幼儿先将插钉按颜色分一分，分好后按顺序一层一层地搭台阶，同一层插钉的颜色要相同。

环节目的：鼓励幼儿关注操作步骤，了解规则。

提问：你准备从上往下搭还是从下往上搭？先搭哪一层？

环节目的：鼓励幼儿有自己的想法和操作方法，只要能完成就可以。

（3）介绍平行活动。

① 出示纸砖和 U 卡积木，鼓励幼儿帮助派派给舞台搭台阶。用积木搭台阶，匹配点卡。

② 提示：可以选择自己觉得最好的方法，将台阶完成并走上舞台。

（4）提出操作要求。自选活动，交换前注意收好材料，可以同伴互助。

2. 操作环节（12 分钟）。

（1）分组操作。引导幼儿自由分组操作、自主轮换，重点观察幼儿是否能够按正确顺序和方向搭台阶。

（2）观察指导。了解幼儿是否理解“小小修理工”的规则，观察幼儿的操作策略，分析其发展水平，适时进行个别指导。

预设困难：理解规则，数量排序有个别错误。

解决策略：提醒幼儿检查。教师：“派派能够上去吗？是按数量顺序排的吗？”鼓励幼儿自己或同伴间检查。

（3）个性化指导。在幼儿自由分组操作、自主轮换中，重点观察幼儿的操作方法，看其能否在尝试中探索。在过程中，可能会出现一些困惑：

① 幼儿 1：能按颜色分类，未按数量排序。

教师支持——你还记得要先做什么，再做什么吗？（按操作步骤一步一步提示幼儿进行操作）

② 幼儿 2：理解规则，数量排序有个别错误。

教师支持——提醒幼儿检查并提问：“派派能够上去吗？是按数量顺序排的吗？”

③ 幼儿 3：遵守规则，顺利完成分类、计数、排序三个过程。

教师支持——询问幼儿的操作过程：“你是怎样搭好的？用了什么方法？”

3. 结束环节（5 分钟）。

（1）自由表达。请幼儿分享自己的操作方法和经验。

（2）集中交流：请幼儿讲述，是怎么帮助派派解决问题的。

提问：相信每个小朋友都帮助了派派，你都用了哪些方法呢？谁愿意来前面试一试呢？分享一下你的小方法。

（3）拓展提升：对幼儿不同的操作方法和表现进行对比观察，鼓励幼儿发现最好的方法。

活动延伸

1. 区域中的延伸。在建筑区、益智区、户外投放相关材料，引导幼儿进一步探索并解决生活、游戏中的问题和困惑。

2. 家庭中的延伸。可以将家中的玩具进行分类后排序，感受多 1 递增的关系。

3. 活动后的延伸。进一步体验递增的关系，并解决生活中的问题。

二、区域自主游戏

活动一　舒适的台阶

游戏目标	1. 结合数量的排序及生活实际，给建筑区的房子或建筑物搭建台阶 2. 利用多 1 递增的关系，体验台阶在此建筑上的稳固性及使用舒适性	
落实区域	建筑区	
材料	图片	策略说明
		用排序的方法，将台阶搭成递增的关系，完成稳固的搭建
指导重点	鼓励幼儿尝试观察生活中的台阶，迁移并结合所学搭建台阶	

活动二　数量排队

游戏目标	在理解数量排序的基础上，在游戏中体现数量的多 1 递增关系	
落实区域	益智区	
材料	图片	策略说明
		自主操作，观察珠子的数量，感知每排之间的关系，尝试多种形式的排序 根据格子的空间进行填充，可从同一颜色变换到不同颜色，再进行排序，直观感受递进的关系（颜色变换——增加难度） 通过两种不同维度进行排序，可从点子开始，也可直接观察数字，进一步提升幼儿对数量排序的理解
指导重点	学会观察，理解排序数量间的关系	

活动三　搭轮胎

游戏目标	能够在体育游戏中感受排序的重要性，解决游戏中的困难	
落实区域	户外	
材料	图片	策略说明
		利用排序的概念，尝试在合作中搭出稳固的轮胎山
指导重点	了解轮胎的大小，尝试稳固的组合，体验递增的排序关系	

三、家庭亲子游戏

玩具排排队

嗨，小朋友、大朋友们，你们在家都做什么游戏呢？是不是一起参与了很多亲子小游戏呢？我相信，你们一定也有很多好玩的玩具，你们可以不可以按照不同种类把它分一分，再按照从少到多的顺序来摆一摆呢？当你摆好后，数一数并想一想，怎样改变，可以让每一个种类都比前面的多 1 呢？来试一试吧！

看一看：玩具都有哪几类？

想一想：如果把同类玩具分到一起，可以怎么分？

做一做：把玩具分好，按数量的多少进行排序，并尝试改变数量，变为依次递增多 1 的关系。

说一说：你的排序方法是什么，每一排的数量是多少？尝试表达其中的关系。

拓展游戏

1. 观察家里可以排序的物品，尝试和家人一起排序，感受其中递增多 1 的关系。
2. 和家人一起观察楼房和楼梯的特点，尝试进行表达。
3. 利用家中的拼插玩具，如乐高，尝试拼一拼楼房、楼梯，家长可以出题，引导幼儿尝试不同的排序方法。

温馨小贴士

1. 在游戏中，可以引导幼儿多观察、敢于表达，并及时肯定和表扬幼儿，增强孩子的自信心。
2. 根据幼儿的实际情况变换排序的形式，让幼儿递进式学习和成长。

典型学习故事

在玩“给舞台搭台阶”这个游戏的过程中，苗苗和嘟宝都很认真，都能专注地搭属于自己的台阶，从中可以看出孩子们对于这个游戏非常感兴趣。这个游戏是我结合班中建筑区的实际问题设计的，比较贴近孩子们的生活。

在认真的搭建中，每个人都用自己的想象搭台阶，自己搭自己的，但彼此之间也有交流：“你应该搭稳一点，对齐……”台阶越搭越高，突然，一个小朋友搭的台阶倒塌了，他们互相说着：“哎哟！怎么塌了？又得重新搭……”从孩子们的语言中能够看出，他们已经失败了很多次，虽然言语中带着一丝丝无奈和抱怨，但一直在坚持着。这次失败后，两个小朋友有点停滞不前了，我发现他们在每一次搭建时，对于台阶数量的把握是比较好的，能够在上一层的基础上加 1，说明对于数量的排序，幼儿掌握较好，但由于材料较细，增加了孩子们操作的难度。于是，我进行了引导。

教师：“你们觉得为什么这个会塌呢?”

幼儿：“因为没搭稳啊!”“因为太高了。”

教师：“那你们来从这观察一下”——引导幼儿转移观察位置。

这时，孩子们开始观察下边的位置，一下就发现了问题——没有支撑点。同时，其他的小朋友也一起来观察，并说出如何更好地解决这个问题，尝试一起搭建。最终，孩子们完成了搭建，并匹配点卡。幼儿很开心。

当肯定并鼓励幼儿后，我提出了问题：“你们为什么要这么搭？比刚才的好在哪儿呢?”幼儿能够根据教师的提问去思考操作的方法和步骤，并进行对比，提升总结。我问：“你们有没有发现每一节台阶间的关系？有没有什么秘密?”通过提问，进一步让幼儿感知数量依次多 1 的递增关系。

03 单元活动反思

1. 活动贴近生活，激发幼儿兴趣。排序在我们的生活中随处可见。在本次活动前，幼儿在建筑区搭建台阶时遇到了问题，考虑到只有建筑区的孩子了解问题所在，为了能够让所有孩子了解、熟知这个现象，收集孩子们的多种方法，我结合此游戏，将排序的概念引入教学活动中，尝试让幼儿进一步探究和感知。从操作中，也能看出幼儿对于游戏的兴趣非常的浓厚。

2. 游戏互动密切，引导幼儿探究。在幼儿操作的过程中，通过观察，我发现了孩子们的操作习惯和出现的问题，鼓励幼儿幼幼互动，尝试自己解决问题，在操作中碰撞出了不一样的火花。同时，当发现幼儿需要帮助时，我适当介入，用提问的方式引导幼儿发现问题。

3. 活动继续延伸，巩固概念认知。活动后，将材料投放在区域中，并将数量排序的游戏延伸到不同的区域、户外及家庭中，帮助幼儿更好地了解排序的概念，进而探究出不同的排序方法。

案例三

模　　式

丰台区人民政府机关幼儿园　甄俊楠

01 活动介绍

适合年龄班	中班	建议学习时间	第二学期
数学概念	模式就是可以在物理、几何、数字里发现的可预测的序列，包括视觉模式，如地砖设计、有色玻璃窗户；听觉模式，如音乐节奏、时钟的嘀嗒声、脚步声；运动节奏，如舞蹈步伐；时间模式，如小时和分钟、每周或者每个季节；数值模式，如平方数数组、奇数和偶数的排列顺序、十进制的可预测性。 模式能力是儿童早期重要的数学能力，是幼儿形成逻辑思维的重要前提，在儿童数学思维的形成中发挥着重要的作用，可为幼儿以后的学习和发展打下良好的基础		
关键经验	1. 发现模式是有规律的（重复的或增长的）序列，在数学和生活中都存在 2. 发现模式的单位并按规律重复下去		
幼儿学习情况分析	中班上学期期末，我们对幼儿的发展水平进行了评估。评估报告显示，本班幼儿在认知领域排序和模式认知维度上发展较弱，63%的幼儿发展水平较弱，32%的幼儿发展水平一般，5%的幼儿发展水平较好。		
整体设计思路	《3—6 岁儿童学习和发展指南》指出，幼儿“能发现事物简单的排列规律，并尝试创造新的排列规律”。虽然在该指南中并没有明确提及模式的教育目标，但是皮亚杰的认知发展理论和当下的一些研究认为，模式在促进幼儿的逻辑思维能力方面的作用是不容忽视的。而逻辑思维能力是学习数学的重要前提，因此，对幼儿逻辑思维能力的培养是学前幼儿数学的重要内容之一。 在解析绘本故事《熊小弟的栅栏》时，幼儿对栅栏一个高一个矮的排列模式非常感兴趣，并由此延伸出了“模式”的拓展活动。幼儿结合生活中的材料，帮助熊小弟设计了按一定模式排列的栅栏。活动中，我将数学知识融于幼儿感兴趣的生活游戏之中，以感官化、生活化、游戏化的故事情节导入，并层层展开，引发了幼儿自主观察、感知与探询，思考怎样按大小、颜色、形状、数量的不同帮助熊小弟创设栅栏。有的幼儿利用身边的玩具去拼摆，有的利用纸和蜡笔画了出来，还有的幼儿和家长一起制作了真实的栅栏。通过这一个小的知识点，激发了孩子对于模式的学习兴趣。因此，我结合中班幼儿数学发展目标设计了“模幻空间”主题系列活动，并在区域中投放了相应的玩具材料，在促进儿童掌握模式能力的同时发展其数学思维		

02 课程实施途径

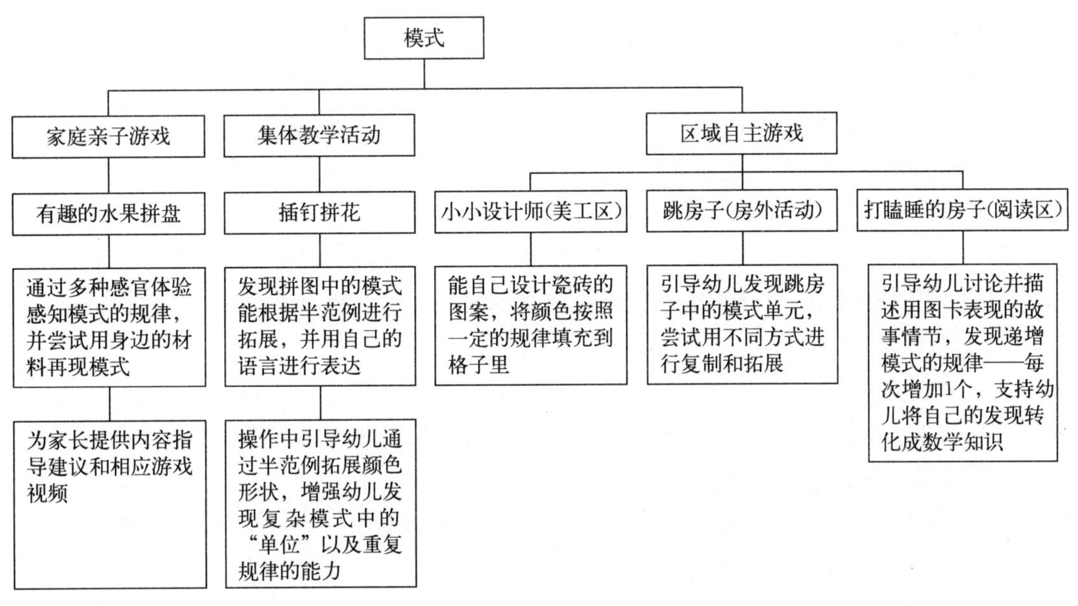

一、集体教学活动

插　钉　拼　花

【活动目标】

1. 发现拼图中的模式。

2. 能根据半范例进行拓展，并用自己的语言进行表达。

3. 能有始有终，做完一个活动后再换组。

【活动重点】

能够发现图中的模式，根据半范例进行拓展。

【活动难点】

发现复杂模式中的“单位”及重复的规律。

【活动准备】

1. 经验准备。能识别模式，并复制模式。

2. 物质准备。多用插板，底卡“插钉拼花”，红、黄、蓝、绿插钉，白磁板，模式积木。

【活动过程】

1. 导入环节（8 分钟）。

（1）引发兴趣。提问：“上次小朋友们和派派、麦麦一起用积木拼出了六边形，给小蜜蜂的家补洞，这次他们想用插钉、模式积木做拼花图案，来装饰客厅的墙面和地面。你愿意和他们一起做拼花吗?”

(2) 演示规则。出示底卡 6 “插钉拼花”。教师:“今天派派负责装饰客厅的墙面。他有两张范例图,你可以选一张自己喜欢的,然后根据范例图的规律选插钉,在下面的画框里完成拼花图案。谁愿意先来试试呀?”请一幼儿上前选范例图。

教师:“大家看看他选择的范例图,要用什么颜色的插钉?”请该幼儿演示插出拼花图案的局部。

教师:“大家会像他那样拼插吗?这个活动的名字就叫‘插钉拼花’。拼之前要先选一张范例,仔细看一看、读一读拼花的规律,然后再按范例拼,把整个画框铺满。做完以后可以拿给好友欣赏,然后拆掉,把材料还原后再换组。”

(3) 介绍平行活动。出示底纸 29 “积木拼花 1”。教师:“麦麦负责装饰客厅的地面。他想用模式积木做拼花。”请小朋友先选一张范例图,按图上的规律把下面的空白铺满。

2. 操作环节(15 分钟)。

(1) 分组操作。教师:“请小朋友选择一组活动,耐心做完以后再换另一组。做拼花时,要一边做一边对照范例随时检查。”教师有序请幼儿自选活动,开始操作。

(2) 观察指导。

① 教师巡视各组幼儿的操作活动。观察幼儿是否理解操作步骤和规则,适时提供指导。

② 教师根据幼儿操作及交流情况进行重点指导。

幼儿 1:幼儿随意拼插,不愿动手。

指导重点:引导幼儿读一读插钉的颜色或积木的形状,用语言指导幼儿选出插钉,再由教师根据范例插好一段,让幼儿接着拓展,完成拼花。

教师:“你来读一读这些拼花插钉的颜色,接下来该放什么了?”

幼儿 2:幼儿做拼花时出现个别错误。

指导重点:提示幼儿读一读每一排的拼花模式,引导幼儿自己发现错误,自行纠错。

教师:“你来读一读这些拼花插钉的颜色,你发现有哪里不一样了吗?”

幼儿 3:幼儿完成了某一图案的拼花。

指导要点:请幼儿表述拼花的排列规律。

教师:“你做的拼花是用什么颜色的插钉做的,是怎么拼成的呢?”

幼儿 4:幼儿兴趣很高。

指导要点:鼓励幼儿自己确定插钉颜色,设计出新的拼花。

(3) 鼓励换组。教师提示幼儿抓紧时间,争取到其他组多参加几个活动,做好的活动单夹好带走。教师保留最后一批幼儿的拼花操作结果。

3. 结束环节(7 分钟)。

(1) 交流。展示幼儿的拼花作业。

教师:“看到小朋友做了这么多漂亮的拼花,派派、麦麦太高兴啦!大家欣赏一下,说说你最喜欢哪种拼花呢?这种拼花是用什么颜色的插钉做的,是按什么规律做的?”

(2) 评价。教师:“今天哪些小朋友玩过拼花游戏?你做了几种拼花,遇到什么困难

了吗，后来是怎么解决的?”

评价要点：能发现拼花模式中的单位并进行拓展。能有始有终地坚持做完活动。

（3）整理材料。

活动延伸

1. 区域中的延伸。分别在音乐区、阅读区、美工区、户外投放相关材料，体现难度层次，供幼儿巩固游戏。

2. 家庭中的延伸。把方法教给爸爸妈妈，通过多种感官体验、感知模式的规律，并尝试用身边的材料再现模式。

二、区域自主游戏

活动一 小小设计师

游戏目标	尝试运用已有的规律经验创造模式	
落实区域	美工区	
材料	图片	策略说明
	范例	引导幼儿进行瓷砖设计，再进行墙面组合。幼儿完成的墙面可用于场景的布置，激发幼儿的设计兴趣
指导重点	能自己设计瓷砖图案，将颜色按照一定的规律填充到格子里	

活动二 跳房子

游戏目标	在跳房子情境中感知模式规律，尝试用不同方式进行复制和拓展	
落实区域	户外	
环境支持	图片	策略说明
	户外游戏：跳房子	通过自身运动、音乐节奏、听觉、语言表述这几种感官的刺激，引导幼儿感知和识别模式的规律排列，激发幼儿对模式学习的兴趣
指导重点	引导幼儿发现跳房子中的模式单元，尝试用不同的方式进行复制和拓展	

活动三　打瞌睡的房子

游戏目标	能够识别递增模式结构，并对故事进行预测和归纳	
落实区域	阅读区	
材料	图片	策略说明
	绘本《打瞌睡的房子》 故事角色图卡 不同颜色的积木	欣赏绘本故事 提供操作材料——故事的角色图卡，将数学问题具体化。幼儿利用角色图卡表现对图画书情节发展的理解，即每个角色是如何叠加的 引导幼儿在班级中寻找不同的物体，展现绘本故事的模式
指导重点	引导幼儿讨论并描述用图卡表现的故事情节，发现递增模式的规律——每次增加 1 个，支持幼儿将自己的发现转化成数学知识	

三、家庭亲子游戏

有趣的水果拼盘

亲爱的家长、小朋友们，大家好！快来和老师一起制作漂亮又美味的水果拼盘吧！

看一看：这些水果拼盘的摆放有什么特点？

想一想：你注意到这些水果之间摆放的关系了吗？这些水果的摆放都有模式吗？

尝一尝：蒙上眼罩，请爸爸妈妈按顺序依次喂我们吃水果拼盘中的水果。边吃边说出所吃到的水果名称。

做一做：你能画出自己所吃到的水果的模式吗？

说一说：你画出的模式和图片上的模式一样吗？你发现了什么模式？

拓展游戏

游戏一

指导建议：

1. 家长按照 ABA 的模式拼摆水果拼盘，用手机拍照记录。

2. 幼儿蒙上眼罩，家长按顺序依次喂幼儿吃水果拼盘中的水果，引导幼儿边吃边说出所吃到的水果名称。

3. 引导幼儿画出自己所吃的水果的顺序，家长出示照片，对幼儿答案进行纠错。

4. 引导幼儿根据照片制作水果拼盘。

参考提问：

1. 你能画出自己所吃到的水果模式吗？
2. 你画出的模式和图片上的模式一样吗？
3. 你能按照题卡上的模式再去做一个一模一样的拼盘吗？

游戏二

指导建议：

1. 家长随机吃掉其中2～3块水果，引导幼儿对空缺的地方进行填充。
2. 家长展示基础重复的单元，引导幼儿按照模式继续扩展。

参考提问：

1. 你能帮我把吃掉的水果找回来吗？你为什么这样摆？
2. 你能按照这个模式继续补充完整吗？

温馨小贴士

1. 引导幼儿通过多种感官体验、感知模式的规律，并尝试用身边的材料再现模式。
2. 引导幼儿尝试用各种不同的方式复制、扩展和创造模式。
3. 在游戏中用较准确的语言对模式的规律进行语言表征和交流。

典型学习故事

在区域游戏中，萱萱来到了美工区当起了小小设计师。她首先选择了一张白格子纸和一些彩色方块，刚开始，她随机将自己的彩色方块摆在白格子纸上，然后又全部都拿了下来。接着，她看到对面的北北选了红、蓝两个颜色，于是也选择了红、蓝两个颜色。然后，她开始将红、蓝两个颜色的方块纸摆在白格子纸上。作品完成后，对面的北北跟她讲："我这个是按照红蓝红蓝红蓝的模式摆放的，你是按照什么模式摆放的呢？"萱萱看了看自己的，说："我这也是按照红色蓝色摆放的。"北北立即说："你这个不是按照红色蓝色模式摆放的，你看，这里、这里和这里都不对。"萱萱说："我这个里面也只有红色和蓝色，为什么你的是我的就不是呢？"北北说："红色蓝色、红色蓝色，要一直这样摆才是按照模式设计出来的瓷砖。"于是，萱萱又开始了自己的设计，这次她是按照北北说的方法设计的。接着，她又拿起了黄色和灰色，再次设计了一面墙。这次她说："北北，你看我设计的这个好看吗？跟咱们班的装饰物一个颜色，我们一起问问老师能不能把这个也装饰在班级吧！"

在活动中，幼儿在遇到问题时没有轻易放弃，而是选择不断去尝试，并且能够向旁边的同伴主动学习。在同伴的帮助下成功完成游戏后，还能想到将自己的作品装饰在班级中。

03 单元活动反思

幼儿对于模式核心经验的获得应该是幼儿主动探索的过程，并且，幼儿应学会运用感官，亲自动手、动脑去发现问题和解决问题。

1. 多感官“激”模式学习兴趣。在解析绘本故事《熊小弟的栅栏》时，幼儿对栅栏一个高一个矮的排列模式非常感兴趣，并由此延伸出了“模式”的拓展活动。幼儿结合生活中的材料，帮助熊小弟设计了按一定模式排列的栅栏。活动中，我将数学知识融于幼儿感兴趣的生活游戏之中，以感官化、生活化、游戏化的故事情节导入，并层层展开，引发幼儿自主观察、感知与探询，思考怎样按大小、颜色、形状、数量的不同帮助熊小弟创设栅栏。有的幼儿利用身边的玩具拼摆，有的用纸和蜡笔画了出来，还有的幼儿和家长一起制作了真实的栅栏。通过这一个小的知识点，激发了孩子对于模式的学习兴趣。在接下来的一段时间，我们开展了“模幻空间”的主题活动。

2. 多感官“促”模式探索思考。模式的研究远不止红珠子蓝珠子、红珠子蓝珠子，其本身存在于各种形式中，包括视觉模式、听觉模式、运动节奏、时间模式、数值模式等。因此，结合模式的核心概念，我在后期创设了新的游戏案例，给出了明确的游戏指导建议和具体的参考提问，结合这个案例创设了亲子游戏视频。

3. 多感官“诱”模式深度学习。幼儿在学习模式的过程中，不仅需要重复模式的经验，同时非常有必要让幼儿了解比重复性模式更为复杂的模式——递增模式。《打瞌睡的房子》这个绘本正是一个介绍递增模式很好的出发点，因为它很形象化，无论从语言还是图画的表现形式上，都渗透出逐渐递增的模式。

活动中，幼儿需要建构一个关于递增模式的可视化表征，随着情节的发展，每次都会增加一个角色，幼儿能够随着故事情节的发展，预测下一个要增加的角色是什么，从而有效帮助幼儿探索模式和规律。《打瞌睡的房子》这个故事里的模式，幼儿是很容易感知到的，但他们能否超越这个故事情境，在数学的层面上理解这个模式呢？不断“+1”的模式不但存在于这个故事里，也存在于我们的自然数系统里，它还可以存在于孩子们堆叠的积木堆里，存在于楼梯里……只有幼儿在不同情况下发现相同的模式，才能逐渐发展出更好的认识世界的方法。

模式是高度抽象的，即便幼儿指出了100种AB模式的具体形式，也可能并没有将它们统一到AB模式这一抽象形式之下。所以，我们要做的是始终引导幼儿注意生活中的各种模式，培养他们对模式的敏感性，让他们在生活和学习中运用这一概念。对于模式这个概念来说，让幼儿关注事物之间的联系，培养他们有意识地寻找模式的思维习惯，远比简单地提炼出模式让他们模仿重要得多。应通过多感官教学方式，诱导幼儿对模式的无限思考和深度学习。

幼儿的数学活动应密切联系幼儿的实际生活，我们应充分利用幼儿身边的事物与现

象，作为他们进行数学探索的对象。学习数学的过程应该是幼儿主动探索的过程，应通过多种感官，引导幼儿动脑，发现问题、解决问题，让幼儿在多种感官中玩转模式。

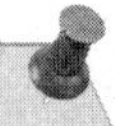

案例四

三角形拼图

95810 幼儿园 马蒙

01 活动介绍

适合年龄班	中班	建议学习时间	第一学期（12 月）
数学概念	用若干个相同图形拼成（或替换）不同的封闭图形，体验、感知图形之间的等分或分解		
关键经验	在拼图过程中，初步体验图形之间的组合替换关系；尝试通过平移、旋转等方式，将相同的三角形组合起来，填补墙洞；在反复的尝试中发现拼图的方法		
幼儿学习情况分析	根据上节课的活动经验，幼儿对三角形的基本特征有了一定的认识，知道用平移、旋转等方式可以使三角形发生空间方位变化，但没有接触过多个图形间的拼合		
整体设计思路	在日常生活和区角游戏中，拼图对于幼儿并不陌生，大多数幼儿已经掌握了拼图的小技巧。我结合现阶段幼儿数学发展目标，设计了一个有关图形关系的集体活动，并根据本节课的活动目标和幼儿兴趣自制了丰富的区角延伸游戏，通过“举一反三”的游戏，更好地帮助幼儿掌握活动目标，也为今后面积的自然测量奠定基础，同时，发展了幼儿的数学思维。		
活动名称	实施途径	活动目标	评价要点
小猪补墙洞	集体教学活动	初步体验图形间的组合、替换关系	能够用平移、旋转的方法将相同的小三角形组合起来，填补墙洞
密室大逃脱	区域自主游戏——益智区	根据图形钥匙线索，用相同的小三角形进行拼合，感知不同图形间的替换关系	积极尝试，发现拼合的好方法，愿意与同伴分享成功的经验
拼拼乐	区域自主游戏——益智区	加深对图形之间关系的理解，探索同种图形的不同组合方式	能够用转一转、换一换、先拼大块等方法进行拼合
密室大逃脱 2	区域自主游戏——建构区	根据图形钥匙线索进行立体图形的拼合	先观察后操作，注意拼合过程中边、角对齐
图形变形记	区域自主游戏——美工区	利用几何图形进行创造性拼图，培养发散性思维	灵活地旋转图形卡片，找到自己需要的角度粘贴拼合
折一折拼一拼	区域自主游戏——美工区	通过折一折、粘一粘，更直观地理解图形的分解与组合替换	大胆和同伴分享自己的操作过程和结果，理解图形间的关系
图形变装秀	家庭亲子游戏	大胆发挥想象，体验图形之间的组合替换关系	先观察后操作，根据图形线索，在空中完成旋转，填补空缺

02 课程实施途径

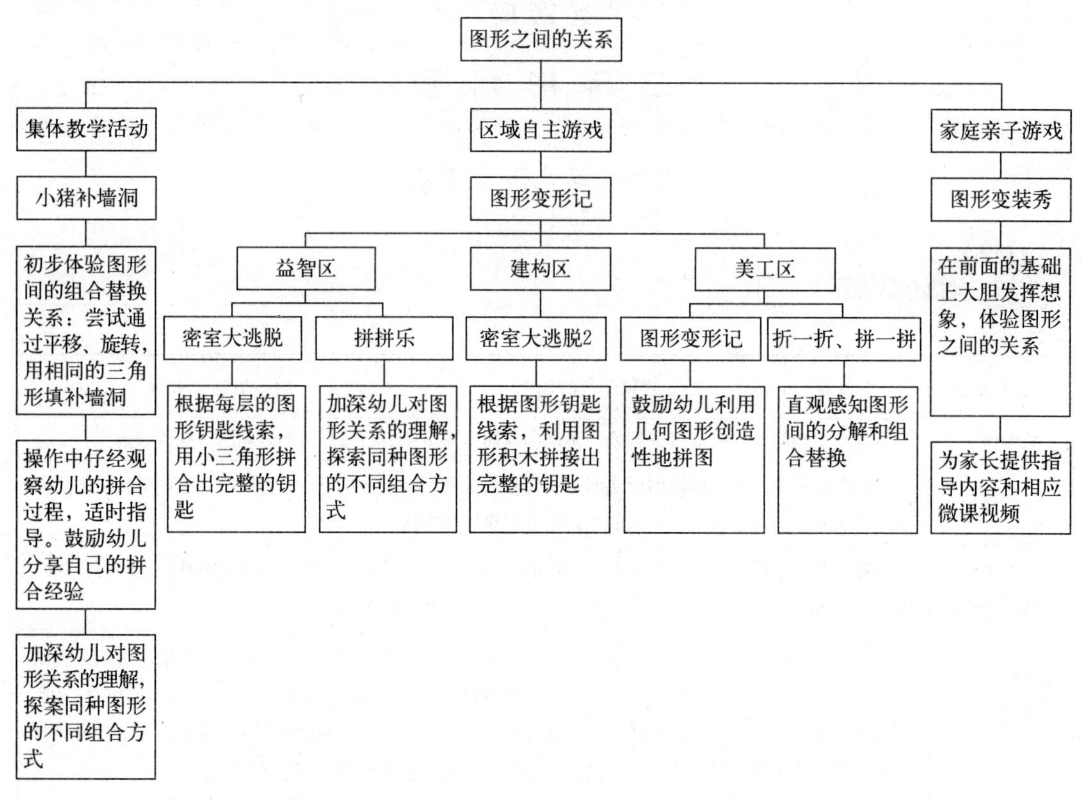

一、集体教学活动

小猪补墙洞

【活动目标】

1. 能积极尝试，发现拼图的方法。
2. 在拼图过程中，初步体验图形之间的组合、替换关系。
3. 尝试通过平移、旋转，将相同的三角形组合起来，填补墙洞。

【活动重点】

在拼图过程中，初步体验图形之间的组合替换关系。

【活动难点】

尝试通过平移、旋转，将相同的三角形组合起来，填补墙洞。

【活动准备】

1. 经验准备。前期幼儿已在活动区中参与过拼图游戏，已有平移、旋转的概念。
2. 物质准备。多用插板，白磁板，贴有一星、二星星级标志（体现游戏难度）的桌

子，底纸 14“小猪补墙洞 1”（一星），底纸 15“小猪补墙洞 2”（二星），等腰直角三角形磁贴（图 3-15）。

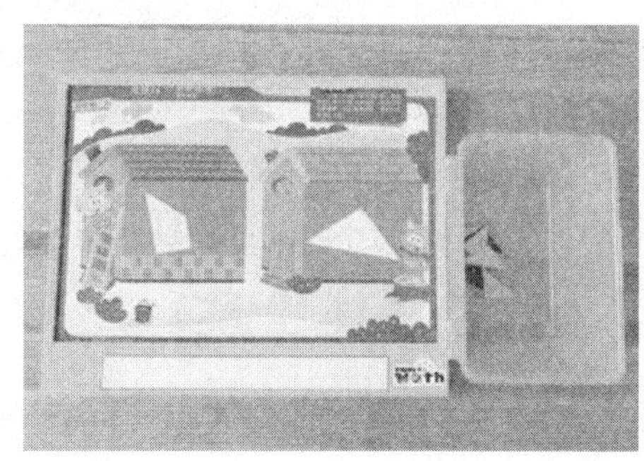
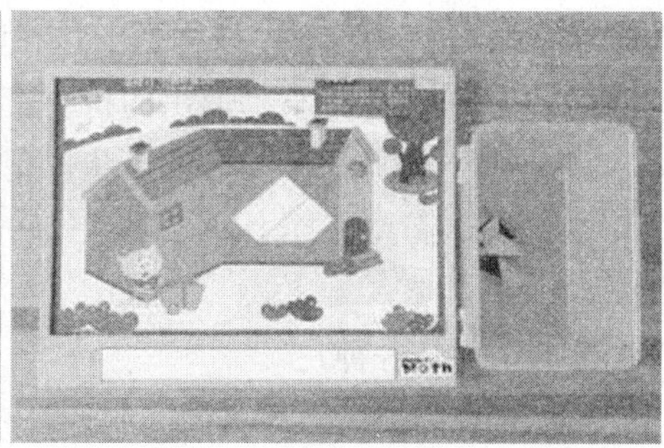

图 3-15　物质准备

【活动过程】

1. 导入环节（约 8 分钟）。

（1）引出问题。出示底纸 14（小猪补墙洞 1）和三角形磁贴。教师："你们知道《三只小猪》的故事吗？今天大灰狼又来捣乱了，而且还把小猪们的房子弄破了两个大洞，这可怎么办呀？小朋友，你们愿意帮它们补墙洞吗？可是它们没有刚好合适的大砖块，只有这样三角形的小砖块，怎么补呢？"引发幼儿思考如何用三角形去补洞。

（2）演示规则。教师："谁愿意来试试？"请一幼儿上前，尝试把几个三角形拿到粉色房顶的墙洞处拼合填补。最终不论是否完成，教师都接着往下说："他这样拼，墙洞补得平整吗？那你会不会把三角形拼成和洞洞一样的形状补上呢？请小朋友一会儿也去尝试拼一拼、补一补，一定要想办法把墙洞补好哟。小猪们谢谢大家了！"

（3）平行活动。出示底纸 15（小猪补墙洞 2）。教师："还有一只小猪的房子也破了一个大洞，你们愿意再帮它补一补吗？可以先把虚线的上半部补好，再补下半部。"

（4）提出操作要求。教师："今天的两个活动都叫'小猪补墙洞'。请小朋友注意，三角形的拼合要平整，不能重叠也不能留下空隙。紫色房顶的墙洞补起来要难一些，粉色房顶和蓝色房顶的墙洞要容易些，小朋友可以自己决定先做哪一个，也可以做完一个以后再试做另一个。看看今天谁的本领大，能帮助小猪把它们家的墙洞修补好。"

2. 操作环节（15 分钟）。

（1）分组操作。请幼儿先完成自己小组的操作活动，然后再换组。

（2）观察指导。教师看幼儿如何选择活动，大致了解他们各自的发展水平。待幼儿入座，随即巡视幼儿的操作，了解幼儿是否理解"小猪补墙洞"的规则。观察幼儿的操作策略，分析其发展水平，适时进行个别指导。

（3）个性化指导。

幼儿 1：幼儿随意在墙洞处堆放图形卡片，不会将图形拼合起来填补墙洞。

指导策略：引导幼儿观察墙洞的形状，和幼儿共同填好一两块，帮助幼儿理解拼合要求，然后鼓励幼儿重新拼一次。

教师："这个墙洞是什么形状的呢？那我们一起尝试拼一拼吧！先沿边把大块补齐，再看剩下的部分是什么形状。"

幼儿2：幼儿任意从材料盒取图形卡片在墙洞处填补，如取出的图形卡片不合适，放回材料盒再去取另外一个，直到取出的材料正好可以拼合整齐。

指导策略：引导幼儿观察墙洞的形状，用语言提出建议。

教师："这里你需要一个什么样的三角形呢？看看把这个三角形转转身会发生什么呢？"

3. 结束环节（10分钟）。

（1）交流。教师："老师这里的墙洞还没有修补好呢，谁愿意上来再做一做？"请一幼儿上前演示。

引导全班幼儿检查，请有不同补法的幼儿分享。

教师："如果再给你这么多个三角形，你还能拼出其他的形状吗？课后小朋友可自己再去试试，看看你用这些三角形一共可以拼出多少种不同的图形来。"

（2）小结。通过小朋友们的经验分享，掌握旋转、平移、角对角、边对边等拼图技巧。

重点提问：事先备好拼了一半，刚好剩下一个正方形的墙洞。

教师："我这里还有一个墙洞没有补好，它是什么形状？刚好还有两块小三角形砖块，谁来试试？"

重点引导：引导幼儿理解和感知图形之间的组合、替换关系。

（3）评价。教师："小朋友们都能积极参与、反复尝试，帮助小猪们补好了墙洞，小猪谢谢大家了，今后大灰狼再也不敢来捣乱了！"

活动延伸

1. 区域中的延伸。分别在益智区、建构区、美工区投放相关材料，体现难度层次，供幼儿巩固游戏。

2. 家庭中的延伸。结合环保主题，和幼儿一起设计服装，利用图形设计衣服logo。

3. 活动的延伸。鼓励幼儿大胆尝试，利用这些小三角形拼出其他图形。

二、区域自主游戏

活动一　密室大逃脱1

游戏目标	通过平移、旋转的方法拼合图形钥匙，感知图形间的替换关系
落实区域	益智区

（续）

	图片	策略说明
材料	一星　二星　三星	通过平移、旋转的方法，尝试用相同的小三角形拼合有规则的图形钥匙，如方形、梯形等 通过平移、旋转的方法，尝试用相同的小三角形拼合异形图形钥匙 通过平移、旋转的方法，尝试用多种图形拼合图形钥匙（三角形、方形、平行四边形）
指导重点	引导幼儿掌握正确的拼合方法，分享自己的拼合方法。感知图形之间的关系	

活动二　密室大逃脱 2

游戏目标	根据图形钥匙线索，尝试平移、旋转积木，拼合立体图形钥匙	
落实区域	建构区	
材料	图片	策略说明
	四星　五星	幼儿根据图形钥匙，利用相同的小三角形立体积木进行立体图形的拼合。由平面转立体增加了游戏难度，提醒幼儿多次尝试，操作前先认真观察。鼓励幼儿与同伴共同完成 在前一个游戏的基础上，又增加了方形立体积木，对于幼儿来说有一定的难度，鼓励幼儿合作完成
指导重点	在立体积木的拼合中，引导幼儿先观察、后操作，在拼合中注意边角对齐	

活动三　拼拼乐

游戏目标	加深幼儿对图形之间关系的理解，另一方面，让幼儿探索同种图形的不同组合方式
落实区域	益智区

（续）

	图片	策略说明
材料	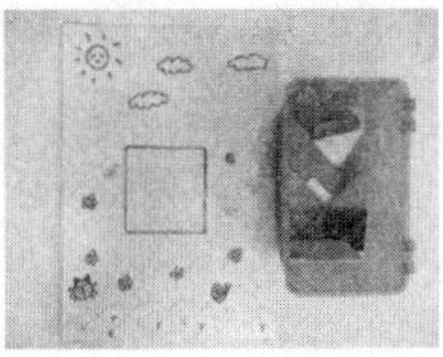 	鼓励幼儿用不同形状的图形卡片拼合正方形 玩法一：利用同种颜色的图形卡片拼合指定的正方形、长方形、平行四边形 玩法二：利用不同种颜色的图形卡片拼合指定的正方形、长方形、平行四边形
指导重点	引导幼儿用转一转、换一换、先拼大块等方法进行拼合	

活动四　图形变形记

游戏目标	鼓励幼儿利用几何图形进行创造性拼图，培养幼儿的发散性思维	
落实区域	美工区	
材料	图片	策略说明
		鼓励幼儿发挥想象，根据图形卡片拼合自己喜欢的图案
指导重点	引导幼儿灵活地旋转图形卡片，找到自己需要的角度进行粘贴拼合	

活动五　折一折、拼一拼

游戏目标	通过折一折、粘一粘，更加直观地帮助幼儿理解图形间的分解与组合替换	
落实区域	美工区	
材料	图片	策略说明
	 组合、替换 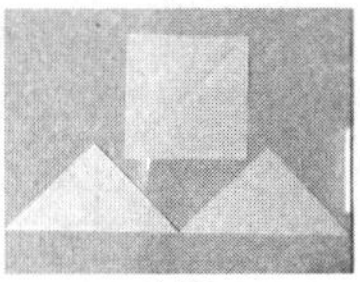　分解	幼儿自选纸张，在折一折、剪一剪的过程中感知图形的分解。在粘一粘的过程中感知组合、替换
指导重点	鼓励幼儿保留自己的作品，并向同伴分享自己的操作过程和结果	

三、家庭亲子游戏

图形变装秀

亲爱的大朋友、小朋友们，大家好！缤纷夏日，让我们“清凉一夏”，用我们家中闲置的旧报纸、购物袋制作一件亲子装吧，并设计一个独一无二的图形 logo。

看一看：请你仔细看一看衣服留白部分的图案 logo 是什么形状的？

想一想：拼合这个 logo 需要用几个小三角形呢？

做一做：幼儿尝试用小三角形来拼合衣服中的 logo。

说一说：你是按什么顺序、什么方法来拼合的呢？

拓展游戏

1. 鼓励幼儿尝试用小三角形用拼合其他形状的图形 logo。
2. 增添正方形、长方形、平行四边形、梯形，鼓励幼儿大胆尝试拼合。
3. 宅家亲子 T 台秀，并向大家介绍自己的创作“灵感”。
4. 亲子趣味拼图竞赛。父母提出拼合图形，幼儿根据现有的小图形自主拼合。

温馨小贴士

1. 前期和幼儿一同搜集旧报纸、旧购物袋等，一同制作服装。
2. 鼓励幼儿用语言表达图形的特征。
3. 引导幼儿大胆分享自己的操作经验。
4. 如果幼儿独立操作有困难，家长可适当降低难度，和幼儿一同完成 logo 的拼合。

典型学习故事

在集体教学环节，我发现当大部分幼儿已开始交换游戏时，朱朱小朋友仍在操作第一个游戏——红色屋顶墙洞的拼合。仔细观察了一会儿，我发现，原来他取一个小三角形随手摆放到墙洞处拼合，当发现边角拼合不完整时换另一个小三角形，直到取出的材料刚好能拼合整齐再接着往下拼，导致他的速度比较慢，但朱朱没有放弃，一直在专心游戏。

首先，我认为朱朱小朋友喜欢并愿意参加“小猪补墙洞”的游戏，其次，他对于游戏的玩法也是清楚的，但他的空间想象能力较弱，不会也不知道应该旋转图形完成拼合。

于是，当他又出现同样的问题时，我走到他跟前问道：“朱朱，你是按什么方法填补墙洞的呢？”朱朱告诉我：“老师，我是让这个边和我这个边对齐，这样填补墙洞的。”“那你手里的这个小三角形能和墙洞的边对齐吗？”“这个不行，你看它的这条边短。”“那你试一试把这个三角形转一转身会怎么样？然后再试着拼一拼，看它还短吗？”朱朱在我的小提示下，转了转手里的小三角形，边与边对齐了。这时，红色屋顶的墙洞刚好还剩最后一块，这次，他又取了一个小三角形，在空中完成旋转，准确地摆放在墙洞处。朱朱露出了喜悦的表情，非常自信地投入到第二个游戏中。

03 单元活动反思

1. 解决图形之间的关系不是一蹴而就的，它需要幼儿反复操作、提炼经验，再反复操作、提炼才能逐渐形成较为成熟的解决图形问题的经验。因此，我们要耐心引导、鼓励孩子，让孩子在拼合的过程中发现解决图形问题的方法，然后将这种方法迁移，去解决更复杂的图形问题，为今后面积的自然测量奠定基础。

2. 每节活动前，我们一定要大致掌握孩子们的水平，根据孩子们的已有水平对课程进行难易度的调整，让每一位幼儿都在原有水平上有所提高。

3. 活动后的梳理总结环节至关重要，对操作中出现的共性问题，教师要及时提出来，并尝试把问题抛给孩子，引发幼儿间的共鸣与经验分享，最后，教师用简练的语言梳理总结，概括本节课的知识点。

4. 课后区角活动延伸的设计要形式多样，符合幼儿的兴趣和年龄特点。同时要考虑到不同幼儿的水平，游戏的设计要由浅入深、层次分明。在游戏中学与玩，可以更全面地帮助幼儿掌握图形关系。数学来源于生活，更要应用于生活。

案例五

长度的自然测量

丰台第一幼儿园　曹凯

01 活动介绍

适合年龄班	中班	建议学习时间	第二学期（10 月）
数学概念	能用多个单位的工具首尾相接的方法测量长度，初步学习自然测量的方法		
关键经验	初步学习单位工具的自然测量 理解测量的意义 用数字描述、比较所用测量工具的数量		
幼儿学习情况分析	本班幼儿已知经验丰富，能够在起点相同的基础上通过目测，感知、比较物体的长短；在班级自然角的观察记录中，他们对于测量工具有初步的接触，但是还没有掌握规范的测量方法		
整体设计思路	在每年的体能测试中，我们发现，幼儿对测量立定跳远、投掷、坐位体前屈的工具特别感兴趣，脑子里有关于测量工具的“十万个为什么”，并发现虽然工具不同，但上面都画有所谓的“长长短短的魔力线”。于是，我结合中班幼儿数学发展目标，设计了一个生活中的数学游戏“看谁跳的远”，让幼儿在操作中理解长度测量的意义		

（续）

活动名称	实施途径	活动目标	评价要点
趣味测量	家庭亲子游戏	亲子探索，在寻找与尝试中发现选择测量工具的必要条件：相同单位长度	1. 能够寻找和选择家中相同长度的测量材料 2. 能够比较清晰地描述出测量的距离“有几根……那么长”
看谁跳得远	集体教学活动	1. 初步学习自然测量的方法，能用多个单位工具首尾相接的方法测量长度 2. 能用数字描述物体所用测量单位的数量 3. 在运用单位工具的实践中，感受自然测量的成就和乐趣	1. 从起点开始，小手能够将小棍贴紧路径，一根接一根，首尾相接地摆放 2. 能够主动用手指点数小棍的数量，并取对应的数字卡摆在一侧 3. 能够比较两个数字卡，比较清楚地说出“……跳了几根小棍那么远，……跳了几根小棍那么远，所以……跳的更远”
自制测量尺	区域自主游戏——美工区	1. 感知尺子每个刻度之间相同的长度 2. 运用剪、粘等方法制作测量单位相同的测量尺	在粘贴的过程中，能够将小吸管、笔盖等自然物首尾相接地连接起来
电闪雷鸣	区域自主游戏——益智区	学习首尾相接，从起点排到终点的测量方法	1. 能够在折弯处首尾相接地完成测量 2. 能够在比较后清楚地表达出哪道闪电（太阳光）更长、更厉害
哪条马路长	区域自主游戏——建筑区	能够根据马路的长短筛选出适宜长度的小积木进行测量	在比较的过程中，能够用“马路有几块小积木那么长”进行描述

02 课程实施途径

长度的自然测量

- 家庭亲子游戏
  - 趣味测量
  - 初步体验生活中测量的意义
  - 为家长提供内容指导建议和相应的游戏视频
- 集体教学活动
  - 看谁跳得远
  - 初步学习自然测量的方法，能用多个单位工具首尾相接的方法测量长度
  - 在运用单位工具的实践中，感受自然测量的成就和乐趣
- 区域自主游戏
  - 美工区
    - 自制测量尺
    - 感知自然物测量的重要因素：单位工具的相同性
  - 建筑区
    - 哪条马路长
    - 学习用测量的方法解决生活中的问题
  - 益智区
    - 电闪雷鸣
    - 学习首尾相接，从起点排到终点的测量方法

一、集体教学活动

看 谁 跳 得 远

【活动目标】

1. 初步学习自然测量的方法，能用多个单位工具首尾相接的方法测量长度。

2. 能用数字描述物体所用测量单位的数量。

3. 在运用单位工具的实践中，感受自然测量的成就和乐趣。

【活动重点】

能用多个单位工具首尾相接的方法测量长度，掌握自然测量方法。

【活动难点】

用数字描述和比较物体所用测量单位的数量，感受测量的意义。

【活动准备】

1. 经验准备。在班级自然角的观察记录中，幼儿对于测量工具有初步的接触，但是还没有掌握规范的测量方法。

2. 物质准备。操作板（每人一个），活动单（一套青蛙宝宝和兔宝宝角色，直线跳跃距离；一套青蛙爸爸和兔爸爸角色，折线跳跃距离），小棍 10 个，数卡 10 张（1～10）（图 3－16）。

图 3－16　物质准备

【活动过程】

1. 导入环节（6 分钟）。

（1）出示情景，引入活动。

青蛙和小兔是很要好的朋友，青蛙喜欢给小兔唱歌，小兔喜欢给青蛙跳舞。一天，青蛙从一片荷叶跳到另一片荷叶，开心地说："看我跳得多远。"小兔看到后，立刻从一棵青草跳到另一棵青草，说："瞧，我跳得更远。"两个好朋友争吵不休，都认为自己跳得远。

（2）提出问题，激发思考。教师："小朋友，你认为谁跳得更远呢？怎样才能帮助青蛙和小兔知道谁跳得更远呢？"

如果幼儿不能回答出测量的方法，可以引导幼儿回忆已知经验：在进行跳远体能测试时，老师是如何了解跳远成绩情况的？在自然角观察植物时，你是如何了解和记录小苗的

生长进度的？引出量一量的方法。

（3）出示工具，尝试测量。

① 教师："池塘边有几根相同长度的小棍，谁愿意来帮助青蛙量一量？"

② 请一位幼儿上前测量，测量后说一说"青蛙跳了几根小棍长"？引导幼儿将对应的数卡摆在青蛙的一侧。

③ 请其他幼儿讨论评价："他量得对吗？应该怎样量才正确？"

（4）分层梳理，总结方法。

① 从小棍与小棍联系的角度：一根接一根，首尾相接。

② 从小棍与直线路径联系的角度：从跳跃起点开始，小棍贴紧路径，一直排到终点。

③ 最后说一说有几根小棍长，并将对应数卡摆在一侧。

（5）介绍分组活动。

① 出示两个活动单，引导幼儿发现宝宝组和爸爸组的跳远情景。

② 猜一猜，谁跳得远呢？

③ 请小朋友用小棍量一量、数一数、说一说、摆一摆（数卡）、比一比。

2. 操作环节（13 分钟）。

（1）自选操作材料。教师请幼儿自主选择操作材料，进行操作测量，完成后换组。

（2）教师观察（重点指导）。教师巡视幼儿操作，重点观察幼儿的操作方法是否规范、操作步骤是否齐全。对个别幼儿进行适时指导。

幼儿 1：幼儿未掌握操作方法（重复、漏掉和线路没对齐）。

指导重点：教师可以引导幼儿看一看集体示范的操作结果，提示其操作的规范方法，在比较中回忆梳理的要点。

幼儿 2：幼儿漏掉过程中的操作步骤（摆数卡、比一比）。

指导重点：教师可以提问"青蛙宝宝跳了几根小棍长，可以用数字几表示？"引导幼儿将数卡摆放在相应位置。

幼儿 3：幼儿正确地完成测量。

指导重点：教师可以追问："谁跳得远，数卡上的 9 代表什么？"

3. 结束环节（6 分钟）。

（1）自由表达。说一说你的测量结果。谁跳得远？

（2）集中交流。在游戏过程中你遇到了什么困难，最终是如何解决的？对个别榜样行为进行表扬（如互相帮助、收整物品等）。再次回忆测量规则，巩固方法。

活动延伸

1. 区域中的延伸。分别在美工区、益智区、建筑区投放相关材料，体现难度层次，供幼儿巩固技能。

2. 家庭中的延伸。在家庭生活中运用自然测量的技能。

二、区域自主游戏

活动一　自制测量尺

<table>
<tr><td>游戏目标</td><td colspan="2">感知自然物测量的重要因素：单位工具的相同性</td></tr>
<tr><td>落实区域</td><td colspan="2">美工区</td></tr>
<tr><td rowspan="2">环境支持</td><td>图片</td><td>策略说明</td></tr>
<tr><td></td><td>在自然角创设植物测量的情景，鼓励幼儿进行持续观察与测量比较</td></tr>
<tr><td>材料</td><td></td><td>不同样式的长度直尺若干，引导幼儿观察，发现尺子的共同特征
彩笔盖等相同长度的废旧自然物，或者彩色吸管等幼儿可以剪裁的材料
鼓励幼儿用美工区自然物制作独一无二的测量尺</td></tr>
<tr><td>指导重点</td><td colspan="2">在剪裁吸管时，鼓励幼儿用画标记等方法，使剪裁下来的吸管长度相同</td></tr>
</table>

活动二　电闪雷鸣

<table>
<tr><td>游戏目标</td><td colspan="2">学习首尾相接，从起点排到终点的测量方法</td></tr>
<tr><td>落实区域</td><td colspan="2">益智区</td></tr>
<tr><td rowspan="2">材料</td><td>图片</td><td>策略说明</td></tr>
<tr><td></td><td>自制闪电情景（折线）卡通图片（压好膜）、小棍（若干），鼓励幼儿比较闪电的长短
自制太阳散发光芒（直线）卡通图片（压好膜）、小棍（若干），鼓励幼儿比较太阳光芒的长短</td></tr>
<tr><td>指导重点</td><td colspan="2">在折线处首尾相接，完成标准测量</td></tr>
</table>

活动三　哪条马路长

游戏目标	学习用测量的方法解决生活中的问题	
落实区域	建筑区	
材料	图片	策略说明
		鼓励幼儿寻找相同长度的小积木块等材料作为测量单位工具，对搭建的马路等进行长度测量与比较
指导重点	引导幼儿根据测量目标的实际长度选择适宜的测量单位工具 在比较的过程中，能够用“马路有 8 块积木那么长”来进行描述	

三、家庭亲子游戏

趣　味　测　量

对于家庭来讲，最快乐的时光莫过于亲子陪伴时间。为了让宝贝有健康的体魄，相信每个家庭都十分重视对宝贝们运动技能的培养，那么今天，就和我一起走进别样的跳远比赛和趣味测量情景吧！

情景：家长和宝贝在较远距离面对面站立，进行跳远比赛，家长和幼儿一起用粉笔将跳远距离画出来。

看一看：你认为爸爸和宝贝谁跳得更远呢？

想一想：如何证明你说的对不对呢？

做一做：让我们一起寻找合适的材料（家中废旧的吸管、筷子等相同长度的材料）测量看看吧！

说一说：你是怎么测量的，你跳的有几根吸管那么长？

拓展游戏

1. 量一量，地板砖的四条边一样长吗？可以使用哪些测量工具？在操作中感知对边长度相同。

2. 鼓励幼儿在家中寻找物体进行测量，并描述测量结果。

温馨小贴士

1. 鼓励幼儿自主寻找适合的测量工具，或者自制测量工具，感知测量单位的特征。

2. 在测量中，遇到测量距离和测量单位不能正好覆盖的状况属于正常现象，可以引导幼儿进行整体描述；如果出现测量两个物体的长度都是有相同数量的测量单位那么长，只是多余出来不足一个测量单位的距离，可以引导幼儿继续使用新的（更短的）测量工具进行再次测量，进而得出测量结果。

典型学习故事

集体活动后，我巡视幼儿的自主操作情况，此时，愁眉不展的恪恪映入我的眼帘（操作板上完成了小兔的测量，并将数字8的数卡摆在小兔旁，而在小青蛙的路线上只摆了2根小棍），他在思考着什么。我灵机一动，蹲下来问他需要帮助吗？这时，恪恪伤心地说："小棍不够。"一旁的月月说："他跟我借了，可是我没多余的，我让他把上面的小棍拿下来用，他不听。"恪恪立刻反驳："拿下来我就该忘了是几根了……"我听后，在心里笑了：原来是还没有掌握对数卡8抽象意义的理解啊。我摸了摸恪恪的头问："恪恪，这个数卡是几啊？"他机灵地回答："8。"我又问："这个8表示什么？"他挠了挠头说："我数了有8根小棍，就找到了数字8。""那么8代表……"我一边拉长音，手指一边依次指着8根小棍，等待他的准确回答。恪恪突然笑了，说："哦，8就代表小兔宝宝跳了8跟小棍那么长，拿走上面的小棍也没事，哈哈哈。"接下来，恪恪十分熟练地完成了之后的操作步骤。

当我们发现幼儿在操作过程中遇到问题时，首先要观察分析，了解其内在的问题所在，再结合内在关系加以引导。

03 单元活动反思

1. 新知来源于生活。相对于其他数学概念，测量相对比较抽象，幼儿学习起来会比较吃力。在这个时候，教师激发幼儿回忆在进行跳远体能测试时，老师是如何了解跳远成绩情况的；在自然角观察植物时，是如何了解和记录小苗的生长进度的。这样，幼儿很容易就联想到了量一量的方法。

2. 新知反作用于生活。活动中，幼儿运用测量经验认真操作，在生活中，幼儿也可以成为活动的主人。于是，我组织幼儿两两结对，同时以家庭亲子游戏的方式，让孩子测量自己跳远的距离，解决实际问题。在这个过程中，幼儿成为活动的主角，大大激发了他们主动探索测量方法的兴趣。

第三节 大班优秀活动案例

案例一

认识单数和双数

中央军委机关事务管理总局红星幼儿园丰台园 王莉 朱雪云

01 活动介绍

适合年龄班	大班	建议学习时间	第一学期（9 月）
数学概念	理解单数和双数的概念，知道 10 以内的数是单数还是双数。在 1～10 的数序中，通过两个一组的排列发现落单的数与成双的数		
关键经验	理解单数和双数的概念；知道区分单数和双数的方法；说出 10 以内的单数和双数		
幼儿学习情况分析	本班幼儿在中班已经认识了数字 1～10，理解每个数字代表的实际意义，完全掌握了 10 以内的按数取物，同时，也进行过 7 以内的按数量排序，为他们在 1～10 的数列中发现单数和双数及其排列规律奠定了良好的基础		
整体设计思路	在日常生活中，幼儿也会接触到关于单数和双数的问题，还有些幼儿可以报出 10 以内的单数和双数，这说明幼儿已经有了初步的对于单数和双数的感知。大班幼儿对于 10 以内单数和双数的发现及认识，有助于加深他们对数字、数序、数差关系的理解；对单数和双数的排列规律的认知，可以帮助幼儿判断和推演更大数的奇偶性，并为他们将其应用到生活中做好充分的准备		
活动名称	实施途径	活动目标	评价要点
有趣的扑克牌	家庭亲子游戏	在亲子游戏中，正确认识单数和双数	观察幼儿是否掌握区分单数和双数的方法
小剧场	集体教学活动	理解单数和双数的概念，知道 10 以内的单数和双数，并正确区分	观察幼儿是否能理解单数和双数的概念，并能够按规则操作
小青蛙跳荷叶	区域自主游戏——户外活动区	在游戏中正确区分单数和双数，用动作对应表达，进行单数和双数的区分	观察幼儿是否能够按游戏要求对应做出动作
好玩的瓶盖	区域自主游戏——益智区	知道 10 以内的单数和双数，并能够正确区分	能否正确区分单数和双数瓶盖
看电影	区域自主游戏——表演区	根据带有数字的电影票，找到自己的座椅	能否找到对应座位，并正确选择指定区域

02 课程实施途径

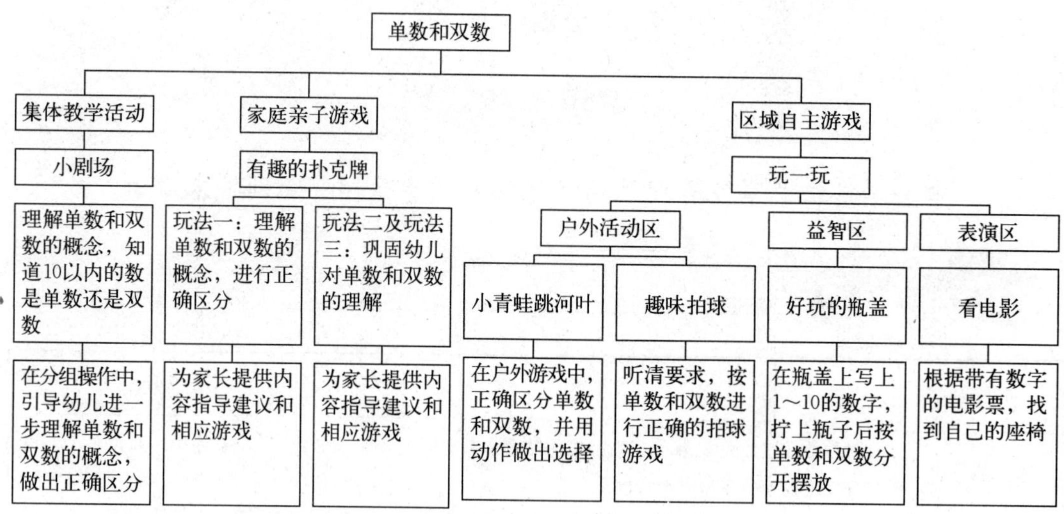

一、集体教学活动

小　剧　场

【活动目标】

1. 理解单数和双数的概念，知道 10 以内的数是单数还是双数。

2. 在 1～10 的数序中，通过两个一组的排列发现落单的数与成双的数。

3. 能认真仔细、耐心地逐一判断单数和双数。

【活动重点】

指导幼儿理解单数和双数的概念，知道 10 以内的数是单数还是双数，发现单数和双数间隔排列的规律。

【活动难点】

能将 1～10 的数量通过两个一组的方法排列，发现落单的数为单数，成双的数为双数。

【活动准备】

1. 经验准备。在日常生活和游戏中，对单数和双数有初步感知，认识数字 1～10，并理解每个数字代表的实际意义。

2. 物质准备。

（1）教师材料。数字卡 1～10、写有数字 4～7 的小动物卡片、红色方块纸若干（图 3－17）。

（2）幼儿材料。

图 3-17 教师材料

① 新授活动组：白磁板、排座位号底纸、数字磁贴 1～10、同色插钉 55 个（图 3-18）。

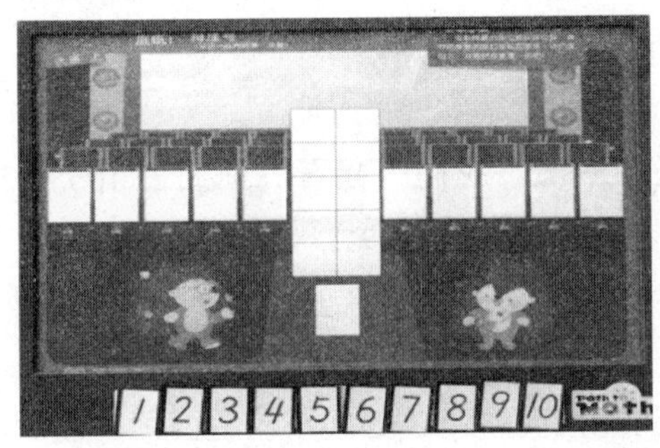

图 3-18 幼儿材料

② 平行活动组：停车场底纸、写有数字 1～10 的小汽车卡片（图 3-19）。

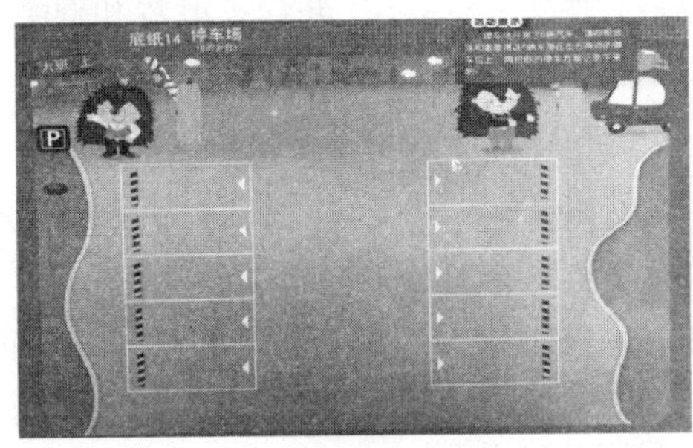

图 3-19 平行活动材料

③ 巩固活动组：面包物群卡 12 张（图 3-20）。

④ 拓展活动组：带密码锁的小箱子、记录单、铅笔、橡皮（图 3-21）。

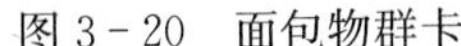

图 3-20 面包物群卡

图 3-21 拓展活动组材料

【活动过程】

1. 导入环节（8 分钟）。

（1）游戏导入，引发兴趣。教师以“找朋友”的游戏情景引起幼儿兴趣，初步引导幼儿理解单数和双数的概念。幼儿听音乐“找朋友”，找到朋友的两个人是双数，没有找到朋友的一个人是单数。

指导策略：通过找朋友的游戏，引导幼儿通过两两一组的排列，初步感知单数和双数的数学概念。

（2）创设情境，导入主题。以“帮助派派和麦麦排小剧场的座位号”为情景，理解单数和双数的意义，学习判断单数和双数的方法。

① 学习判断单双数。

“派派和麦麦要邀请小动物们到小剧场看演出，我们一起看看他们邀请了哪些小动物？”教师分别出示 4 只小猪、5 只小鸡、6 只小猫和 7 只小兔，“这些小动物中，哪些小动物可以两两一组，哪些小动物两两一组后会有一只小动物是单独的？”教师可请个别幼儿进行操作。

教师：“4～7 这几个数字，哪些小动物可以两两一组，哪些小动物两两一组后会有一个单独的。”教师引导幼儿说出“4 和 6 刚好可以两两一组，5 和 7 会有落单。”

教师：“我们把刚好可以两两一组的数称为双数，把两两一组后会有落单的数称为单数。现在请你们看看，4～7 里面，哪些是单数，哪些是双数？再看看单数和双数又是怎么间隔的呢？”教师引导幼儿说出“单数和双数之间是一一间隔的。”

教师出示数字 1、2、3、8、9、10：“这里还有几个数字，你们有办法知道它们谁是单数、谁是双数吗？我们可以请小插钉来帮忙。”教师请幼儿充分表达自己学会的方法。

教师出示底纸“排座位号”及数字 1～10（已经在磁条上按序排列好）：“小动物们要来小剧场看演出了，可是派派和麦麦发现座位不够了，要增加一排，派派要给左边的座位贴单数座位号码，麦麦要给右边的座位贴双数座位号码，你们知道 1～10 的数字中，哪个是单数、哪个是双数吗？”

② 演示规则。

教师：“刚才我们学会了怎样判断单数和双数，一会儿请你们先把数字卡按顺序排在插板下面的磁条上，然后一个一个地判断单数和双数，把单数的数卡贴到派派一边的座椅背后，把双数的数卡贴到麦麦一边的座椅背后。”

指导策略：引导幼儿先排数序再逐一判断，使幼儿在数列中体验单数集合、双数集合的不同，体验单数和双数间隔排列的模式。

教师：“如果你还不能确定这个数字是单数还是双数，可以将这个数字卡贴到派派和麦麦中间的方框里，再按数字取插钉，两两一组放到座位中间的方格里。”

指导策略：引导幼儿按序读一读单数序列和双数序列，帮助幼儿初步体验其中依次差

2 的数差关系。

教师取 8 个插钉两两排列。教师："有没有落单的，是单数还是双数？双数就要放到麦麦这边，就像这样，直到最后 10 张数卡都贴完了。最后还要说一说单数有哪些，双数有哪些？这个活动的名字叫排座位号。"教师可酌情让幼儿复述先怎么做，再怎么做，最后怎么做。

指导策略：通过演示，帮助幼儿掌握区分单数和双数的方法。

（3）介绍相关活动及巩固活动，进一步加深幼儿对单数和双数的认知。

① 相关活动。教师："小动物们都开着它们的小车来到小剧场看演出，派派和麦麦请你们帮忙，做停车场管理员，让单号车牌停在左边的停车位里，双号车牌停在右边的停车位里。"

② 巩固活动。教师："派派和麦麦还为大家安排了小游戏（教师出示面包物群卡），你们知道这个游戏的名字吗？是几个人一起玩的？一会儿你还可以和小伙伴一起玩游戏。"

③ 提升活动。教师："派派和麦麦为了感谢大家的帮助，准备了一些小礼物，但是你们要动脑筋打开箱子上的密码锁才能拿到礼物，派派和麦麦给了你们一些提示，你们要按照提示找到密码，打开箱子。每个密码锁有 3 个数字，第一个数字对应着红色框就是双数，对应着蓝色框就是单数，你们要找到相应的数字进行组合，才能打开箱子。排完座位号、完成停车任务和玩过"比眼力"游戏的小朋友就可以去开箱子拿礼物了，你们可以和同伴一起找到开锁密码，这样大家都可以得到礼物。"

教师通过此环节，可以减少先操作完幼儿的等待时间；另外，给幼儿一些挑战性的操作任务，可以提升幼儿对活动的兴趣，更符合大班幼儿的年龄特点。

2. 操作环节（15 分钟）。

幼儿自选操作活动，教师帮助幼儿理解规则，并做个别指导。

（1）分组操作。请幼儿开始活动，并提示："请你们先把知道的单数和双数分别贴到派派、麦麦各自一边的椅背上，如果遇到你不能确定是单数还是双数的数字，把数字摆到中间，再根据数字取插钉，两两一组排队检验。"

（2）观察指导。教师巡视幼儿的操作，观察幼儿是否理解规则，适时进行个别指导。

教师指导策略：

① 若幼儿出现排列插钉和选出的数字数量不符合的情况，教师需要指出："你放的数字是几，这里就要拿几个插钉，看看你拿的对吗？"

② 幼儿全部分完，教师可以提问："这些是单数还是双数？你是怎么知道的？"

③ 幼儿不用插钉帮助，直接分单数和双数，且结果正确，教师可以任选一个数字卡说："你能用插钉两两一组的方法证明给我看，这个数字是单数或双数吗？"请幼儿验证，还可以请幼儿再将数字卡有序排列在磁条上，逐一说一说每个数是单数还是双数。

（3）提示幼儿换组。完成"排座位号"活动的幼儿，教师可以提示他们将数字卡还原，然后去玩“停车管理员”或者和同伴一起玩“比眼力”的游戏。三个游戏都进行完以后，再去开箱取礼物。教师可以在幼儿玩“比眼力”游戏的过程中追问：“是几个？单数还是双数？”

结束操作前，教师保留部分幼儿“排座位号”的操作结果，以备交流使用。

3. 结束环节（7 分钟）。集体交流并纠错，体验 1～10 单数和双数交替出现的模式。教师进行活动小结并点评。

（1）交流。“今天你是怎么分出单数和双数的？”教师展示几个幼儿“排座位号”的操作结果，“看看这位小朋友帮助派派和麦麦贴的座位号对吗？”

教师引导幼儿完成单列变双列的序列：“谁来把剩下的几个数的小插钉变成两两一组的队形？”请个别幼儿进行演示。

教师通过按序判断 1～10 每个数是单数是双数，让幼儿体验自然数列中单数和双数交替排列的模式。

（2）评价。教师：“今天再分单数和双数时，你觉得自己什么地方做得好？下次再做，什么地方还可以做得更好一些？”

评价要点：

① 能区分 10 以内的单数和双数。

② 按规则操作，耐心、有序地完成单数和双数的检验。

（3）整理。教师组织幼儿检查桌面材料是否还原成原样，自己的一套数字卡是否齐全。请值日生归还学具。

活动延伸

1. 区域中的延伸。分别在益智区、户外区域投放相关材料，体现难度层次，供幼儿巩固游戏。

2. 家庭中的延伸。把区分单数和双数的方法教给爸爸妈妈，让幼儿与家长一起寻找生活中的单数和双数，共同进行单数和双数的游戏。

3. 活动的延伸。继续开展小剧场——游艺会，设计关于单数和双数的小游戏。孩子们自主设计游艺会的方案，从座椅的摆放、入场券的设计，到分组进行游戏项目的设定和验证。

二、区域自主游戏

活动一 小青蛙跳荷叶

游戏目标	在户外游戏中正确区分单数和双数，并做出选择
落实区域	户外活动区

（续）

	图片	策略说明
环境支持	按顺序摆放1～10的方垫	幼儿进行跳荷叶游戏，单数单脚跳，双数双脚跳
材料	随意摆放1～10方垫	随意摆放1～10的方垫，幼儿听指令进行跳跃，教师说“单数”，幼儿单脚跳到单数“荷叶”，教师说“双数”，幼儿双脚跳双数“荷叶”，根据指令做出正确的选择
指导重点	发现单数和双数游戏的多种玩法，用动作对应表达，进行单双数的区分	

活动二　趣味拍球

游戏目标	听清要求，按单数或双数进行正确的拍球游戏	
落实区域	户外活动区	
材料	图片	策略说明
	篮球（人手一个）	幼儿分单号和双号两组，教师从数字1～10中随意说出一个数字，如果说出数字是单数，那么单号组幼儿拍相同数量的球数，如果说出数字是双数，那么双号组幼儿拍相同数量的球数。如果幼儿拍错则淘汰，游戏继续进行，在规定时间内，哪组剩下的人数多为胜利 幼儿分单双号两组，教师宣布游戏开始，两组幼儿同时拍球。单号组幼儿按照1、3、5、7、9的数字顺序依次拍相应数量的球数；双号组幼儿则按照2、4、6、8、10的数字顺序依次拍相应数量的球数。哪组以最快速度且正确完成拍球任务为胜利
指导重点	引导幼儿根据指令，按单数或双数拍球	

活动三　好玩的瓶盖

游戏目标	知道10以内的单数和双数，并能够正确区分	
落实区域	益智区	
材料	图片	策略说明
	带有数字的瓶盖，瓶身　　棋盘	单人游戏：拧瓶盖 在每个瓶盖上写上数字1～10，瓶盖与瓶身分开，将1～10的瓶盖分出单数和双数，拧在瓶子上。 双人游戏：谁的瓶盖多 幼儿两人一组，事先商量好谁选择单数，谁选择双数，然后轮流掷骰子，谁的数字大谁先选瓶盖，扣放在棋盘上。谁先放完谁胜利
指导重点	观察幼儿对10以内的单数和双数是否进行了正确区分，提醒幼儿遵守活动规则	

活动四　看电影

<table>
<tr><td>游戏目标</td><td colspan="2">幼儿持带有数字的电影票入场，选择正确的区域观看电影</td></tr>
<tr><td>落实区域</td><td colspan="2">表演区</td></tr>
<tr><td rowspan="2">材料</td><td>图片</td><td>策略说明</td></tr>
<tr><td>带有数字的椅子和电影票　分单数区域和双数区域</td><td>幼儿持电影票入场，根据电影票上的座位数字选择正确的区域
幼儿根据电影票上的座位数字，找到相应的区域，对号入座</td></tr>
<tr><td>指导重点</td><td colspan="2">引导幼儿观察电影票上的数字，根据数字找到相应的区域，对号入座</td></tr>
</table>

三、家庭亲子游戏

有趣的扑克牌

玩法一：将 1～10 同花色的扑克牌放在桌面上，请幼儿找出哪些是单数牌，哪些是双数牌

看一看：这些扑克牌都有什么特点呢？

想一想：想一想这些扑克牌上的数字哪些是单数，哪些是双数？

做一做：请小朋友找出单数扑克牌/双数扑克牌。

说一说：你是怎么区分单数和双数的？（扑克牌上的图案两个两个在一起，成双的是双数，有落单的是单数）

玩法二：两人分别拿 1～10 同花色的扑克牌，将其随意扣放，事先商量好谁翻单数牌，谁翻双数牌。游戏开始，两人轮流进行翻牌，翻对了，牌面向上，赢得一分；翻错了，要把牌扣放成原样，谁先翻完事先约定好的单数牌或双数牌的 5 张牌为胜

想一想：这些扑克牌上的数字哪些是单数，哪些是双数？

做一做：家长和幼儿进行扑克牌翻牌游戏，注意翻牌时做好角色区分。

说一说：你翻的是单数还是双数，分别是数字几？你是如何快速取得胜利的？（幼儿要记住翻错牌的位置，避免下次再翻错）

玩法三：两人手里分别拿 1～10 同花色的扑克牌，事先商量好谁抽单数牌，谁抽双数牌。游戏开始，两人轮流进行抽牌，抽对牌就赢得一分，抽错了就将牌还给对方。游戏继续，谁先抽完 5 张单数或双数牌为胜

想一想：这些扑克牌上的数字哪些是单数，哪些是双数？

做一做：家长和幼儿进行扑克牌抽牌游戏，注意抽牌时做好角色区分。

说一说：你抽牌的是单数还是双数，分别是数字几？你是如何快速取得胜利的？（注意观察抽错的牌被对方放在了什么位置，避免下次再抽错）

拓展游戏

1. 和爸爸妈妈一起寻找生活中的单数与双数。

（1）剧场里的座位号分单数和双数。

（2）道路两边的房屋号分单号和双号。

（3）酒店里左右两边的房间号分单号和双号。

（4）车牌尾号分单号和双号。

2. 和爸爸妈妈一起玩单数和双数的游戏。

温馨小贴士

1. 鼓励幼儿独立操作，帮助幼儿掌握区分单数和双数的方法。

2. 引导幼儿寻找生活中的单数和双数，进一步理解单数和双数的概念。

典型学习故事

在幼儿操作过程中，橙橙小朋友先把两张数字磁贴随意摆放在磁条上，然后把剩下的数字磁贴按单数和双数的要求放在两边的座位上，但是放着放着，她突然看见旁边的小朋友是先把所有的数字磁贴有序放在磁条上才开始给座位贴号码的。这时，她意识到了自己的问题，连忙把数字磁贴按照数序摆放在磁条上，然后又继续按单数和双数分别贴座位号。贴着贴着，她拿出数字 6 放在底纸的最中间，很显然，她要验证这个数字。接着，她从小筐里取出了 8 个插钉放在中间的小格子里，她没有意识到自己拿出的数字与小插钉数量不符合。但是 6 和 8 同样是双数，就算是插钉拿错了也不会影响结果的判断。这时，我走到她身边，蹲下来轻声说："你放的数字是几，这里就要拿几个插钉，看看你拿的对吗？"听到这儿，她用小手指一个个数起插钉来，经过 3 次反复点数，她终于意识到自己摆放的插钉数量与数字不符，连忙进行了修改。

橙橙小朋友在操作中出现的问题是没有记住操作规则，而且点数能力稍弱，按数取物这一数学经验还没有完全掌握。在日常活动中，教师可以在区域中有针对性地对幼儿进行个别指导。

03 单元活动反思

1. 本次活动通过讨论、游戏中操作、游戏拓展、交流评价等环节，引导幼儿直观深入地理解单数和双数的实际含义，能区分 10 以内的单数和双数，发现单数和双数间隔排列的规律。在活动中，结合本班幼儿爱动脑筋、喜欢挑战的特点，增加了小组拓展性游戏，将活动推向高潮，让幼儿脱离操作材料，真正理解单数和双数的区分方法及意义。

2. 幼儿在游戏中通过动手操作活动材料，获得数学的相关知识经验，并在生活中运用，体验单数和双数的作用。活动的开展使幼儿对单数和双数有了进一步的认知，并在生活中体验和运用。看似一节简单的数学活动，其实有很多教育契机，可以使各领域有机结合。教师应善于挖掘教育契机，让孩子在游戏中通过动手操作活动材料，获得数学的相关知识经验。同时，要给幼儿充分的自主学习的机会，从而培养他们良好的学习品质，让他们在反复的实践探索中获得全面发展。

3. 各领域的有机结合，促进幼儿全面发展。数学知识的学习是为了解决生活中的数学问题，让孩子们将学到的关键经验运用到生活中。从具体到抽象，再从抽象到具体，是幼儿学习数学知识的过程。教师要把握好幼儿学习数学的过程，才能设计出符合幼儿年龄特点的数学活动，让幼儿在具体问题情境中灵活应用已掌握的数学知识。

案例二

测　量

丰台第四幼儿园　顾凤英

01 活动介绍

适合年龄班	大班	建议学习时间	第二学期（6 月）
数学概念	学习用厘米尺测量长度		
关键经验	知道尺子的用途和刻度的意义；掌握用厘米尺测量物体长度的正确方法，读出测量结果		
幼儿学习情况分析	孩子们已经学过了用自然物进行测量的方法，并且能够交替使用同一个测量单位进行测量。在生活中，“自己的身高是多少”“物体的长度是多少”这些问题都能够引起孩子们的学习兴趣。在此基础上，帮助幼儿探索使用标准化测量工具的方法，体验标准化测量的意义		
整体设计思路	大班幼儿在生活中对测量长度非常感兴趣，例如自己的身高、鞋子的大小等。本活动在操作中，让幼儿探索使用尺子进行测量的正确方法，体会标准化测量在生活中的重要用途。结合大班幼儿数学发展目标和“量一量”这一游戏情景，我设计了使用标准化测量工具——尺子进行测量的集体教学活动。在前期，请家长在家中配合开展相关活动。集体活动过后，在区域中投放了相应的玩具材料，促进儿童深度探索测量的方法，体验测量的重要意义和用途，感受学习与探索的快乐和成功		

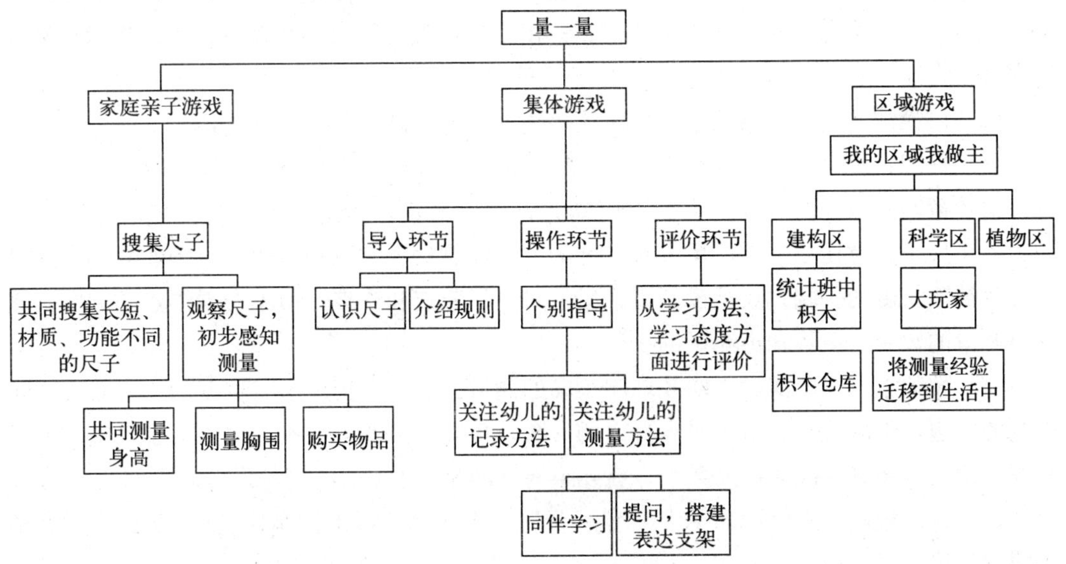

一、集体教学活动

量 一 量

【活动目标】

1. 知道尺子的用途和刻度的意义。

2. 使用厘米尺测量桌子的长度和高度。

3. 能独立完成测量操作，体会测量的重要作用。

【活动重点】

探索使用尺子进行测量的正确方法。

【活动难点】

能够使用数字和符号记录测量结果。

【活动准备】

1. 经验准备。交替使用过同一测量单位，在生活中认识过尺子。

2. 物质准备。大块橡皮、几何积木、厘米尺（小于 20 厘米）、活动单 75（量一量）、笔。

【活动过程】

1. 导入环节。

（1）学习使用厘米尺，讨论用尺子测量长度的方法，介绍活动规则。

① 教师出示厘米尺，幼儿观察讨论后进行小结：尺子是用来量物体长度的。

② 认识尺子：每个幼儿取一把尺子，观察并描述尺子上有什么。

③ 师生共同小结：尺子上有一条条的刻度线，还有数字，每个数字对着一条刻度线。

重点提问：你知道这些数字代表什么意思吗？代表从 0 开始到这个数字之间的距离有多长。比如，大家看看从 0 到 4 是几格呢？每一格代表几厘米？如果是数字 5 表示什么意思呢？

（2）讨论测量方法。请几个幼儿轮流描述演示，尝试用尺子测量物体。

重点提问：你会使用厘米尺来量东西吗？怎么量呢？

引导策略：教师可以逐一肯定不同幼儿正确的操作，指出他们出现的各种错误。例如：只用尺子随意比划一下；尺子有刻度的一边没有对齐被测的直边；尺子的 0 刻度线没有对齐被测长度的一端；尺子放斜了；尺子对齐了起点和终点，但不会看终点的刻度；能说出测量的数字，但不知道测量的单位。

（3）教师拿着尺子演示，幼儿理解正确的测量方法：要把尺子有刻度的一边对齐物体被测的直边，然后把 0 的一头对齐直边的一头，再看直边的另一头与尺子上哪一条刻度线平齐。读出这条刻度线对应的数字，就知道有几厘米长了。

（4）介绍规则，出示活动单 75“量一量”：“今天这个活动的名字就叫‘量一量’，请小朋友先选择桌上的一样物品，把它画在活动单上红色阴影的部分，标出你量的是哪一段，然后量一量，把量出的数字记在你画的图旁边的横线上。”

（5）请幼儿复述规则。教师提出操作要求：“请每个小朋友每次选桌上的一样东西（物品），画一画、量一量、记一记，最后要记得把尺子和笔还回笔筒里，把活动单夹好带走。”

2. 分组操作环节。幼儿操作活动，教师帮助幼儿理解规则，并做个别指导。

（1）分组操作。请幼儿对照活动单进行操作。教师提示：“量积木、橡皮等物体的长度时，请你把尺子横着放；量物体的高度时，请你把尺子竖着放。”

（2）观察指导。教师巡视各组幼儿的操作，重点观察幼儿是否掌握了测量的方法，能否理解操作的要求，记录是否正确。因人而异，进行分层指导。

指导策略：

① 如果幼儿尚未理解测量的方法，仍不会测量。教师可以把着他的手，指导他先测量物体的长度，待他理解操作的方法后，再请他独立测量物体的高度。

② 如果幼儿能理解操作规则，说出测量结果的数字，但不理解厘米单位的意义，例如回答有 3 长（或有 3 高），教师可以引导他看看从 0 到这个数有几格，允许幼儿说有几格长（或几格高）。

③ 如果幼儿能正确使用尺子进行测量，记录的结果也正确，教师可以追问幼儿是怎么操作的，并请他解释 1 厘米有多长，都量了什么位置，分别是几厘米？

④ 如果幼儿测出的结果不是整数，例如 13 厘米多一点（或不到 13 厘米），教师可以和幼儿一起讨论，如何来记多出来的（或不足的）这一点，可以建议幼儿用 13＋（或 13－）来表示。教师提示：“每次测一件物品之前，要先把它画到方框里，标出你测

量的是哪段。测完记一记，说一说你测出来的长度是几厘米。”

3. 交流评价环节。集体交流操作结果并检查纠错，教师进行活动小结并点评。

（1）集中幼儿集体交流。教师：“今天你用尺子量了什么东西？你量的是哪一条边？你是怎么量的？结果是多少？这个结果是什么意思？还有谁量过这样东西？量出来的结果一样吗？”如果有人提出不一样的测量结果，教师可以追问并组织讨论，集体纠错。继续请幼儿报告各种物体的测量结果。教师：“还有谁量了其他的东西？测出的结果是多少？”集体检查纠错。

（2）集体小结。教师：“今天我们认识了一个新的学习工具——尺子，你学会使用尺子来测量物体了吗？你用尺子测量物体还有困难吗？”鼓励幼儿平时有机会时多加练习。

（3）幼儿自我评价。教师：“请小朋友给自己今天的学习做个评价吧，你觉得自己哪些方面做得好，哪些方面还需再努力？”

评价要点：①初步掌握用尺子测量长度的方法；②能独立完成测量任务。

（4）整理。教师：“请小朋友把活动单收好，我们一起来把其他学具送回学具橱。”

「活动延伸」

1. 区域中的延伸。分别在建构区、科学区、植物区投放相关材料，幼儿能够运用测量的方法感知物体长度、高度的不同与变化。

2. 家庭中的延伸。把测量的正确方法教给爸爸妈妈，幼儿与家长玩跳远、比手掌大小等游戏活动。

3. 活动的延伸。从长度和高度的测量过渡到使用不同长短功能的尺子进行物体周长的测量，如水杯和大树的粗细，能够选用合适的测量工具进行测量。

二、区域自主游戏

活动一　分类真有趣

游戏目标	使用尺子测量长短、粗细不同的积木，能够统计出相同积木的数量并分类摆放整齐	
落实区域	建构区	
材料	图片	策略说明
		观察比较长方体、正方体、三棱柱积木边长的不同，圆柱体积木高矮和粗细的不同，能使用正确的方法进行测量，并按照测量结果进行分类并统计出数量
指导重点	发现建构区积木摆放的问题，鼓励幼儿尝试用测量分类的方法解决问题	

活动二 大玩家

<table>
<tr><td>游戏目标</td><td colspan="2">尝试使用软皮尺测量玩具的粗细和高矮</td></tr>
<tr><td>落实区域</td><td colspan="2">科学区</td></tr>
<tr><td rowspan="3">材料</td><td>图片</td><td>策略说明</td></tr>
<tr><td></td><td>1. 通过操作，直接感知套娃玩具腰围粗细的不同，并尝试使用软皮尺进行测量
2. 说一说，比一比，这个几个娃娃谁的腰围最粗、谁的最细？
3. 和同伴互相测一测腰围，并记录测量结果，感受测量的有趣</td></tr>
<tr><td></td><td>1. 选用美观耐用的材料，师生自制身高测量尺
2. 借助测量尺，幼儿互相测量身高，并进行记录
3. 比一比谁的个子高，说一说让身体长高的方法</td></tr>
<tr><td>指导重点</td><td colspan="2">1. 指导幼儿正确使用软皮尺
2. 鼓励幼儿尝试选用长短、软硬不同的尺子测量物体的长短和高矮</td></tr>
</table>

活动三 小麦专家

<table>
<tr><td>游戏目标</td><td colspan="2">用多种测量工具测量并记录小麦的生长和变化</td></tr>
<tr><td>落实区域</td><td colspan="2">植物区</td></tr>
<tr><td rowspan="3">材料</td><td>图片</td><td>策略说明</td></tr>
<tr><td></td><td>1. 幼儿以个体为单位种植小麦，使用塑料直尺测量小麦的生长过程
2. 通过记录册进行记录</td></tr>
<tr><td></td><td>1. 以小组为单位测量小麦的生长速度和根的生长变化，引发幼儿主动关注植物的细微变化
2. 能够对照标准塑料尺使用数字正确标出测量单位</td></tr>
<tr><td>指导重点</td><td colspan="2">1. 鼓励幼儿使用标准尺子测量出植物的发芽和生长过程
2. 鼓励幼儿使用自制标尺进行高矮的测量，并进行数据记录和比较</td></tr>
</table>

三、家庭亲子游戏

居家小能人

亲爱的家长们、小朋友们，大家好！快来找一找，你的家里有没有爸爸维修使用的钢尺，妈妈购买衣服时最实用的皮尺，还有学习用的塑料尺。快来比一比、看一看，这些尺子都有哪些不同呢？这些尺子上面都有什么图案和数字？这些小格的大小一样吗？

找到后，小朋友可以读一读上面的数字，在爸爸妈妈的帮助下，选择一种尺子量一量自己的笔袋的长度，读一读尺子所指示的数字，说出笔袋有多长？再量一下自己的鞋子，读一读尺子上的数字，看一看自己穿多大尺码的鞋。大家快来试一试吧！

看一看：这些尺子都有哪些数字和字母呢？

比一比：哪个尺子最长，哪个最短？哪个最硬，哪个最软？

读一读：你来读出上面的数字吧！这些尺子都是从数字几开始的？

找一找：找出一双鞋子，找出上面的号码标记。

试一试：幼儿自主尝试使用塑料尺测量鞋子的号码，并进行记录。

拓展游戏

1. 家长和孩子在家中共同测量身高，可以互相测量并记录测量结果。
2. 妈妈在购买生活用品需要进行测量的时候，邀请幼儿选用合适的测量工具共同测量。
3. 家长可以帮助孩子在室内固定位置测量身高，并请幼儿自行简单记录测量结果。
4. 家中购买生活用品需要长度和高度数据时，邀请幼儿独立使用尺子测量出长度和高度，然后再进行购买。

温馨小贴士

1. 鼓励幼儿通过反复尝试，发现使用尺子测量的正确方法，并能够准确读出测量结果。
2. 在测量过程中，先用塑料尺进行常见物体长度的测量，待幼儿掌握正确的测量方法后，再逐渐测量高度和圆柱物体的周长数据。
3. 鼓励幼儿准确读出测量结果，并尝试用数字和符号记录测量结果。

典型学习故事

在操作环节开始的时候，腾腾拿着尺子摆弄来摆弄去，盯着尺子上的小恐龙图案“嘿嘿”地笑着，小朋友都开始测量了，他却在东张西望。

在老师的提醒下，他开始对桌子上的积木进行测量。他把尺子对齐积木的一条边，拿起尺子，反复翻转积木，用尺子量了一下积木的长边，然后拿起笔，要在活动单上进行记录结果。

这时候，他发现他还没有在活动单红色阴影的部分画出物品，并且也没有标出量的是哪一段。于是，他把积木和笔放在桌上，开始进行绘画。他把积木画在了红色阴影部分，在旁边的横线上写上了数字 9。

一旁的小雨拿起和腾腾一样的积木也在测量，腾腾停下自己的游戏，看着小雨测量。小雨在自己的活动单上记下了数字 8。腾腾看了看自己的记录，又看了看小雨的。这时，老师走到了腾腾身边，问腾腾："你记录测量结果了吗?"腾腾说："记录了！可是和小雨的不一样。"老师说："小雨的方法是对的，我们一起看看小雨是怎么测量的。"

小雨演示了自己的测量方法，腾腾认真地看着，然后回到了自己的位子，又重新测量了一遍。老师问："你这两次的测量方法有什么不同?"腾腾说："小雨是这样，从数字 0 开始量积木，我是从 1 开始量的!"

通过第二次测量，老师发现腾腾能够使用正确的方法测量其他物体了。他记录完结果以后，拿着自己的记录单，在活动室走来走去。

小朋友全测量完了，都拿着手里的记录，坐在小椅子上和同伴分享自己的记录结果。老师问："谁愿意把今天的方法分享给大家?"腾腾马上举手，第一个跑到前面来，大声说："老师，我想说。"老师问腾腾："你测量积木的时候测量了几次?"腾腾说："测量了两次。"老师又问："那你这两次的方法有什么不同?"腾腾说："我发现第一次我是从数字 1 开始量的，是错的。第二次从零开始量，这样才能量出积木到底有多长。"

小朋友一起为他拍手。老师轻轻地在他耳边说："腾腾，下次玩游戏的时候，你要瞪大眼睛看着老师，耳朵仔细听，就更棒啦!"腾腾用力地点点头。

03 单元活动反思

1. 在生活中丰富幼儿已有经验。生活中处处都有数学。大班幼儿思维积极活跃，喜欢有挑战的学习内容，他们喜欢用工具，像成人那样进行各种科学探索测量，比较物体的长短、高矮和距离。孩子们在家中可以跟父母一起完成多个亲子探索活动。通过搜集长短、材质功能不同的尺子，可以增加孩子们的感性经验。在亲子活动中，通过对测量的厘米单位进行深入、具体的感知，孩子们可以体会到测量在生活当中的重要作用。

2. 通过提问搭建思维框架，鼓励幼儿勇敢表达。语言是思维的外壳。在数学学习当中，数学语言的使用有利于帮助幼儿建立良好的思维模式。"你是怎么测量的? 你是从数字几开始测量的?"教师通过对幼儿进行提问，帮助幼儿搭建思维框架，鼓励幼儿表达自己的思维过程，用清楚的语言介绍自己的测量方法。

3. 活动后延伸到区域，满足个性化需求。游戏是最好的学习途径。把数学内容自然而然地融入幼儿的生活和游戏中，可以让孩子们在生活和游戏中产生积极的探索欲望，掌握测量方法，体会测量的重要用途和数学在生活当中的重要应用。通过幼儿的自主学习，完成整个学习过程，帮助幼儿养成良好的学习习惯和品质。

案例三

对称的图形

丰台第二幼儿园 李怡

01 活动介绍

适合年龄班	大班	建议学习时间	第一学期（10月）
数学概念	对称图形是按一条中线对折后，两边的形状、大小、图案都一样的图形		
关键经验	1. 感知对称图案的空间特征，能够发现对称的两部分跟对称轴的距离相等 2. 能根据半个图案构造出完整的对称图案，并能够区别出对称图形和非对称图形		
幼儿学习情况分析	大班幼儿在数理逻辑思维和空间感知能力方面有了明显的进步和发展，能够有意无意地运用一些数学知识解释生活中的现象。对称的物体和图案在生活中随处可见，幼儿很容易就能发现，但是如何引导幼儿从生活现象中总结探索出客观的数学知识，正确理解对称的意义，并能在实际问题中举一反三、迁移应用，是这次活动设计的关键		
整体设计思路	结合孩子们的兴趣和发现，我利用集体教学活动、区域自主游戏和家庭亲子活动等多种活动形式，引导幼儿通过直接感知、亲身体验和实际操作的方式，掌握对称图形所需的条件，从而真正理解对称的意义。同时，我还把“对称”这一教学内容向区域、家庭等场景拓展和延伸，通过看一看、比一比、找一找、做一做等环节，帮助幼儿巩固所学知识，进而迁移学习经验，做到学有所用，实现数学活动中的深度学习		
活动名称	实施途径	活动目标	评价要点
对称的蝴蝶	集体教学活动	1. 理解对称的意义，体验对称图案的空间特征 2. 能根据半个图案构造出完整的对称图案 3. 能积极探究如何拼插对称的图案	1. 幼儿能否观察出对称图形两边的大小、形状、图案都一样，能否说出什么是对称图形 2. 幼儿能否根据范例图案正确找出与之对称的另一半，组成一个完整的对称图案并说明原因 3. 幼儿能否积极尝试拼插对称图案的方法，能否通过数对称点到对称轴的距离找出另一半对称点的位置
对称PK赛	家庭亲子游戏	巩固对称的知识，加深对对称的理解	1. 幼儿能否和家人一起开展对称PK赛，积极参与游戏 2. 幼儿能否按照自己的想法，用家中的乐高材料拼出对称图形，并表达自己的看法 3. 幼儿能否找出家中的对称物品，并主动和家人分享自己的发现
画脸谱	区域自主游戏	结合美工区画脸谱的活动，感受对称的有用和有趣	1. 幼儿能否运用对称的知识和方法画出对称的脸谱图案 2. 幼儿能否发现对称脸谱的奇妙，乐于自主创作

（续）

活动名称	实施途径	活动目标	评价要点
对称的图形	区域自主游戏	感受图形的对称，能按照对称与不对称进行分类，体验图形对称的乐趣	1. 幼儿能否在游戏中区分对称图案和非对称图案，并能把对称图案拼完整 2. 幼儿能否清晰记录自己的发现，并主动和同伴分享、交流
寻找对称图案	区域自主游戏	在游戏中巩固对称图形的定义，知道用对折的方法判断图形是否对称	1. 幼儿能否在游戏中依据对称的定义判断对称图形和非对称图形，并正确归类 2. 幼儿能否跟同伴说出自己判断的依据和方法

02 课程实施途径

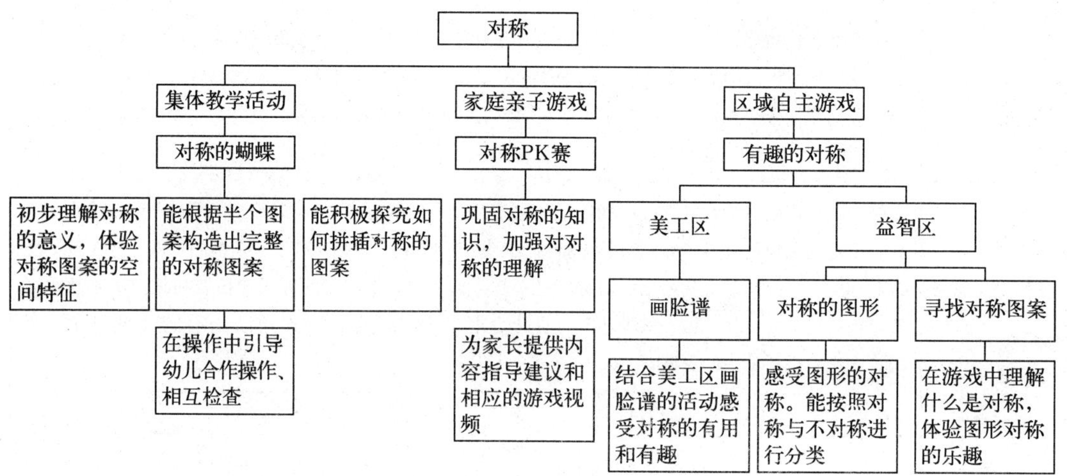

一、集体教学活动

对称的蝴蝶

【活动目标】

1. 初步理解对称的意义，体验对称图案的空间特征。
2. 能根据半个图案构造出完整的对称图案。
3. 能积极探究如何拼插对称的图案。

【活动重点】

理解对称的意义，能够根据半个图案构造出完整的对称图案。

【活动难点】

能够发现对称的两部分与对称轴的水平距离相等，能够区别出对称图形和非对称图形。

【活动准备】

1. 经验准备。观察过有对称元素的图案，对对称有初步的感知。

2. 物质准备。

（1）教具。对称蝴蝶剪纸、对称花瓶剪纸、线描笔、若干对称图片、胶条座、大 KT 板、小 KT 板（4 张）（图 3－22）。

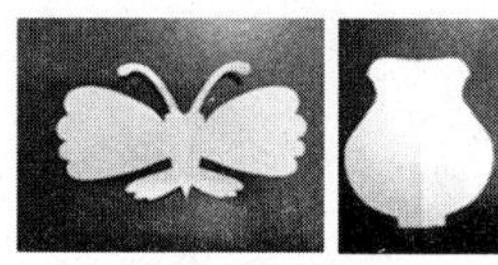

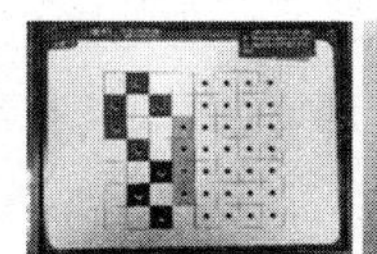

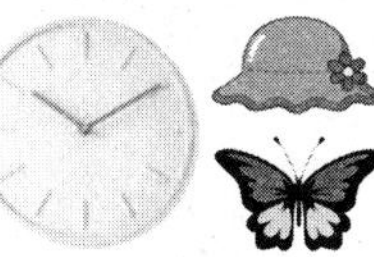

对称蝴蝶剪纸，对称花瓶剪纸　胶条座，线描笔　底卡1“对称的蝴蝶1”，多用插板　若干对称图片

图 3－22　操作材料

（2）学具。若干对称图案、KT 板（6 张）、双面胶、多用插板、底卡 1“对称的蝴蝶 1”。

【活动过程】

1. 观察对称剪纸，初步理解对称的意义。

（1）观察对称剪纸，初步理解对称的意义。

① 教师：“老师把这张纸对折，然后沿着线剪下，你们猜猜打开会是什么？”

② 教师：“把两边沿中线对折，你们发现了什么？”（左右两边一样）

教师总结：以中线对折，左右两边能完全重合的称为对称。

（2）通过观察蝴蝶翅膀上的斑点，体验对称图形的空间特征。

指导策略：

① 教师在蝴蝶一侧翅膀上画一个黑点，提问幼儿现在它还对称吗？为什么？

② 在另一侧翅膀上也点个黑点，提问幼儿现在对称了吗？为什么？

教师总结：图案中线两侧形状、大小、图案完全相同才称为对称。

2. 游戏：图案对对碰。在实际操作中巩固对对称的理解。

（1）小组游戏，构造完整的对称图案。

指导策略：

① 观察桌上的图片有没有能够拼成对称图案的，请把对称的两张图片粘在硬纸板上。

② 小组内要相互商量、仔细观察，发现对称的图形。

③ 拼完后请各组拿着图形回到椅子上，看看哪个小组最快。

（2）集体讨论，达成对对称意义的共识。

指导策略：

①请幼儿分组上前展示分享。

② 提问幼儿：“你们是怎么找的？你们组所有人都同意吗？其他小组觉得他们组找对了吗？”

师生总结：对称图案以对称轴为中线，两边的形状、大小、颜色、图案都一样。

3. 学具操作，了解幼儿对对称意义的理解程度。

（1）一颗星挑战——底卡1“对称的蝴蝶”。

重点提问：

① 这是蝴蝶的半个身体，另一半身体应该在哪？

引导幼儿根据对称轴，找出半范例图案的另一半在哪儿。

② 和这个绿色方格对称的，是另一边的哪个方格呢？为什么？

引导幼儿通过数对称点到对称轴的距离，找出另一半对称点的位置。

③ 你能看着这一半插出另一半来吗？你准备从哪里开始插呢？

引导幼儿有序观察给出的一半蝴蝶的图案特征，如蝴蝶的轮廓特点、花纹颜色特点，想一想缺的另一半蝴蝶的轮廓、颜色是什么样的。

（2）两颗星挑战——无范例拼插。

指导策略：请幼儿自己或与同伴合作，在空白插板上拼插出对称的图案。

重点提问：白板上的这条黑线是什么？你可以用什么方法拼出对称的图案？

（3）幼儿操作学具，教师巡回指导。

4. 集体交流操作结果并检查纠错，交流插对称蝴蝶的方法，进行活动小结并点评。

指导策略：教师组织幼儿交流自己是如何给蝴蝶另一半翅膀的插钉定位的，总结方法。

活动延伸

1. 区域中的延伸。分别在益智区、美工区投放相关材料，体现难度层次，供幼儿巩固游戏。

2. 家庭中的延伸。把对称图形的知识教给爸爸妈妈，幼儿与家长共同在家中找找对称的物品。

3. 活动的延伸。新年到了，请幼儿尝试用对折剪的方法在区域中制作对称窗花。

二、区域自主游戏

活动一　对称的脸谱

游戏目标	结合美工区的画脸谱活动，感受对称的有用和有趣	
落实区域	美工区	
材料	图片	策略说明
		用画脸谱的方法感受对称的有趣，巩固对称的方法
指导重点	发现生活中的对称图形，鼓励幼儿尝试用分类的方法解决问题	

活动二　寻找对称图案

<table>
<tr><td>游戏目标</td><td colspan="2">在游戏中理解什么是对称，体验图形对称的乐趣</td></tr>
<tr><td>落实区域</td><td colspan="2">益智区</td></tr>
<tr><td rowspan="2">环境支持</td><td>图片</td><td>策略说明</td></tr>
<tr><td></td><td>在区域中设置一个可互动的“图案的另一半”拓展游戏，鼓励班级幼儿合作尝试，并记录哪些图形是对称的、哪些不是</td></tr>
<tr><td rowspan="3">材料</td><td></td><td>将不同层次的材料投放到区域中，幼儿继续操作和探索</td></tr>
<tr><td>对称和不对称的图形</td><td>观察桌上的图片有没有能够拼成对称图案的，请把对称的两张图片粘在硬纸板上。鼓励幼儿合作游戏</td></tr>
<tr><td>记录表</td><td>鼓励幼儿把自己的方法记录下来，分享给全班幼儿</td></tr>
<tr><td>指导重点</td><td colspan="2">发现更多的对称图形，分享自己判断的方法</td></tr>
</table>

活动三　对称的图形

<table>
<tr><td>游戏目标</td><td colspan="2">感受图形的对称，能按照对称与不对称进行分类</td></tr>
<tr><td>落实区域</td><td colspan="2">益智区</td></tr>
<tr><td rowspan="2">材料</td><td>图片</td><td>策略说明</td></tr>
<tr><td>各种形状图形　对称王国情景</td><td>幼儿搜集各种形状的图形
教师提供对称王国情景，只有对称的图形才能进入王国</td></tr>
<tr><td>指导重点</td><td colspan="2">观察搜集到的图形，看看哪些图形是对称的、哪些不是对称的，请幼儿说一说是如何判断的</td></tr>
</table>

三、家庭亲子游戏

对称 PK 赛

亲爱的小朋友们，你们的家里都有乐高玩具吗？快拿出乐高板和爸爸妈妈一起来场PK赛吧！请爸爸妈妈摆出图形的一半，小朋友们来摆出对称的另一半吧！

看一看：爸爸妈妈的图形是什么样子的？

想一想：你能看着这一半插出另一半来吗？你准备从哪里开始插呢？

做一做：引导幼儿有序观察给出的一半图案的特征，如轮廓特点、颜色特点，想一想另一半的轮廓和颜色是什么样的。

拓展游戏

1. 尝试自己摆出一半图形，让爸爸妈妈来挑战。
2. 尝试制作立体对称图形，并说一说你是如何操作的。
3. 亲子一起玩找对称的游戏，找一找家中有哪些对称的物品，看看在规定时间内谁找得多。

温馨小贴士

1. 在幼儿拼摆对称图形的过程中，不要过多干涉，让孩子通过看一看、想一想、做一做，学习对称的概念。
2. 鼓励幼儿大胆表述自己寻找对称图形的方法。

典型学习故事

在操作学具“对称的蝴蝶”时，需要孩子们根据半范例底卡插对称图案。在插蓝色翅膀时，梦梦拿起蓝色插钉，直接挨着插在了左边的黄色身体旁边，导致最后拼对了颜色却拼错了位置，拼出来的两边的蝴蝶翅膀并不对称。原来，梦梦没有注意到底卡中间的中线，没有发现左右两边的插钉与中线隔的方格数应该是一样的。于是，我提示梦梦：“梦梦，你看到中间的这条黑线了吗？你看看现在左边的翅膀到中线隔了几个方格，右边你插的呢？两边是一样的吗？”梦梦认真地想了想，说道：“不一样。”接着，她开始数起左侧翅膀到中线的方格数，然后又挪到右侧，拿起插钉边数边插，找到了对称的位置。然后，我指着中线左侧的黄色方块，接着问她：“你看，这是蝴蝶的半个身体，那另一半身体应该在哪里？”她找到中线后，开始比划右半部分身体的位置，然后数了数身体一共有多少个方块，完成了插对称蝴蝶的任务。这时我又问道：“你是怎么找到蝴蝶的另一半身体的？”梦梦说：“我是从这条线看的，左边的黄色挨着这条线，所以右边的也是和线挨着，然后左边一共有 4 个，右边也是 4 个。”

03 单元活动反思

1. 活动内容贴近幼儿生活，注重幼儿已有经验。本次活动通过将幼儿在生活中能够接触到的一些对称图形、图案引入各个环节和游戏，引导幼儿发现生活中对称图形的应用。同时，我班幼儿对对称已有一定的接触和感知，具有一定的前期经验，所以对此活动兴趣浓厚、参与度高、探索欲强。

2. 活动过程遵循幼儿数学深度学习的规律。在本次活动中，我遵循幼儿数学学习的路径，让幼儿在看、比、找、做的过程中理解、辨析、掌握并应用对称的概念。在操作过程中，我为幼儿提供了充足的时间和机会，让幼儿结合自身实际，理解对称的概念，避免机械地模仿和练习，保护了幼儿的数学学习兴趣。整个过程层层递进、逐渐深入，为幼儿搭建好每一步的学习台阶。

3. 材料投放体现多样性、层次性。在材料投放方面，我准备了多种不同的对称图案和不同难度的操作学具，通过观察、构造、对比、辨析等方式，加深幼儿对对称概念的理解，支持幼儿在与材料充分互动的过程中形成批判性知识和实践性知识。

案例四

层 级 分 类

群英幼儿园　刘雨萌

01 活动介绍

适合年龄班	大班	建议学习时间	第一学期（9月）
数学概念	把物体按照一种相同的特征先分一次，然后按照相同维度各自再分成两部分，初步探索集与子集的关系		
关键经验	体验集与子集的包含关系，理解层级分类板的结构，说出分类结果		
幼儿学习情况分析	在集合路径下，本班幼儿在中班初步学习了对物体进行多重角度的分类，到了大班，他们能初步感知发现集合的多重属性，但是还没有接触过层级分类		
整体设计思路	幼儿在生活中常常接触到一级分类，例如在家中整理图书、服装等，在操作中体验了分类活动的有用和有趣。我结合大班幼儿数学发展目标和“开超市”这一生活情景，设计了层级分类集体教学活动，并在区域中投放了相应的玩具材料，让儿童在掌握层级分类能力的同时发展数学思维		

02 课程实施途径

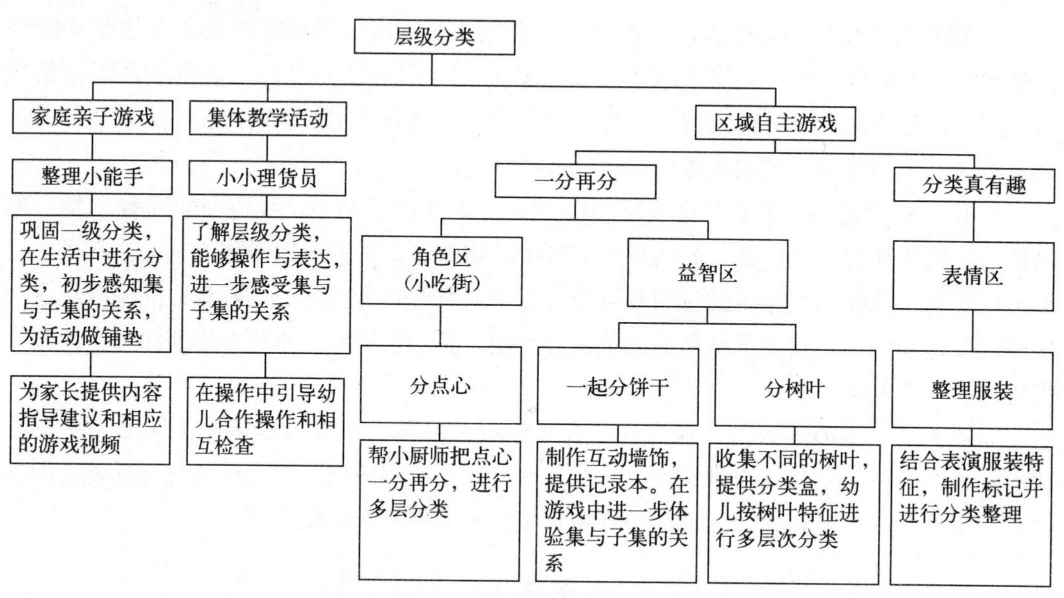

一、集体教学活动

小 小 理 货 员

【活动目标】

1. 理解层次分类板的结构，体验不同维度下集与子集的包含关系。
2. 在理货游戏中，掌握层级分类的方法，能按货物牌进行层级分类。
3. 在操作游戏中体验数学分类活动的乐趣。

【活动重点】

理解层级分类板的结构，能按货物牌进行层级分类。

【活动难点】

初步理解集与子集的关系，能用语言表述操作过程。

【活动准备】

1. 经验准备。进行过多重角度的分类活动，在生活中做过分类游戏。

2. 物质准备。每人一个层级操作板；桌子上贴有一星、二星、三星的星级标志（体现游戏难度）；分类材料（服装、水果、饼干）；相对应的分类标记卡（图 3－23）。

【活动过程】

1. 导入环节（8 分钟）。

（1）分类游戏，引入活动。你和你旁边的小朋友有什么不同？我们听音乐再玩一次分类游戏吧。

分服装：2个维度，
操作卡6个

分水果：2个维度，
操作卡8个

分饼干：4个维度，
操作卡10个

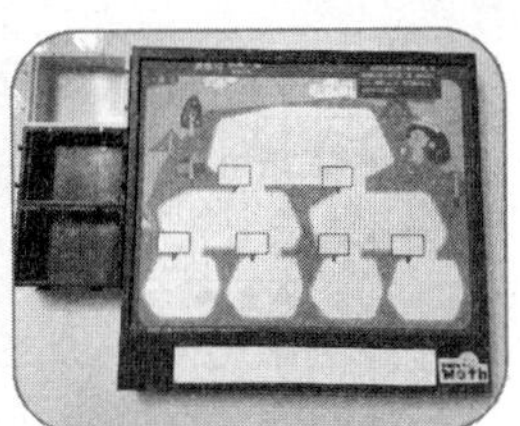

操作板

图 3-23　操作材料

玩法：当音乐停止时，按要求迅速分类。

(2) 出示情境，引出活动内容。出示派派和麦麦："派派和麦麦开了一家大型超市，想请小朋友们去帮忙整理货物，你们能完成吗?"

重点提问："我们先来看看，这边的货架是卖什么的？派派和麦麦把服装运到第一层货架上了，这些服装有什么不同?"

(3) 幼儿操作，思考不同的分类方法。

① 重点提问："派派和麦麦想请你帮忙把这些服装按一样的放在一起这样的方式，分到第二层的两个货架里，你想怎么来分呢?"

② 请一幼儿上前。教师提示："你想按什么分？请你把货物牌贴到牌子上．然后按标记分一分。"

③ 操作完后，引导全班幼儿检查，并思考不同的分类方法。

(4) 观察层级分类板，引导幼儿讨论。

重点提问："第二层货架下面还有一层小货架，如果把刚才分好的货架上的服装再往下分一分，你还可以怎样分?"

(5) 介绍平行游戏。今天一共有 3 个理货区：水果区、服装区、饼干区。星星标记越多，难度越大，你可以自愿选择。

(6) 总结规则。引导幼儿回顾操作流程，梳理游戏规则。

2. 操作环节（15 分钟）。

(1) 分组操作。请幼儿先完成自己小组的操作活动，然后再换组。

(2) 观察指导。

① 教师巡视幼儿的操作，观察幼儿是否理解操作步骤和规则，了解幼儿的发展水平，分层进行个别指导。

② 教师根据幼儿操作及交流情况进行重点指导。

幼儿 1：幼儿把货物从第二层分到第三层时有困难，不理解层级分类板的结构。

指导重点：引导幼儿观察第二层到第三层的结构，鼓励幼儿思考在第三层先按什么分、再按什么分。

教师："这一层要按什么分？可以先贴好货物牌，再仔细观察左右两边的货架应该各自分到哪里。”

幼儿 2：幼儿在分第三层货物时，出现同一层不同分类标准的情况。

指导重点：引导幼儿在同一层按相同维度进行层级分类。

教师：“你是用什么方法分的货物？为了方便小顾客查找货物，同一层的物品要用相同的方法来分类，那么在这一层，你想按什么来分呢？”

幼儿 3：幼儿能够操作，但不能清楚地表述操作过程。

指导要点：通过分享与提问，梳理经验。引导幼儿相互说出从上到下是如何分的，体验集与子集的关系；引导幼儿相互说出从下到上的归属关系，体验子集与集的关系。

（3）提示换组。

3. 结束环节（7 分钟）。

（1）交流。教师：“谁愿意上来跟大家说说你刚才分了什么货物，是怎么分的？”引导全班幼儿检查，请有不同分法的幼儿分享。

（2）小结。通过提问，引导幼儿理解层级分类中集与子集的关系。

重点提问：“水果先被分成哪两部分，然后又各被分成哪两部分？左边两个仓库的水果都是什么样的水果，那右边呢？他们合起来属于什么呢？”

活动延伸

1. 区域中的延伸。分别在益智区、角色区、表演区投放相关材料，体现难度层次，供幼儿巩固游戏。

2. 家庭中的延伸。把层级分类的方法教给爸爸妈妈，幼儿与家长共同分类整理家中可一分再分的物品。

3. 活动的延伸。从物品分类转换到数量的分合，体验数量的可分性，能将 5 个物体分成不同的两份。

二、区域自主游戏

活动一　分类真有趣

游戏目标	结合表演服装的特征制作标记，并进行分类整理，感受分类活动的有用和有趣	
落实区域	表演区	
材料	图片	策略说明
	表演区服装	用分类的方法将表演区服装整理整齐，并制作标记
指导重点	发现生活中的问题，鼓励幼儿尝试用分类的方法解决	

活动二　分树叶

游戏目标	按树叶特征进行层级分类，在游戏中体验集与子集的关系	
落实区域	益智区	
材料	图片	策略说明
	树叶　分类纸盘	1. 幼儿收集不同的树叶 2. 发现叶子的特征并制作相应的标记 3. 将树叶按标记进行层级分类 4. 建议两人自定规则进行游戏 提供大号白色纸盘，1 个放树叶；中号同色纸盘 2 个，用于第一次分类；小号纸盘同色 4 个，用于第二次分类；其他纸杯若干；如果幼儿可进行第三次分类，可用纸杯进行
指导重点	观察树叶的不同；按照树叶特征先分一次、再分一次，并在纸盘上贴好标记；鼓励幼儿与同伴说一说自己的分类方法	

活动三　一起分饼干

游戏目标	在游戏中理解层级分类板的结构，体验集与子集的关系	
落实区域	益智区	
	图片	策略说明
环境支持	可互动墙饰	在区域墙饰中制作一个可互动的分饼干拓展游戏，鼓励班级幼儿合作尝试，并进行记录
材料	教育活动中游戏延伸　分饼干互动墙饰游戏 记录表	将三种不同层次的材料投放到区域中，幼儿继续操作和探索 四层的层级分类版、10 个操作材料，对幼儿来说有一定难度。提醒幼儿先观察饼干的不同特征，明确分类标准，贴好货物牌后再进行分类。鼓励幼儿合作游戏 鼓励幼儿把自己的方法记录下来，分享给全班幼儿
指导重点	发现饼干的多种分类方法，进行层级分类游戏	

活动四　小吃街的点心

游戏目标	帮小厨师把点心一分再分，进行多层分类，感受层级分类的有用和有趣	
落实区域	角色区	
材料	图片	策略说明
	玩具柜与点心	玩具柜两个，小吃街点心若干，还可以为幼儿准备笔和纸（画标记）
指导重点	引导幼儿把点心按照相同的特征先分一次，再按照同一维度再各自分成两部分，摆放在玩具柜上	

三、家庭亲子游戏

整　理　小　图　书

亲爱的家长们、小朋友们，大家好！你们的家里一定有很多图书，它们都有哪些不同呢？有的大有的小、有的薄有的厚……让我们一起把图书按你自己发现的特点分一分吧！

看一看：这些图书都有什么特点呢？

想一想：如果把这些图书按照一种特征进行分类整理，可以怎么分？

做一做：幼儿尝试分类整理图书，并制作标记卡。

说一说：你是怎么整理的图书？还有其他的方法吗？

拓展游戏

1. 尝试把分类后的图书继续按照同一种特征再往下分一次，初步体验层级分类。
2. 寻找家中还可以分类整理的物品，看看一共能找出几种不同的分类方法。
3. 玩分类挑战游戏，在规定时间内和爸爸妈妈比赛，看谁整理得又快又好。
4. 把家里的垃圾也分分类，体会经过整理后，家会变得更加整齐、有序。

温馨小贴士

1. 鼓励幼儿在分类过程中，除了可以根据书的薄厚、大小等外部特征进行分类外，还可以依据书的种类、内容等性质进行分类整理。

2. 鼓励幼儿对照自己的分类标记，大胆表述自己的分类方法。

典型学习故事

在操作环节中，萌萌来到分饼干小组，她很快分好了第二层，在分第三层的时候，她想了想，然后拿出形状的标记卡贴在左边两个子集的货物牌上，又拿出花纹的标记卡贴在右边的两个子集的货物牌上。

通过她的操作，我发现她能理解层级分类板的结构，也较清楚游戏的玩法和要求。但因为饼干的分类维度较多，萌萌想在分第三层时，把左边的饼干按照形状继续分类，右边的饼干则按照花纹继续分，于是就出现了问题：同一层货物不同分类标准。

于是，我先走到萌萌身边，询问她："萌萌，你是用什么方法分的货物呀？"萌萌回答说："我先按照大小把饼干分了一次，然后我想把大的饼干按照形状再分，小的饼干按照花纹再分一次。"在了解了萌萌的想法后，我先是肯定了她表述得很清楚，而且发现了饼干的多种分类方法，然后利用情景进行引导："为了方便小顾客查找货物，同一层的物品要用相同的方法来分类，那么在这一层，你想按什么来分呢？"萌萌想了想说："那第三层我按照形状来分吧。""那应该怎么调整呢？"萌萌很快调整了标记卡与操作卡。我鼓励她跟我说一说是如何分的，并通过逆推的方式引导她体验子集与集的关系。在萌萌的表达中，我发现她的思路非常清楚，于是我称赞道："这次你分的特别棒，那还有其他的方法也能把饼干分一分吗？""还可以按照颜色！"萌萌迅速回答。我鼓励她换个方法再尝试一次，重点引导幼儿在同一层按相同维度进行层级分类。

03 单元活动反思

1. 在生活中感知，为活动做铺垫。分类是生活中处处都会用到的内容，在教学活动前，我选择在家庭活动中先让幼儿利用生活中的材料进行多角度分类，让幼儿在分类的同时，发现同样一组物品可以从不同的角度进行分类。在集体教学活动中，我也看到了孩子们想到了很多分类的角度，甚至有一些是老师都没有考虑到的。由此看来，前期在家庭中进行的铺垫活动，对后面的集体教学活动起到了非常重要的作用。

2. 活动中师幼互动，体现层次性。在活动中，我考虑到幼儿的水平不同，于是准备了不同难度的材料供幼儿游戏。结合大班幼儿的特点，鼓励幼儿合作游戏，在操作中，鼓励幼儿表达自己的想法。通过仔细观察，我发现了幼儿的不同表现，并在需要时给予其适时的指导，帮助幼儿在操作中理解数学概念，发展了幼儿的数学思维与合作能力。

3. 活动后延伸到区域，满足个性化需求。我们把分类的概念渗透到不同区域，幼儿能够通过自主选择材料进行自主游戏，体现了数学在生活和游戏中的应用。

图书在版编目（CIP）数据

幼儿游戏化课程设计与指导．数学分册 / 高小芳，范靖主编．—北京：中国农业出版社，2021.6（2021.8 重印）
ISBN 978-7-109-28136-3

Ⅰ.①幼…　Ⅱ.①高…②范…　Ⅲ.①数学课—课程设计—学前教育　Ⅳ.①G613

中国版本图书馆 CIP 数据核字（2021）第 066541 号

中国农业出版社出版
地址：北京市朝阳区麦子店街 18 号楼
邮编：100125
责任编辑：刘昊阳
版式设计：王　晨　　责任校对：沙凯霖
印刷：北京中兴印刷有限公司
版次：2021 年 6 月第 1 版
印次：2021 年 8 月北京第 2 次印刷
发行：新华书店北京发行所
开本：787mm×1092mm　1/16
总印张：20.25
总字数：480 千字
总定价：98.00 元（全二册）
